아동·청소년의 권리에 관한 연구

공익법총서 6

아동·청소년의 권리에 관한 연구

법무법인(유한) 태평양
재단법인 동천   공동편집

景仁文化社

| 발간사 |

　유엔 총회에서 1989년 채택되어 1990년 발효된 '아동권리협약' (Convention on the Rights of the Child)에 우리나라는 1991년 비준국이 되었습니다. 그 이후 아동·청소년의 인권신장을 위한 다양한 노력들이 꾸준히 진행되어 온 결과, 종래 아동·청소년에 대하여 인권보장 측면보다는 통제적·보호적 측면이 강했던 우리 사회도 점차 그러한 편견에서 탈피하여 아동·청소년을 존엄성과 권리의 주체자로 파악하는 방향으로 변화해 가고 있습니다.

　그러나 아직 아동·청소년들이 시민으로서 마땅히 누려야 할 권리를 온전히 보장받지는 못하고 있으며, 지난 2019년 9월에는 유엔 아동권리위원회가 우리 정부에 아동권리협약에 따른 아동·청소년의 권리보호를 위한 다양한 조치를 권고한 바 있습니다. 위원회는 차별금지법의 제정, 모든 체벌의 명시적 금지, 형사미성년자 연령의 만 14세 미만 유지 등을 권고하였고, 이와 함께 보편적 아동등록제의 도입, 성매매 연관 아동에 대한 보호 처분 폐지 및 피해자 대우, 아동의 이민 수용소 구금 금지 등도 주문했습니다.

　재단법인 동천은 법무법인(유한) 태평양과 함께 이러한 시대적 요구에 맞추어, 다양한 분야의 공익활동과 그에 관련된 법제를 심도 있게 검토하기 위하여 매년 시리즈로 발간하고 있는 공익법총서 기획작업의 일환으로 금년에는 제6권 「아동·청소년의 권리에 관한 연구」를 발간하게 되었습니다.

　그동안 법무법인(유한) 태평양과 재단법인 동천이 발간한 공익법총서는 대한민국학술원 우수학술도서로 선정되거나 세종도서 학술부문에 선정되기도 하였습니다.

이번에 발간하는 제6권 「아동·청소년의 권리에 관한 연구」는 '아동권리협약'에서 모든 아동이 마땅히 누려야 할 권리로 천명하고 있는 '생존의 권리', '보호의 권리', '발달의 권리', '참여의 권리' 전반과 함께, 국내 아동·청소년 권리보장 법제의 현황과 과제를 개괄하고, 아동권리협약 일반이행조치가 한국 법제에 미친 영향을 다루고 있습니다. 구체적으로 '생존의 권리'에서는 국내 출생아동에 대한 보편적 출생등록 제도의 도입방안과 입양법제의 개선방안을, '보호의 권리'에서는 청소년 성착취 및 아동학대, 학교폭력에 관한 제도적 문제점과 개선방안을, '발달의 권리'에서는 소년사법절차상 발달의 권리(교육받을 권리를 중심으로) 보장현황과 청소년 주거정책의 문제점과 대안을, '참여의 권리'에서는 청소년 참정권에 관한 내용을 중점으로 한 연구가 이루어졌습니다.

이 책에 실린 연구결과가 토대가 되어, 향후 아동·청소년의 권리에 대한 논의가 더욱 활발해지고, 우리 사회의 변화에 발맞춰 관련 법제가 발전해 나가기를 기대합니다. 법무법인(유한) 태평양과 재단법인 동천은 앞으로도 아동·청소년 권리 관련 법제의 발전에 지속적으로 관심을 가지고 우리사회 구성원 모두의 삶의 질이 보장되어 함께 행복한 사회가 되도록 꾸준히 노력하겠습니다.

마지막으로 소중한 논문을 집필해 주신 필자들과 편집위원들께 깊은 감사를 드립니다.

2020. 6.

재단법인 동천 이사장 차 한 성

| 차 례 |

청소년 주거정책의 문제점 및 대안 마련을 위한
법제 연구 | 권영실·마한얼·송지은·유원선·이호연·정제형

"청소년의 존재를 지우지 않는 정치"를 위하여 | 공현·배경내
- 청소년 참정권의 현황과 법적 과제

아동권리협약 일반이행조치가 한국 법제에 미친 영향 | 김희진·김상원

아동·청소년 권리 보장 법제의 현황과 과제

오동석*

I. 들어가며: 아동·청소년은 누구인가?

아동·청소년은 아동과 청소년을 함께 이르는 용어다. 사회 통념상 아동은 미취학 어린이나 초등학생의 나이 정도, 청소년은 중·고등학교에 다니는 학생의 나이 정도로 생각한다.[1] 취학을 당연시하여 학교 기준으로 구별한다. 단어에서 오는 연상 작용으로서 아동은 순수하며 일방적인 보호 대상, 청소년은 반항적이며 통제가 필요한 대상을 떠올린다.[2]

그러나 아동과 청소년을 명확히 구별하기는 어렵다. 법적인 기준조차 분명하지 않다. 아동복지법에서 아동은 18세 미만인 사람이다 (동법 제3조 제1호).[3] 헤이그 국제아동탈취협약 이행에 관한 법률에

---

* 아주대학교 법학전문대학원 교수
1) 김연정, "아동·청소년의 권리에 관한 헌법적 연구," 박사학위 논문, 건국대학교 (2012), 4.
2) 툭하면 아동·청소년 문제를 언급할 때 사용하는 '중2병'이라는 말은 폭력적이다. 그 의미에 대해서는 'NAVER 지식백과'(https://terms.naver.com/entry.nhn?docId=2070458&cid=55570&categoryId=55570) 참조.
3) 아동복지법 제3조 제1호를 원용하여 아동을 정의하는 법률은 아동학대범죄의 처벌 등에 관한 특례법, 아동의 빈곤예방 및 지원 등에 관한 법률 등이다. 같은 기준인 법률로는 장애아동 복지지원법, 실종아동 등의 보호 및 지원에 관한 법률이 있다.

서 아동은 16세 미만인 사람이다(동법 제2조 제1호). 아동수당법에
서 아동은 7세 미만인 사람이다. 청소년기본법에서 청소년은 9세 이
상 24세 이하인 사람이다(동법 제3조 제1호).[4] 청소년 보호법에서
청소년은 만 19세 미만인 사람이다(동법 제2조 제1호). 아동·청소년
의 성보호에 관한 법률에서 아동·청소년은 19세 미만의 사람이다(동
법 제2조 제1호). 한국청소년연맹 육성에 관한 법률은 청소년을 정
의하고 있지 않다.[5]

통상적으로 아동은 18세 미만의 사람으로 정의한다. 유엔아동권
리협약 제1조를 원용하기 때문이다. 그런데 협약의 단서는 '법률상
성년에 달하지 않는 한'이라는 조건이 있다. 한국의 성인연령 기준
은 만 19세다. 만 19세 미만의 사람을 아동으로 정의하는 것이 적절
하다.[6]

아동기는 생물학적 사실인 동시에 사회적 구성물이다.[7] 근대 이
후 성인을 인정하는 기준은 점차 높아졌다.[8] '청소년'이라는 용어가
사전에 등장한 것은 1940년 『조선어사전』부터다.[9] 일제강점기의 청

---

4) 청소년기본법 제3조 제1호를 원용하는 법률로는 학교 밖 청소년 지원에 관
   한 법률, 청소년복지 지원법, 청소년활동 진흥법이 있다.
5) 더 상세한 정리는 김미숙 등 6인, 아동권리증진을 위한 아동정책 발전방안
   연구, 보건복지부·한국보건사회연구원 (2012), 28 참조.
6) 아동·청소년의 인권보장 측면보다 통제 측면이 강한 한국 사회에서 이러한
   기준은 18세 이상 19세 미만의 사람들에게 불리하게 작용할 수 있다. 문제
   는 아동도 성인도 아닌 상황에서 법적 보호 또는 규율의 공백이 발생하는
   것이다.
7) 태아기, 영아기, 유아기, 아동기, 과도기, 청년전기, 청년후기 등 발달 단계
   에 따른 아동의 연령구분은 김수진, 아동복지관련법제의 개선방안연구, 한
   국법제연구원 (2005), 18 참조.
8) 이혜숙, "'청소년' 용어 사용 시기 탐색과 청소년 담론 변화를 통해 본 청소
   년 규정방식", 아시아교육연구 제7권 제1호 (2006), 46; 김현철 외 4인, 이팔
   청춘 꽃띠는 어떻게 청소년이 되었나?, 인물과사상사 (2009), 40, 41-42, 48.
   아동과 교육 그리고 가족의 탄생을 통해 통해 아동기의 변화를 추적한 책
   으로, Philippe Ariès, 문지영 옮김, 아동의 탄생, 새물결 (2003) 참조.

소년 개념은 훈육하고 규율해야 할 존재로 등장했다.[10] 한국에서 본
격적으로 청소년 용어를 사용한 것은 1960년대 이후다. 그 의미 또
한 단일하지 않았다. 학생, 대중문화의 소비자, 대중문화 생산·소비
주체로 확장되었다. 이 글에서 '아동·청소년'은 '성인이 아닌 사람'
(非成人)을 말한다. '비(非)성인'은 '성인'을 '온전한 (법적) 인격체'
로 관념하는 의미에서 '상대적으로 불완전한 (법적) 인격체'로서 정
치적으로 규정된다.

II. 아동·청소년 권리 보장 법제의 현황과 평가

1. 아동·청소년 권리 보장 법제에 대한 평가의 기준

권리는 법적 권리(legal rights)다. 즉 법규범에 따라 부여하는 권
리다. 헌법에서 보장하는 권리는 통상 '기본권'[11]이라고 부른다. 법
실증주의를 고집하지 않는다면, 권리는 확정적 법규범뿐만 아니라
법원리에서 도출할 수 있다.[12] 그렇지만 아동·청소년의 권리를 부인
하거나 제한하는 일이 다반사인 한국 사회에서는 법제를 통한 아동·
청소년의 권리 확인이 중요하다. 이것은 국가의 헌법적 의무다. 헌
법 제10조는 국가에 대해 개인이 가지는 불가침의 기본적 인권을

---

9) 이혜숙, 위의 글, 42.
10) 김현철 외 4인, 앞의 책, 18.
11) 헌법은 '기본권'이라는 용어를 사용하고 있지 않다. '국민의 자유와 권리',
    '개인이 가지는 불가침의 기본적 인권'이라는 표현을 쓰고 있을 뿐이다. 다
    만, 헌법재판소법에서 '헌법상 보장된 기본권'이라는 용어를 쓰고 있다.
12) 김도균, "법적 권리에 대한 연구 (1)", 서울대학교 법학 제43권 제4호 (2002.
    12.), 172.

확인하고 보장할 의무를 부여하고 있기 때문이다.

권리는 인권보다 포괄적이면서 구체적이며 인권을 구체화하고 실현하며 보장하는 수단적 의미가 있다. 권리를 도출하는 원천으로서 확정적 법규범은 국회 입법을 중심으로 하여, 법원리는 사법부의 판례를 통해 형성된다. 이 글에서는 아동·청소년의 인권상황을 고려하여 가장 기본적인 권리로서의 인권을 중심으로 아동·청소년의 권리문제를 다뤘다. 권리라는 용어와 함께 맥락에 따라 인권 또는 기본권이라는 용어를 사용했다.

헌법에서 인권의 확인과 보장 의무는 먼저 인권을 '최대한 실정입법화(實定立法化)'할 의무다.[13] 인권의 보장 의무는 국가의 인권침해 금지의무(duties to avoid or respect),[14] 사회적 권력자인 사인(私人)의 인권침해로부터 국가의 보호 의무(duties to protect),[15] 인권을 적극적으로 실현할 국가와 사회의 의무(duties to fulfill),[16] 인권정보를 널리 알리고 인권교육을 시행하는 등 인권보장을 촉진할 국가의 의무 등이다.

2. 아동·청소년 관련 법제의 전근대적 유산

한국 사회에서 아동·청소년의 삶은 학교를 중심으로 이뤄진다. 학교 밖 아동·청소년이 적지 않게 있지만, 사회의 인식은 학생만을 붙잡고 있다. 그런데 학생의 인권이 문제인 것은 일제강점기와 군사

---

13) 권영성, 헌법학원론, 법문사 (2010), 361; 성낙인, 헌법학, 법문사 (2020), 1053; Sandra Fredman, 조효제 옮김, 인권의 대전환, 교양인 (2009), 188 참고. 성낙인과 Sandra Fredman은 적극적 실현의 의무에 포함해서 이해한다.
14) 권영성, 위의 책, 361; 성낙인, 위의 책, 1052; Sandra Fredman, 위의 책, 188 참고.
15) 권영성, 앞의 책, 361; 성낙인, 앞의 책, 1053 참고.
16) 권영성, 앞의 책, 361; 성낙인, 앞의 책, 1053 참고.

독재의 시기를 거치면서 전근대적이고 국가주의적인 잔재가 남아 있기 때문이다.

법리적으로는 특별권력관계론이 작동한다. 전통적인 특별권력관계는 기본권이 효력을 가지지 못하고 법치주의가 적용되지 않아, 구체적 법률의 근거가 없이 포괄적인 지배 관계가 성립하며, 기본권의 침해에 대해서 법원에서 다툴 수 없다는 것이었다. 오늘날 법리적으로는 헌법과 법률에 근거가 있어야 하고 일반적인 기본권 제한의 한계를 적용해야 한다고 하지만, 입법과 판례 그리고 관행에서는 낡은 의식과 제도가 상당 부분 남아 있다.

체벌, 두발과 용모 규제, 교복의 강제 착용, 과도하고 강제적인 학습 부담, 사생활의 비밀과 자유에 대한 침해, 학교생활에서 학생의 의견 무시 등이 여전히 문제다. 공부는 입시 중심이어서 교육기본법에서 목표로 하는 인격의 도야나 민주시민 역량의 습득은 거리가 멀다. 교육을 받을 권리가 사회·경제적 불평등을 완화하는 사회적 기본권 중 하나라는 명색에도 불구하고 한국의 교육제도는 사회·경제적 불평등을 재생산·유지하는 구조다. 학교 교육의 문제가 사회 구조의 문제와 연결되어 있기는 하지만, 학교에서 학생 인권의 보장이 아동·청소년 권리 보장 관점에서 중요한 이유는 학교가 인간 존엄에 대한 가치를 습득하고, 인권적 삶을 체화하며, 인권을 향한 실천 역량을 배양하는 중요한 장소이기 때문이다.

청소년 또는 학생 인권 운동을 배경으로 2006. 3. 13. 학생의 인권 목록을 담은 '초·중등교육법 개정안'이 제출되었다. 그 내용은 ① 학생의 행복을 추구할 권리, 신체의 자유, 사생활의 비밀과 자유, 양심의 자유, 종교의 자유, 언론·출판의 자유, 집회·결사의 자유, 균등하게 교육받을 권리, 건강하고 쾌적한 환경에서 생활할 권리 등을 확인하는 것이다. ② 체벌, 강제·과중 학습, 신체 자유 침해, 물품 검사, 차별행위 등을 금지하는 것이다. ③ 학칙의 학생 생활 관련 사항을 제정 또는 개정할 때 총학생회와 협의하게 하고, 학생 자치활동을 보장하는 것이다. ④ 학생 징계절차에서 적법절차를 보장하는 것이다. ⑤ 인권교육, 인권침해에 대한 상담체계, 학생 인권 실태조사 등의 제도를 마련하는 것이다.

그러나 이 법안은 2008. 5. 29. 제17대 국회의원의 임기만료로 폐기되었다. 다만, 2007. 12. 14. 초·중등교육법 제18조의4에 "학교의 설립자·경영자와 학교의 장은 헌법과 국제인권조약에 명시된 학생의 인권을 보장하여야 한다"라는 조항이 추가되었을 뿐이다. 시·도별로는 학생인권조례를 제정하여 시행하고 있지만, 아직도 학생의 인권을 침해하는 일이 빈번하고, 교육 현실은 변하지 않고 있으며, 학생인권조례를 제정하지 않은 시·도에서 학생 인권의 현실은 부진하다.[17] 학교 안과 밖을 아우르고, 학생이거나 학생이 아니거나 모든 아동·청소년의 권리를 보장하는 법제가 필요한 까닭이다. 아동·청소년의 권리 보장에 대한 전국적인 적정 기준이 법률적으로 보장되고, 지방정부에 따라 권리 보장에서 한 발 더 앞서 나갈 수 있는 제도적 틀이 필요하다.

3. 아동·청소년 관련 법제의 혼돈

아동·청소년 인권 인식의 문제점은 관련 법제의 혼돈에서 드러난다. 헌법을 비롯한 법제를 평가할 때 가장 중요한 것은 '보호'의 의미를 이해하는 것이다. 아동·청소년을 보호 대상으로 보는 관점에서 아동·청소년이 권리 주체임을 인정하는 관점으로 전환할 것을 요청

---

17) 오동석, "학생인권조례에 관한 몇 가지 법적 쟁점", 교육법학연구 제22권 제2호 (2010), 125-144; 오동석, "왜 '학생'의 인권인가: 법으로 본 학생인권", (한낱 외 13인), 가장 인권적인 가장 교육적인: 학생인권이 교육에 묻다, 벗 (2012), 124-142 참조.

한다.[18] 이때 아동·청소년을 보호 대상으로 보는 경우 시혜와 배려의 대상으로 본다. 시혜와 배려는 이익과 서비스 등을 선별하고 축소하며 회수(回收)할 수 있다. 권리는 누구나 옹호할 수 있고 제도로써 뒷받침해야 하며 보편적으로 타당하고 실효성을 갖출 수 있다.

유엔아동권리협약은 아동을 '권리의 주체자'인 동시에 '보호 대상자'라고 규정하고 있다. 이때 보호는 아동·청소년을 성년의 '지배 아래 종속'하게 하는 것이 아니다. 예를 들어, 아동복지법은 보호대상인 아동을 "보호자가 없거나 보호자로부터 이탈된 아동", 또는 "보호자가 아동을 학대하는 경우 등 그 보호자가 아동을 양육하기에 부적당하거나 양육할 능력이 없는 경우의 아동"으로 정의(제2조 제2호)한다. 법적 보호자는 아동의 권리를 보호하는 자가 아닐 수 있다. 따라서 아동·청소년 보호는 성년에 대해 대등할 수 있는 제도적 장치를 마련하는 일이다. 흔히 말하는 '기울어진 운동장'의 현실 관계를 평평하게 고르는 것이다.

4. 아동·청소년 인권의 구체적 확인 부진

아동·청소년 권리에 대한 인식이 부족함에도 아동·청소년 권리의 구체적 목록을 법적으로 확인하는 일은 부진하다. 헌법조차 낡았다. 아동은 "연소자"(제32조 제5항),[19] "청소년"(제34조 제4항),[20] "자녀"(제31조 제2항)[21] 등으로 파편적이고 종속적으로 나열될 뿐이다. 이러한 용어들은 성인이 아닌 사람들로서 아동·청소년 모두를

---

18) 김효진·이재연, "유엔 아동권리협약 제21조(a) 유보철회 방안: 입양허가제 도입을 중심으로", 아동과 권리 제15권 제2호 (2011), 142.
19) 연소자의 근로는 특별한 보호를 받는다.
20) 국가는 노인과 청소년의 복지향상을 위한 정책을 실시할 의무를 진다.
21) 모든 국민은 그 보호하는 자녀에게 적어도 초등교육과 법률이 정하는 교육을 받게 할 의무를 진다.

인권의 주체로서 독립적으로 대표하지 못한다. 2010년 1월 구성된 「헌법 '아동'수용 추진위원회」는 이 조항에 아동을 포함할 것을 제안했다. 그러나 권리 주체의 문제가 아니라 권리 목록의 문제다. 아동·청소년 권리의 법적 확인은 헌법 차원에서 하는 것이 상징적이지만, 법률 차원에서도 가능하다. 오히려 실효성은 법률 차원에서의 구체화에 달려있다.

아동·청소년 인권 보장을 위한 헌법의 개정 또는 입법을 당장 기대하기 어렵다면, 헌법재판소와 법원이 국제인권조약을 적극적으로 원용하는 것이 필요할 것이다. 헌법에 따라 체결·공포한 조약과 일반적으로 승인된 국제법규는 국내법과 같은 효력이 있다(헌법 제6조). 그러니 사법부는 재판 과정에서 국제인권조약을 재판 규범으로 인정하는 것에 인색하다.[22] 사법부가 인권보장의 최후 보루라는 말이 무색하다.

아동·청소년 인권의 확인은 권리의 내용과 관계의 이해를 요청한다. 예를 들면, 자기결정권의 인정과 행사 그리고 보호의 관계다. 시민사회와 유엔 아동권리위원회는 다음과 같이 권고했는데 2020년 관련 법률이 일부 개정되었다. 첫째, '온라인 그루밍'[23]을 정의하고 형사범죄로 규정할 것을 권고했다. 제20대 국회에서 관련 법안이 발의됐으나 임기만료로 폐기되었다. 현행법에서는 직접적 성접촉이 있는 경우만 처벌한다. 둘째, 성적 행위 금지 대상 아동의 나이 상향을 권고했다. 2020. 5. 19. 형법을 개정하여 의제강간 기준 연령을 기존의 13세에서 16세로 상향했다. 셋째, 성적 착취와 학대와 연관된 18세 미만 모든 아동, 즉 '대상 아동·청소년'을 법률상 '피해자'로 명

---

22) 김성원, "국제법의 헌법화 논의에 대한 일고찰", 국제법학회논총 제58권 제4호 (2013), 73-102; 박선욱, "국제인권조약의 국내적 적용", 법학연구 제49권 (2013), 409-431 참조.
23) 온라인 그루밍은 온라인으로 아동·청소년에게 접근해 성범죄를 저지르는 수법이다.

시할 것을 권고했다. 2020. 5. 19. 아동·청소년의 성보호에 관한 법률을 개정하여 피해아동·청소년으로 법률용어를 바꿨다. 넷째, 국제기준에 부합하게 성범죄자를 처벌하도록 권고했다. 아동·청소년 성 착취물 제작·판매·소지와 관련 처벌 수준이 다른 나라와 비교할 때 낮기 때문이다. 2020. 5. 20. 국회 본회의에서 아동·청소년 성착취물을 구입, 소지, 시청하면 1년 이상의 징역에 처하는 등 관련 법률이 통과되었다. 다행히 아동·청소년의 자기결정권을 보호하는 입법 변화가 이뤄졌다. 다만, 아동·청소년의 자기결정권을 인정하고 행사할 수 있게 하는 입법 또한 두텁게 마련해야 한다.

인권 사안은 긴급하다. 법의 제정이나 개정에서 사회적 합의 또는 신중한 접근은 입헌민주주의 국가에서 하나의 원칙론이다. 그러나 인권은 약자 또는 소수자의 몫이기에 사회적 합의 대상이 아니다. 오늘날에는 사회의 급속한 변화에 따라 인권의 보호는 점점 긴급한 사안이 되는 추세다. 민주주의와 법치주의는 인권을 위해 복무해야 한다.

5. 아동·청소년 권리 보장 법제의 체계성 부재

아동·청소년 권리 보장 법률은 그때그때 필요에 따라 만들어져 아동·청소년의 권리 보장 법제가 체계적이지 못해 권리의 사각지대가 발생한다. 한국에서 입법은 '입법의 난개발'이라고 말할 정도로 국회가 그때그때 필요에 따라 단편적으로 입법을 해서 법제의 체계가 맞지 않는다. 아동 관련 법제와 청소년 관련 법제가 동시에 존재하면서 양자는 중첩적이면서도 이질적이다. 2008년 아동과 청소년 법제를 통합하여 그 법적 구성과 체계 일원화를 모색했으나 입법이 이뤄지지 못했다.

〈표 1〉 아동·청소년 관련 법률의 주요 목록과 보완점

아동 관련 법제[부재]	청소년 관련 법제[부재]	아동·청소년 관련 법제 필요성
[9세 미만 아동]	「청소년기본법」 [18-19세 청소년]	'아동·청소년기본법'으로 확장·개정
	「청소년 보호법」	'아동·청소년 보호법'으로 명칭 변경
아동학대범죄의 처벌 등에 관한 특례법	[18-19세 청소년]	'아동·청소년 학대범죄의 처벌 등에 관한 특례법'으로 확장·개정
		현행 「아동·청소년의 성보호에 관한 법률」 명칭 유지하되, 개정
「아동복지법」 [18-19세 청소년]	「청소년복지 지원법」 [18-19세 청소년]	'아동·청소년복지법'으로 통합·개정
「아동수당법」 [7세 이상 아동·청소년]		아동·청소년 기준의 점진적 상향
「아동의 빈곤예방 및 지원 등에 관한 법률」 [18-19세 청소년]		'아동·청소년복지법'으로 통합·개정
	청소년활동 진흥법 [18-19세 청소년]	'아동·청소년활동 진흥법'으로 확장·개정
「장애아동 복지지원법」	[18-19세 청소년]	'아동·청소년복지법'으로 통합·개정
	학교 밖 청소년 지원에 관한 법률 [18-19세 청소년]	'교육기본법'으로 통합·개정
「실종아동등의 보호 및 지원에 관한 법률」	[18-19세 청소년]	'실종아동·청소년등의 보호 및 지원에 관한 법률'로 통합·개정
「헤이그 국제아동탈취 협약 이행에 관한 법률」	[16세 이상 청소년]	'헤이그 국제아동탈취협약 이행에 관한 법률'로 통합·개정
	「한국청소년연맹 육성에 관한 법률」	'아동·청소년활동 진흥법'으로 통합·개정
	「한국과학우주청소년단 육성에 관한 법률」	'아동·청소년활동 진흥법'으로 통합·개정

관련 법률을 망라한 것은 아니지만 주요 법률 목록을 정리한 〈표
1〉을 보더라도, 아동과 청소년 그리고 권리에 상응하는 법률 사이에
서 체계 부조화를 알 수 있다.

하나의 법률을 제정하거나 개정하는 일은 다른 관련 법률에 영향
을 미치고, 그 내용의 개정만이 아니라 법령명과 법제의 구성이 달
라진다. 관계 당사자와 전문가·활동가, 중앙정부와 지방정부의 담당
자, 시민사회 관계자 등이 함께 고민해야 할 문제다. 단언컨대 한국
의 입법 과정에서 그런 일은 한 번도 없었다. 한 번의 좋은 경험은
이후에 어떻게 해야 할지 방법론을 터득하게 하고, 같은 과정의 단
순 반복이 아니라 합리적이고 효율적인 방안을 만든다. 권리 관련
법제에서 이러한 과정은 참여자에게 더할 나위 없이 좋은 권리 교
육 방안이다.

6. 아동·청소년 인권 업무를 총괄·전담하는 행정부처의 부재

아동·청소년의 권리증진을 위한 종합적인 아동·청소년정책기관
은 국무총리 소속의 '아동정책조정위원회'다. 위원회는 기본계획 수
립, 아동·청소년정책 기본방향, 아동·청소년정책 개선과 예산지원,
아동·청소년 관련 국제조약에 관한 사항, 아동·청소년정책 관련 부
처 간 협조에 관한 사항 등을 심의·조정한다.

관련 장관들이 위원이고, 민간위원이 참여하고 있어 포괄적인 정
책 관련 기구라고 볼 수 있다. 다만, '심의'가 가지는 실효성의 한계
와 '조정'의 어려움을 예상할 수 있다. 아동 정책은 보호·복지정책을
중심으로 보건복지부에서, 청소년 정책은 청소년의 보호·복지와 활
동을 중심으로 국가청소년위원회에서, 그리고 보육·아동성폭력·모
부자(母父子)복지 등은 여성가족부에서 각각 추진한다.

현재 정부조직 체계는 각 부처별 칸막이 행정으로 대화와 협조

관계가 부족하다. 인권과 사람을 중심에 놓는 행정부서 재편이 필요한 까닭이다. 조직이기주의가 작동하고 있어 조직의 혁신적인 재편은 쉽지 않다. 현재로서는 아동·청소년 권리보장을 전담하여 관련 정책을 수립하고 집행하는 기구가 필요하다.

인권 규범의 보편화는 인권의 총체성과 전문성 그리고 실효성을 담보해야 한다. 인권에 대한 오해는 누구나 인권을 알 수 있다는 착각이다. 영국에서는 2000년 부모의 학대로 아동이 숨졌을 때 의회가 수차례 조사를 벌여 '최소 열 번의 위기 개입 시점이 있었으나 놓쳤다'라면서 법제를 바꿨다.[24] 한국에서는 성폭력이나 학대 또는 성적 비관 등으로 수많은 아동이 숨지고 있는 현실 앞에서 국회의 입법 조치는 지지부진하다.[25]

입법이 파편적이고 총괄 행정부서가 없다 보니 아동·청소년 관련 행정은 중복적이거나 비효율적이고 당사자 아동·청소년에게 충분한 권리 보장 환경을 만들지 못한다. 중앙정부와 지방정부의 연계 또한 어의치 않다.

예를 들면, 아동·청소년에 대한 성학대 또는 성착취에 대응하는 행정체계의 부재다. 서울시는 2020년 3월 전국 최초로 미성년자를 대상으로 상담부터 법률 지원, 심리치료까지 원스톱으로 디지털 성폭력 피해자를 돕는 정책을 추진한다. 즉 한 명의 '지지동반자'가 신고를 접수한 시점부터 가해자 처벌이 종료되는 시점까지 한 명의 피해자를 전담해 각종 지원을 하는 것이다. 2021년에는 아동·청소년에게 특화한 '디지털 성폭력 통합지원센터'를 출범할 예정이다. 통

---

24) 김희경, "비극을 막을 아동보호 체계", 한겨레 (2012. 7. 26.).
25) 'n번방 사건'이 터지기 전에 시민사회는 물론 유엔 아동권리위원회까지 아동·청소년에 대한 성 착취와 학대로부터 아동·청소년을 보호할 것을 구체적으로 권고했으나("유엔 아동권리위 권고 본체만체… 그때 '박사방'은 태어났다", 경향신문 (2020. 3. 30) 참조.) 국회와 정부는 응답하지 않았다. 응답 없음은 국가의 존재 이유의 부재, 즉 죽음이다.

합지원센터에서는 디지털 성폭력 영상 피해자 지원과 동영상 삭제, n번방 사건과 유사한 범행 예방 교육 및 가해자 교육 등을 통합 운영한다는 계획이다.

그러나 현재 활동 중인 지지동반자는 3명이다. 피해 사건 수에 비해 인력과 예산이 턱없이 부족하다. 인권 도시를 표방하는 서울시에서 이제야 피해자를 위한 원스톱 지원시스템을 준비한다. 중앙정부는 이런 움직임조차 없다. 관련 업무는 각 행정부서의 하위 단위로 쪼개져 있다. 중앙정부와 지방정부 그리고 정부출연기관을 비롯한 공공기관, 여기에 대학 같은 연구기관 등이 협력하면서 피해자 지원과 함께 디지털 성폭력 문제를 해결할 수 있는 문이 닫혀 있다.

유엔아동권리위원회는 대한민국 제5-6차 최종견해에서 아동정책 조정위원회의 권한 강화를 권고했다.[26] 이제는 정책조정위위회로서의 조직형태에 대한 고민이 필요한 때다.

7. 아동·청소년 인권모니터링 제도의 문제

아동·청소년 인권모니터링 기구는 일단 국가인권위원회가 있다. 소위원회로 아동권리위원회가 있고, 아동·청소년인권과가 있다. 그렇지만 유엔아동권리위원회는 아동권리위원회의 독립성 보장을 포함한 법적 지위 확립, 진정 접수와 조사 권한 강화, 모니터링 강화, 국가인권위원회에 대한 충분한 자원 투입을 권고한다.[27][28]

2019. 7. 16. 아동복지법 제10조의2에 따라 아동권리보장원을 설

---

26) 보건복지부·국제아동인권센터, 대한민국 제5-6차 국가보고서에 대한 유엔 아동권리위원회 최종견해 (2020), 10.

27) 보건복지부·국제아동인권센터, 위의 책, 11.

28) 김형욱, "아동권리모니터링 제도운영에 관한 고찰", 아동과 권리 제15권 제1호 (2011), 1-19 참조.

립했다. 아동정책 수립을 위한 업무, 아동정책영향평가 지원, 아동학
대·가정위탁사업·아동복지사업 지원, 입양 관련 업무, 아동 관련 조
사와 통계 그리고 교육과 홍보 등 업무를 수행한다. 다만, 보건복지
부 산하기관으로서 아동·청소년 권리보장 전반에 걸쳐 모니터링을
할 수 있을지는 의문이다.

　하나의 기관이 총괄적으로 모니터링하는 것이 바람직하다고 볼
수는 없다. 다만, 아동·청소년 권리보장에서 사각지대가 없도록 모
니터링 연결망을 촘촘히 구축할 필요가 있다.

8. 아동·청소년 인권에 대한 인권의식을 증진하는 제도의 부재

　한국 사회에서는 '인권' 자체를 반대하는 사람들이 있다. 국회는
'인권교육지원법'조차 제정하지 못하고 있다. 2014. 10. 10. 유승민
의원 등 45인이 발의한 인권교육지원법안과 2018. 8. 24. 정성호 의
원 등 20인이 발의한 인권교육지원법안은 각각 2014. 11. 6.과 2018.
10. 1. 철회되었다.

　법안의 내용은 어린이집, 유치원, 학교, 구금·보호시설, 공공기관
과 공직 유관단체에서 인권교육을 해야 한다는 것, 교육부장관 또는
교육감은 초·중등학교의 교육과정에 인권교육을 반영하여야 한다는
것, 국방부장관은 모든 군인을 대상으로 지속적으로 인권교육을 실
시하여야 한다는 것, 국가·지방자치단체의 장은 평생교육기관에 인
권교육의 시행을 적극 권장하여야 한다는 것 등이다.

　인권교육을 위해 국가인권위원회가 5년마다 인권교육에 관한 종
합계획을 수립하고, 국가기관 등의 장이 소관별로 연도별 인권교육
시행계획을 수립·시행하여야 한다는 것, 그리고 국가인권위원회가
인권교육에 관한 실태조사와 그 결과에 따른 시정을 권고할 수 있
다는 내용이다.

한국사회에서 시급한 사안임에도 불구하고 일부 기독교 세력의 반대에 부딪혀 인권교육의 법적 근거조차 마련하지 못한 것이다. 국가가 해야 할 가장 기본적인 인권보장의무의 하나를 하지 못하고 있는 것이다. 유엔아동권리위원회는 인권교육 제공을 위한 법적 근거 마련과 전국적인 아동권리교육과 인권교육 보장, 아동과 함께 일하는 직업의 종사자에게 의무적 훈련 제공을 권고했다.

9. 소결: 아동·청소년 인권의 확인과 보장

국가 또는 사회의 헌법적 의무는 당연히 인간으로서 아동의 존엄과 가치 그리고 인권을 확인하고 보장하는 것이어야 한다. 특히 성년 권력으로부터 아동·청소년의 인권을 보호하는 일이 중요하다. 입법권을 비롯한 모든 통치권은 성년에게 있고, 비성년에게는 아무런 권력이 없기 때문이다. 법에 대한 나침반으로서 인권의 구실이 중요한 것처럼 아동·청소년 권리보장 법제에서 아동·청소년의 인권을 어떻게 설정할 것인가가 중요하다.

인권의 역사는 오랫동안 지속적인 투쟁을 통해 성취한 인정의 결과다. 그런데 아동·청소년의 경우에는 그 어떤 성년인 인권 주체보다도 인권의 확인과 보장을 향한 투쟁에서 정치적·경제적·사회적·문화적 수단이 매우 취약하다. 국회와 법원 그리고 헌법재판소는 입법과 판례를 통해 아동·청소년의 인권에 대한 의식 부족을 드러내고 있다. 예를 들어 헌법재판소는 "부모는 자녀의 교육에 관하여 전반적인 계획을 세우고 자신의 인생관·사회관·교육관에 따라 자녀의 교육을 자유롭게 형성할 권리"가 있다고 서술할 정도다.[29] 따라서 아동·청소년의 경우 당사자 투쟁 못지않게 보편적 인권 운동(투쟁)

---

29) 헌법재판소 2000. 4. 27. 선고 98헌가16 전원재판부 결정.

과 연대 운동(투쟁)이 필수적이다.

아동·청소년의 권리를 보장하기 위하여 총체적이면서 점진적인 접근이 필요하다. 아동·청소년의 권리 목록을 확인하고, 아동·청소년의 권리를 증진하기 위한 기구를 정돈하며, 아동·청소년의 인권 현실을 조사하고 그 결과에 따라 장기적인 계획을 세워 이행·점검하는 제도를 마련해야 한다.

Ⅲ. 아동·청소년 권리 보장 법제의 구성요소

아동·청소년의 권리를 보장하는 법제의 구현방안은 다양할 수 있다. 다만, 어떠한 내용을 담아야 하는지 그 공통적 구성요소를 포함하는 것이 중요하다.

1. 아동·청소년 권리를 구체적으로 확인하는 입법

아동·청소년의 권리 목록은 헌법이 보장하는 기본권의 보장 목록을 구체화하는 것이다. 최소한의 보편적 범주는 유엔아동권리협약을 참고할 수 있다. 현재로서는 헌법에서 보장하는 아동·청소년의 권리를 가장 적절하게 구현하고 있다. 아동·청소년 권리 보장을 위한 일반원칙은 아동·청소년이 차별을 받지 않을 권리, 최선의 이익을 보장받을 권리, 생존·발달권, 나이와 성숙도를 고려하여 견해를 존중받을 권리 등이다.

아동·청소년이 보장받아야 할 권리와 원칙의 첫 번째는 시민적 권리와 자유다. 아동의 출생신고와 성명권, 국적 취득권, 부모를 알고 부모에 의해 양육 받을 권리, 아동의 신분을 가질 권리, 신분을 유지하고 필요시에는 국가에 의해 신분 회복을 받을 수 있는 권리, 자유롭게 표현할 권리, 사상·양심 및 종교의 자유, 미등록 이주민 아동·청소년의 경우 긴급한 권리의 보장부터 점진적 상향 평등 원칙, 결사 및 평화적인 집회의 자유, 사생활, 가족, 가정 또는 통신에 대하여 자의적이거나 위법적인 간섭을 받지 않을 권리, 명예나 신망에 대한 위법적인 공격을 받지 않을 권리, 다양한 정보원으로부터 아동의 신체적·정신적 거강의 향상을 위한 정보와 자료에 접근할 권리 등이다.

아동·청소년이 보장받아야 할 권리와 원칙의 두 번째는 가정환경 또는 대체가정환경에서의 권리 보장이다. 아동·청소년 부모 등의 보호책임을 전제로 부모 등을 통해 지원을 받을 권리, 가족 재결합을 위한 입국과 출국의 자유와 권리, 불법 해외이송과 미귀환 그리고 모든 형태의 폭력으로부터 보호받을 권리, 가정환경을 박탈당한 아동과 입양·양육·보호기관의 정기조사, 아동양육비와 피해 아동의 회복 등이다.

아동·청소년이 보장받아야 할 권리와 원칙의 세 번째는 기초보건 및 복지다. 생명·생존과 발달, 맞벌이 가정의 양육 시설, 장애아동의 권리, 보건 서비스, 사회보장제도 이용권리, 적절한 생활 수준을 누릴 권리 등이다.

아동·청소년이 보장받아야 할 권리와 원칙의 네 번째는 교육·여가와 문화 활동이다. 교육에 대한 권리, 여가·오락·문화 활동에 참여할 권리 등이다.

아동·청소년이 보장받아야 할 권리와 원칙의 다섯 번째는 특별보호조치다. 난민·노동·마약·성적 착취를 비롯한 모든 형태의 착취로부터의 보호, 고문·비인간적 대우·자유 박탈·무력분쟁으로부터의 보호, 피해 아동의 회복과 사회 복귀, 공정한 재판과 대우 등이다.

아동·청소년의 인권 목록은 보편적 인권이 한국 상황에서 특히 보장되지 못한다면, 그 상황을 고려하여 구체적으로 확인할 필요가 있다. 가칭 '아동·청소년 인권법' 제정을 제안한 보고서에서 제시한 '10대 핵심 인권'은 다음과 같다.30) ① 폭력 없는 세상에서 건강하게 살 수 있는 권리, ② 차별을 받지 않을 권리, ③ 인간다운 생활을 할 수 있는 권리와 인간적인 노동을 할 수 있는 권리, ④ 자율적·창의적으로 서로 도와가며 감당할 수 있는 만큼 학습할 수 있는 권리, ⑤ 인문학·예체능 등 문화를 최대한 향유할 수 있는 권리, ⑥ 자신의 문제를 스스로 결정하며 사회적·정치적 영역의 의사결정에 참여할 수 있는 권리, ⑦ 자유롭게 생각과 의견을 표현할 수 있는 권리, ⑧ 생태와 평화에 관한 권리, ⑨ 사회적 보호 또는 복귀를 위하여 총체적 돌봄을 받을 수 있는 권리, ⑩ 자신의 인권을 인식하고 자각하며 주장하고 실현할 수 있도록 인권교육을 받을 수 있는 권리 등이다. 각 권리는 아동·청소년이 보장받아야 할 구체적 권리 내용을 포함하고 있다.

또 다른 아동·청소년의 권리 목록은 촛불청소년인권법제정연대 국회법률단의 '아동·청소년인권법안',31) 김상희 의원 등 22인이 발의한 아동·청소년인권법안32) 등을 참고할 수 있다.33) 학생인 아동·청소년의 학교에서의 인권 목록은 경기도, 서울특별시, 전라북도 등의 학생인권조례를 참고할 수 있다.

---

30) 오동석·김원태·김지수·장윤호, 아동청소년 인권실태 분석 및 아동청소년 인권법 입법 방안 연구, 경기도교육청 (2012), 215 아래. 간략한 내용은 오동석, "아동·청소년인권법 제정의 필요성과 그 입법방안", 아동·청소년인권 실태 진단 및 법 제정을 위한 토론회, 국회의원회관 (2012. 8. 13), 10 참조.
31) 강정은, "아동청소년인권법 제정요구안", 아동·청소년 인권법 제정을 위한 간담회, 국회 의원회관 (2017. 11. 16), 12-87 참조.
32) 2013. 4. 5. 제안, 2016. 5. 29. 임기만료폐기.
33) 촛불청소년인권법제정연대 국회법률단, "아동·청소년인권법 제정안", 아동·청소년 인권법 제정을 위한 간담회, 국회 의원회관 (2017. 11. 16).

2. 아동·청소년 권리 관련 금지사항의 확인

권리는 일정한 행위(작위)나 부작위 또는 일정한 사항의 금지 또는 제한 효과가 있다. 체벌을 받지 않을 권리를 인정해야 하지만, 권리로 보기에는 석연찮은 점이 있다. 신체의 자유가 기본적 인권이다. 범죄자에 대해서는 교도소에 수용하는 방식으로 신체의 자유를 제한하는 조치를 한다. 헌법이 인정하는 기본권 제한 조건을 충족하지 않으면 기본적 인권을 제한해서는 안 된다. 그렇지 않으면 기본적 인권의 침해다. 교도소에 수용되지 않을 권리가 아니라 신체의 자유의 권리 효과로서 국가는 개인을 헌법과 법률의 요건에 해당하지 않는 경우 교도소에 수용할 수 없는 제약을 받는 것이다.

권리 보장을 제도화하면 할수록 권리는 양산되지 않는다. 반면 권리 보장을 제도화하지 않으면 권리가 양산된다. 제도화를 끌어내려고 정당성의 우위를 강조하기 위해 권리 주장이 나타나는 것이다. 체벌은 인간으로서의 존엄권과 신체의 자유에 대한 본질적 내용의 침해다. 체벌할 수 있는 권력을 가진 주체에 대해 체벌 금지가 규범으로 작동한다. 체벌을 받지 않을 권리가 나타날 여지가 없다. 자유와 권리는 그 파생 효과로서 권력에 대한 제한과 금지를 담고 있다.

아동·청소년의 인권에 대한 확인과 구체화 그리고 보장이 이뤄지지 않은 상황에서는 권리와 금지를 명시하는 일이 필요하다. 예를 들면, 과도한 학습을 강요당하지 않을 권리가 필요한 것이다. 더욱이 그것만으로는 충분치 않기 때문에 학교는 학생에게 과도한 학습을 강제해서는 안 된다는 규정들이 필요한 것이다. 각종 예외 조건을 만들어 사실상 권리를 침해하는 일이 빈번하게 일어나기 때문이다.

아동·청소년의 인권을 보장하는 법제화 과정에서는 권리 확인과 함께 그 파생 효과로서 각종 금지 내용을 예시적으로 규정하지 않을 수 없는 것이 한국사회의 현실이다. 예를 들어 "학교의 장은 …

도구, 신체 등을 이용하여 학생의 신체에 고통을 가하는 방법을 사용해서는 아니 된다"라는 초·중등교육법 시행령 제31조 제8항이 '도구, 신체 등을 이용하지 않으면', '신체에 고통을 가하는 방법이 아니라면' '교육벌'이 가능하다는 것이 현실이다.[34] '체벌을 당하지 않을 권리'로도 여의치 않고, '학교, 학교의 장, 교사는 어떠한 경우라도 체벌을 할 수 없다.'라는 표현도 부족하며, '사소한 육체적·정신적 불편함을 초래하더라도 그것이 제재를 가하는 벌 또는 불이익이라면 모두 체벌이고, 그러한 체벌은 어떠한 경우라도 금지한다.'라고 명시해야 한다. 당분간 아동·청소년 인권 계몽 차원의 법조문화(法條文化)를 피할 수 없다.

3. 아동·청소년의 인권을 보장하는 행정의 구성요소

가. 아동·청소년 인권상황 실태조사

아동·청소년의 구체적 인권 목록은 정치적인 선언이 아니다. 그 목록은 현재 아동·청소년이 처한 인권상황에서 도출해야 한다. 인권상황에 대한 정기적이고 구체적인 실태조사가 필요한 까닭이다. 아동복지법 제11조에 따라 아동종합실태조사를 5년마다 하고 있고, 국가인권위원회도 연구용역을 발주하여 특정 주제에 따른 아동·청소년 인권실태조사를 하고 있으며, 지방정부 차원에서도 다양한 아동·청소년 인권실태조사를 하고 있다.

아동·청소년의 삶이 다양한 만큼 아동·청소년 인권상황에 대한 실태조사의 범위는 인권과 규범 그리고 현실 등 다양한 차원에 걸쳐 있어야 한다.[35] 문제는 실태조사의 결과를 어떻게 활용하여 계획

---

34) 한상희, "체벌 및 초중등교육법시행령 개정안의 위헌성", 민주법학 제45호 (2011), 213-254 참조.

과 정책 그리고 모니터링에 활용하고 있는지의 문제다. 그걸 전반적으로 검토하는 주체가 있느냐의 문제도 있다. 그러한 검토가 있어야 아동·청소년 관련 기관에서 하는 각종 실태조사는 적절한 역할 분담을 하게 되고 비효율성을 제거하면서 아동·청소년 인권의 사각지대를 줄여갈 수 있다. 그리고 그 조사 결과를 종합해서 정책으로 변환하는 작업 역시 마찬가지의 절차가 뒤따라야 한다.

방법론으로는 연구용역에 의해 단시간에 조사할 수 없는 사안인 점을 인식해야 한다. 실태조사는 아동·청소년의 권리를 보장하는 법과 제도 그리고 정책에 어떤 문제점이 있는지를 드러내야 한다. 시급한 과제와 중·장기적 과제를 설정할 수 있어야 한다. 아동·청소년 당사자·전문가·인권활동가·정책담당자 등이 함께 머리를 맞대고 발로 뛰어서 만들어야 한다.

나. 아동·청소년 (인권)영향평가제도

아동·청소년 (인권)영향평가제도는 아동·청소년이 관련되는 어떠한 정책이나 법령, 제도, 사업, 각종 프로젝트를, 본격적으로 도입·시행하기 전에 아동·청소년의 최선 이익을 해칠 가능성을 예방하는 차원에서 해당 정책 등이 아동·청소년에게 어떤 영향을 미칠 것인지를 미리 점검함으로써 해당 정책을 폐지하거나 수정하거나 하는 방식으로 아동·청소년 권리를 보장하는 제도다.[36]

아동복지법 제11조의2는 '아동정책영향평가' 제도를 규정하고 있다. 국가와 지방자치단체는 대통령령으로 정하는 바에 따라 아동 관

---

35) 예를 들면, 양옥경·정익중·배은경, 아동청소년 인권 국제기준 인식도 조사, 국가인권위원회 (2017) 참조.

36) 박영균·조홍식, 아동·청소년 영향평가제도 도입 방안 연구, 한국청소년정책연구원 (2014); 김광혁·김현숙, 완주군 아동영향평가, 완주군청·전주대학교 산학협력단 (2015) 참조.

련 정책이 아동복지에 미치는 영향을 분석·평가하고, 그 결과를 아동 관련 정책의 수립·시행에 반영하여야 한다. 국가와 지방자치단체는 아동권리보장원에 '아동정책영향평가'를 위탁할 수 있다. 지방정부 차원에서도 아동·청소년 인권영향평가제도를 도입하는 경향이 있다. 다만 그 평가가 형식적이거나 아직 방법론이 충분하게 정립되지 않았거나 실태조사와 정책 수립 그리고 기본계획 수립 등 다른 절차와 어떻게 연계해야 하는지, 그리고 중앙정부와 지방정부는 어떻게 그 역할을 분담해야 하는지 법제를 정비할 필요가 있다.

다. 아동·청소년 권리 보장 행정기구 설치

아동·청소년의 권리를 보장하는 행정 기구가 필요하다. 현재 한국의 행정체계와 행정조직은 국가편의와 행정관료 중심이어서 전면적인 정부조직의 혁신을 요청한다. 현재 상황에서 이러한 혁신이 어렵다면, 아동·청소년 권리의 보장을 전담하는 '행정 각부' 단위의 집행부서가 필요하다. 가칭 '인권부'에서 아동·청소년 전담부서는 여성·장애인·노인·이주민 등 전담부서와 협조하면서 주도적 역할을 해야 한다. 주도적 역할은 시작점이 되어야 함을 의미한다.

라. 아동·청소년 권리 보장을 위한 예산의 확보

아동·청소년 인권전담 부서의 집행력을 담보하기 위한 아동친화예산제도가 필요하다. 예를 들어 양성평등기본법 제16조 제1항은 성인지 예산제도를 두어, 국가와 지방자치단체가 관계 법률에서 정하는 바에 따라 여성과 남성에게 미치는 예산의 영향을 분석하고 이를 국가와 지방자치단체의 재정 운용에 반영하도록 하고 있다. 아동친화예산도 매년 전국적인 적정기준의 아동예산 비율을 계상하여 아동친화예산을 확보하고, 지방정부 중심으로 집행하되 필요한 경우 중앙정부가 지방정부를 지원하는 구조다. 예산은 중·장기 계획 속에서 연차별 계획에 따라 집행하되 아동·청소년 인권상황 실태조사를 바탕으로 배정하고 그 시행의 적정성 여부를 사후 감독하여 이듬해 예산 배정에 되먹임하는 구조다.

마. 아동·청소년 권리 보장을 전담하는 부처의 설치

한국 사회는 오랜 독재정권 시대에 걸쳐 대규모 인권침해가 있었음에도 한국에는 인권 업무를 전담하는 행정부처가 없다. 김대중 정부 시절 국가인권위원회를 설립했지만, 국가인권위원회는 집행력 있는 행정부처가 아니다. 국가인권위원회의 권고를 받아들여 행정 영역에서 계속해서 협력할 기관이 없다. 시민사회에서 아동계와 청소년계의 갈등이 있다.37) 그러나 한정된 예산 속에서 각 정부 부처의 조직적 이해관계의 갈림에 의한 것일 뿐 양계가 특별히 갈등을 일으킬 요인은 없다고 본다. 아동·청소년의 권리보장을 전담하는, 집행력 있는 행정부처를 설립하고, 시민사회와 실질적 거버넌스를 조성하는 것이 적절할 것이다.

---

37) "아동계는 청소년계가 18세 이상 청소년을 실제 사업대상으로 하고 있지 않으면서 문화활동 및 역량강화 등의 분야를 뺏어갔다고 비판"하며, "청소년계는 아동계가 요보호아동에 초점을 둔 사업을 하고 문화활동 및 역량강화를 등한시하고 있음으로서 일반아동을 배제하고 있을 뿐만 아니라 중고등학생 연령층을 아동으로 칭(稱)하고 있어 현실적인 국민정서를 반영하지 못하고 있다고 비판"한다 [김민영, "아동·청소년 통합정책에 대하여: 아동·청소년기본법을 중심으로", 2008. 11. 24, 3, 〈http://www.google.co.kr/url?sa=t&rct=j&q=&esrc=s&frm=1&source=web&cd=6&ved=0CFYQFjAF&url=http%3A%2F%2Fcfile227.uf.daum.net%2Fattach%2F1220A2284BE5391B94A22C&ei=V-IQUKuqIOntiQLL6YDYBA&usg=AFQjCNHIQ-w4ZIdqoysCBJlnw3zEGijqww&sIg2=qA5EYyS2BnHMj4uIwyPNrg〉 (2012. 7. 26. 확인) 관련 문제와 대안에 대해서는 이응교, "아동·청소년정책 통합의 문제와 대안", 청소년학연구 제15권 제4호 (2008), 183-201 참조].

바. 지방정부 중심 행정체계와 중앙정부의 지원체계 구축

아동·청소년 권리 보장은 행정 중심이나 관료 편의가 아니라 인권 중심이어야 한다. 아동·청소년의 인권에 대한 보호는 전담기구 설치에서 그치지 않고, '한 아이를 키우는 데 한 마을이 필요하다'라는 말처럼 지역사회에서 아동·청소년을 돌보는 체계를 구축해야 한다. 국가와 지방자치단체의 협력 체제 그리고 지방자치단체의 아동·청소년 보호 체계는 제대로 구축되어 있지 못하다.

아동·청소년의 권리에 대한 중앙정부의 책임성과 관심은 증대하고 있으나, 지방자치단체는 여전히 보호가 필요한 아동·청소년 중심의 아동·청소년 정책에 관심을 두고 있어 모든 아동·청소년의 권리 증진에 한계를 노출하고 있다. 중앙정부의 독점적·집권적 태도와 지방자치단체의 소극적 태도는 아동·청소년의 권리에 대한 인식 부족으로 아동·청소년 정책은 중앙정부 중심이다. 과거와 달리 중앙정부의 사무가 지방정부에 이양되고, 지방정부의 독자적인 사업 전개가 가능하지만, 재정 자립도 등 많은 부분에서 지방정부의 역량은 미흡하다.

4. 아동·청소년 권리의 보장을 감독하는 기구

아동·청소년의 권리의 실효성을 증진하기 위해 권리보장의 실태와 권리침해 구제 그리고 권리 보장에 필요한 전반적인 사안을 감독하고 권고하는 독립기구의 조직과 운영에 관한 법제가 필요하다.

현재 국가인권위원회를 비롯하여 아동·청소년의 인권상황과 그 개선 상황을 감독하는 기구가 있다. 그러나 그 권한이나 역할이 독립성과 범위에서 제한적이다. 아동·청소년의 인권침해를 구제하고 감독하며 인권 상황 개선을 권고하는 독립기구를 설치할 필요가 있다. 유엔아동권리위원회는 「일반논평 2: 아동 인권 보호와 증진에서 독립적인 국가인권기구의 역할(2002)」에서 아동·청소년 인권 보호와 증진에서 독립적 국가인권기구의 역할을 구체적으로 제시하고 있다.

5. 아동·청소년 권리 보장을 증진하기 위한 교육체계

아동·청소년의 권리를 아동·청소년과 성년들에게 알리는 정책을 시행해야 한다. 기존 아동·청소년 관련 법은 모두 성년의 관점이다. 오늘날 인권교육을 받을 수 있는 권리는 매우 중요한 인권 중의 하나이다. 특히 학교에서 인권교육이 중요하다.[38] 이때 인권교육은 학교의 인권적 구조 변화를 동반해야 한다.

2011. 3. 17. 제16차 유엔 인권이사회에서는 「인권교육 훈련선언」을 최종 채택(A/HRC/16/L.1)했다. 그 내용은 인권교육의 정의·원칙과 함께 인권교육에 접근할 권리(right to human right education)를 기본권으로 강조하고 있다. 구체적으로는 인권교육이 인권에 대한 교육(지식), 인권을 통한 교육(교수학습방법-기술), 인권을 위한 교육(자기존중·타인존중 태도)이라는 인권교육의 개념과 정의를 분명히 하고 있다. 인권교육이 전 생애 평생교육으로서 인권교육과 사회 각 영역에서 인권교육을 실시하는 내용을 담고 있다.[39]

유엔아동권리위원회는 학교 교육과정에 인권교육을 포함한 것으로 환영하면서도 아동권리협약에 대한 인식도 낮다는 점을 우려하며, 인권교육의 법적 근거를 마련하고 적정 자원을 할당할 것을 권

---

38) 구정화, "유엔아동권리협약을 고려한 학교 인권교육의 방향", 사회과교육 제48권 제1호 (2009), 1-12 참조.

39) 박경서, "인권교육의 국제적 동향과 한국적 과제", 인권교육의 국내·외적 동향과 실천 방안: 국가인권위원회·한국법과인권교육학회 2011 연차학술발표회 및 제13차 인권교육포럼 자료집 (2011. 10. 22), 5-6.

고했다.[40] 아동·청소년의 권리에 대한 교육은 당사자인 아동·청소년에게도 중요하지만, 관련 입법에 관여하는 국회의원을 비롯한 입법관계자, 행정 업무를 수행하는 행정담당자, 사법 업무를 담당하는 법관을 비롯한 법원관계자 등에게는 필수적이다.

6. 아동·청소년 권리 증진의 지속성 확보

근대국가는 개인의 인권을 보장하는 독점적 주체이자 감시자 없는 권력자로서 자리매김했다. 국제인권 규범은 그 법적 실효성이 미약하지만, 국가의 인권보장 책임을 추궁할 수 있는 제도다. 국가인권위원회는 인류 보편의 약속으로서 국세인권 규범을 국가가 이행하도록 촉진하는 기구다. 국가인권위원회는 국회의 입법에 대해 인권 관점에서 권고할 수 있지만, 이제는 그것을 더 실효성 있게 확보할 수 있는 제도를 고민해야 한다.

아동·칭소년 인권을 보상하는 법제화 방법론으로 유엔아동권리협약을 이행하기 위한 내용을 담는 방안을 고려할 수 있다.[41] 「아동의 권리에 관한 국제협약」은 1989년 11월 유엔에서 채택하고 1990년 1월 26일부터 서명을 위해 개방했다. 한국은 1990년 9월 25일 이 협약에 서명하고, 1991년 11월 20일 비준했으며, 1991년 12월 29일부터 국내에서 효력을 발생했다. 국회의 동의가 없었지만, 일반적으

---

40) 보건복지부·국제아동인권센터, 앞의 책, 11.
41) 국제아동인권센터, 유엔아동권리협약 이행을 위한 법적 제도화 방안 연구, 국제아동인권센터, (2016), 110. 그리고 김영지·김희진·이민희·김진호·이미영·김재나, 아동·청소년 권리에 관한 국제협약 이행 연구, 한국청소년정책연구원 (2017); 최창욱·황세영·유민상·이민희·김진호·문지혜, 아동·청소년 권리에 관한 국제협약 이행 연구, 한국청소년정책연구원 (2018); 김영지·김희진·이민희·김진호, 아동·청소년 권리에 관한 국제협약 이행 연구, 한국청소년정책연구원 (2019) 참조.

로 승인된 국제법규에 해당한다는 의견이 지배적이다.[42] 다만 여전히 국내법과 같은 효력을 인정하는 요건으로서 헌법에 따라 체결·공포된 조약인지 시비가 있을 수도 있다.

국제인권조약을 이행하는 법률은 헤이그 국제아동탈취협약이행에 관한 법률, 세계무역기구협정의 이행에 관한 특별법, 자유무역협정의 이행을 위한 관세법의 특례에 관한 법률 등 적지 않다.[43] 유엔 아동권리협약의 구체화와 함께 실효성 있는 이행을 위해 협약의 아동·청소년 인권 목록을 확인하고, 한국적 상황에 맞는 인권 목록을 추가하며, 협약의 이행 책무를 구체적으로 국회의 입법의무, 행정부 처별 담당 책무, 법원과 헌법재판소에서의 필요사항 등을 담는 것이 필요하다.

IV. 아동·청소년 권리 보장 법제의 구조와 과제

1. 아동·청소년 권리의 생태계를 형성하는 기본연결망 법제

아동·청소년 권리 보장 법제의 기본 이념과 원칙 그리고 제도를 총체적으로 규정한 기본법이 필요하다. 기본법의 기능은 세 가지 정도다. 첫째, 아동·청소년 권리보장 정책의 이념이나 기본 사항을 정함으로써 향후 정책을 추진하거나 제도를 정비하도록 하는 지속성을 확보하는 것이다. 둘째, 아동·청소년 권리 보장 제도·정책의 전체

---

42) 박재윤, "「아동의 권리에 관한 국제협약」과 국내 교육관계법령의 충돌 및 그 해결방안에 관한 연구", 교육법학연구 제11권 (1999), 126.
43) 도경옥, "입법조치를 통한 조약의 이행: 한국의 입법례를 중심으로", 국제법학논총 제59권 제2호 (2014) 참조.

적인 틀을 제시함으로써 종합화·체계화를 꾀한다. 셋째, 아동·청소
년 권리 보장 정책을 장기적인 전망에 따라 점진적으로 이행하기
위한 전략을 수립한다.[44)

가칭 '아동·청소년인권법'은 아동·청소년의 권리를 보장하는 법
제의 기본법으로서의 의미가 있다.[45) 그 제정의 목표는 유엔아동권
리협약과 학생인권조례 그리고 그동안 한국 사회에서 제출된 각종
법안을 확인하면서 구체화하고 총괄하는 것이다. 특히 아동권리협
약을 어떻게 이행할 것인가, 특히 제4조의 이행방안을 어떻게 확보
할 것인가가 중요하다.

아동권리협약 제4조는 국가가 아동·청소년의 권리를 실현하는
데 필요한 모든 적절한 입법과 행성 등 모든 조치를 하도록 규정하
고 있다.[46) 헌법에 따라 체결·공포한 조약은 국내법과 같은 효력이
있다(헌법 제6조 제1항). 문제는 다시 협약을 실질적이고 구체적으
로 이행하게 할 수 있는 법이다. 사회 현실의 변화에 따라 법도 변
해야 한다. 법이 바뀌어야 행정도 바뀐다. 입법자를 구속할 수 없다
는 게 문제다. 당장은 입법자의 자기구속적 입법 의무, 길게는 입법
청구권의 제도화다. 이것은 아동·청소년 권리의 법제화에 한정할 일
은 아니다. 일반법으로서 가칭 '국제인권조약의 이행에 관한 법률'
이 필요하다. 그래야 아동·청소년의 권리와 관계있는 다양한 국제인
권조약을 아동·청소년인권법에 반영하는 지속적 구조를 형성할 수
있다.

---

44) 국제아동인권센터, 앞의 책, 105-106.
45) 기본법에 대해서는 황승흠, "기본법체제에 대한 법학적 이해", 공법학연구
   제11권 제1호 (2010) 참조.
46) 현소혜, "「UN 아동권리협약」 제4조의 이행상황", 법조 제65권 제2호 (2016).

2. 아동·청소년의 보편적 권리보장을 전제로 특수 상황에 놓인 아동·청소년 권리보장 법제 정비

아동·청소년 권리를 보장하는 기본법 제정은 관련 개별법의 개정을 통한 정비를 수반한다. 기본법은 그 자체로 완성되는 것이 아니라 향후 과제를 설정하는 법이다. 법의 실효성이 떨어지는 정치적 선언이라는 비판이 있을 정도다. 실효성 있는 법률을 정비하는 일이 본격적인 권리보장 법제화 작업이다. 정치적 전시(展示) 입법을 탈피하는 필수과정이다.

사람은 누구나 일정한 상황 조건에 있다. 인권은 인간으로서 권리를 보장함으로써 누구나 일정한 상황 조건에도 불구하고 동등한 관계를 형성한다. 권리보장의 법제화는 특수 상황에 놓여 있는 아동·청소년에게 특수 상황으로 인한 불리함을 권리 내용으로 충전하는 일이다.

한국청소년정책연구원의 '한국 아동·청소년 인권실태 2019 총괄보고서'는 인권 범주를, ① 인권 일반과 일반원칙, ② 시민적 권리와 자유, ③ 폭력과 학대, ④ 가정환경과 대안 양육, ⑤ 장애, 기초적 보건과 복지, ⑥ 교육, 여가 및 문화적 활동, ⑦ 특별 보호조치 등으로 설정했다. 특별 보호조치의 범주로는 ① 이주 배경 아동과 근로 청소년, ② 성 착취와 인신매매, 소년사법 등으로 설정했다.[47]

아동·청소년 또는 인권의 단순 범주화는 특수 상황의 아동·청소년에 대한 관심을 놓치거나 중첩적인 인권 위험 상황에 놓인 아동·청소년의 문제를 간과하기 쉽다. 법률 단위는 아니더라도 법률의 부분에서 구체화하여 그 권리를 보장해야 한다. 예를 들면, 난민 아동,

---

[47] 김영지·김희진·이민희·김진호, 아동·청소년 권리에 관한 국제협약 이행 연구: 한국 아동·청소년 인권실태 2019 총괄보고서, 한국청소년정책연구원 (2019), 113 아래.

장애 여성 아동·청소년, 이주 배경 학교 밖 아동·청소년, 미등록 이
주노동자의 자녀인 아동·청소년 등 다양한 보호 필요 상황의 조합
이 가능하다.48) 나이와 성숙도에 따른 차이도 마찬가지다.

다른 한편 특수 상황에 놓인 아동·청소년의 경우 특정한 인권과
연계된다. 장애인인 아동·청소년의 경우 특히 교육권 보장이 중요한
의미가 있다. 특수한 상황에 있는 아동·청소년의 특별한 권리를 보
장하는 법제는 결과적으로는 아동·청소년 일반의 권리보장 법제의
개혁과 연동해야 한다.

예를 들어 장애인인 아동·청소년의 교육을 받을 권리의 보장은
모든 아동·청소년의 교육을 받을 권리를 보장하는 문제와 연결될
수밖에 없다. 교육의 진정한 의미와 가치 그리고 인권적 의미를 재
인식하고 그것을 제도화하는 방안을 고민한다면, 아동·청소년이 교
육을 받는 데 아동·청소년의 장애 유무는 큰 문제가 아니다. 사회적
차별 의식과 차별을 시정하는 사회적 제도의 부재가 가장 큰 원인
이기 때문이다.49)

또 다른 예를 들면, 이주 배경 영유아를 보호하기 위한 출생등록
제도는 가족관계의 등록 등에 관한 법률이 인권 중심이 아니라 국
적 중심이지 않은가 하는 성찰과 함께 보편적 인권을 보장하는 법
률로서의 전환을 요청한다. 인권의 관념은 법제화의 과정에서 다시
수정되며 그 지평을 확장한다. 국적이 아니라 인간임을 더 중심에
놓는 '인(人)=민권(民權)'으로서 인권의 보편적 이념에 가까이 갈 수
있다.

보편성과 특수성의 수렴은 아동·청소년 법제에서 다양한 나이와

---

48) 권용진, "미등록 이주아동 의료접근권에 관한 고찰", 고려법학 제63권 (2011),
    243-285.
49) 이현수, "장애아 교육권에 관한 연구", 장애아동인권연구 제5권 제2호 (2014),
    1-15.

성숙도에 따라 달리 규정하는 일을 요청하기도 한다. 현행 법제의 문제는 일관된 기준 없이 혼란스럽다는 것이고, 권리와 책임의 비례 관계가 적정하지 않다는 것이며, 개별 법률마다 아동·청소년의 나이와 성숙도에 따라 권리를 보장하는 내용을 담고 있지 않다는 것이다.

외국의 아동·청소년 관련 입법의 사례로 노르웨이의 환자 권리법(Patients' Rights Act)을 들 수 있다.[50] 환자 권리법의 존재도 배울 점이시만, 아동·청소년 관련 상세한 규정을 두고 있다.[51] 먼저 환자에게 제공하는 정보는 정보를 받는 환자 개인의 나이, 성숙도, 경험, 문화와 언어적 배경을 충분히 고려하여 그에 맞추어 제공해야 한다. 의료인은 환자가 받은 정보의 내용과 정보의 중요성을 이해하였는지 가능한 한 최대한 보장해야 한다. 나이에 따라 정보 제공 방안을 구체화하고 있다. 환자가 16세 이상일 경우와 16세 미만일 경우, 12-16세의 환자일 경우 적절하게 달리 규정하고 있다. 16세 미만의 내용은 아동복지서비스를 받을 때도 같은 기준이다. 아동·청소년이 성장하고 성숙해감에 따라 아동의 부모, 부모로서 책임이 있는 성인, 아동복지시설은 아동의 의견을 청취해야 한다. 12세 이상의 아동은 자신의 건강과 관련된 모든 질문에 관해 아동 본인의 생각을 말할 기회를 보장받는다.

아동·청소년의 나이와 성숙도를 고려하여 개별 법률마다 구체적으로 입법하려면 그 부담이 만만치 않을 것이다. 그런데 그것이야말로 국가의 당연한 책무다. 인권과 민주주의는 인적·재정적 부담을 기꺼이 감수하는 것이다. 국회의 입법 지원 기구의 확장과 적정한 운용 못지않게 아동·청소년 정책 전담 부처의 설치를 주장하는 이

---

50) 국제아동인권센터, 앞의 책, 58 아래 〈표 20〉 참조.
51) 노르웨이도 유엔아동권리위원회의 권고를 받고 있는 걸 보면, 아동·청소년 권리보장을 향한 법제화 노력은 끝이 있을 수 없다 [김연우, "유엔아동권리위원회의 동향 및 한국에의 시사점", 보건복지포럼 제171호 (2011), 100-113 참조].

유 중 하나는 헌법상 법률안 제출권이 정부에게도 있기 때문이다. 시민사회와 민주적인 거버넌스 관계가 수립된다면, 정부의 법률안 제출 문제를 나쁘게 볼 일은 아니다. 국회는 인권과 민주주의 관점에서 적정한 통제와 함께 입법을 완성하는 구실을 충실히 하면 될 일이다. 국회 또한 시민사회의 연결되어 광범위한 민주주의적 입법 통제를 수행할 수 있을 것이다.

3. 아동·청소년 권리보장의 실효성을 증진하는 씨줄 법제 정비

아동·청소년 권리보장의 실효성을 증진하기 위한 씨줄 법제로서 먼저 아동·청소년의 정치적 권리와 참여권을 다양한 차원에서 실질적으로 보장하는 체계를 조성해야 한다. 최근 공직선거법 개정으로 선거권 나이가 19세에서 18세로 낮춰졌다. 중요한 변화지만, 아동·청소년 권리보장에서 실질적 효과는 미지수다. 민주주의에서는 선거에서 투표권 행사도 중요하지만, 선거 과정에서 정치적 토론과 후보자 정책에 대한 판단 그리고 그 과정에서의 살아 있는 민주시민교육이 더 중요하다. 그런데 학생이라는 이유로 학교에서 정치적 토론은 큰 제약이 따른다. 법제상으로는 정당 가입 나이를 선거권 나이와 연동하게 해서 정당 활동을 통한 정치적 권리 행사와 민주시민교육을 가로막고 있다. 피선거권 나이는 여전히 25세다. 온전한 정치적 권리를 보장하고 있지 못하다.

더 넓게는 학교 또는 지방정부에서 참여제도가 생겨났지만, 형식적인 조직의 설치에 머물고 있다. 입시 위주 교육 탓에 아동·청소년의 실질적 참여가 어려운 점도 있지만, 그 운영과정에서 문제가 더 크다. '아동·청소년의회'의 예를 든다면, 실제 지방의회 의원들에게 하는 것처럼 충분한 행정정보를 제공하고 있는지, 의견을 제시하는 경우 그에 대한 진지한 검토와 그 결과를 통보하고 있는지, 그리고 아동·청소년이 나이와 성숙도에 따라 이해할 수 있도록 아동·청소년 친화적인 자료를 제공하고 있는지 등을 검토해보면 알 수 있다.

유치원에서 참여와 민주시민교육과 중·고등학교에서의 참여와 민주시민교육은 다르다. 그 차이를 줄이는 것은 아동·청소년이 나이와 성숙도에 따라 동등하게 참여할 수 있도록 제도적 보완을 하느냐의 문제다. 유치원의 경우 참여와 민주시민 교육의 대상에서부터, 언어 문세와 같은 접근방법론,52) 의견의 비중 설성, 의견 수렴 결과에 대한 되먹임 등 세밀한 장치가 필요하기 때문이다.

가칭 '민주시민교육법'이든 '아동·청소년 참여권 보장 법률'이든 정치적 권리 또는 참여권을 구현할 수 있는 제도를 각 사회 영역과 국가 영역에 설치·운용할 수 있는 법률이 필요하다. 다만, 현재의 각종 교육법을 정비해야 한다. 교육의 방법론 또한 강사와 수강자의 관계를 벗어나 실질적인 참여제도를 통해 인권교육과 민주시민교육 효과를 확보하면서 실천과정에서의 쟁점을 토론하고 합의하는 방법론을 취해야 할 것이다.

아동·청소년 권리보장의 실효성을 증진하기 위한 씨줄 법제로서 다른 하나는 아동·청소년의 권리의 실효성을 증진하는 되먹임 법제 정비다. 아동·청소년 인권을 보장하기 위한 독립적인 국가인권기구의 조직과 구성 그리고 권한과 업무에 대해서는 여러 가지 방안이 있을 수 있다. 현실적인 방안은 국가인권위원회에 독립적인 전담기구로서 가칭 '아동청소년 인권옴부즈퍼슨 또는 인권위원회'를 독립적으로 설치하는 것이다. 다만, 아동·청소년 인권에 대한 접근방법과 절차의 특수성 등을 고려할 때, 국가인권위원회와 협조 관계가

---

52) 예를 들면, 국가인권위원회 부산인권사무소, (쉬운 말로 읽는) 아동권리협약과 이주아동의 인권 보호, 국가인권위원회 (2012); 국제아동인권센터·NAUH, 유엔아동권리협약 북한어 버전(아동용), 국제아동인권센터·NAUH (2019) 참조.

잘 이루어진다면 반드시 국가인권위원회에 소속한 기구로 설치할 필요는 없다. 아동청소년 인권옴부즈퍼슨은 아동청소년 인권상황에 대한 실태조사와 권리침해 구제를 바탕으로 아동·청소년 인권 담당 행정부서에 대한 감독·권고와 아울러 중앙정부와 지방정부의 입법·행정·사법 전반에 걸쳐 아동·청소년 인권 증진을 위한 정책 권고, 그리고 아동·청소년 인권교육의 총괄 기능을 수행한다.[53]

4. 아동·청소년 권리의 보장 단위를 연결하는 날줄 법제

권리는 보통 주관적, 즉 개인적 권리로 이해한다. 성년도 그런 측면이 있지만, 아동·청소년의 경우 권리 보장의 실현 공간 또는 환경이 중요하다. 가정[가족], 학교, 마을, 도시 등이 아동·청소년 권리 보장의 생태계를 조성해야 한다. 다양한 가족 형태의 인정과 '탈가족', 그리고 사회적 양육이 가능해야 한다.

시·도 교육청에서 추진하는 학생인권조례는 학교 공간에서 아동·청소년 권리 보장의 계기를 마련했다. 그렇지만 학교에서 학생과 교사의 정치적 권리와 정치적 표현의 자유는 아직 보장되고 있지 않다. 이른바 '학생의 미성숙성'을 이유로 교사의 정치적 권리까지 침해하고 있다. '법적인 미성숙성' 문제는 개인 차원의 법적 권리와 책임 문제다. 정치는 개인의 대등하고 자유로운 의사 표현을 바탕으로 공통의 의사를 형성하는 과정이다. 개인이 아니라 그 사회의 정치적 역량의 문제이므로 개인의 역량 차이는 집합적인 과정에서 해소된다. 선거권 나이 관련 헌법재판소의 결정에서 소수의견을 경청할 필요가 있다. 즉, '민법상의 행위능력은 행위능력이 없는 자의 보호, 거래의 안전, 계약의 안정성 등을 그 주된 목적으로 하는 반면, 선거

---

53) 선행연구로 이재연. "아동권리보호를 위한 아동옴부즈퍼슨 제도 연구", 아동권리연구 제10권 제1호 (2006), 23-47 참조.

나이는 민주주의의 원리를 실현하는 과정에서 국민 참여의 한계를 의미하므로 선거 나이와 민법상의 행위능력자가 일치할 필요는 없다'라는 것이다.[54] 한 사회의 민주적 정치 역량은 그 사회의 시민들이 얼마나 넓게 어렸을 때부터 민주주의 정치훈련을 하느냐에 달려 있다.

한편 지방정부 차원에서 아동·청소년 인권 보장을 위한 조례를 적극적으로 제정할 필요가 있다. 예를 들면 서울시의 경우, 서울특별시 어린이·청소년인권조례가 있다.[55] 적지 않은 지방정부가 이러한 조례를 제정했다. 인권기본조례 또한 아동·청소년 인권 문제를 포함하므로 의미가 있다.[56] 예를 들면, 서울시 인권기본조례가 있다.

또한 민간단체인 유니세프 한국위원회가 인증 업무를 담당하고 있는 '아동친화도시'의 조성 또한 의미 있는 시도다.[57] 아동·청소년 친화도시는 아동·청소년의 기본적 생존권은 물론 사회의 일원으로서 지역사회에서 일어나는 일에 대해 참여할 권리를 보장하고, 궁극적으로 아동·청소년의 삶의 질을 향상할 수 있도록 하는 기반시설과 서비스를 충분히 마련한 도시다.[58]

아동·청소년친화도시는 일단 아동·청소년 권리 보장의 국가 법제도 구성요소를 도시 차원에서 구현한다. 전국의 많은 지방정부가 '아동친화도시 추진 조례'를 제정하고, 유니세프 한국위원회의 인증

---

54) 헌법재판소 1997. 6. 26. 선고 96헌마89 결정.
55) 최승원·최윤영, "자치입법을 통한 아동의 인권 보장: 서울특별시 어린이·청소년인권조례를 중심으로", 지방자치법연구 제14권 제2호 (2014), 213-246 참조.
56) 김태동·김광병, "지방자치단체 인권조례분석", 사회복지법연구 제10권 제1호 (2019), 97-121 참조.
57) 서울시 성북구는 2013. 11. 20. 전국 최초로 유니세프 한국위원회의 아동친화도시 인증을 받았다.
58) 홍승애, "아동·청소년친화도시 평가지표 개발 및 타당화 연구", 박사학위논문, 숙명여자대학교 대학원 (2013).

절차를 통해 관련 제도를 정비하고 있다. 구체적으로는 아동·청소년 친화도시를 추진하는 전담부서의 설치, 아동·청소년 실태조사의 실시, 아동·청소년 영향평가제도, 아동·청소년 친화예산 수립과 평가 그리고 계획, 아동·청소년 참여기구의 설치와 관련 정책에서 의견 수렴, 시민사회와 거버넌스를 통해 아동·청소년친화도시 추진에 대한 심의기구 설치와 거버넌스 관계 정립, 아동·청소년친화도시 진행을 점검하는 기구와 제도, 아동·청소년 정책을 수립하고 시행하기 위한 기본계획, 아동·청소년 옴부즈퍼슨제도를 아동·청소년 권리침해 구제, 아동·청소년친화도시 조성에 필요한 행정지원을 위한 기획·조정회의체 운용, 공직자와 아동·청소년 관계자 그리고 시민들에 내한 아동·청소년 인권교육 등이다.

아동·청소년친화도시 추진을 위한 법적 근거를 마련하고 제도를 구축하는 것은 그리 어려운 일은 아니다. 문제는 각 기구와 제도를 연결하여 함께 참여하여 협력하는 관계를 형성하고, 실질적인 참여를 보장하고 숙의민주주의를 구현하여 아동 중심의 도시 체제를 형성하는 것이다.

이렇게 보면 아동·청소년친화도시의 추진 과정은 문제점이 없지 않다. 첫째, 지방정부가 주도하는 과정에서 시민참여가 미약하다. 둘째, 법적 근거로서 조례는 한국의 지방자치 현실상 그 법적 효력이 약하다. 셋째, 그 결과 아동·청소년친화도시 조례는 기구를 설치하는 조직법과 추진계획의 근거를 마련하는 계획법에 머물러 있다. 넷째, 담당 부서와 다른 부서의 협조 관계 또는 시민사회와 협력관계가 아직은 원활하지 않다. 마지막으로 지방정부의 특수성과 독창성이 잘 드러나지 않는다.

아동·청소년친화도시가 이러한 문제점을 쉽게 해소하기는 어렵지만, 중앙정부 차원에서 아동·청소년 권리 보장 법제의 개혁이 어려운 상황에서 변화의 지속적인 실마리를 제공할 수 있을 것이다.

지방정부의 근거리 행정 장점을 살려 아동·청소년 중심의 그리고
아동·청소년 권리를 보장하는 생태계적 접근방법의 행정을 전개하
는 것이 바람직하다. 지방정부의 규모에 따라 그 자치 단위를 읍·
면·동 차원으로 더 낮추고, 지방정부가 독자적으로 자치할 수 있도
록 지방분권을 강화할 필요도 있다. 지역 현장의 아래로부터 위로
아동·청소년 권리 보장 법제를 토대를 마련하는 일이다.

5. 아동·청소년의 삶을 지속하게 하는 지구생태의 법제

지구온난화로 인한 지구생태의 위기는 현재의 문제다. 인류를 비
롯하여 지구상 모든 존재의 생존 문제다. 지구생태 문제는 현재의
권리와 법제 체계로 감당할 수 없다. 패러다임의 변화가 필요하다.
프리초프 카프라는 사회적 패러다임(social paradigm)에 대해 '한 공
동체가 공유하는 개념, 가치, 인식 그리고 실천으로 이루어지는 총
체'로서 '그 공동체가 스스로를 조직하는 방식의 기본이 되는 실재
에 대한 특정한 관점'을 형성한다고 말한다.[59]

현재의 헌법적 제도의 틀 또는 국제법적 제도의 틀 안에 머물러
서는 안 된다. 동물과 식물은 물론 강과 산 같은 지구의 모든 존재
에 권리 주체성을 인정하는 의견이 있다.[60] '아동의 최선 이익'처럼
'자연의 최선 이익이나 권리'를 인정하고, '기후소송'[61]을 넘어 지구

---

59) Fritjof Capra, 김용정·김동광 옮김, 생명의 그물, 범양사출판사 (1998), 21.
60) 2008년 에콰도르헌법 제72조는 '자연은 존재할 권리, 지속할 권리 그리고
생명 유지에 필수적인 자연의 순환 과정과 구조, 기능 및 진화과정을 유지
하고 재생할 권리'를 가진다고 규정한다. '국민이나 회사 같은 법적 주체 그
리고 국가에게 자연의 권리를 존중하고 지지해야 할 특정 의무를 부과하고,
이러한 자연의 권리는 법적으로 집행 가능하다'고 규정하고 있다. '모든 사
람, 국민, 공동체 또는 민족은 자연을 위한 권리를 인정하라고 공공기구에
요청'할 수 있다. Cormac Cullinan, 박태현 옮김, 야생의 법, 로도스 (2016),
320-321.

생태주의를 구현하는 헌법 체제와 '지구헌장과 지구거버넌스'[62]를 논의하는 것이다.

지구생태 위기의 부담은 점차 가중할 것이므로 지금 아동·청소년 세대는 더 많은 몫의 위험을 감당해야 한다. 아동·청소년은 현재의 지구생태 위기에 대한 실상을 알고, 이 문제 상황을 풀기 위해 무엇을 해야 하는지 충분히 논의하며, 지금부터 무엇을 바꿔야 하는지 요구할 수 있는 권리가 있다. 위에서 논의한 내용을 포함하면서도 별도의 법제를 마련할 필요가 있다.[63]

6. 아동·청소년 인권침해 구제제도의 패러다임 전환

인권침해를 구제하는 길은 법적인 구제의 길과 달라야 한다. 그러나 국가인권위원회조차 진정과 소송제기, 구속력 있는 결정과 구속력 없는 권고 등으로 차이가 있지만, 법적 논리를 모방하고 있다. 국가인권위원회의 결정문을 보면, 사실관계 확정과 판단 그리고 결정의 형식도 그렇지만, 판단의 기준으로서 법률유보와 과잉금지원칙 등을 원용하고 있고, 마치 판결문을 읽는 느낌이다. 인권침해를 당한 피해자에 대한 구제조치가 미흡하다는 것도 인권침해 구제의 실효성을 약화한다.

---

61) 경향신문, "청소년들, 국내 첫 '기후변화' 관련 헌법소원 청구", 〈http://news.khan. co.kr/kh_news/khan_art_view.html?artid=202003131846001&code=940100〉 (2020. 3. 13); 한겨레, "잃어버린 10년 돌려달라" 청소년이 기후소송 나섰다" (2020. 3. 14.) 참조

62) Klaus Bosselmann & Ronald Engel 엮음, *The Earth Chartere*, KIT Publishers (2011), 239.

63) 구승회, "환경윤리학에서 미래시대의 문제", 윤리연구 제47호 (2001), 63-81; 배건이, "미래세대 환경권에 관한 헌법적 연구", 비교법연구 제11권 제3호, 동국대학교 비교법문화연구원 (2011), 151-188; 김성수, "미래세대 보호를 위한 법제 설계", 경희법학 제54권 제4호 (2019), 333-359 참조.

전통적인 권력분립도 아동·청소년의 인권보장 중심으로 그 작동 체계만이라도 재편성해야 한다. 입법이 제대로 이루어지지 않는다면 사법이 적극적으로 작동해야 하고, 아동·청소년 정책을 담당하는 행정기관과 관련 재판을 수행하는 법원 간의 협력, 더 나아가 법원의 행정에 대한 적극적 개입과 법원의 자체적인 행정력을 확보할 필요도 있다. 권력분립원칙은 수단이고 인권보장이 목적이라면, 인권보장을 위해 권력분립원칙은 변경될 수 있어야 한다. 그래서 패러다임 전환이 필요하다.

인권침해의 구제는 회복적 정의(Restorative Justice)다. 형사 사법(司法)에서의 피해자 관점[64]과도 그 결이 다르다. 공통점은 사람 사이에 존재해야 하는 올바른 관계의 재정립과 복원을 목표로 하는 것이다.[65] 회복적 정의 이념은 침해자와 피해자, 그 가족과 지역사회를 함께 참여시키는 사회적 관계 속에서 문제를 해결하고자 한다. 엄벌주의는 그 자체로는 인권침해를 방지하는 해법이 아니다. 인권침해의 발생 또한 사회적 환경에서 먼저 그 원인을 찾는다. 인권침해의 구제는 궁극적으로는 인권침해로 인해 발생한 정신적·물질적 피해를 복구함으로써 인권적 평화를 회복하는 것을 목표로 한다. 다만, 형사법 차원에서는 그 책임을 가해자에게 부여하는[66] 반면, 인권 차원에서는 국가와 지방정부의 지원을 받은 지역사회 단위의 환경적 접근이 중요하다.[67] 아동·청소년의 권리침해에 대응하는 구제 제도는 소극적으로 구제신청을 기다리거나 엄숙한 재판관의 모습으로 결정만 하는 데 머무르지 않으며, 자기 관할 또는 업무가 아니라

---

64) 이용식, "회복적 정의와 형사사법 정의: 두 정의의 '절충'은 가능한 것인가?", 동아법학 제54권 (2012), 417.
65) Zehr: 이용식, 위의 글, 421 재인용.
66) Zehr: 이용식, 위의 글, 421-422 재인용.
67) 강경래, "소년사법에 있어서의 회복적 사법의 적용가능성", 소년보호연구 제9권 (2016), 26 참조.

는 이유로 다른 기관으로 떠넘기나 책무를 회피할 수 없도록 해야
한다.68)

7. 헌법 개정의 문제

개헌의 기회가 있다면 입법과 판례를 통해 정립한 아동·청소년
인권의 보장내용을 헌법적으로 확인하는 일이 필요하다. 헌법의 의
미는 아동·청소년 인권의 확인에 그쳐선 안 된다. 혹시 남아 있을
수 있는 아동을 바라보는 편견과 고정관념의 청산과 전환이 필요
하다.

헌법을 개정하는 경우에는 대략적인 내용을 다음과 같이 생각해
볼 수 있다. 첫째, 아동·청소년의 헌법상 지위의 원칙규정이다. 구체
적으로는 국가와 사회는 아동·청소년의 최선 이익을 지향해야 한다
는 원칙, 아동·청소년은 인격체로서 권리와 의무의 평등한 주체라는
점, 아동·청소년에게 필요한 보호는 싱년과의 관계에서 차별 금시로
서의 보호라는 것, 아동·청소년의 나이·성별·국적·인종·학력·사회적
신분 등과 무관하게 평등한 대우를 약속하는 내용, 그리고 아동·청
소년이 정치적·경제적·사회적·문화적으로 독립할 때까지 국가적·사
회적 지원이 필요하다는 원칙을 담아야 한다.

둘째, 아동·청소년 인권의 구체적 목록을 예시적으로 규정하는
것이다. 2018년 문재인 정부의 개헌안에서도 아동·청소년 인권 인식
의 변화는 찾아볼 수 없다. "어린이와 청소년은 독립된 인격 주체로
서 존중과 보호를 받을 권리를 가진다."라는 조항을 신설할 뿐이다.

참고로 남아프리카공화국 헌법 제28조 제1항에서 예시한 아동의
권리 목록은 다음과 같다. ① 태어나면서 이름과 국적을 획득할 권

---

68) 선행연구로 강지명·이유진, "성폭력범죄 피해아동·청소년에 대한 회복적
    사법의 적용에 관한 연구", 소년보호연구 제22권 (2013), 33-69 참조.

리, ② 가정 또는 부모의 보호를 받을 권리, 또는 가정환경에서 떨어져 있는 경우 적절한 대체적 보호를 받을 권리, ③ 기본적 영양, 주거, 기본적 보건 서비스 및 사회복지에 대한 권리, ④ 학대, 방치, 폭행 또는 비하로부터 보호를 받을 권리, ⑤ 착취적 노동 관행으로부터 보호를 받을 권리, ⑥ '일정한 나이의 아동에게 부적합한 작업 또는 서비스'와 '아동의 행복, 교육, 신체적 또는 정신적 건강이나 영적, 윤리적 또는 사회적 발달을 위협하는 작업 또는 서비스'와 같은 작업을 수행하거나 서비스를 제공하도록 요구 또는 허용되지 않을 권리, ⑥ 최후의 수단인 경우를 제외하고는 구금되지 않을 권리, ⑦ 무력 충돌에 직접 이용되지 않을 권리 등이다. ⑥의 경우 최후의 수단으로 구금되는 경우에는 최소한의 적절한 기간에만 구금될 수 있으며, 이 경우에도 성인 구금자들과 따로 구금될 권리, 아동의 나이를 고려한 대우를 받고 나이를 고려한 여건에 있을 권리, 일정 요건에서 국가가 비용을 부담하여 국선변호사를 배정받을 권리 등을 보장받는다. 한국에서도 수용할 수 있는 목록이다. 다만, 한국에서는 학교 또는 사교육 공간에서의 체벌, 야간과 휴일의 과중한 강제 학습 등을 금지할 수 있는 권리 조항이 필요하다.

셋째, 아동·청소년이 자신의 인권을 침해당했음을 주장하여 권리를 회복·실현할 수 있도록 하는 권리를 보장하고, 그것이 가능하도록 각종 사법적·행정적 절차를 지원하는 법제화의 근거 규정을 두어야 한다.[69]

넷째, 아동·청소년의 인권 목록을 모두 규정하는 일은 불가능하므로 그 밖에 아동·청소년의 인권을 구현할 수 있도록 다양한 권리와 제도를 구체화하도록 하는 입법위임규정을 두어야 한다. 아동의 영양, 의료, 교육, 근로 등 신체적 정신적 성장과정중이라는 아동 특

---

69) 김선택, "아동의 권리의 헌법적 수용", 헌법의 '아동' 수용 추진위원회, 헌법의 '아동' 수용 추진을 위한 공청회, 국회의원회관 (2010. 4. 19), 31 참조.

성에 따른 고유한 권리를 규정하고 경우에 따라 이를 입법자에게
구체화하는 입법을 하도록 명령하는 규정을 부가하는 것이다.[70]

　마지막으로 다섯째, 아동·청소년의 나이 기준을 헌법에 규율하는
것은 적절치 않다. 다만 민법상 성년연령에 이르지 않았다고 하여
정치적·경제적·사회적·문화적 활동의 자유에서 차별받아서는 안 된
다는 것을 명시해야 한다.

V. 나오며: '법 물신주의'를 경계하며

　이 글에서는 아동·청소년의 권리 보장을 위한 법제에 대한 현황
과 평가 그리고 입법요소와 법제화 방안을 살폈다. 아동·청소년 권
리 보장 법제 구축의 현실적인 출발점은 우선 지방정부 차원에서
학교 공간의 학생인권조례와 도시 공간의 아동·청소년친화도시조례
를 아래에서 조성하는 것이다. 다른 하나는 중앙정부 차원에서 아
동·청소년 권리를 확인하고 책임지는 조직을 설치하고, 아동·청소년
권리를 보장하기 위한 기본계획을 수립하며, 실태조사·정책·영향평
가·예산 등의 근거를 마련하고, 아동·청소년 권리 보장을 위한 행정
과 사법의 책무를 규정하며, 국회에 지속적으로 입법개선의 의무를
지우는 아동·청소년인권기본법을 제정하는 일이다. 중앙정부와 지
방정부의 책무에 관한 내용은 유엔아동권리협약을 이행하는 법률적
내용을 포함하는 것으로 하면 된다.

　그러나 법과 제도가 권리 보장에서 핵심적 필요조건으로서 중요
하지만, 다른 한편 그것만으로 충분조건은 아니다. 자본주의적 상품
의 '물신'이 펼치는 환상적인 꿈속에 침잠하여 그로부터 깨어나는

---

70) 김선택, 위의 글, 31 참조.

순간 자신의 현재를 읽어내는 일이 중요해진다.[71)]

한국 사회는 교육의 신화가 존재한다. 아직도 1인 강사와 다수의 수강생으로 성립하는 강의가 대표적인 교육방법이다. 사회 문제가 발생할 때마다 교육 관련법이 쏟아져 나온다. 법조문을 바꿈으로써 사회 문제를 해결하려는 법률만능주의 또한 존재한다. 직접적인 대증요법의 법제가 아니라 생태계적 접근으로써 아동·청소년의 삶의 환경, 결국은 사회 자체를 개혁하는 일이 중요하다.

법제와 함께 기존의 편견과 선입견 그리고 고정관념에의 의식적으로 깨고 실천하는 태도가 뒷받침되어야 한다. 차별금지법과 인권교육법조차 제정하지 못하는 입법의 현실이야말로 쉽게 넘지 못하겠지만, 반드시 뛰어넘어야 하는 장벽이다. 현실에 대한 냉철한 분석과 평가 그리고 실천 속에서 변화를 끌어내는 시민의 힘이다.

아동·청소년의 권리 보장 법제가 불충분한 한 것은 비인권적이고 비민주적인 사회의 증거다. 신화의 영토는 "바닥에 닿으면 설 수 있는 능력이 없다는 것이 폭로되기에 바닥에 닿지 않으려고 허풍 떠는 원숭이들처럼 단어들이 흔들거리는 원시림이다. 신화가 닿지 않으려고 하는 바닥은 신화가 서서 자신을 해명해야 하는 이성이다".[72)] 아동·청소년만 미성숙한 것이 아니라 모든 사람이 미성숙하다. 인격을 성숙하는 과정이 곧 삶의 과정이다. 인류의 역사이기도 하다. 아동·청소년은 미래세대가 아니라 이미 현재 인간으로서 존엄하고 민주시민이다. 아동·청소년이 아닌 사람들이 아동·청소년인 사람들과 함께 동등한 민주시민으로서 막무가내식 믿음과 혐오의 시대를 넘어서려는 실천을 함께 해야 비로소 모든 사람이 성년으로 재탄생한다.

---

71) Walter Benjamin, 최성만 옮김, 역사의 개념에 대하여/ 폭력비판을 위하여/ 초현실주의 외, 도서출판 길 (2017), 27.
72) Walter Benjamin, 위의 책, 35.

참고문헌

강경래, "소년사법에 있어서의 회복적 사법의 적용가능성", 소년보호연구 제9권 (2016)

강정은, "아동청소년인권법 제정요구안", 아동·청소년 인권법 제정을 위한 간담회, 국회 의원회관 (2017. 11. 16)

강지명·이유진, "성폭력범죄 피해아동·청소년에 대한 회복적 사법의 적용에 관한 연구", 소년보호연구 제22권 (2013)

구승회, "환경윤리학에서 미래시대의 문제", 윤리연구 제47호 (2001)

구정화, "유엔아동권리협약을 고려한 학교 인권교육의 방향", 사회과교육 제48권 제1호 (2009)

국가인권위원회 부산인권사무소, (쉬운 말로 읽는) 아동권리협약과 이주아동의 인권 보호, 국가인권위원회 (2012)

국제아동인권센터(이양희·오동석·정병수·김희진·전미아·김강한), 유엔아동권리협약 이행을 위한 법적 제도화 방안 연구, 국제아동인권센터 (2016)

국제아동인권센터·NAUH, 유엔아동권리협약 북한어 버전(아동용), 국제아동인권센터·NAUH (2019)

권영성, 헌법학원론, 법문사 (2010)

권용진, "미등록 이주아동 의료접근권에 관한 고찰", 고려법학 제63권 (2011)

김경준·김희진·이민희·김윤나, 한국 아동·청소년 인권실태 연구 Ⅳ, 한국청소년정책연구원 (2014)

김광혁·김현숙, 완주군 아동영향평가, 완주군청·전주대학교산학협력단 (2015)

김도균, "법적 권리에 대한 연구 (1)", 서울대학교 법학 제43권 제4호 (2002)

김미숙 등 6인, 아동권리증진을 위한 아동정책 발전방안 연구, 보건복지부·한국보건사회연구원 (2012)

김선택, "아동의 권리의 헌법적 수용", 헌법의 '아동' 수용 추진위원회, 헌법의 '아동' 수용 추진을 위한 공청회, 국회의원회관 (2010. 4. 19)

김성수, "미래세대 보호를 위한 법제 설계", 경희법학 제54권 제4호 (2019)

김성원, "국제법의 헌법화 논의에 대한 일고찰", 국제법학회논총 제58권 제4호 (2013)

김수진, 아동복지관련법제의 개선방안연구: 아동의 안전과 보건을 중심으로, 한국법제연구원 (2005)

김연우, "유엔아동권리위원회의 동향 및 한국에의 시사점", 보건복지포럼 제171호 (2011)

김연정, "아동·청소년의 권리에 관한 헌법적 연구", 박사학위 논문, 건국대학교 (2012)

김영지·김경준·김지혜·이민희·유설희·최윤호, 한국 아동·청소년 인권실태 연구 III, 한국청소년정책연구원 (2013)

김영지·김희진·이민희·김진호, 아동·청소년 권리에 관한 국제협약 이행 연구: 한국 아동·청소년 인권실태 2019 총괄보고서, 한국청소년정책연구원 (2019)

김영지·김희진·이민희·김진호·이미영·김재나, 아동·청소년 권리에 관한 국제협약 이행 연구, 한국청소년정책연구원 (2017)

김영지·김희진·이민희·박선영·전선영·김평화, 한국 아동·청소년 인권실태 연구 V, 한국청소년정책연구원 (2015)

김영지·유설희·이민희·김진호·김수진, 한국 아동·청소년 인권실태 연구 VI: 총괄보고서, 한국청소년정책연구원 (2016)

김태동·김광병, "지방자치단체 인권조례분석", 사회복지법연구 제10권 제1호 (2019)

김현철 외 4인, 이팔청춘 꽃띠는 어떻게 청소년이 되었나?: 청소년 만들기와 길들이기, 인물과사상사 (2009)

김형욱, "아동권리모니터링 제도운영에 관한 고찰", 아동과 권리 제15권 제1

호 (2011)

김효진·이재연, "유엔 아동권리협약 제21조(a) 유보철회 방안: 입양허가제 도입을 중심으로", 아동과 권리 제15권 제2호 (2011)

도경옥, "입법조치를 통한 조약의 이행: 한국의 입법례를 중심으로", 국제법학논총 제59권 제2호 (2014)

박경서, "인권교육의 국제적 동향과 한국적 과제", 인권교육의 국내·외적 동향과 실천 방안: 국가인권위원회·한국법과인권교육학회 2011 연차학술발표회 및 제13차 인권교육포럼 자료집 (2011. 10. 22)

박선욱, "국제인권조약의 국내적 적용: 주요국의 적용사례에 관한 비교법적 고찰", 법학연구 제49권, 한국법학회 (2013)

박영균·조흥식, 아동·청소년 영향평가제도 도입 방안 연구, 한국청소년정책연구원 (2014)

박재윤, "「아동의 권리에 관한 국제협약」과 국내 교육관계법령의 충돌 및 그 해결방안에 관한 연구", 교육법학연구 제11권 (1999)

배건이, "미래세대 환경권에 관한 헌법적 연구", 비교법연구 제11권 제3호, 동국대학교 비교법문화연구원 (2011)

보건복지부·국제아동인권센터. 대한민국 제5-6차 국가보고서에 대한 유엔아동권리위원회 최종견해. 보건복지부·국제아동인권센터 (2020)

성낙인, 헌법학, 법문사 (2020)

오동석, "아동·청소년인권법 제정의 필요성과 그 입법방안". 아동·청소년인권 실태 진단 및 법 제정을 위한 토론회, 국회 의원회관 (2012. 8. 13)

오동석, "왜 '학생'의 인권인가: 법으로 본 학생인권", (한낱 외 13인), 가장 인권적인 가장 교육적인: 학생인권이 교육에 묻다, 벗 (2012)

오동석, "학생인권조례에 관한 몇 가지 법적 쟁점", 교육법학연구 제22권 제2호 (2010)

오동석·김원태·김지수·장윤호, 아동청소년 인권실태 분석 및 아동청소년 인권법 입법 방안 연구, 경기도교육청 (2012)

이용식, "회복적 정의와 형사사법 정의: 두 정의의 '절충'은 가능한 것인가?", 동아법학 제54권 (2012)

이응교, "아동·청소년정책 통합의 문제와 대안", 청소년학연구 제15권 제4호 (2008)

이재연, "아동권리보호를 위한 아동옴부즈퍼슨 제도 연구", 아동권리연구 제10권 제1호 (2006)

이현수, "장애아 교육권에 관한 연구", 장애아동인권연구 제5권 제2호 (2014)

이혜숙, "'청소년' 용어 사용 시기 탐색과 청소년 담론 변화를 통해 본 청소년 규정방식", 아시아교육연구 제7권 제1호 (2006)

촛불청소년인권법제정연대 국회법률단, "아동·청소년인권법 제정안", 아동·청소년 인권법 제정을 위한 간담회, 국회 의원회관 (2017. 11. 16)

최승원·최윤영, "자치입법을 통한 아동의 인권 보장: 서울특별시 어린이·청소년인권조례를 중심으로", 지방자치법연구 제14권 제2호 (2014)

최창욱·황세영·유민상·이민희·김진호·문지혜, 아동·청소년 권리에 관한 국제협약 이행 연구: 한국아동·청소년 인권실태 2018 총괄보고서, 한국청소년정책연구원 (2018)

한상희, "체벌 및 초중등교육법시행령 개정안의 위헌성", 민주법학 제45호 (2011)

현소혜, "「UN 아동권리협약」제4조의 이행상황", 법조 제65권 제2호 (2016)

홍승애, "아동·청소년친화도시 평가지표 개발 및 타당화 연구", 박사학위논문, 숙명여자대학교 대학원 (2013)

황승흠, "기본법체제에 대한 법학적 이해: 아동·청소년 분야 통합·분리논의를 중심으로", 공법학연구 제11권 제1호 (2010)

Ariès, Philippe, 문지영 옮김, 아동의 탄생, 새물결 (2003)

Benjamin, Walter, 최성만 옮김. 역사의 개념에 대하여/ 폭력비판을 위하여/ 초현실주의 외. 도서출판 길 (2017)

Bosselmann, Klaus & Engel, J. Ronald 엮음, *The Earth Charter: A Framework for Global Governance*, KIT Publishers (2011)

Capra, Fritjof, 김용정·김동광 옮김, 생명의 그물, 범양사출판사 (1998)

Cullinan, Cormac, 박태현 옮김, 야생의 법: 지구법 선언, 로도스 (2016)

Fredman, Sandra, 조효제 옮김, 인권의 대전환: 인권 공화국을 위한 법과 국가
    의 역할, 교양인 (2009)

Frezzo, Mark, 조효제 옮김, 인권사회학의 도전: 인권의 통합적 비전을 향하
    여, 교양인 (2020)

Unger, Roberto Mangabeira, 이재승 옮김, 주체의 각성: 사회개혁의 철학적 문
    법, 앨피 (2012)

국내 출생 아동에 대한 보편적 출생등록 제도의 도입 방안에 대한 연구

이진혜*·이제호*·이탁건**

I. 서론

출생 후 즉시 등록될 권리는 국제법상 아동의 기본권 중 하나로 확립되어 있다. 누구든지 자신이 출생한 지역의 관할 국가에 의하여 출생사실이 공적으로 기록되고 이를 증명할 수 있는 서류의 발급을 요청할 수 있어야 한다. 출생등록이 되지 않은 아동은 그 존재를 파악하고 보호하기 어려워 학대, 유기, 실종, 불법입양 등의 위험에 노출될 위험이 높고 교육권, 건강권, 투표권 등 정치적 권리, 문화생활을 할 권리 등 아동 및 인간으로서의 기본권을 향유할 가능성이 낮아지기 때문에 권리의 시작점으로서 필수적이다. 그러나 대한민국은 2020년 현재까지 그 관할 영토 내에서 출생한 모든 아동에 대한 출생 등록을 실시하지 않고 있어 많은 비판을 받고 있다. 대한민국 정부는 유엔 아동권리위원회(2012, 2019), 자유권규약위원회(2015), 여성차별철폐위원회(2018), 인종차별철폐위원회(2019) 등으로부터 보편적 출생등록제도를 조속히 도입할 것을 촉구 받고 있다. 대한민국 정부는 부처 간 합동 정책 '포용국가 아동정책'을 2019년 5월 발

* 이주민센터 친구 변호사
** 재단법인 동천 변호사

표하면서 누락 없는 출생등록을 위한 대책을 포함시켰으나 대한민국 관할 영토 내 출생한 모든 아동의 출생등록을 실현하기 위한 구체적인 계획을 수립 및 추진하고 있는지 여부에 대해서는 확인할 수 없다. 병원에서 국가 또는 공공기관에 아동의 출생사실을 통보하는 것 외에도 한국 국적이 없는 자의 출생등록제 흠결, 미혼부 출생신고의 어려움, 민법상 친생자 추정 조항으로 인하여 출생신고를 꺼리는 경우 등 실무에서는 출생등록에 관하여 여러 가지 난항을 겪고 있다. 본 글에서는 출생등록의 개념 정의(Ⅱ), 국내 관련 법령 및 제도의 개관(Ⅲ) 및 한계(Ⅳ), 현행 가족관계의 등록 등에 관한 법률(이하 '가족관계등록법') 하의 출생등록제도로 인하여 침해되는 아동권리(Ⅴ) 및 이를 극복하기 위한 보편적 출생등록제의 도입 방안(Ⅵ)에 대하여 살펴보고자 한다.

Ⅱ. 보편적 출생등록을 둘러싼 개념 정의

1. 출생등록제도의 개괄

가. 출생등록될 권리의 중요성

시민적 및 정치적 권리에 관한 국제규약(International Covenant on Civil and Political Rights, 이하 '자유권규약')은 "모든 어린이는 출생 후 즉시 등록되고, 성명을 가진다"고 정하고 있다.[1] 아동의 권리에 관한 협약(Convention on the Rights of the Child, 이하 '아동권리협약')은 "아동은 출생 후 즉시 등록되어야 하며, 출생 시부터 성명권

---

1) 제24조 제2항.

과 국적취득권을 가진다"고 규정한다.2) 유엔 자유권규약위원회는 일반논평을 통해 위 조항이 인종, 피부색, 성, 언어, 종교, 출신지역 등 어떠한 차별도 없이 모든 아동에게 권리를 부여하는 조항이라는 점을 확인하고, 특히 외국 국적의 아동 또는 혼인 외 출생 아동에 대한 차별 폐지에 중점을 두고 있다고 천명한 바 있다.3) 유엔 아동 권리위원회 역시 일반논평을 통해 모든 아동의 생존과 발달에 대한 권리, 우수한 서비스를 제공 받을 권리를 보장하기 위한 첫 단계인 보편적 출생등록 제도의 도입을 권고하며, 출생등록이 되지 않으면 보건의료, 교육 및 사회보장에 대한 접근이 제한될 수 있다는 점을 강조하였다.4) 유엔 인권이사회는 2015년 채택한 결의를 통해 출생 등록의 중요성을 강조하고, 또한 "법 앞에 선 사람으로 확인 받고, 존재에 대한 공적 증명으로 기능하는 출생 증명 기록의 제공"의 중 요성도 같이 강조하였다. 유엔 인권이사회는 또한 출생등록이 사람 의 인권 증진 및 보호의 중요한 첫걸음이며, 출생등록이 되지 않는 다면 소외, 배제, 차별, 폭력, 무국적, 착취 및 학대에 더 취약해진다 는 점을 우려하였다.5) 자유권규약위원회의 일반의견 등 확립된 국 제규범에 대한 해설을 종합하면, 출생등록의 효력 및 중요성은 출생 등록된 아동의 법률상의 신분(legal identity, 또는 legal personality6)) 의 증명에 있다.7) 법률상의 신분(legal identity)은 국제법상 구체적으

---

2) 제7조 제2항.

3) "CCPR General Comment No. 17: Article 24(Rights of the Child)", UN Human Rights Committee, 7 April 1989, paras 1, 5.

4) "General Comment No. 7: Implementing child rights in early childhood", UN Committee on the Rights of the Child, UN 문서 CRC/C/GC/7, 1 November 2005, para. 25.

5) "Birth registration and the right of everyone to recognition everywhere as a person before the law: resolution adopted by the Human Rights Council", UN Human Rights Council, UN 문서 A/HRC/RES/28/13, 7 April 2015, 2.

6) UN Human Rights Committee(주 3), 앞의 글, para. 7.

로 정의된 개념은 아니나,[8] 법에 따른 권리 의무를 주장하고, 법에
의한 보호를 받을 수 있는 지위라고 정의 내릴 수 있다.[9]

출생등록 기능의 이해를 위해서 법률상의 신분("Legal Identity")
과 법률상의 신분의 증명("Legal Identification")의 구분이 유용하
다.[10] 법률상의 신분은 출생등록 여부와는 무관하게, 인간으로 태어
나면서 당연히 부여되는 지위라고 할 수 있다. 그러나 공식적인 등
록 절차를 통한 신분의 증명이 없으면, 자신이 누려야 할 법률상 권
리를 누리는 데 심대한 제한이 있을 수밖에 없다. 아래에서 상세하
게 살펴보듯이, 출생등록이 되지 않는다면 국가의 관리 및 보호 대
상에서 제외되기 때문에, 예방접종 등 국가 보건 서비스의 대상이
되기 힘들고, 존재가 확인되지 않기에 학대 및 유기, 불법 입양, 아
동 매매의 위험에 취약할 수밖에 없다.[11] 즉, 출생등록의 중요성은
법률상의 신분의 증명("Legal Identification")을 제공하는 데 있다고
할 수 있다. 따라서 출생증명서 발급 등 출생사실에 대한 증명이 되
지 않는다면 출생등록의 본질적인 기능이 제한되는 것이므로, 국제
인권법상의 출생등록에 대한 권리로부터 각 당사국의 출생사실의
증명에 대한 의무가 도출된다고 해석해야 한다.[12] 법률상의 신분에
대한 권리와 출생증명에 대한 권리와의 관계가 아직 충분히 정립되

---

7) UN Human Rights Committee(주 3), 앞의 글, para. 82.
8) Bronwen Manby, "Legal identity for all" and childhood statelessness, The World's
   Stateless Children (2017), 318.
9) Caroline Vandenabeele(Ed.), Legal Identity for Inclusive Development, Asia
   Development Bank (2007), 5.
10) Bronwen Manby(주 8), 앞의 글, 318.
11) 소라미, "현행 출생신고제도의 문제점 및 개선방안", 아동의 출생신고 권리
    보장 방안모색 토론회, 국가인권위원회·보편적출생신고네트워크 (2016. 10.
    25. 발표), 35.
12) Sarah Joseph & Melissa Castan, The International Covenant on Civil and Political
    Rights(3rd ed.), Oxford University Press (2013), 725.

지 않았다는 주장도 있으나,[13] 위와 같은 이유로 받아들이기 힘들다.[14] 유엔 통계처도 신분등록을 통해 수집된 정보는 법적 권위가 인정되어야 하며,[15] 자신의 존재, 신분 및 개인 또는 가족의 상황에 대해 명백하게 입증할 수 있어야 한다고 설명하고 있다. 따라서 출생등록한 자는 적절한 법적 절차/원칙에 따라 자신의 출생 정보를 제공 받고, 제공 받은 정보의 진위와 적법성에 대해 보장받을 수 있어야 한다.[16] 즉, (1) 국가가 출생 신고된 사실을 확인 및 검증하여 공신력 있는 공적 장부에 보관하고, (2) 출생사실에 대한 증명을 (출생증명서 등의 서류를 통해) 제공하여야 한다.[17]

나. 출생등록의 주요 구성요소

출생, 혼인, 사망 등은 '신분등록 및 주요 통계(Civil Registration and Vital Statistics)'에 속하므로, 신분등록(civil registration)의 정의 및 주요 구성요소는 출생등록에도 적용된다.[18] 따라서 유엔 통계처가 개

---

13) Paula Gerber, Andy Gargett, & Melissa Castan, Does the Right to Birth Registration Include a Right to a Birth Certificate?, Netherlands Quarterly of Human Rights, Vol. 29, No.4 (2011), 444.

14) 나아가, 애초에 "Legal identity"의 개념은 개인에게 고유한 속성들의 조합인 "identity"와 이러한 고유한 속성들을 신원확인이 가능한 형태 (주민번호 등)로 변환하는 "identification"이 결합된 개념이라는 주장도 참조할 필요가 있다. Inter-American Development Bank, Democratic Governance, Citizenship, and Legal Identity, 19 참조.

15) Srdjan Mrkic (Ed.), Handbook on Civil Registration and Vital Statistics Systems: Management, Operation and Maintenance Rev. 1, United Nations, 2018, para. 3

16) Srdjan Mrkic (Ed.), 위의 책, para 83.

17) UNICEF, 아동권리위원회 등은 아래에서 살펴보는 것처럼 출생증명서에 대한 접근이 자유롭고 무료여야 한다는 점도 강조하고 있다.

18) UNICEF, A Passport to Protection (2013), 21-26.; "Birth registration and the right of everyone to recognition everywhere as a person before the law", UN Human Rights Council, UN 문서 A/HRC/27/22, 17 June 2014, 4.; UN Human Rights Council(주 5), 앞의 글, 2.

발하고 유엔 경제사회이사회에서 승인을 거친 신분등록 및 주요 통
계의 원칙 역시 출생등록 제도에도 적용된다.[19] UN 통계처는 신분
등록을 '인구의 주요 신분 변화의 특성 및 발생에 대한 계속적, 영속
적, 강제적 및 보편적인 등록'으로 정의하며, 기밀성, 적시성 및 정
확성 등을 신분등록의 주요 요소로 설명하고 있다.[20] 각 요소를 일
별하면 다음과 같다.

- 지속성(continuity), 영속성(permanence) 및 가용성(availability): 출생
  기록은 영구적으로 보장되어, 당사자가 손쉽게 기록에 접근하고
  증명서를 발급 받을 수 있어야 한다.
- 강제성(compulsoriness): 보편적인 출생등록을 보장하기 위해서
  는 등록을 강제하는 것이 효과적이다.[21] 다만 미등록에 대한
  벌금 등 제재를 가하는 것은 제재를 피하기 위해 출생일자 등을
  조작하여 신고하거나 신고를 회피할 위험이 있어 조심할 필요가
  있다.[22]
- 보편성(universal coverage): 한 국가 내 출생한 아동들은 그들의 국
  적 및 다른 지위와 무관하게 모두 출생등록 되어야 한다.
- 기밀성(confidentiality): 출생 신고 시 제출한 정보는 개인정보로서,
  외부에 유출되지 않도록 보관되어야 한다. 특히 차별적인 처우로
  이어질 수 있는 민감한 정보는 보관에 유의하여야 한다.
- 적시성(timeliness) 및 정확성(accuracy): 유엔아동권리협약 및 자유

---

19) 통계청, 보호대상아동현황보고 (2019), http://kosis.kr/statHtml/statHtml.do?orgId=
   117&tblId=TX_117341138 (2020. 3. 27 확인).
20) "Principles and Recommendations for a Vital Statistics System", Department of
   Economic and Social Affairs Statistics Division, UN 문서 ST/ESA/STAT/SER.M/
   19/Rev.3, 2014, paras 34-37.
21) Department of Economic and Social Affairs Statistics Division, 위의 글, para 283.
22) Department of Economic and Social Affairs Statistics Division, 위의 글, para 373.

권규약은 출생 즉시 출생사실을 등록해야 한다고 정하고 있다. 즉시(immediate)의 의미에 대한 확립된 해석은 없으나, 아동에 대한 보호라는 규정 취지를 고려하면 합리적인 시간(reasonable period of time)보다는 짧은, 며칠 또는 몇 주의 시간을 의미하는 것으로 해석해야 한다.[23] 또한, 출생기록의 위조는 아동 인권의 침해로 이어질 위험이 높으므로, 기록의 정확성이 유지되어야 한다.[24]

- 비용 접근성: 아동권리위원회는 일반논평을 통해 출생등록 제도의 보편성을 강조하며, 이를 달성하기 위해 출생등록은 무료(free of charge)로 제공되어야 한다고 권고하였다.[25]

---

23) Ineta Ziemele, Commentary on the United Nations Convention on the Rights of the Child Article 7, 8.

24) Rached Hodgkin & Peter Newell, Implementation Handbook for the CRC, UNICEF (2007), 101.

25) "General Comment No. 7: Implementing child rights in early childhood", UN Committee on the Rights of the Child, UN 문서 CRC/C/GC/7, 1 November 2005, para. 25.; 송진성(2018)은 아르메니아에 대한 아동권리위원회의 권고 (Armenia CRC/C/15/Add.225, para.28)를 예로 들며 "적어도 저소득층에게는 무료로" 출생등록을 운영하라는 것이 아동권리위원회의 입장이라고 해석하고 있다 [송진성, "현행 출생신고제도의 문제점 및 개선방안 - 아동권리 보장의 관점에서", 사회보장법 연구 제7권 제1호 (2018), 222.]. 그러나 아동권리위원회의 일반논평 제7호의 문언은 비용 면제 대상에 예외를 두지 않으며, 아동권리위원회는 일반논평 채택 후 개별 국가보고서에 대한 견해에서도 대체로 보편적인 비용 면제의 필요성을 강조하는 경향을 보이고 있어, "모든 출생등록에 대한 비용 면제"를 아동권리위원회의 입장으로 해석하는 것이 타당해 보인다.; Trevor Buck, Alisdair A. Gillespie, Lynne Ross & Sarah Sargent, International Child Law(3rd ed.), Routledge (2014), 153. 위에서 살펴본 유엔 인권이사회 결의도 비용 부담이 없는 출생등록 제도의 중요성을 강조하며, 지연된 출생등록에 대해서 비용을 부과할 수 있는 가능성을 언급하고 있을 뿐이다.

2. 아동권리의 관점에서 출생등록의 구체적 필요성

출생등록은 모든 아동의 권리의 시작점이며 출생등록은 한 아동
이 우리 사회에 존재하고 있다는 것을 공적으로 증명하는 기능을
한다. 출생등록은 단지 개념적인 논의가 아니라 한 아동이 출생등록
이 되어야만 누릴 수 있는 기본적인 권리와 복지를 보장받을 수 있
는지 여부, 사회 안전망에 편입될 수 있는지 여부를 결정한다는 점
에서 매우 실존적인 문제이다.

가. 학대, 유기, 실종, 불법입양 위험 노출의 방지

출생등록은 아동의 존재를 확인하는 첫 단계로서 출생사실이 공
적으로 등록되지 않은 아동은 그 존재나 신원의 확인이 어려워 각
종 학대, 유기, 실종, 불법입양의 위험에 노출이 된다.[26] 국내 사례
만 하더라도 20대 여성이 40만 원에서 150만 원 씩 현금을 주고 총
6명의 아이를 불법 입양한 사례,[27] 20살 미혼부가 7개월 된 딸을 60
만 원을 대가로 30대 여성에게 보낸 사례(KBS, 2016. 1. 31.),[28] 태어
난 아이의 출생신고를 하지 않고 유기 방치하여 사망에 이르게 한
사례[29] 등을 찾아볼 수 있다. 피해 아동은 출생등록이 되어있지 않

---

26) 김상원·김희진, "아동인권 보장을 위한 출생등록 제도 개선방안", 한국아동
   복지학 제65권 (2019), 61.
27) KBS, "불법 입양 실태 추적 '아기 삽니다'", http://d.kbs.co.kr/news/view.do?ncd=
   3225003 (2016 1. 31.).
28) 이러한 문제제기로 인해 2016년에 출생증명서 없이 출생신고를 할 수 있는
   '인우보증제도'가 폐지되면서 불법입양의 위험성이 많이 개선되기는 하였
   다. 그러나 출생신고를 하지 않은 경우 신고의무자에게 과태료가 너무 적다
   는 점, 출생증명서를 위조한 경우에는 관리할 수 있는 방법이 없다는 점 등
   이 문제로 남아있다.
29) 연합뉴스, "출생신고 안한 2개월 아기 숨지자 시신유기...아빠에 5년 구형",
   https://www.yna.co.kr/view/AKR20191023089000004, (2019. 10. 23.).

아 지자체나 공공기관으로부터 해당 아동에 대한 추적이나 관리가 불가능하기 때문에 부모가 유기, 학대하여도 확인할 방법이 없다.[30]

나. 기본적인 권리 보장의 근간

(1) 아동 권리 보장의 시작점으로서의 출생등록

유니세프가 발간한 2013년 보고서는 "정부에 의해 공식적으로 아동이 존재함을 인정받지 못하는 것은 대부분 해당 아동이 출생증명서를 받을 수 없다는 것을 의미하며, 그 결과 해당 아동은 의료복지 또는 교육을 받을 권리를 보장받지 못할 가능성이 있다."라고 설명한다.[31] 물론 모든 아동이 출생등록이 된다고 곧바로 해당 아동에 대한 의료혜택과 교육을 받을 권리 등이 제도적으로 보장되는 것은 아니다. 그러나 위에서 살펴본 바와 같이 출생등록은 아동이 '법 앞에 선 인간'[32]으로 인정받기 위한 전제조건이기 때문에, 출생등록이 되어야만 마땅히 누려야 하는 권리와 교육서비스, 의료 복지 서비스 등을 제공받는 주체로서 인정될 수 있다.

또 현재 제도·실무상으로도 아동이 공식적으로 등록이 되어 그 신분을 증명할 수 있는 경우에만 의료·교육서비스를 제공할 수 있도록 되어있는 경우가 많다. 즉, 출생등록이 되어있지 않은 아동들은 아동에게 어떻게 의료·교육 복지 혜택을 제공하느냐의 논의에서 처음부터 배제되어 있는 것이다. 경우에 따라 행정청의 재량으로 출

30) 한국경제, "학대로 숨겨도 '미등록'아동은 방치돼도 몰라...'부모 아닌 국가가 출생신고해야'", https://www.hankyung.com/society/article/202002213174i, (2020. 2. 22.).

31) UNICEF, Every Child's Birth Right - Inequities and trends in birth registration (2013).

32) 김철효 외 공저, 이주배경아동의 출생등록 연구보고서, 세이브더칠드런 (2013), 25.

생등록되지 않은 아동들에게도 의료·교육·기타 서비스를 차별 없이 제공하도록 하는 사례도 있으나, 애초에 출생등록이 되지 않은 아동들을 국가가 식별하고 권리의 주체로 인정하는 것이 곤란하며, 위와 같은 재량적 혜택이 주어졌다고 하여 어떠한 법적 신분의 증명이 이루어졌다고 할 수 없다.

(2) 교육권

우리나라는 교육기본법에서 초등교육과 중등교육을 의무교육으로 정하고 있으나 그 권리를 향유하기 위해서는 현실적으로 양육자가 해당 아동을 취학 연령에 달할 때에 학교를 보내야 한다. 문제는 양육자가 대상아동에 대한 교육의 의무를 해태할 때이다. 대상아동이 출생등록이 되어있을 경우 읍·면·동의 장은 관내 취학 대상자를 조사하여 취학아동명부를 작성하고 입학할 학교를 지정하여 학교와 학부모에게 통지한다(초중등교육법 시행령 제15조 내지 17조). 만약 대상아동이 학교에 나타나지 않을 경우 학교의 장은 미취학 아동에 대하여 유선 연락, 경찰 협조 요청, 가정방문 등 필요한 조치를 취하여야 한다(동 시행령 제27조). 반면 출생등록이 되어있지 않은 아동의 경우 이러한 관리나 감시의 범위에서 벗어나 적절한 교육을 받지 못하더라도 아무런 조치를 받을 수가 없게 된다. 실제로 부모가 경제적 사정으로 출생신고도 하지 못하고 7명의 자녀를 학교에 보내지 못했던 사례[33], 자녀를 13년간 출생신고를 하지 않고 학교를 보내지 않은 채 집에 방치한 사례[34] 등이 문제 된 바 있다.

---

33) 연합뉴스, "학교 못간 7남매 중 두 아이 '내일부터 학교간다'", https://www.yna. co.kr/view/AKR20160404121351054?input=1195m, (2016. 4. 4.).
34) 연합뉴스, "세남매 10년간 학교 안보내고 집에 방치한 엄마 실형", https://www. yna.co.kr/view/AKR20190808098400065, (2019. 8. 8.).

(3) 건강권

출생등록이 되지 않은 아동은 건강보험에 가입할 수 없어 각종 의료혜택을 받지 못한다. 특히 신생아 초기 때 받아야 하는 각종 예방접종 등에서 혜택을 받지 못하기 때문에 부모의 경제적 여건에 따라 대상아동의 생명도 위험할 수 있는 상황이다. 물론 아동복지시설의 담당 부서는 아동에 대한 사회보장 관리번호를 부여하여 생계급여, 의료급여 및 교육급여 등 필요한 급여를 임시적으로 보장하지만, 이는 미등록 아동이 인지되어 보호를 받을 수 있는 경우에 한하는 것으로, 대부분의 출생등록이 되어있지 않은 아동들이 지자체나 아동복지시설에 의해 발견되기 어렵고 해당 아동을 인지할 수 있는 경로가 없다는 점을 고려하면 위 방법이 미등록 아동의 건강권을 보장한다고 보기는 어렵다고 할 수 있다.[35]

다. 발달단계에 따른 정당한 권리 보장

자신의 연령을 정확히 알고 이를 공식적으로 인정받는다는 것은 단순히 자신의 나이를 아는 것을 넘어, 아동의 발달단계에서 필요한 교육, 건강, 복지에 관한 권리를 누리는 것과 직결되는 문제이다. 또한 이런 생존에 대한 문제뿐 아니라, 해당아동의 국적국이 분쟁지역이거나 의무복무를 해야 할 경우 실제 성년에 이르기 전 징집이 될 수 있는 문제, 해당 국가에서 아동으로서 누릴 수 있는 권리를 보장받지 못하는 문제, 입양의 절차에서 본인의 동의가 요구되는 나이임에도 불구하고 동의여부 의사를 밝히지 못하는 문제, 형사사법절차에서 아동을 위한 특별사법절차에 따른 조치를 받지 못하는 문제 등을 포함한다. 나아가 성인이 된 이후에도 정치적·법적인 행위를 할 수 없는 위험에 노출될 수도 있다. 유니세프(2013)가 발간한 보고

---

35) 김상원·김희진(주 26), 앞의 글, 80.

서에서도 "자신의 공식적 신분증명서가 없다는 점은 해당 아동이 법정 연령에 미달함에도 결혼이나 노동 시장에 편입되거나, 군에 강제 징집될 수도 있음을 의미하며 범죄 혐의로 기소되는 경우, 성인과 같게 처벌될 수 있다. 성인이 되어서는 취업, 투표할 권리 및 여권 발급 등의 권리를 보장받지 못 할 수 있다."고 지적하고 있다.[36]

III. 국내 출생신고 관련 법제

1. 가족관계등록법상의 출생신고

가. 개관

대한민국의 출생등록은 '국민의 출생·혼인·사망 등 가족관계의 발생 및 변동시항에 관한 능록'(가족관계등록법 제1조)의 일환으로 이루어진다. 즉 대한민국의 출생신고는 가족관계등록법에 따라 국민의 가족관계 발생 사실을 국가에 신고하는 절차이다. 출생신고의 일차적 의무자는 혼인 중의 자의 경우 부 또는 모, 혼인 외의 자의 경우 모가 된다(제46조 제1항, 제2항). 일차적 의무자가 신고 할 수 없는 경우에는 동거하는 친족, 의사, 조산사 또는 그 밖의 사람이 신고하여야 한다(제46조 제3항). 병원, 교도소, 그 밖의 시설에서 출생이 있었을 경우에 부모가 신고할 수 없는 때에는 당해 시설의 장 또는 관리인이 신고하여야 한다(제50조). 기아(棄兒)의 경우 통보받은 시·읍·면의 장이 조서를 기재하고, 성과 본을 창설하여 이름과 등록기준지를 정하여 등록부에 기록한다(제52조). 혼인 외의 자 가운데

---

36) UNICEF(주 31), 앞의 글, 6.

모의 성명·등록기준지 및 주민등록번호를 알 수 없는 경우 부는 가정법원의 확인을 받아 인지의 효력이 있는 친생자 출생의 신고를 할 수 있다(제57조 제1항 및 제2항). 출생신고의무자가 출생신고를 하지 아니하여 자의 복리가 위태롭게 될 우려가 있는 경우에는 검사 또는 지방자치단체의 장이 출생신고를 할 수 있다(제46조 제4항). 출생신고는 출생 후 1개월 이내에 하여야 하며(제44조 제1항), 지체 시 최대 5만 원의 과태료가 부과된다(제122조).

나. 출생신고의 법적 성격

행정법상 법적 성격의 차원에서 출생신고는 혼인신고, 이혼신고, 입양신고 등 신분관계를 창설하는 창설적 신고와는 달리 사망신고와 같이 발생한 사실에 대해 신고하는 '보고적 신고'로 보는 것이 타당하다.[37] 류광해(2017)의 사망신고에 대한 분석 기준을 출생신고에 적용하면, ①출생신고는 출생등록의 전제 요건으로서 출생사실의 신고가 선행되어야 하는 점, ②가족관계등록법 제42조 제1항, 제43조에서 공무원의 수리 여부의 결정이 가능함을 명시하고 있는 점, ③출생 후 1개월 내 신고의무를 부여하고 기간 도과 시 과태료를 부과하고 있다는 점에서 출생신고는 단순한 사실상의 신고가 아닌 보고적 신고에 해당한다고 볼 수 있다.

더 나아가, 출생신고 그 자체로 인해 특별한 법률적 효력이 발생하는 것은 아닌 점, 과태료 부과의 경우 신고를 강제하기 위한 행정

---

37) 류광해, "주민·가족관계·국가유공자 등록의 법적 성격", 법학논총 제30권 제1호 (2017. 6.), 97. 고유의 보고적 신고로서 출생신고가 일정한 사실관계의 발생에 의해 이미 신분변동효력이 발생하였고, 신고서의 수리 및 기록 자체로는 신분변동효력이 발생하지 않는 형태의 신고로서 등록을 신고제가 아닌 통보제로 전환하여야 한다는 의견에 관하여는 현소혜, "가족관계 등록제도 시행 10년간의 성과 및 향후의 개선방안", 가족법연구 제32권 제2호 (2018. 7.), 50-51.

상의 제재로서 신고 여부에 따른 직접적 법률효과로 보기는 어려운
점, 출생의 신고가 국가안전보장·질서유지·공공복리의 측면에서 행
정청의 철저한 심사를 거쳐야 하는 중대한 사안으로 보기는 어려운
점 등을 고려할 때 공무원의 실질적 심사를 요하는 행정요건적 공
법행위에는 해당하지 않으며 신고 요건의 충족여부에 대한 형식적
심사에 그치는 자체완성적 공법행위로서의 신고로 볼 수 있다. 판례
역시 사망신고와 관련하여 '형식적 심사'를 하여야 하며, 사망신고
를 어떠한 법률적 효과를 형성하지 않는 보고적 신고로 보고 있
다.38) 다만 이하에서 살펴보는 바와 같이 출생신고에 의한 가족관계
등록의 과정에서 국적법상 기준에 따른 국적의 보유 여부에 대하여
공무원의 실질적 심사가 이루어질 수 있다.

한편 가족관계의 등록은 행정행위의 측면에서 특정한 사실관계
및 법률관계의 존부를 공적으로 증명하는 이른바 '준법률행위적 행
정행위'로서의 공증으로 기능한다고 볼 수 있다.39) 등록은 신고의
수리와 별도로 가족관계의 공적 증명이라는 독자적 법률효력을 발생
시키며, 등록의 거부에 대하여는 독자적 쟁송을 제기할 수 있다.40)

다. 국적과 출생등록의 관계

'대한민국 국민이 아닌 자'에 대하여 등록부 작성을 하지 않는다
는 현행 가족관계등록제도의 한계로 인해 가족관계등록관서는 출생
신고된 자가 국적법상 국적을 취득한 자인지 여부를 엄격하게 판단
하여 등록부를 작성한다. 출생에 의한 국적취득은 별도로 고시되지
않고, 가족관계등록관서의 담당 공무원의 판단을 거쳐 가족관계등

---

38) 대법원 1979. 12.11. 선고 79므68 판결.
39) 최우용, "행정법상 등록의 법적 성격에 관한 고찰", 동아법학 제64호 (2014.
    8.), 117.
40) 류광해(주 37), 앞의 글, 104.

록부의 작성 및 증명의 발급으로서 공증된다. 한편 국적법은 속인주의 및 양계혈통주의를 따르고 있어, 출생에 의한 국적 취득이 가능한 경우는 "출생 당시 부 또는 모가 대한민국의 국민인 자" 혹은 "출생 전 국민인 부가 사망한 경우" 이다. 실제 국적법상 인지에 의한 국적취득, 귀화에 의한 국적취득, 국적회복 등은 관보에 고시하는 절차를 가지고 있으나41) 출생에 의한 국적취득은 그러한 절차가 별도로 규정되어 있지 않다. 가족관계등록부가 창설되었다는 점이 곧 국적을 취득하였음을 입증하기 때문에, 출생에 의한 국적취득 사실을 고시할 필요가 없게 된 것이다. 국적법은 법무부 장관이 국적 보유 여부가 분명하지 아니한 자에 대하여 이를 심사한 후 판정할 수 있다고 규정하고,42) 시행령에서 국적판정 신청자가 현재도 국적을 보유하고 있는 것으로 판정하면 가족관계 등록관서의 장에게 통보하고, 별도의 국적취득 절차를 거치지 않고 가족관계등록법상 절차에 따라 가족관계 등록 창설을 할 수 있다고 규정하고 있다.43) 그러나 법무부가 아닌 가족관계등록관서가 출생신고의무자 또는 출생신고된 아동에 대하여 국적심사권한을 행사하는 현행 실무가 법적 근거가 있는지는 명확하지 않다.

2. 타 행정 등록 제도와의 비교

출생사실의 등록과 증명이라는 출생등록제도와 비교하여, 행정상 여러 가지 필요에 의하여 주소, 인적사항 등의 변동 사실을 등록하도록 하는 제도로 크게 주민등록법상의 주민등록제도와 출입국관리법에 근거한 외국인등록제도를 들 수 있다. 이하에서는 각각의 행

---

41) 국적법 제2조, 제5조 및 제10조.
42) 국적법 제20조.
43) 국적법 시행령 제24조.

정 등록 제도의 취지와 출생사실이라는 신분상 변동에 대한 등록 및 증명이 가능한지 여부에 관하여 살펴본다.

가. 주민등록과 출생등록

가족관계등록의 신고로 주민등록의 신고를 갈음하는 등[44] 한국에서의 가족관계 등록 제도와 주민등록 제도는 밀접하게 연관되어 있으나, 거주 지역의 관할 관서에 거주사항을 등록하고 증명하는 주민등록제도와 출생등록제도는 그 취지와 목적에서 차이가 있다. 즉, 출생등록을 포함한 가족관계등록은 개인의 신분을 등록 및 증명하는 제도인 반면 주민등록제도는 개인의 거주 사항을 등록 및 증명하는 제도인 것이다.[45] 주민등록법의 목적은 "시·군·구의 주민을 등록하게 함으로써 주민의 거주관계 등 인구의 동태(動態)를 항상 명확하게 파악하여 주민생활의 편익을 증진시키고 행정사무를 적정하게 처리하도록 하는 것"(제1조) 이며, 이를 위해 개인 단위 및 세대 단위로 주민등록표를 작성하고 기록·관리·보존한다(제7조). 주민등록법상 주민등록 대상자는 30일 이상 거주할 목적으로 관할 구역에 주소나 거소를 가진 거주자, 거주불명자, 재외국민 중 귀국하여 주민등록신고를 하는 사람이며, 외국인은 출입국관리법에 의한 외국인등록 및 재외동포의 출입국과 법적지위에 관한 법률에 따라 국내 거소신고를 하고, 세대주 또는 세대원의 배우자, 직계혈족인 경우 신청에 의하여 세대별 주민등록표에 기록하여 관리할 수 있다(시행령 제6조의2). 그러나 세대별 주민등록표에 기재된다고 하여 해당 외국인의 개인별 주민등록표가 작성되는 것은 아니며, 주민의 권리가 부여되는 것도 아니다. 가령, 외국 국적의 초등학교 취학연령아동의 경우 국민인 아동과는 달리 세대별 주민등록이 되어 있더라도

---

44) 주민등록법 제14조 등.
45) 김철효 외 공저(주 32), 앞의 책, 41.

초중등교육법 시행령 제15조에 의하여 읍·면·동의 장이 관내 거주하는 자 중 일정 연령에 도달한 자를 대상으로 작성하여야 하는 취학아동명부에서 누락되어 취학하지 않는 아동을 발견할 수 없으며, 등록된 거주지로 취학통지서가 발송되지도 않는다.46) 즉, 외국인의 경우 일정 부분 주민등록표에 기재되는 경우는 있으나 기본적으로 출입국관리법상 외국인등록 및 재외동포의 출입국과 법적지위에 관한 법률상 국내거소신고를 하였음을 전제로 제한적으로 관리되는 수준에 있으며, 주민등록제도 내 외국 국적 아동이 출생이라는 신분변동사항을 등록하고 이를 증명할 수 있는 기능은 존재하지 않는다.

나. 외국인등록과 출생등록

(1) 출입국관리법상 외국인등록의 개괄

입국한 날로부터 90일을 초과하여 대한민국에 체류하고자 하는 외국인은 관할 출입국·외국인관서에 외국인등록을 하여야 한다(제31조). 대한민국에서 출생한 외국인의 경우, 적법한 체류자격을 취득할 수 있음을 전제로 출생한 날로부터 90일 이내에 체류자격을 받아야 하고(제23조), 90일 이상 체류하고자 하는 경우 체류자격을 받는 때에 외국인등록을 하여야 한다(제31조 제3항). 국내에서 출생한 외국인자녀의 체류자격 부여를 신청하는 경우 기본적인 서류로 '통합신청서' 외에 아동 본인의 여권, 여권신청접수증, 출생증명서 등의 서류를 제출하여야 한다(출입국관리법 시행규칙 제76조 제2항). 따라서 아동의 국적이 외국인 경우 국내에 외국인등록을 하기 전에 국적국에 출생등록을 하고 국적을 확인받아야 한다. 난민의 국내출생 자녀의 경우 본국과의 관계로 출생신고 및 신분증명서 발급

---

46) 국가교육평생진흥원, 2019 다문화학생을 위한 학적관리 매뉴얼, 국가교육평생진흥원 (2019), 10.

등을 실질적으로 할 수 없어, 난민법상 난민인정절차를 거쳐 체류자
격을 부여받고 외국인등록을 하여야 한다.47)

(2) 외국인등록이 국내출생 외국인의 출생등록의 기능을 하는지 여부

대한민국 정부는 특히 난민 등의 외국인등록이 출생등록제도에
갈음할 수 있는 제도라는 취지의 입장을 제출한바 있으므로,48) 외국
인등록이 국내출생 외국인의 출생등록 기능을 수행할 수 있는지 간
략하게 살펴본다. 출입국관리법은 대한민국에 체류하는 외국인의
체류관리와 사회통합에 관한 사항을 규정하는 것을 목적으로 한다
(제1조). 출입국관리법의 전신인 '외국인의입국·출국과등록에관한법
률'은 30일 이상 체류하고자 하는 외국인은 거주허가를 받아야 하
며, 거주허가를 받은 외국인은 거주하는 지자체장에 등록을 해야 한
다고 정하여49) 외국인의 입국출국 및 체류를 관리하기 위한 외국인
등록 제도의 목적을 명확하게 드러내고 있다. 현행법도 입국일로부
터 90일을 초과하여 체류하려는 외국인, 체류지격을 받는 외국인 등
으로 외국인등록 대상을 한정하고, 외국인등록사항에는 성명, 생년
월일, 국적 등 신분 정보 외에도 근무처와 직위, 본국의 주소, 체류
자격과 체류기간 등의 정보를50) 등록하도록 하여 외국인의 입·출국
과 체류의 관리목적으로 운용되는 제도의 성격이 명확하다. 관리목
적 달성을 위해 신분 정보도 수집되나, 애초에 신분등록의 목적이
아니기 때문에 이에 준하여 제도가 운용되고 있지도 않다.51) 외국인

---

47) 김철효 외 공저(주 32), 앞의 책, 44-45.
48) 유엔 제3차 국가별 정례인권 검토 심의 중 대한민국 정부 발언 등 (2017.
　　11. 9.).
49) 外國人의入國出國과登錄에關한法律 [1963. 3. 5. 법률 제1289호 출입국관리
　　법 부칙 제2호로 폐지]제4조 및 제5조.
50) 출입국관리법 제32조.
51) 사실상 또는 법률 상 무국적 상태임에도 불구하고 외국인등록 시 출입국관

등록증이 신분증명의 효력이 있는지도 불분명하다.

무엇보다 외국인등록제도는 보편적인 제도로서 기능하고 있지 않기 때문에 출생등록 제도로 운영될 수 없다. 외국인등록을 위해서는 그 전제요건으로 국적국의 출생등록 및 신분증명서의 제출을 요구한다. 국적국의 출생등록이 어려운 외국인은 제도 접근이 제한된 것이다. 특히 부모가 체류자격이 없거나 체류기간이 만료된 상황에서 출생한 아동의 경우 외국인등록에 접근할 가능성은 극히 낮다. 출생 직후의 아동이 부모와 별개로 체류자격을 얻을 수 있는 경로가 제한적이며, 체류자격이 없는 부모가 법정대리인으로서 출입국·외국인관서에 접근하는 순간 강제 출국당할 위험이 있기 때문이다.

IV. 아동권리의 관점에서 본 현행 출생등록제도의 한계

1. 출생 미등록 아동의 현황

국내 출생신고 관련 법 제도에 의하면 출생신고 의무자가 출생신고 의무를 해태하는 경우, 현행 출생신고 관련 법 제도에 포섭되지 아니하는 외국국적 아동 혹은 미혼부의 자녀의 경우 대한민국 정부에 의한 출생등록이 어렵거나 불가능하다. 문제는 이러한 아동들의 수나 실태에 대한 공식적 통계조사 내지 전수조사가 진행되지 않아 정확한 현황을 파악할 수 없다는 점이다. 일반화하기 어려우나, 각 유형을 크게 ① 보호대상아동으로 분류된 유기아동의 사례, ② 보호

리공무원 또는 부모에 의해 임의로 부모의 국적국에 따라 국적이 기재된 사례들도 있다[김철효 외 공저(주 32), 앞의 책, 57].

자가 있는 대한민국 국적의 아동이지만 미혼부의 자녀 등 현행 출
생등록 제도의 한계로 인해 출생등록을 하지 못하는 경우, ③ 외국
인 부모 사이에서 태어난 외국인 아동으로 부모가 미등록이거나 난
민신청 등 특수한 상황에 놓여 출생등록을 하지 못하는 경우로 나
눠볼 수 있다.

각종 언론에서 출생등록이 되지 않은 아동의 문제를 미등록체류
자인 외국인의 자녀만의 문제인 것처럼 보도하여 미등록 출생아동
에 대한 문제에 대하여는 사회적인 여론이나 인식이 형성되어 있지
않지만, 최근 미혼부의 자녀들에 대한 출생등록이 제도적으로 어렵
다는 기사[52] 등에서도 알 수 있듯이 출생등록이 되지 않은 아동의
인권문제는 내국인·외국인을 막론하고 국내에 체류하고 있는 모든
아동이 겪을 수 있는 현안이다.

2. 보호대상아동으로 분류된 유기 아동[53]의 출생등록절차상 문제점

유기에 의한 보호대상아동은 매년 약 200~320여 명이 발생하는
것으로 파악되고 있다.[54] 이 아동들은 대부분 출생등록이 되지 않은
채 민간이 운영하는 베이비박스나 사회복지시설 등에 유기되고 있
다. 유기아동의 경우 지자체나 아동복지시설에서 이를 인지한 경우

---

52) KBS, "'출생신고 안 받아줘요'...유령이 된 '미혼부' 자녀들", http://news.kbs.
co.kr/news/view.do?ncd=4377460, (2020. 2. 7.).

53) 아동복지법 제3조 제4호의 정의에 따르면 '보호대상아동'이란 '보호자가 없
거나 보호자로부터 이탈된 아동 또는 보호자가 아동을 학대하는 경우 등
그 보호자가 아동을 양육하기에 적당하지 아니하거나 양육할 능력이 없는
경우의 아동'이라고 정의하고 있으며, 통계청(KOSIS)에서는 보호대상아동
의 발생원인 중 하나로 '유기아동'항목을 정하여 통계조사를 하고 있다

54) 통계청, 보호대상아동현황보고 (2020. 3. 27.).

에는 대부분 아동을 위탁한 기관에서 출생등록을 진행하고 있다.[55) 구체적으로 부모의 신원을 확인할 수 있는 경우에는 부모의 출생신고를 지원하거나 가족관계등록법 제46조 제4항에 따라 지자체장이나 검사가 직권으로 출생신고를 하도록 하고, 부모의 신원을 확인할 수 없는 경우에는 위탁기관(아동복지시설)에서 성·본 창설허가를 대리하여 진행한다.

하지만 출생등록이 법률상 가능한지와 별개로 일선 현장에서는 그러한 방법들이 실효성이 없거나 진행에 어려움이 많다는 점이 문제로 지적된다. 먼저, 지자체장이나 검사가 직권으로 출생신고를 해야 하는 경우에는 담당공무원이 해당 규정을 잘 모른다는 점, 지자체장이나 검사가 해당 사건을 인지하기 전에는 제3자가 그 직권의 발동을 촉구할 방법이 없다는 점에서 지자체장이나 검사의 적극적 개입이 어려워 실제로 미등록 아동의 권리를 효과적으로 구제하지 못하고 있다.[56) 그 밖에도 일선에서 출생등록의 실무를 처리하는 공무원이나 아동복지시설의 실무자들에게는 성·본 창설 허가가 오래 걸린다는 점, 친생부모의 정보를 모르면 국가가 요청하는 서류를 준비하기 곤란하다는 점, 담당 공무원이 출생등록 절차를 잘 모르는 점, 부모의 신원을 알지만 연락이 끊겼을 때 후속 조치가 복잡한 점 등의 어려움이 있다고 알려져 있다.[57)

---

55) 김상원·김희진(주 26), 앞의 글, 57-88. 위 연구는 출생미등록이 되어 지방자치단체나 지역 아동복지시설에서 인지된 아동들의 현황 및 실태조사, 그리고 인계된 후 출생등록이 이루어지는 과정 등에 대한 2019년도 조사 결과를 보여주고 있다. 해당 연구는 지방자치단체의 경우 전국 229곳 중 227곳의 응답을, 아동복지시설의 경우 189개 시설의 응답을 서면 및 전화조사를 통해 취합한 결과이다.
56) 송진성(주 25), 앞의 글, 217-249.
57) 김상원·김희진(주 26), 앞의 글, 72.

3. 출생신고 의무자의 불이행

출생신고의 일차적 의무자인 부 또는 모가 출생신고 의무를 해태할 경우, 출생 후 1개월 이상 출생신고를 하지 않은 의무자에 대하여 최대 5만 원의 과태료 부과 규정(가족관계등록법 제122조) 외에 실질적 제재 수단이 존재하지 않는다. 후순위 신고의무자인 동거하는 친족 내지 분만에 관여한 의사, 조산사 등은 '부모가 사망하거나 행방불명된 경우와 같이 신고를 할 수 없는 객관적인 사유'가 존재하여야 출생신고를 할 수 있다.[58] 일 순위 신고의무자가 출생신고 의무를 해태할 경우 이를 강제할 방법이 없다는 점을 고려하여[59] 가족관계등록법 제46조 제4항이 신설되었다. 이에 따르면 신고의무자가 1개월 내에 신고하지 아니하여 자녀의 복리가 위태롭게 될 경우에는 검사 또는 지방자치단체의 장이 출생의 신고를 할 수 있다.[60]

그러나 위 유기아동의 사례에서와 마찬가지로 사실상 지자체장 또는 검사가 신고의무자의 해태사실을 인지할 방법이 없다는 점, 그

---

58) 가족관계등록선례 제201305-2호 [제정 2013. 5. 7.].

59) 정부 발의, "가족관계의 등록 등에 관한 법률 일부개정법률안", 15538. 개정안은 개정이유를 다음과 같이 설명한다. 출생신고 의무자가 출생신고를 기피하여 아동의 복리가 위태롭게 될 우려가 있는 경우에는 검사 또는 지방자치단체의 장도 출생신고를 할 수 있도록 함으로써 출생 미신고 아동의 권리가 보호될 수 있도록 함.

60) 현소혜(주 37), 앞의 글, 25. 이에 대한 사례로 ① 혼인외 출생자의 출생신고가 반드시 필요한 상황임에도 불구하고 관계인 중 누구에게도 출생신고를 할 의사가 없는 경우, ② 생모가 다른 남자와 혼인 중이어서 생부는 법 제57조 제1항에 따른 출생신고를 할 수 없고, 생모와 그의 부는 사망·연락두절·의식불명·소재불명·연락두절 등으로 인해 출생신고를 할 수 없는 경우, ③ 생모는 사망·의식불명·소재불명 등으로 인해 출생신고를 할 수 없고 생부는 모의 등록기준지나 주민등록번호, 혼인 여부를 알지 못하는 상황이지만, 모의 성명은 아는 결과 법 제57조 제2항에 따른 출생신고도 할 수 없는 경우 등이 있다.

리고 인지하더라도 지자체장 및 검사의 적극적 개입을 촉구할 수가 없다는 점 등 때문에 이 규정을 통해 출생등록이 되는 구제사례는 거의 없다. 특히, 유기아동의 경우는 적어도 지자체나 사회복지시설 같은 제3자가 해당 아동의 미등록 사실을 인지할 수 있는 반면, 신고의무자인 부모가 아동을 데리고 있으면서 출생신고를 하지 않는 경우는 제3자에 의해서 인지되기 어렵기 때문에 이러한 아동은 더더욱 출생등록의 사각지대로 몰리게 된다.

4. 미혼부 출생신고제도

현행 가족관계등록법은 혼인 중인 부모 사이에서 태어난 자녀와 달리 혼외 자녀의 경우, 미혼모만을 출생신고의무자로 정하고 있다. 따라서 과거에는 미혼부가 자신의 혼외 자녀에 대해 출생신고를 하려면 생모를 상대로 인지청구 소송을 제기하거나 생모의 인적사항을 전혀 모를 경우에는 자의 가족관계등록부를 창설하는 편법적인 방법을 취해야만 했다.

이러한 문제 때문에 2015. 5. 18. 개정 가족관계등록법은 법 제57조 제2항을 신설하여 모의 성명·등록기준지 및 주민등록번호를 알 수 없는 경우 부의 등록기준지 또는 주소지를 관할하는 가정법원의 확인을 받아 부가 혼인 외의 자녀에 대하여 친생자출생의 신고를 할 수 있도록 하였다. 그러나 해당 규정에 대한 법원의 일치된 해석은 없다. 주류적 경향은 "모의 성명·등록기준지 및 주민등록번호를 알 수 없는 경우"의 문언을 협소하게 해석하여, 모의 성명·등록기준지 및 주민등록번호 중 한 가지라도 알고 있는 경우 신청을 기각하는 것이다.[61] 특히 의료기관에서 발급한 출생증명서가 있는 경우에

---

61) 의정부지방법원 2015. 12. 10. 자 2015호기298 결정 등.

는 모를 특정할 수 있다는 전제 하에서 신청을 기각한다.[62] 혼외 자녀라고 하더라도 미혼부가 실제로 생모의 이름조차 모르는 경우는 거의 없고, 대다수의 아이들이 병원에서 출생하는 상황에서 생모에 대한 인적사항의 기록이 병원에 일정 정도 남을 수밖에 없다는 현실에 비추어 볼 때, 위와 같은 판단은 미혼부가 양육하는 혼외자녀의 출생등록에 대한 실질적 구제 효과를 떨어뜨린다는 우려가 있다.[63]

5. 민법상 친생추정조항과 출생신고

민법 제844조는 혼인 중 출생자를 남편의 자로 추정하고, 혼인성립일로부터 200일 내, 혼인 종료일로부터 300일 내 출생한 자녀는 혼인 중 임신한 것으로 추정한다고 규정하고 있다. 이는 출생한 아동의 법적 지위의 조속한 안정을 위함이라는 취지에서 출발한 것이나[64] 실제로는 출생신고를 어렵게 함으로써 신고의무자가 출생신고를 회피하게 하는 악영향을 끼친다.

다른 사람과 혼인관계가 계속되는 중 출생한 자녀에 대하여, 민법 제844조 제1항[65] 및 가족관계등록법 제47조[66] 규정에 따르면 추정되는 부의 자로 출생신고한 후 친생부인의 소(민법 제847조) 및 인지신고에 의하여 실제의 가족관계를 등록하도록 하는 것이 입법자의 의사로 파악된다. 그러나 이에 따라 출생신고서상 아버지의 명

---

62) 수원지방법원 2018. 8. 29. 자 2018호기50023 결정 등.
63) 2018년 사법연감 통계에 따르면 친생자 출생신고를 위한 확인 처리 건수 총 136건 중 확인이 94건, 불확인이 21건, 기타 21건으로 집계되었다.
64) 헌법재판소 2015. 4. 30. 선고 2013헌마623 전원재판부 결정 [민법 제844조 제2항 등 위헌확인].
65) 아내가 혼인 중에 임신한 자녀는 남편의 자녀로 추정한다.
66) (친생부인의 소를 제기한 때) 친생부인의 소를 제기한 때에도 출생신고를 하여야 한다.

의를 친생추정 되는 법률상의 부로 기재하여 신고한 경우, 이러한 행위가 형법상 공전자기록등불실기재죄를 구성한다는 견해가 있으며, 실제 이러한 행위를 처벌한 사례가 있다.[67] 현행 출생신고서 역시 '허위신고를 하여 가족관계등록부에 실제와 다른 사실을 기록하게 하는 경우 형법에 의하여 처벌받을 수 있습니다'라는 경고 문구를 명시하고 있는데,[68] '실제와 다른 사실'의 해석에 있어서 친생자추정 등 법리를 잘 알지 못하는 사람의 입장에서는 생부가 아닌 법률상의 부(父)를 기재한다면 형벌을 받을 수 있다고 여기게 될 소지도 있다. 이러한 상황에서 출생신고 의무자가 형사처벌을 받을 위험을 감수하면서 출생신고를 할 것을 기대하기는 어려운 일이다. 또한 친생부인의 소를 제기할 수 있는 소 제기권자는 법률상 추정되는 부 또는 모이므로, 생부가 자신의 지위에서 친생부인의 소를 제기하는 것은 불가능하다. 최근 대법원은 민법 제844조 제1항에 따른 친생추정을 번복하기 위해서는 부부의 한쪽이 친생부인의 소를 제기하여 확정판결을 받아야 하고, 민법 제865조 친생자관계존부확인의 소를 통해서 친생자관계의 부존재 확인을 구하는 것은 부적법하다는 기존 판례의 입장을 유지하는 판결을 선고하였다.[69] 이로써 생부

---

67) 울산지방법원 2013. 3. 28. 선고 2012고정1384 판결. 판결이유 중 "가족관계의 등록 등에 관한 법률 및 관련 대법원규칙이나 예규에 의하면, 이 사건과 같은 경우 피고인이 친자관계에 관한 확정재판 없이는 자의 생부를 부로 하여 출생신고를 할 수 없음은 피고인이 지적하는 바와 같으나, 그렇다면 친자관계에 관한 재판을 거쳐서 생부를 부로 출생신고를 하여야 하는 것이 올바른 절차이지, 그러한 재판을 거치지 아니한 채 생부가 아닌 자를 부로 기재하여 허위의 출생신고를 하는 것을 두고 법령에 따른 행위라고 할 수는 없다."고 하여 벌금형 유죄 판결을 선고하였다. 다만 동일한 판시가 반복된 판례는 확인되지 않는다.

68) 대법원 가족관계등록예규 제460호 '가족관계등록사무의 문서 양식에 관한 예규', 양식 제1호.

69) 대법원 2019. 10. 23. 선고 2016므2510 전원합의체 판결 [친생자관계부존재확인].

가 친생부인의 소가 아닌 친생자관계 부존재 확인의 소를 통해 가
족관계를 실제에 부합하게 정정하고 출생신고를 하는 것은 보다 어
려워지게 되었다.

6. 국내 출생 이주아동에 대한 출생등록제도의 문제점

가. 개관 : 출생미등록 이주아동의 규모

어느 국가에도 출생등록이 되지 않은 외국 국적 및 무국적 아동
("출생미등록 이주아동")의 규모에 대한 공식적인 통계는 존재하지
않는다. 국내 관련 전문가 및 시민단체들은 체류자격이 없는 미등록
이주아동의 수가 약 2만여 명이 넘을 것으로 추산하고 있다.[70] 이들
중 자국 대사관에 출생등록을 하지 못한 아동의 숫자가 상당할 것
으로 추산되나, 구체적인 실태조사는 이루어지지 않았다. 난민신청
자 및 난민인정자 중 출생등록이 되지 않은 아동의 추산치에 대한
선행 연구는 없다. 다만 최근 실태조사에 따르면 응답한 아동 중 국
적 취득 또는 확인절차를 거치지 않은(즉, 출생신고가 되지 않은) 아
동의 비율이 30%를 상회하였다. 이들이 출생등록을 하지 않은 이유
로는 재정착 난민을 제외하면 국내 기관의 거절, 자국 대사관에서의
출생신고가 두렵다는 응답이 가장 많았다.[71]

나. 한국국적을 가지지 아니한 아동에 대한 출생등록의 한계

현행 가족관계등록법은 한국 국적을 가지지 아니한 자의 출생사

---

70) 오경석 외 공저, 경기도 미등록 이주아동 건강권 지원을 위한 실태조사 보
　　고서, 경기도외국인인권지원센터 (2019), 60.
71) 노충래 외 공저, 국내 난민아동 한국사회 적응 실태조사, 초록우산어린이재
　　단 (2017), 92-93.

실을 공적으로 증명하지 못한다. 동 법률에 따른 가족관계등록사무
관장 기관인 대법원은 가족관계등록법상의 출생신고 의무를 '법령
의 장소적 적용범위에 관한 속지주의'의 법리에 따라 출생이 대한민
국에서 이루어졌다면 국적과 관계없이 우리나라의 등록관서에 출생
한 자의 출생신고를 하여야 한다고 규정한다.[72] 그러나 국적을 취득
하지 못한 자에 대한 출생신고에 의하여서는 가족관계등록부를 창
설할 수 없으며 신고의 종류를 특종신고로 분류하여 출생신고서를
따로 편철하여[73] 둔 후 출생신고된 자가 귀화, 인지에 의한 국적취
득 등을 거쳐 국적을 취득하면 법무부의 국적취득통보에 의하여 비
로소 특종신고로 편철된 내용을 기초로 등록부를 작성한다고 정하
고 있다(가족관계등록법 제93조 내지 제95조). 결국, 현행 제도에서
는 한국 국적이 아닌 외국인에 대하여 출생 등록을 하지 못한다. 가
족관계등록법상의 출생신고에 따른 출생등록은 국적법상 출생에 의
한 국적취득을 한 경우와, 예외적으로 한국 국적 남성과 외국 국적
여성 간 혼인 외의 자에 대하여 한국 국적의 생부가 태아인지 신고
를 한 경우에 한하여만 작동하는 제도이다.

한편 출생 당시 모가 외국인이고 부가 대한민국 국민이더라도,
부모가 법률혼 관계가 아닌 혼인 외의 자인 경우에는 출생에 의한
국적취득이 불가능하며 출생 전 태아인지신고를 하거나 모의 출생
당시 국적국에 출생등록을 한 후 부의 인지에 의한 국적취득을 하

---

[72] 대법원 가족관계등록선례 제201005-1호 (2010. 5. 24.), "한국인 갑남과 혼인
관계에 있던 외국인 을녀는 갑남과의 혼인관계가 해소되지 아니한 상태에
서 갑남과 별거하던 중 한국인 병남과의 사이에서 정녀를 출산하고 그 후
갑남과의 혼인관계가 재판상 이혼으로 해소되자 병남과 재혼을 한 다음 정
녀가 병남을 상대로 인지청구의 소를 제기하여 인지의 재판이 확정된 경우
에 정녀가 가족관계등록부를 가질 수 있는 방법".
[73] 가족관계등록예규 제314호 "기록대상자가 외국인인 경우의 기록방법에 관
한 예규" (2014. 6. 1), 제8조.

여야 대한민국 국적을 취득할 수 있다. 대법원 2018. 11. 6.자 2018스
32 결정은 대한민국 국적의 부와 외국인인 모 사이에 태어난 혼인
외의 출생자에 대하여는 부의 출생신고만으로 가족관계등록부를 작
성할 수 없고, 그 자녀가 미성년인 경우 대한민국의 국민인 부가 외
국인에 대한 인지절차에 따라 인지신고를 한 다음 자녀가 국적법
제3조에 따라 법무부장관에게 신고함으로써 대한민국 국적을 취득
한 후 그 통보가 된 때에 비로소 가족관계등록부를 창설할 수 있다
고 설시하였다. 인지에 의한 국적취득을 위해서는 생부가 스스로의
의사로 인지신고를 함으로써 임의인지(민법 제855조)를 하거나, 생
부가 인지신고를 자발적으로 하지 않는 경우 자의 인지청구의 소에
의하여 재판상 인지 절차를 진행하여야 하며(민법 제863조), 인지신
고서의 첨부서류로 신고인의 신분관계증명서, 재판에 의한 경우 재
판서 등본 및 확정증명원 외에도 모가 외국인인 경우 모의 출생 당
시 미혼임을 증명하는 서류를 국적국에서 발급받아 제출하여야 한
다.[74] 문제는 친모가 본국에 출생신고를 할 수 없는 사정이 있을 때
이다. 친모가 출생 이후 귀화로 한국 국적을 취득하고 본국 국적을
포기한 이후 뒤늦게 출생당시 국적국에 출생신고를 하고자 하는 경
우, 친모가 미등록체류자로 출국의 위험이 있어 대사관이나 출입국
청을 방문하지 못하는 경우, 친모의 본국에서 미혼모의 존재를 인정
하지 않는 경우, 한국 내 대사관이 없는 등의 사유로 대사관에 대한
출생신고가 곤란한 경우가 존재하기 때문이다. 즉, 한국 국적을 법
적으로 취득하는 아동의 경우에도 출생등록까지 나아가는데 상당한
장벽이 있다고 할 수 있다.

---

74) 가족관계등록예규 제460호 "가족관계등록사무의 문서 양식에 관한 예규"
   (2015. 2. 1.), 양식 제2호.

다. 외국인 부모가 본국의 행정절차에 접근 할 수 없는 경우 (미등록체류자, 난민인정자 등)

한국에서 출생한 아동의 부모가 모두 외국 국적자로 한국 국적을 취득할 가능성이 없는 경우에는 부 또는 모의 국적국 대사관에 출생신고를 하게 된다. 고용허가제로 입국하여 사업주와의 문제로 인해 체류자격이 박탈되거나 체류기간이 도과된 경우, 단기 사증으로 방문하였다가 체류기간이 도과한 경우, 혼인이주여성으로 입국하였다가 배우자에게 이혼을 당한 후 쉼터 등에서 미등록체류자로 체류하게 되는 경우 등 체류자격에 대한 문제가 해결되지 않은 상황에서 자녀를 출산한 경우가 문제 된다. 이 경우, 미등록체류자는 자국 대사관에서 출생신청 처리를 거부하거나 과도한 급행료를 요구하기 때문에 자국 대사관에서 자녀의 출생신고를 하지 않게 되고 이로 인해 그 자녀는 출생이 등록되지 않은 상태로 국내에서 체류하게 된다. 난민인정자·신청자 및 인도적 체류허가자(이하에서 '난민 등' 으로 칭한다)도 이와 같은 문제를 겪는다. 난민 등의 부모는 외국인이므로 현행법상 그 자녀에 대하여 외국인 등록을 하기 위해서는 국적국에 대한 출생등록이 선행되어야 함이 원칙이나, 이는 사실상 난민 등이 피난해온 자신의 국적국 내지 재외공관에 가서 출생등록을 해야 한다는 모순적인 상황을 요구하는 것이다. 물론 난민 등의 자녀들도 부모 또는 본인의 난민지위에 따라 외국인등록이 되는 경우가 있다. 그러나 앞에서 살펴본 바와 같이 외국인등록이 국제적 기준에서 제시하는 출생등록의 요건을 만족하는 증명이 될 수 없으며, 그나마 난민신청자의 경우에는 난민 불인정 결정에 따라 등록상태도 박탈당하게 된다.

V. 보편적 출생등록제도의 도입 방안

1. 현행 출생신고 제도의 평가

'보편적 출생등록 제도'는 위에서 살펴본 바와 같이 국내에서 태어난 모든 아동의 출생사실을 국가에 등록하여, 이들이 '법률상의 신분'을 증명할 수 있도록 하는 제도이다. 즉, (가) 모든 아동의 출생사실이 국가에 신고 또는 통보되어, (나) 국가가 신고된 사실을 검증하여 공적 장부에 보관한 후, (다) 이에 대한 증명을 발급할 수 있어야 한다. 국내에서 문제되는 사례들은 대체로 (가) 출생사실이 국가에 신고 또는 통보되지 않거나 (부모의 출생신고 의무 해태의 문제, 한국 국적이 없는 아동의 출생등록 절차 부재의 문제), (나) 국가에 대하여 통보되더라도 이를 공적 장부에 입력할 절차가 없는 경우들이다(미혼부 자녀 출생신고 또는 친생자 추정 제도상의 흠결로 주민센터, 법원 등 국가기관에 출생사실을 신고하더라도 가족관계등록부에 등재되지 못하는 문제). 앞에서 살펴본 특종신고가 외국인의 출생신고 제도로 갈음할 수 있다는 주장도 일각에 있으나,[75] 특종신고에 대한 수리증명서 및 신고서류의 기재사항 증명원은 각 '신고서를 접수했다', '신고에 어떠한 내용이 포함되어 있다'를 증명하는데 그친다.[76] 즉, 아동의 '출생사실'을 국가가 보관하고 확인한다는 증명이 없어, 결국 수리증명서 등을 통해서는 제공 받은 정보의 '진위와 적법성에 대해 보장'받지 못하므로, (다) 자신의 '법률상의 신분'

---

75) 이탁건, "이주배경 아동 출생신고 보장 방안", 아동의 출생신고 권리보장 방안모색 토론회, 국가인권위원회·보편적출생신고네트워크 (2016. 10. 25. 발표), 50.
76) 가족관계의 등록 등에 관한 규칙 별지 제6호 서식.

이 증명되었다고 볼 수 없다.

앞서 살펴본 보편적 출생등록 제도의 요건에 비추어 보더라도, 국내 출생신고 제도의 한계는 명확하다. 국내 출생한 아동들은 국적이나 지위에 따라 출생등록되지 못하는 경우가 생긴다(보편성 요건의 미충족). 가족관계등록법은 자녀의 출생신고의 의무를 부모에게 부여하고, 가족관계등록법규의 속지적 효력에 따라 외국인에게도 자녀의 출생신고의 의무가 부여된다는 견해도 있으나,[77][78] 가족관계등록법상 "국민"의 가족관계의 발생 및 변동사항에 관한 등록과 그 증명에 관한 사항을 규정하고 있어 (제1항), 가족관계법규의 속지적 효력은 국민과 외국인 간의 신분관계 변동에 대해 미친다고 해석하는 것이 타당하다.[79] 여하간 외국 국적 자녀의 출생신고 의무는 신고 자체가 사실상 불가능하므로 의무 부여가 무용함이 명백하다. 한국 국적 자녀의 경우에도 부모 등이 출생신고 의무를 해태하더라도 의무이행을 강제할 방법이 없다(강제성 요건의 미충족). 가족관계등록법상 부과되는 출생 후 1개월 내 출생신고의 요건 자체가 '출생 즉시 등록'해야 한다는 국제인권법상 요건에 미달하지는 않을 것으로 보이나, 몇 년간 지난한 가정법원 상의 절차를 거쳐야 출생등록이 되는 사례들은 분명히 아동의 복리에 반하는 결과이다(적시성 요건의 미충족). 결국, 아동의 출생등록과 관련된 현행 국내 법 제도는 국제인권법이 요구하는 보편적 출생등록제도에 미달한다.

아래에서 상세히 서술하겠지만, 타국 사례를 살펴보면 (가) 출생사실이 국가에 신고 또는 통보되지 않는 문제를 해결하기 위해 의료기관 등의 출생통보제 또는 의료기관 등의 출생자동등록제를 택

---

77) 대법원 가족관계등록선례 제201005-1호.
78) 원혜영 의원 발의, "가족관계의 등록 등에 관한 법률 일부개정법률안" 15749, (2018. 10. 1.) [임기 만료로 폐기].
79) 김두년 외 공저, 혼인 등 가족관계등록 관련제도의 주요국가간 비교를 통한 제도개선방안, 여성가족부 (2012), 132.

하는 국가들이 많다. 대다수가 의료기관에서 출생하는 현실을 고려하여(한국의 경우 2017년 기준 병원 분만이 99.6%에 달한다),[80] 부모의 재량에 자녀의 출생신고를 맡기는 것이 아니라 아동의 출생사실을 확인할 수 있는 의료기관, 조산사 등이 국가에 출생사실을 통보, 또는 신고하게 하는 것이다. (나) 국가에 통보되더라도 이를 공적 장부에 입력할 절차가 없는 기존 가족법제의 한계, 즉 미혼부 자녀 출생신고 또는 친생자 추정의 문제는 의료기관의 출생통보만으로 해결될 수 없고, 관련 민법 및 가족관계등록법의 개정이 병행되어야 할 것이다. (다) 이주아동의 출생등록의 보장을 위한 제도적 개선 방안도 별도로 상술한다. 외국 국적 아동은 아예 한국 정부에 대한 법상, 또는 사실상 출생등록이 막혀 있으므로, 외국 국적 아동의 출생등록이 보장되는 입법적 해결이 필요하며, 이때 체류자격과 무관하게 모든 아동이 출생등록할 수 있는 제도적 장치 도입이 병행되어야 한다.

2. 의료기관에 의한 출생통보제도

가. 해외 사례

출생통보제도에 대한 해외사례는 송효진 외 3명이 2016 발표한 「출생신고제도의 개선을 위한 연구」 보고서에서[81] 상세하게 연구한 바 있다. 송효진 외 3명에 따르면 해외의 경우 OECD 국가들은 대부분 의료기관이 아동의 출생사실을 정부에 통보하는 출생통보제 형식을 채택하고 있다. 개별 국가마다 차이는 조금씩 있지만 크게 의

---

80) 통계청 보도자료, "2017 출생 통계 (확정)", 사회통계국 인구동향과 (2018. 8. 21.), 24.
81) 새로운 각주내용 : 송효진 외 공저, "출생신고제도의 개선을 위한 연구", 법무부(2016), ii.

료기관 및 시설에 일차적인 신고(통보)의무를 지게 하는 경우와 부모와 의료기관 및 시설에 동시에 신고(통보)의무를 지게 하는 경우로 나뉜다. 국가별로 나누어 보면 ① 부모의 신고 이전에 의료기관 등에서 일차적으로 출생사실을 통보해야 할 의무가 주어지는 유형(호주, 뉴질랜드, 영국, 미국, 캐나다 등) ② 부모와 의료기관 등에 모두 출생신고의무가 있는 유형(독일) ③ 법률상 출생신고의무는 원칙적으로 부모에게 있으나, 실무상 의료기관 등에서 출생신고가 가능한 유형(프랑스, 싱가포르 등) ④ 부모에게 신고의무를 부여하고 원칙적으로 의료기관이 출생신고에 개입하지 않는 경우(일본, 중국) 등으로 나뉘며 한국은 일본, 중국과 함께 4유형의 분류에 속한다.[82]

1유형의 경우 ① 의료기관 등에 의한 출생사실의 (사전)통보/정보제공 → ② (신고의무자의) 출생신고 → ③ 출생등록완료의 순으로 출생등록이 진행된다.[83] 즉, 출생사실은 출생사실대로 정부에 대해 통보하여 아동에 대한 의료보장·인구통계에 활용되고, 추후 양육자가 상세한 정보 등을 제공하는 출생신고로 출생등록을 완료한다. 호주와 뉴질랜드의 경우 의료기관이 먼저 아동의 출생사실을 출생등록관에게 출생에 관한 기본적인 사항을 통보하여 출생사실을 당국이 인지하도록 한 후, 부모가 아동의 성명 등의 정보를 포함한 출생신고를 하는 방식이다. 영국은 병원에서 아동이 출생하였을 경우 바로 당국에 출생사실이 통보되어 해당 아동에게 의료보장 번호가 발급되며 동시에 그 사실이 전산으로 관리된다. 후에 부모가 신분등록 담당 관청에 출생등록을 하여 두 정보가 국가적 차원에서 연동되어

---

82) 위 보고서에서는 호적제도에 기반을 둔 신분등록법제를 가지고 있는 동북아시아 국가에서 이러한 형태의 신분등록제도를 찾을 수 있다고 분석하고 있다.

83) 박선영 외 공저, 여성·가족 관련 법제의 실효성 제고를 위한 연구(Ⅱ): 출생등록의무자 및 스토킹 규제 관련 외국의 입법례와 시사점, 한국여성정책연구원 (2014), 21.

관리된다. 미국과 캐나다의 경우에는 출생등록에 관한 사항을 인구 동태 통계법제에서 규정하는데, 일반적으로 출산에 관여한 의료기 관 등이 출생증명서를 담당 기관의 등록관에게 통보·제출하도록 하 고 있다.[84]

　1유형에서 의료기관이 곧바로 출생사실을 통보하는 규정이 있는 것과 달리, 2유형에 해당하는 독일의 경우 신분등록법에서 출생신고 의 신고의무자를 아동의 부 또는 모 그리고 아동의 출생이 이루어 진 의료기관 및 시설의 종사자로 규정하고 있다. 이는 출생등록 절 차를 일차/이차로 나누어 의료기관이 자동으로 출생사실을 먼저 통 보하게 되어있는 것이 아니라 의료기관의 종사자를 부모와 동일한 출생신고의무자로 규정하고 있다는 점이 특징이다. 3유형은 원칙적 으로는 부 또는 모가 출생신고를 하도록 규정되어 있지만, 실무상 아동의 출생이 이루어진 의료기관에서 출생신고가 가능하도록 하는 형태이다. 프랑스나 싱가포르는 병원 내에 출생신고 담당 공무원이 상주하거나 출생신고센터 등을 두고 운영하여 출생 즉시, 출생신고 가 병원에서 이루어지도록 도모하고 있다.[85] 그러나 이러한 3유형 의 경우, 의료기관에서 자동적으로 출생사실이 통보되거나 의료기 관에 일차적으로 출생신고의 의무를 부여하지 않아, 만일 일차 신고 의무자가 신고를 해태할 경우, 아동의 출생등록이 바로 이루어지지 못할 수 있다는 한계를 지니고 있다.

나. 국내 입법현황

　현행 가족관계등록법이 부 또는 모에게만 출생신고 의무를 규정 하여 발생한 신고의무자의 출생신고 누락·해태 문제, 제도상 공백으 로 인해 출생신고를 못 하는 문제, 미등록아동의 권리침해 문제 등

---

84) 박선영 외 공저, 위의 글, 21-24.
85) 송효진 외 공저(주 81), 앞의 글, 46.

이 사회적 문제로 인식됨에 따라 2010년 초부터 후반까지 보편적 출생등록을 위한 각종 학술 연구 및 사회적 인식개선 운동이 진행되었고 축적된 문제 제기에 터 잡아 20대 국회에서도 의료기관 등에 출생통보의무를 규정한 가족관계등록법 개정안이 수개 발의되었다.

2017년에 발의한 함진규 의원의 가족관계등록법 개정안은[86] 출생통보의무자로 의사·조산사나 그 밖에 분만에 관여한 사람으로 정하였고 출생통보시기는 30일 이내, 절차는 통보의무자가 출생증명서를 관할 시·읍·면의 장에게 송부하고 시·읍·면의 장이 출생신고여부를 확인하고 신고의무자에게 최고할 것을 규정하였다. 같은 해 권미혁 의원의 가족관계등록법 개정안은[87] 출생통보 의무자는 함진규 의원안과 동일하게 의료기관으로 정하였지만, 출생통보시기가 14일인 점, 출생사실 통보 대상을 건강보험심사평가원으로 정하고 이 건강보험심사평가원이 관할 시·읍·면의 장에게 송부하도록 되어있다는 점,[88] 출생통보를 전자방식으로 할 수 있음을 규정한 점, 출생신고의무자가 기간 내에 신고를 안 할 경우 그에 대한 최고나 직권신고를 의무로 규정했다는 점, 그리고 출생통보자의 의무 미이행 시 과태료를 규정한 점이 차이가 있다.

2019년에 이찬열 의원이 대표 발의한 가족관계등록법 개정안은[89] 출생통보의무자는 의사·조산사나 그 밖에 분만에 관여한 사람으로 규정하고, 출생통보시기는 30일로 정하고 출생통보의무자는 관할 시·읍·면의 장에게 출생사실을 통보하도록 정하고, 만일 출생

---

86) 함진규 의원 발의, "가족관계의 등록 등에 관한 법률 일부개정안", 2007630, (2017. 6. 27.) [임기 만료로 폐기].
87) 권미혁 의원 발의, "가족관계의 등록 등에 관한 법률 일부개정안", 2008435, (2017. 8. 8.) [임기 만료로 폐기].
88) 이는 기존의 의료정보 시스템이 건강보험심사평가원과 연계되어 있는 점을 고려한 규정으로 보인다.
89) 이찬열 의원 발의, "가족관계의 등록 등에 관한 법률 일부개정안", 2018307, (2019. 1. 24.) [임기 만료로 폐기].

신고의무자가 출생신고를 안 할 경우 시·읍·면의 장은 신고의무자에게 최고해야 하며, 출생통보의무자가 의무위반 시 과태료를 부과하도록 하였다. 같은 해 신동근 의원이 대표 발의한 가족관계등록법 개정안도[90] 대부분 내용이 동일하다.

2019년 김순례 의원이 대표 발의한 가족관계등록법 개정안은[91] 의사·조산사나 그밖에 분만에 관여한 사람이 출생증명서를 작성하여 출생 후 10일 이내에 관할 시·읍·면의 장에게 출생증명서를 통해 출생사실을 통보하라고 규정한 점은 다른 출생통보제 개정안과 동일하다. 그러나 김순례 의원안은 시·읍·면의 장이 송부된 출생증명서를 수리한 때에 출생의 신고가 된 것으로 본다고 규정하고 있어 일차적인 출생사실통보와 부모의 출생신고 절차를 분리한 해외의 출생통보제도나 다른 의원들이 발의한 의료기관에 의한 출생통보제도와 달리, 의료기관에 의한 출생신고제도를 규정한 것으로 보인다.

다. 소결

현재 국적과 상관없이 거의 모든 아동의 출생이 병원에서 이루어진다는 사실에 비추어 보았을 때, 위에서 살펴본 출생통보제 및 출생신고제는[92] 해외 입법례와 유사하게 의료기관에 신고의무자로서의 의무를 명시하고 있으므로 위 개정안대로 입법이 된다면 의료기

---

90) 신동근 의원 발의, "가족관계의 등록 등에 관한 법률 일부개정안", 2018828, (2019. 2. 26.) [임기 만료로 폐기].

91) 김순례 의원 발의, "가족관계의 등록 등에 관한 법률 일부개정안", 2021468, (2019. 7. 12.) [임기 만료로 폐기].

92) 의료기관에 의한 보편적 출생신고제도는 국내에서 태어난 모든 아동의 출생신고를 보장하는 데에는 가장 효과적일 수 있겠지만 출생사실을 단순히 대상기관에 통보하는 출생통보제와 달리 신고를 통한 법률관계를 구성하게 되므로, 현행 출생신고제도 및 가족관계등록법의 기타 조항, 그리고 대법원 규칙, 실무상 관행 등과의 정합성을 고려하여 세밀하게 검토할 필요가 있을 것이다.

관 및 조산사 등을 통해 출생한 아동들의 출생사실을 파악할 수 있다는 점에서는 유효성이 있을 것이라 기대된다. 특히, 의료기관의 출생사실 통보 의무를 명시적으로 규정하는 데 그치지 않고 그 실효성을 보장하기 위해서 시·읍·면의 장에게 직권신고를 의무화하거나 신고의무자의 미이행시 과태료 부과 등을 규정한 개정안들은 더 긍정적으로 평가될 수 있을 것이다. 그러나 출생통보제가 국내 출생하는 모든 아동의 출생등록을 실질적으로 보장하기 위해서는 ① 한국 국적을 가지지 않은 아동에 대한 포섭문제 ② 미혼모의 개인정보 보호 및 미혼모가 안전하게 출산하는 시스템을 마련의 필요성을 함께 고려해야 한다.

첫째, 현재 발의된 출생통보제도는 한국 국적을 가지지 않은 이주아동에 대한 포섭을 제대로 하지 못 한다는 한계가 있다. 먼저 한국 국적을 가지지 않은 아동에 대한 가족관계등록법상의 포섭문제인데, 현행 가족관계등록법과 출생등록제도는 대한민국 국적을 가진 아동만 포섭하고 있는바,[93] 외국 국적의 아동들도 국내 출생등록제도에서 배제되지 않도록 하는 제도의 전반적인 개편이 요구된다. 이와 관련해서는 가족관계등록법 자체를 개정하는 의견과 이주아동에 대한 특례조항을 마련한다는 의견 등이 있으며 아래에서 자세히 후술하도록 한다. 또한 형식적인 개선과 더불어 미등록 외국인 부모가 현실적으로 출생신고를 할 수 있는 환경을 조성하는 제도 개선도 함께 이루어져야 한다. 현행 출입국관리법상 공무원이 미등록 외국인을 발견할 시 그 사실을 통보해야 하는 의무가 있는데, 적어도 그 외국인이 출생신고를 하는 경우에는 그 통보의무를 면제할 수 있도록 명시적으로 규정할 필요가 있다(아래에서 후술한다). 또 출

---

93) 가족관계등록법 제1조(목적) 이 법은 국민의 출생·혼인·사망 등 가족관계의 발생 및 변동사항에 관한 등록과 그 증명에 관한 사항을 규정함을 목적으로 한다.

생통보제의 실무적인 절차를 마련하면서 주민등록번호가 부여되지 않을 수 있는 경우를 고려하여, 그에 대한 대체수단(예를 들어 영국은 아동이 출생한 경우 의료보장번호를 부여하여 출생통보제에 활용한다.[94])을 마련하는 것이 필요하다.

둘째, 출생통보제는 미혼모의 개인정보 노출로 인해 미혼모의 인권과 대립할 수 있다는 문제 제기가 있다. 2016. 5. 19. 개정된 가족관계등록법은 혼외자 및 미혼모의 사실을 알 수 있는 민감 정보를 기재하지 않은 '일반증명서'와 그렇지 않은 '상세증명서'로 나누어 발급하게 하였지만 상세증명서 발급요구를 막을 방법이 없어 실제로 실효성이 없다는 비판이 있다.[95] 따라서 출생통보제의 도입과 함께 미혼모의 개인정보가 불필요하게 노출되지 않도록 관련규정을 계속적으로 정비하고 보완하는 것이 필요하다. 나아가 실질적으로 위기상황의 산모들(미혼모, 장애, 미성년, 외국인 산모 등)이 임신과 출산의 전 과정을 기꺼이 의료기관에서 할 수 있도록 심리, 의료, 법률지원의 체계가 마련되어야 한다. 결과적으로 출생통보제가 아동인권과 위기상황 산모들의 인권의 대립을 야기하는 것이 아닌 공존을 위한 토대가 될 수 있도록 관련 제도들을 함께 고려해야 한다.[96]

이러한 점들에 비추어 보았을 때, 현재 발의된 출생통보제와 출생신고제는 이주아동에 대한 출생등록과 위기상황의 산모에 대한 보호를 함께 고려하지 못했다는 아쉬움이 존재한다. 따라서 앞으로의 논의에서는 출생아동의 권리를 실질적으로 보장하고 출생통보제도(출생신고제도)의 도입 취지가 훼손되지 않도록 의료기관의 출생

---

94) 송효진 외 공저(주 81), 앞의 글, 33.
95) 베이비뉴스, "친생모의 프라이버시 vs. 자녀의 알 권리… 대책은?", https://www.ibabynews.com/news/articleView.html?idxno=71455, (2019. 1. 25.).
96) 소라미, "현행 출생신고제도의 문제점 및 개선방안", 아동의 출생신고 권리보장 방안모색 토론회, 국가인권위원회·보편적출생신고네트워크 (2016. 10. 25. 발표), 43.

사실 통보의무의 규정, 국내 출생하는 모든 아동을 포섭할 수 있도록 하는 가족관계등록법의 전반적인 개선, 위기상황의 산모 인권과의 조화를 함께 논의해야 할 것이다.

3. 미혼부 출생신고, 친생자 추정의 문제의 개선

가. 문제점

미혼부 출생신고제도의 경우, 위에서 살폈던 것처럼 가족관계등록법 제57조 제2항의 신설에도 불구하고 법원에서 '모의 인적사항을 알 수 없는 경우'를 매우 한정적으로 해석하여 실질적인 문제해결이 잘 이루어지지 않는 경우가 많다. 실무적으로 이를 해결하기 위해서는 보호대상아동(유기아동)의 경우와 유사하게 후견인 지정신청, 성·본·가족관계등록부 창설허가, 인지 등 복잡한 방법으로 우회할 수밖에 없는데, 이에 드는 비용과 시간은 오로지 미혼부와 그 아동의 몫으로 돌아간다.

또한 그 아동의 어머니가 혼외자의 친부가 아닌 법률상의 남편과 혼인관계에 있거나 있었을 때에는 친생추정으로 인해 출생신고가 더 어렵게 된다는 문제점이 있다.[97] 친생추정을 번복할 수 있는 각종 제도는 모와 그 법률상의 배우자(또는 배우자였던 자)만 활용가능하여, 친생추정을 받게 되면 생모나 법률상의 부의 협력 없이는 미혼부가 혼자 자녀의 출생등록을 사실상 할 수 없다는 공백이 발생하게 된다.[98] 이 과정에서 생모나 법률상의 남편은 친생추정으로

---

97) 자세한 내용은 이 글의 IV. 아동권리의 관점에서 본 현행 출생등록 제도의 한계 참조.

98) 따라서 제3자일 뿐인 미혼부의 경우, 친생자관계부존재확인의소를 제기할 수밖에 없고, 이는 위 항목에서 설명하였듯이 아동의 권리보장을 위한 출생등록을 위한 제도라고 보기에는 많은 한계가 있다.

인해 해당 아동을 출생신고할 경우 양육할 의사가 없음에도 자신들의 가족관계에 등록을 시켜야 하는데 이를 원치 않아 협조를 구하기 매우 어렵거나 사실상 유기의 상태가 지속되는 사례가 빈번하다.

나. 국내 입법현황

이와 관련한 입법현황은 크게 ① 미혼부 출생신고의 문제가 되는 가족관계등록법 조항의 개정안과 ② 친생자 추정의 문제를 개선하는 입법으로 구분할 수 있다.

미혼부의 출생신고와 관련된 개정안은 가족관계등록법의 신고의무자 규정(제46조)과99) 미혼부가 출생신고를 할 수 있도록 하는 예외규정(제57조 제2항)의100) 개선이 주 내용을 이룬다. 2017년 김수민 의원이 대표 발의한 가족관계의 등록 등에 관한 법률 일부개정안은101) 제57조 제2항의 "성명·등록기준지 및 주민등록번호"를 "성

---

99) 제46조(신고의무자) ① 혼인 중 출생자의 출생의 신고는 부 또는 모가 하여야 한다.

　② 혼인 외 출생자의 신고는 모가 하여야 한다.

　③ 제1항 및 제2항에 따라 신고를 하여야 할 사람이 신고를 할 수 없는 경우에는 다음 각 호의 어느 하나에 해당하는 사람이 각 호의 순위에 따라 신고를 하여야 한다.

　　1. 동거하는 친족

　　2. 분만에 관여한 의사·조산사 또는 그 밖의 사람

　④ 신고의무자가 제44조제1항에 따른 기간 내에 신고를 하지 아니하여 자녀의 복리가 위태롭게 될 우려가 있는 경우에는 검사 또는 지방자치단체의 장이 출생의 신고를 할 수 있다.

100) 제57조(친생자출생의 신고에 의한 인지) ① 부가 혼인 외의 자녀에 대하여 친생자출생의 신고를 한 때에는 그 신고는 인지의 효력이 있다.

　② 모의 성명·등록기준지 및 주민등록번호를 알 수 없는 경우에는 부의 등록기준지 또는 주소지를 관할하는 가정법원의 확인을 받아 제1항에 따른 신고를 할 수 있다.

101) 김수민 의원 발의, "가족관계의 등록 등에 관한 법률 일부개정안", 2009459, (2017. 9. 18.) [임기 만료로 폐기].

명·등록기준지 또는 주민등록번호"라고 개정하여 부가 모의 성명·
등록기준지, 주민등록번호 중 일부를 알 수 없는 경우에도 가정법원
의 확인을 받아 부가 친생자출생의 신고를 할 수 있는 것으로 명확
하게 해석될 수 있도록 개정하였다. 반면, 2019년 이찬열 의원이 대
표 발의한 가족관계등록법 개정안은[102] 김수민 의원안과 달리 신고
의무자 규정만 개정하였는데, 제46조의 신고의무자에 미혼부도 출
생 신고 의무자로 포함시키고 있다. 같은 해 남인순 의원이 대표 발
의한 가족관계등록법 개정안은[103] 제57조 제2항에 미혼부가 모의
성명, 등록기준지, 주민등록번호 중 일부를 알 수 없는 경우에도 출
생신고를 할 수 있도록 명시적으로 규정하는 동시에, 제46조의 혼인
외 출생자에 대한 신고의무자에 '부'를 추가하여 미혼부도 신고의무
자로 추가하였다. 2020년 서영교 의원이 대표 발의한 가족관계등록
법 개정안은[104] 원칙적으로 미혼부 출생신고를 할 수 있도록 규정
하였고(제46조 개정), 예외로서 규정된 제57조 제2항을 아예 삭제하
였다.

　친생자추정 제도와 관련된 개정안은 가족의 형태가 다양해지고
생부에 대한 과학적 감별이 가능해짐에 따라, 법률혼을 근거로 강제
되는 친생추정을 깨고 아동의 관점에서 부를 정할 수 있는 여지를
넓히는 것을 주요 내용으로 하고 있다. 2019년 백재현 의원이 대표
발의한 민법 일부개정안은[105] 시대적 배경(다양한 가족 형태, 과학
적 친자감별기법)과 아동 및 그와 관계 맺는 부모의 생활관계를[106]

---

102) 이찬열 의원 발의, "가족관계의 등록 등에 관한 법률 일부개정안", 2018307,
　　(2019. 1. 24.) [임기 만료로 폐기].
103) 남인순 의원 발의, "가족관계의 등록 등에 관한 법률 일부개정안", 2019512,
　　(2019. 4. 1.) [임기 만료로 폐기].
104) 서영교 의원 발의, "가족관계의 등록 등에 관한 법률 일부개정안", 2024481,
　　(2020. 1. 9.) [임기 만료로 폐기].
105) 백재현 의원 발의, "민법 일부개정안", 2023018, (2019. 10. 25.). [임기 만료
　　로 폐기]

고려하여 친생추정을 규정한 제844조 제3항에 '혼인관계가 종료된
날부터 300일 내에 출생한 자녀라도 유전자검사에 의하여 친생자가
아님이 증명되고, 부와 자녀로서의 보호·양육 등 신분적 생활이 종
료된 경우'에 친생추정의 대상에서 제외하는 단서조항을 추가하였
다. 같은 해 백혜련 의원이 대표 발의한 민법 일부개정안은[107] 백재
현 의원의 개정안이 친생추정의 단서조항만 규정한 것과 달리, 전반
적으로 혼인 중의 출생자와 혼인 외의 출생자를 구분하지 않는 방
향으로 대폭 개정한 내용을 담고 있다. 친생추정과 관련하여서는 모
의 현재의 배우자를 그 자녀의 부로 추정하는 것을 원칙으로 하되,
친생부인의 허가 청구의 경우를 확대하고 청구권자에 생부를 포함
함으로써 자녀의 복리를 위해 부를 정하는 법원의 허가를 받을 수
있는 범위를 확대하였다. 또 백혜련 의원의 안은 혼인 외자와 혼인
중의 자의 구분을 없애기 위한 내용을 포함하고 있어, 출생신고의
하는 내용의 가족관계등록법 개정안을[108] 함께 발의하였다.

다. 소결

가족관계등록법 제57조 제2항은 미혼부의 출생신고를 위해 신설
되었지만 모의 성명, 등록기준지, 주민등록번호를 전부 모를 경우만
미혼부의 출생신고를 허가하였던 한계가 있어 꾸준히 비판을 받아
왔다. 이와 관련하여 위 개선안들은 제57조 제2항의 경우 모두 모의

---

106) 백재현 의원의 개정안 취지에 따르면 생부인지 여부와 별개로 만약 친생
　　추정을 받게 된 부와 자녀의 생활관계가 아동의 복리에 부합하도록 잘 유
　　지가 되는 경우도 있기 때문에 이를 고려하여 단서조항을 마련한 것으로
　　보인다.
107) 백혜련 의원 발의, "민법 일부개정안", 2022424, (2019. 9. 10.) [임기 만료로
　　폐기].
108) 백혜련 의원 발의, "가족관계의 등록 등에 관한 법률 일부개정안", 2022425,
　　(2019. 9. 10.) [임기 만료로 폐기].

성명, 등록기준지, 주민등록번호 중 일부를 모르는 경우에도 미혼부가 출생신고를 할 수 있도록 명시적으로 규정하고 있다. 그러나 미혼부를 출생신고의무자로 규정하느냐에 대해서는 각 개선안마다 차이가 있는데 남인순 발의안과 서영교 발의안은 미혼부를 신고의무자에 명시적으로 포함하여 원칙적으로 미혼부의 출생신고를 가능하게 하였다는 점에서 긍정적이다. 혼인 중의 자녀와 달리 혼인 외의 자녀에 대한 신고의무자를 '모'로만 규정한 취지는 혼인 중의 자녀는 친생자 추정이 되지만 혼인 외의 자는 그 '부'를 확인할 수가 없었기 때문이다. 그러나 이제는 과학기술의 발전으로 간단한 검사를 통해 '모'와 마찬가지로 생물학적 '부'도 확인할 수 있게 된바, 오히려 위와 같은 취지의 신고의무자 규정은 원칙적으로 미혼부가 출생신고를 하지 못하게 하여 미혼부 자녀의 복리를 침해하고 있다. 따라서 유전자 감식결과 등을 통해 생물학적 친자관계를 확인할 수 있다면, 미혼부도 미혼모와 마찬가지로 출생신고를 할 수 있도록 명문규정으로 정하는 것은 미혼부 자녀의 출생등록을 위해 반드시 필요하다.

그러나 앞서 살폈듯이 만약 혼인 외의 자녀의 '모'가 다른 자와 혼인 중인 경우에는 미혼부의 출생신고와 친생자 추정의 규정과의 충돌문제가 생긴다. 친권·양육권자와의 관계를 조속히 확립하고 자녀의 법적 지위의 안정을 위한 친생자추정은 자녀의 복리를 위해 필요한 부분이 있다. 그러나 다양한 가족형태와 과학이 발달한 시대적 배경 등에 비추어 오히려 너무 엄격하게 판단되는 친생자 규정은 실질적으로 자녀의 복리를 위한 친권·양육권자를 정하는데 오히려 제도적 장애를 초래하고 있다. 이러한 점들을 종합적으로 고려하면 단순히 법률혼 관계만으로 친생자 추정을 하거나 생물학적 '부'가 밝혀졌다고 무조건 친생자추정을 깨는 것이 아니라 '혈연관계가 없다는 점 및 사회적 친자관계가 형성되지 않았거나 파탄되었다는

점 두 가지 요건이 인정될 경우에 친생자 추정의 예외를 인정' 하거
나 외관설을 유지하더라도 그 판단을 유전자 감식결과, 혈액형, 혼
인관계의 양태, 사회적 친자관계, 이해당사자들의 의사 등을 종합적
으로 고려해 구체적 타당성을 도모하는 것이 합리적일 것이다.109)
이러한 관점에서 위 개정안들은 그동안 민법상 규정이 없어 우회적
으로 출생신고를 해야 했던 미혼부들이 보다 직접적으로 친생추정
을 번복하고 출생신고를 할 수 있는 방안을 제시하고 있고110) 특히
친생자 추정에서 사회적 친자 관계의 존속여부를 고려하도록 규정
한 백재현 의원 발의안은 긍정적이라고 평가할 수 있다.

4. 이주아동의 출생등록

가. 해외 사례

앞에서 살펴본 바와 같이, 잉글랜드와 웨일스는 병원에서 출생한
아동에 대해 의료보장 번호를 발급한다. 병원이 아닌 집에서 출생한
경우에는 방문 간호사(Health Visitor)가 출생아에게 발급 번호를 알
려준다.111) 출생등록과 의료보장 번호는 산부인과 통계와 연동되어,
통계청이 관리하는 데이터에 포함된다. 출생사실을 신고할 수 있는
자는 부모, 태어난 거주지의 점유자, 출생 현장에 있던 자, 출생아의
보호자 등이다.112) 신고 자격이 있는 자는 42일 이내에 신분등록 담

---

109) 대법원 2019. 10. 23. 선고 2016므2510 전원합의체 판결 [친생자관계부존재
    확인] 중 별개의견·반대의견.
110) 나아가 백혜련 발의안은 혼인 중의 출생자와 혼인 외의 출생자의 구별을
    없애고 더 가치중립적으로 부모를 정하는 규정을 정리한바, 현행 민법 및
    가족관계등록법과의 관계나 정합성을 좀 더 면밀히 검토할 필요는 있지만
    그 방향성에 대해서는 주목할 만한 의미가 있다.
111) 박선영 외 공저(주 83), 앞의 글, 41.
112) Births and Deaths Registration Act 1953, s 1(2).

당관(register office)에게 출생정보를 신고하여야 한다.[113] 영국 정부
는 매년 의료체계 내에서 출생하는 아동 중 약 20명의 출생신고가
누락되는 것으로 추정하고 있어,[114] 사실상 완전한 보편적 출생신고
제도가 시행되고 있다고 평가된다.[115] 출생등록 시 요구되는 정보는
출생아의 출생 장소 및 시간, 성명, 성별, 부(父)의 성명, 출생장소,
직업, 모(母)의 성명, 출생 장소, 결혼 전 성, 상주 주소이다.[116] 인종
또는 출입국기록은 기입 대상이 아니다. 애초에 체류자격은 기록되
지 않기 때문에, 미등록 이주민도 출생등록 제도에 접근이 가능하
다. 신분등록 담당관은 체류자격을 확인할 의무가 없으며, 체류자격
에 대한 정보를 이민국에 제공하지도 않는다.[117] 부 또는 모의 출생
지가 기재되므로 영국 외에서 출생한 모의 정보는 수집되지만, 당연
히 영국 외 출생 모(母) 모두가 최근에 영국에 입국한 이주민은 아
니다.[118]

　태국은 2008년 민사등록법 개정을 통해, 태국에서 출생한 모든
아동이 국적과 무관하게 출생등록될 것을 보장하고 있다.[119] 법 개

---

113) Births and Deaths Registration Act 1953, s 2.

114) Elan Schwarz & Brianna Gomez, From Birth Registration to Confirmation of
Citizenship: Is the UK process the model to aspire to?, London School of
Economics and Political Science (2019), https://blogs.lse.ac.uk/mec/2019/05/08/
from-birth-registration-to-confirmation-of-citizenship-is-the-uk-process-the-model-to
-aspire-to/ (2020. 3. 1. 확인).

115) UNICEF(주 31), 앞의 글, 43.

116) Form 1 Particulars of Birth, The Registration of Births, Deaths and Marriages
Regulations 1968.

117) Reinhard Schweitzer, The Micro-Management of Migrant Irregularity and its
Control, University of Sussex (2017), 91.

118) Office for National Statistics, Births by parents' country of birth, England and
Wales: 2018 (2019), https://www.ons.gov.uk/peoplepopulationandcommunity/
birthsdeathsandmarriages/livebirths/bulletins/parentscountryofbirthenglandandwales/
2018 (2020. 3. 1. 확인).

119) United Nations Thematic Working Group on Migration in Thailand (Jerrold W.

정에 따라 병원에서 출생한 모든 아동은 출생 후 15일 내 병원에서
발급하는 출생증명서를 첨부하여 등록부처에 출생신고를 하여야 하
고, 병원 외에서 출생한 아동은 거주지역의 장(촌장 등)에게 출생사
실을 통보한 후, 등록 소관부처에 출생통보 증명서를 첨부하여 등록
부처에 출생신고를 하여야 한다.120) 촌장 등이 따로 없는 경우 소관
부처에 바로 출생사실을 신고한다.121) 태국의 출생등록 제도는 국적
과 무관하게 모든 아동들의 출생등록을 보장하고 있다는 점에서 특
기할 만하다. 제도 시행 후 태국의 출생등록률은 100%에 달하는 것
으로 보고되고 있다.122) 다만 단속의 두려움으로 병원 출생을 회피
하고 출생사실을 등록하지 않는 미등록 이주민들의 사례가 존재하
는 등,123) 현실적인 한계가 존재한다는 평가도 있다.

 네덜란드는 법에서 영토 내 출생한 모든 아동의 출생등록을 허용
하고 있어124) 미등록 이주아동을 포함한 보편적 출생등록 제도를
운용하고 있다고 평가 받는다.125) 부가 1차적인 출생신고의 의무가
있고, 모도 출생신고가 가능하다.126) 부 또는 모가 출생신고를 하지
못하는 경우, 출생사실의 목격인, 출생한 주택의 임대인, 출생한 시
설의 직원도 출생신고를 할 수 있고, 해당되는 사람이 없다면 출생
지의 지자체장이 출생신고를 할 수 있다.127) 출생신고 의무자가 출

 Huguet Ed.), Thailand Migration Report 2014 (2014), 52.

120) UNESCO, Manual for Capacity Building on Birth Registration and Citizenship
 in Thailand (2nd ed.), UNESCO (2010), 5-6.

121) UNESCO, 위의 글.

122) UNICEF(주 31), 앞의 글, 43.

123) United Nations Thematic Working Group on Migration in Thailand(주 119), 앞
 의 글, 52.

124) Burgerlijk Wetboek (민사법) Artikel 1.19e.

125) Platform for International Cooperation on Undocumented Migrants, Rights of
 Accompanied Children in an Irregular Situation (2011), 21.

126) Burgerlijk Wetboek Artikel 1.19e (1), (2).

127) Burgerlijk Wetboek Artikel 1.19e (3), (4), (5).

생신고를 하지 않는다면 원칙적으로 경범죄로 처벌된다.[128] 출생신고자는 신분증명이 필요하므로,[129] 미등록 부모는 위와 같은 제3자 신고를 통해 자녀의 출생신고를 할 수 있다.[130] 그럼에도 불구하고 공무원과 접촉하면 단속될 수 있다는 두려움으로 인해 출생신고를 포기하는 미등록 이주민 사례들이 존재한다.[131] 출생신고 기한은 3일로,[132] 출생신고 기한이 도과하면 등록 담당 공무원이 검찰에게 직접 출생신고하여야 한다.[133] 짧은 출생신고 기한과 기한 도과 후의 출생신고 절차의 복잡성이 출생등록의 장벽으로 존재한다는 의견도 있다.[134]

나. 국내 입법현황

2014년에 발의된 "이주아동권리보장기본법안"은[135] 이주 아동의 출생등록권을 명문으로 규정하였으나,[136] 국회 임기 만료로 폐기되었다. 2019년 정부가 발표한 '포용국가 아동정책'에서 10대 과제로

---

128) Wetboek van Strafrecht (형법) Artikel 448.
129) Rijksoverheid (네덜란드 정부), "Hoe doe ik aangifte van een geboorte?", https://www.rijksoverheid.nl/onderwerpen/aangifte-geboorte-en-naamskeuze-kind/vraag-en-antwoord/aangifte-geboorte (2020. 3. 31. 확인).
130) European Network on Statelessness, ENS Statelessness Index Survey: The Netherlands (2019), 51.
131) Platform for International Cooperation on Undocumented Migrants(주 125), 앞의 글, 21; Laura Van Wass, "The Children of Irreguar Migrants: A Stateless Generation", Netherlands Quarterly of Human Rights Vol. 25. No. 3 (2007), 453.
132) Burgerlijk Wetboek Article 1.19e (6).
133) Burgerlijk Wetboek Article 1.19e (6).
134) European Network on Statelessness, "Country Briefing: Netherlands" (2019. 2.).
135) 이자스민 의원 발의, "이주아동권리보장기본법안", 13120, (2014. 12. 18.).
136) 제9조(이주 아동의 출생 등록) ① 이주 아동은 출생 등록될 권리를 갖는다. ② 국가 및 지방자치단체는 대한민국에서 태어난 이주 아동이 출생사실을 신고·증명할 수 있도록 관련 법령을 정비하고 필요한 정책을 수립·시행하여야 한다.

포함된 '누락 없는 출생등록제도'137) 역시 출생통보제 도입을 공언하고 있는데, 정부는 '누락 없는 출생등록제도'는 미등록 이주아동까지 대상으로 포괄하지는 않는다는 입장을 아동권리협약 정부보고서를 작성하는 과정에서 비공식적으로 표명한 바 있다.138) 2018년 원혜영 의원이 대표발의한 가족관계의 등록 등에 관한 법률 일부개정안은139) "국내에서 외국인의 자녀가 출생한 경우 그 출생사실을 등록하기 위하여 외국인 아동 출생등록부를 작성하고 이에 관한 증명서의 열람 또는 교부를 청구할 수 있도록 함으로써 해당 외국인 자녀의 출생사실과 신분을 증명할 수 있도록 하려는 것"을 제안 이유 및 주요내용으로 제시하고 있다.140) 이 법안은 미등록체류자에 대한 공무원의 통보의무를 차단하는 등141) 체류자격과 무관하게 모든 이주아동의 출생신고를 전면적으로 허용하려는 의도가 명백하여, 관련 시민단체들의 적극적인 지지 대상이 되기도 하였다.142) 같은 해 윤후덕 의원이 대표발의한 가족관계의 등록 등에 관한 법률 일부개정안도 외국인 자녀에 대한 출생신고의 특례 조항을 삽입하여, 외국 국적 부모 사이에 출생한 아동도 출생신고할 수 있도록 보장하고 있다.143) 법무부는 2019년 유엔인종차별철폐위원회에 제출

---

137) 대한민국 정부 관계부처 합동, 국정현안점검조정회의 제출 자료, 포용국가 아동정책 (2019. 5. 23.).

138) 익명 시민사회 활동가와의 인터뷰 (2020. 3. 27.).

139) 원혜영 의원 발의, "가족관계의 등록 등에 관한 법률 일부개정안", 15749, (2018. 9. 27.) [임기 만료로 폐기].

140) 위의 발의안

141) 제44조의3(외국인아동출생등록부 작성 등) ⑤ 출생등록부 업무를 담당하는 공무원이 그 직무를 수행하는 과정에서 「출입국관리법」 제46조 제1항에 따른 강제퇴거 대상자를 발견한 경우에는 같은 법 제84조 제1항에도 불구하고 그 사실을 지방출입국·외국인관서의 장에게 통보하지 아니한다.

142) 보편적 출생신고 네트워크, "[성명] 대한민국에서 태어난 모든 아동에게 출생신고와 증명을 보장하는 가족관계등록법 개정안의 발의를 환영하며 조속한 입법을 촉구한다." (2018. 10. 29.).

한 보고서에서, 외국인 출생등록을 위한 특별법안의 제정을 준비 중이라고 밝혔다.144)

다. 이주아동의 출생등록 보장 방안

(1) "모든 출생의 등록"의 명시적인 보장

가족관계등록법의 대상을 국민으로 제한하는 목적 조항상 외국 국적 아동의 출생신고는 제한되는 것으로 해석되고, 실무 관행도 그러하다. 행정서비스에 대한 접근이 제한되는 이주민, 특히 미등록 이주민은 행정서비스 접근 대상에 명시적으로 포괄하지 않는다면 배제하는 방향으로 해석될 공산이 크다. 체류자격이 없는 경우만 차별하여 행정 서비스 접근을 제한하더라도 그 영향은 모든 이주민에게 미칠 수 있다. 체류자격이 있는 이주민도 가족 구성원들의 체류 자격이 상이한 혼합 가족을 이루는 경우가 많고, 이들은 미등록 가족 구성원에 대한 단속의 두려움 때문에, 또는 미등록 이주민과 가족을 이루고 사는 사람도 행정 서비스 접근이 가능한지 불명확하여 관공서에 접근하지 않는 경우가 많다. 해외사례를 보더라도 법에 명문으로, 또는 확립된 관행에 따라 체류자격과 무관한 모든 이주민에게 접근을 허용하지 않는다면 출생신고에 대한 접근 가능성이 작아질 수밖에 없다. 특히 한국의 경우 출생등록에 대한 권한이 한국 국적 부모에게만 주어진 관행이 축적되어 왔기 때문에, 외국인의 출생 신고를 실질적으로 보장하기 위해서는 출생신고 관련 법에 수범 범

143) 윤후덕 의원 발의, "가족관계의 등록 등에 관한 법률 일부개정안", 15093, (2018. 8. 28.) [임기 만료로 폐기].

144) "Concluding observations on the 17th to 19th periodic reports of the Republic of Korea Addendum: Information received from the Republic of Korea on follow-up to the concluding observations", UN Committee on the Elimination of Racial Discrimination(CERD), UN문서 CERD/C/KOR/FCO/17-19" (2019), para. 13.

위를 "모든 아동"으로 명시하거나, "외국 국적 또는 국적이 없는 아동"도 수범 대상에 포함된다고 명시할 필요가 있다. 이를 위해 가족관계등록법의 목적조항을 개정하는 것이 가장 바람직한 입법 방향으로 생각되나, 반드시 목적조항을 개정하지 않더라도 아래에서 살펴보는 바와 같이 외국인의 출생등록을 허용하는 조항을 신설하는 방식도 가능하다고 보인다. 예를 들어 교육기본법은 의무교육의 대상을 국민으로 규정하고 있으나, 난민법에 따라 난민 인정자도 초·중등 교육의 대상이 되고, 초·중등교육법 시행령 개정으로 미등록 이주아동도 학교 전·입학을 허용하고 있다.

(2) 단속의 두려움 없이 출생등록 절차에 접근할 수 있도록 보장

이주민에게 출생신청권을 법적으로 보장하는 데 그치지 않고, 미등록 체류 사실이 출생등록에 저해가 되거나, 단속으로 이어지지 않도록 보장할 수 있는 장치가 필요하다. 위에서 살펴본 네덜란드의 경우에도 법에서 모든 아동의 출생등록을 허용하고 있음에도 불구하고, 미등록 상태인 부모들이 단속의 공포 때문에 자녀의 출생등록을 회피하는 경우가 발생하고, 실제로 출생신고를 위해 관공서를 방문하였다가 단속된 사례도 있다.145) 태국도 단속의 두려움으로 인해 출생등록을 회피하는 경우가 있다는 점은 위에서 살펴본 바와 같다. 영국의 경우 법에 명시적으로 미등록 이주아동의 출생등록을 보장하고 있지는 않으나, 신분등록 담당관은 "모든 출생의 등록"의 의무를 부담할 뿐이며 이민국과의 정보 교류가 요구되거나 필요하지 않다.146) 스페인의 거주민 등록 제도(padron)도 참조할 만하다. 스페인

---

145) Platform for International Cooperation on Undocumented Migrants, Rights of Accompanied Children in an Irregular Situation, Platform for International Cooperation on Undocumented Migrants (2011), 21.

146) Reinhard Schweitzer(주 117), 앞의 글, 91.

은 체류자격과 무관하게 스페인에서 거주하고 있는 모든 주민을 대
상으로 한 거주민 등록 제도를 1996년 도입한 이후 1997년 정부 지
침을 발행하여,147) 체류자격과 무관하게 거주민 등록이 가능하다는
점을 명시적으로 확인하였다.148) 2013년 스페인 헌법재판소는 체류
자격이 없는 외국인도 개인정보에 대한 권리가 동일하게 인정된다
고 보며, 경찰이 거주민 등록부에 접근하기 위해서는 범죄 수사 등
명백한 필요가 있어야만 가능하다고 판시하였다.149) 따라서 지방정
부가 거주민 등록부 상의 체류자격에 대한 정보를 이민당국에 전달
하는 것은 개인정보 보호 법제에 위반되어 금지된다고 본다.150)

미등록 이주민의 출생등록에 대한 접근과 관련하여 국내법상 가
장 문제 되는 제한은 출입국관리법 제84조 상의 공무원의 통보의무
이다. 동 조항은 공무원에게 원칙적으로 출입국관리법 위반자를 발
견하면 그 사실을 지체 없이 지방출입국·외국인관서의 장에게 알릴
의무를 부과하고 있다. 동법 시행령 제92조의2는 학교, 공공보건의
료기관, (범죄 피해자에 대해) 경찰 공무원 등에게 통보의무를 면제

---

147) Resolución de 21 de julio de 1997, de la Subsecretaría, por la que se dispone
la publicación de la Resolución de 4 de julio de la Presidenta del Instituto
Nacional de Estadística y del Director General de Cooperación Territorial, por la
que se dictan instrucciones técnicas a los Ayuntamientos sobre actualización del
Padrón municipal.
148) Resolución de 21 de julio de 1997, 위의 글, 제5항 (외국인의 등록) 중 "거주
의 적법성 또는 불법성은 거주민 등록부를 통해 관리되어서는 안되며, 거
주민 등록부는 그러한 관리 기능을 수행하여서도 안된다. 거주민 등록부
제도의 목표는 거주 사실을 확인하는 것이며, 거주민 권리를 통제하는 것
이 아니다. (중략) 따라서 거주민 등록부 상의 등록이라는 행정행위는, 거
주사실의 등록 이상의 법적 효과를 발생시킬 수 없다."
149) Markus González Beilfuss, Safe Reporting of Crime for Victims and Witnesses
with Irregular Migration Status in Spain, Centre on Migration, Policy and
Society(COMPAS) (2019).
150) Markus González Beilfuss, 위의 글, 11.

하고 있으나, 통보의무 면제 범위가 지나치게 협소하여 단속의 두려움 때문에 미등록 이주민의 행정기관 접근이 제한된다는 비판이 비등하다.[151] 특히 임금체불 등 노동권 침해 피해자에 대해 근로감독관 등의 통보의무가 면제되지 않고, 범죄 피해자 외 증인 등 관계인에 대해서도 경찰의 통보의무가 면제되지 않아 이들의 권리구제가 제한될 수밖에 없다.[152] 출생신고 담당 공무원 역시 출입국관리법 시행령 제92조의2에 따른 통보의무의 면제 대상이 아니므로 원칙적으로 통보의무가 부여된다. 따라서 외국인에게도 출생등록이 제도적으로 보장되더라도, 공무원의 통보의무가 존재하는 이상 미등록 이주민이 자녀의 출생신고를 위해 관공서를 방문하는 것은 현실적으로 기대하기 힘들다고 보인다. 나아가, 통보의무의 면제만으로는 공무원의 자발적인 통지를 막을 수 없고, 특히 형사소송법 제234조 제2항 상의 공무원의 범죄 고발의무에 따라 출입국관리법 위반 사실을 출입국관리 공무원에 고발할 수 있다는 우려도 존재한다.[153] 결국 출입국관리법 위반 사실의 통지 및 고발을 금지하는 "통보 금지 조항"의 신설이 가장 바람직하다. 요컨대 미등록 이주민의 기본권을 보호해야 한다는 문제의식 하에 행정서비스와 이민당국 간의 정보교환을 차단하자는 "방화벽(firewall)"[154]의 설치에 준하여 미등록 이주민의 출생등록 담당 행정기관에 대한 접근을 보장하는 것이다.

---

151) 이탁건, "이주노동자 인권과 출입국관리법 개선 과제 - 공무원의 통보의무를 중심으로", 이주노동자 인권 보장을 위한 대전충청지역 활동가 토론회, 아산이주노동자센터 (2019. 11. 14. 발표), 2.

152) 이탁건, 위의 글, 3.

153) 이탁건, 위의 글, 7.

154) Francois Crepeau & Bethanie Hastie, "The Case for 'Firewall' Protections for Irregular Migrants", 17 European Journal of Migration and Law (2015), 182.

(3) 소결: 이주아동 출생등록 입법화 방안

이주아동의 출생등록을 입법적으로 제도화하기 위해, 기존의 가족관계등록 체계에 이주아동을 포섭하는 방식과 별도의 장부를 만들어 이주아동의 출생사실을 등록하는 방식을 생각해 볼 수 있다. 생각건대 전자의 방식이 절차의 차별적 적용 내지 차별적 인식을 차단할 수 있다는 면에서는 후자의 방식보다 우수하다. 또한 인적 편제 방식을 택하고 있는 한국의 신분관계 등록 체계의 특성 상, 외국인의 출생신고 사건만 별도로 편제하여 관리하는 것보다 기존의 등록 제도에 편입시켜 관리하는 것이 행정적 정합성이 더 높을 것으로 보인다. 앞에서 살펴본 바와 같이 의료기관의 출생통보제와 연동되기 위해서라도 기존의 가족관계등록 제도 내에서 외국인 출생등록 제도가 운용되는 것이 더 용이할 것으로 보인다. 외국인 모도 체류자격이 없는 상태더라도 대부분 병원에서 출산하는 것으로 알려져 있다는 점에서155) 특히 그러하다. 또한 "한국 국적이 아니라는 사실"에 대한 판단이 실무적으로 용이하지 않을 수도 있기 때문에, 출생등록의 적시성을 보장하기 위해서라도 일괄적으로 가족관계등록부 상 등록을 허용할 필요성이 높다. 가족관계등록 담당 공무원이 출생신고 된 아동이 가족관계등록부의 창설이 가능한 출생에 의한 국적취득자에 해당하는지 여부를 판단하는 과정에서, 가령 모의 국적이 외국이라는 사실만 알려지고 출생 당시 한국 국적의 부와 법률혼 상태에 있었는지 여부 등에 대한 정보가 없는 경우에는 가족관계등록부를 창설하지도, 외국인 아동 출생등록부에 등록하지도 못하는 상황이 발생할 수 있다.

가족관계등록부에 등재되면 국민으로 추정되는 효과가 있기 때문에 이주민에 대한 가족관계등록부 창설은 신중하게 접근해야 된

---

155) 오경석 외 공저(주 70), 앞의 글, 103.

다는 주장도 있으나, 이는 국적 보유에 대한 사실상의 추정에 불과하고 법률상 추정이 아니기 때문에 불필요한 우려로 생각된다.[156] 앞에서 살펴 본 바와 같이, 단속의 두려움 없이 출생등록 절차에 접근할 수 있도록 제도적으로 보장하기 위해서는 최소한으로 담당 공무원의 통보의무를 면제하고, 이상적으로는 담당 부처와 출입국·외국인청 간의 방화벽을 설치하여야 한다. 전자를 위해서는 출입국관리법 시행령 제92조의2 또는 타법 개정으로 출생등록 담당 공무원의 통보의무를 면제하여야 하고, 후자를 위해서는 출입국관리법 제84조 또는 타법 개정으로 출입국관리법 제84조에도 불구하고 출생등록 담당 공무원은 출생등록 관련 정보를 제공하여서는 안 된다는 의무를 신설하여야 할 것이다.

VI. 결론

대한민국의 보편적 출생등록제 도입을 촉구하는 국제사회의 목소리는 끊임없이 높아지고 있다. 유엔아동권리위원회, 자유권규약위원회, 사회권규약위원회, 인종차별철폐위원회, 여성차별철폐위원회 등 다수의 UN 국제조약기구가 대한민국 정부 보고서에 대한 최종견해로 보편적 출생등록제도를 도입할 것을 권고하고 있다. 대한민국에서 출생한 아동의 경우 대법원이 밝힌 바와 같이 속지주의 법리에 따라 모두 출생신고 의무자에 의하여 '출생신고' 되어야 하나, 실제로는 출생신고의 접수조차 보편적으로 이루어지지 못하고 있다. 출생등록을 통한 출생사실의 공적 증명이 보편적이지 않음은 물

---

156) 소라미, "아동인권의 관점에서 본 현행 출생신고제도의 문제점과 개선방안", 한국가족법학회 추계학술대회, 한국가족법학회 (2016. 9. 발표), 492.

론이다.

본 글에서는 출생등록되지 않은 아동이 기본권 측면에서 어떻게 소외되는지 살펴보았다. 헌법상, 혹은 국제인권법상 아동에게 보장되어야 하는 각종 권리의 전제는 해당 아동의 존재 및 연령을 증명할 수 있다는 점이다. 출생등록되지 않은 아동은 그로 인하여 학대, 유기, 불법 입양, 인신매매의 위험에 노출될 가능성이 높으며, 연령의 증명이 불가능하여 강제 징집, 조혼, 소년사법절차에서의 누락 등 구체적인 권리 박탈의 피해를 입을 위험이 높아진다. 건강권, 교육권, 정보접근권의 박탈, 가족관계 증명의 어려움 등 출생 미등록으로 인하여 연쇄적으로 일어나는 피해는 이루 말할 수 없다. 이러한 입법적 불비를 해소하기 위하여 여러 입법안들이 제시되었으나 국회의 의사처리과정에서 '외국인에게 국적을 부여하여서는 안 된다'와 같은 인과관계가 없는 반대의견에 의하여, 혹은 무관심 속에서 후순위로 밀려나고 또 폐기되는 역사가 반복되었다.

호주제에서 출발한 대한민국의 신분관계 등록제도는 가족관계등록법이라는 비교적 선진적 제도로 발전하였으나 출생등록이 아동의 권리 보장의 측면에서 어떠한 의의를 가지고 있는지에 대해서는 여전히 무관심하다. 출생신고를 오로지 신고의무자의 자발성에 의존하고 있는 현행 제도는 아동을 독립된 인격체로, 동시에 국가가 특별히 보호하여야 할 의무가 있는 소수자로 여기지 않는 데서 오는 공백 현상이다. 민법상 친생자 추정의 효과가 실제 출생신고에 미치는 악영향, 미혼부의 단독 출생신고제도의 불완전성은 법률혼이라는 '정상가족'에서의 출생이 그렇지 않은 출생에 비하여 어려운 과정을 거쳐야만 그 발생사실을 인정받을 수 있다는 측면에서 모든 출생이 평등하게 다루어지는가에 대한 의문점을 낳는다. 실무적으로 제대로 일처리를 하지 못해 출생등록이 지연 및 누락되는 사례가 빈발하는 것 역시 시정되어야 할 문제이다.

국경을 초월한 인간의 이동이 활발해지고, 다양한 국적, 문화적 배경을 지닌 사람들이 대한민국 영토에 함께 거주하면서 기존의 출생등록제도가 이러한 다문화 사회의 현상을 제대로 포섭하고 있지 못하여 제도적 차별을 야기하고 있다는 점 역시 문제로 지적하였다. 다른 국가의 국적 및 출생등록에 관한 제도와의 관계를 한국 정부 역시 고려하지 않을 수 없다. 보다 발전적인 형태의 제도를 적극적으로 수용하고, 현행 제도로 인해 발생하는 문제의 해결을 위해 노력하여야 한다.

보편적 출생등록 제도의 국내 도입을 위해서는 (가) 의료기관의 출생통보제 도입을 통해 모든 아동들의 출생사실이 국가에 대해 신고 또는 통보될 수 있도록 보장하고, (나) 미혼부의 출생신고를 폭넓게 허용하고 친생추정을 번복하고 출생신고할 수 있는 방안을 도입하여, 출생사실을 적시에 공적 장부에 등록·보존할 수 있도록 하고, (다) 이에 대한 증명을 당사자에게 발급할 수 있도록 하여야 한다. 특히 신고 자체가 제한된 외국인을 위한 출생등록 제도를 도입하고, 통보의무 제한 등 외국인의 출생신고 보장을 위한 제도적 장치를 마련해야 할 것이다.

참고문헌

* 저자를 특정할 수 없는 문헌은 각주에만 기재함.

국가교육평생진흥원, 2019 다문화학생을 위한 학적관리 매뉴얼, 국가교육평
    생진흥원 (2019)
김두년 외 공저, 혼인 등 가족관계등록 관련제도의 주요국가간 비교를 통한
    제도개선방안, 여성가족부 (2012)
김상원·김희진, "아동인권 보장을 위한 출생등록 제도 개선방안", 한국아동
    복지학 제65권 (2019)
김철효 외 공저, 이주배경아동의 출생등록 연구보고서, 세이브더칠드런 (2013)
노충래 외 공저, 국내 난민아동 한국사회 적응 실태조사, 초록우산어린이재
    단 (2017)
류광해, "주민·가족관계·국가유공자 등록의 법적 성격", 법학논총 제30권 제
    1호 (2017)
박선영·송효진·구미영·김정혜·유혜경, 여성·가족 관련 법제의 실효성 제고
    를 위한 연구(Ⅱ): 출생등록의무자 및 스토킹 규제 관련 외국의 입법
    례와 시사점, 한국여성정책연구원 (2014)
베이비뉴스, "친생모의 프라이버시 vs. 자녀의 알 권리… 대책은?", https://www.
    ibabynews.com/news/articleView.html?idxno=71455, (2019. 1. 25.)
소라미, "아동인권의 관점에서 본 현행 출생신고제도의 문제점과 개선방안",
    한국가족법학회 추계학술대회, 한국가족법학회 (2016. 9. 발표)
소라미, "현행 출생신고제도의 문제점 및 개선방안", 아동의 출생신고 권리
    보장 방안모색 토론회, 국가인권위원회·보편적출생신고네트워크
    (2016. 10. 25. 발표)

송진성, "현행 출생신고제도의 문제점 및 개선방안 - 아동권리보장의 관점에서", 사회보장법연구 제7권 제1호 (2018)

송효진 외 공저, 출생신고제도의 개선을 위한 연구, 법무부 (2016)

연합뉴스, "세남매 10년간 학교 안보내고 집에 방치한 엄마 실형", https://www.yna.co.kr/view/AKR20190808098400065, (2019. 8. 8.)

연합뉴스, "출생신고 안한 2개월 아기 숨지자 시신유기...아빠에 5년 구형", https://www.yna.co.kr/view/AKR20191023089000004, (2019. 10. 23.)

연합뉴스, "학교 못간 7남매 중 두 아이 '내일부터 학교간다'", https://www.yna.co.kr/view/AKR20160404121351054?input=1195m, (2016. 4. 4)

오경석 외 공저, 경기도 미등록 이주아동 건강권 지원을 위한 실태조사 보고서, 경기도외국인인권지원센터 (2019)

이중희·구은미, 이주 아동의 인권에 대한 연구", 공공사회연구 제6권 제4호 (2016)

이충은, "강제퇴거로 인한 미등록 이주아동의 인권침해", 한국법학회 법학연구 제19권 제3호 (2019)

이탁건, "이주노동자 인권과 출입국관리법 개선 과제 - 공무원의 통보의무를 중심으로", 이주노동자 인권 보장을 위한 대전충청지역 활동가 토론회, 아산이주노동자센터 (2019. 11. 14. 발표)

이탁건, "이주배경 아동 출생신고 보장 방안", 아동의 출생신고 권리보장 방안모색 토론회, 국가인권위원회·보편적출생신고네트워크 (2016. 10. 25. 발표)

최우용, "행정법상 등록의 법적 성격에 관한 고찰", 동아법학 제64호 (2014)

한국경제, "학대로 숨겨도 '미등록'아동은 방치돼도 몰라...'부모 아닌 국가가 출생신고해야", https://www.hankyung.com/society/article/202002213174i, (2020. 2. 22.)

현소혜, "가족관계등록제도 시행 10년간의 성과 및 향후의 개선방안", 가족법연구 제32권 제2호 (2018)

KBS, "불법 입양 실태 추적 '아기 삽니다'", http://d.kbs.co.kr/news/view.do?ncd=
3225003 (2016 1. 31.)

KBS, "'출생신고 안 받아줘요'...유령이 된 '미혼부' 자녀들", http://news.kbs.
co.kr/news/view.do?ncd=4377460 (2020. 2. 7.)

Bronwen Manby, "Legal identity for all" and childhood statelessness, The World's
Stateless Children (2017)

Caroline Vandenabeele (Ed.), Legal Identity for Inclusive Development, Asia
Development Bank (2007, 5)

Elan Schwarz & Brianna Gomez, From Birth Registration to Confirmation of
Citizenship: Is the UK process the model to aspire to?, London School
of Economics and Political Science (2019), https://blogs.lse.ac.uk/mec/2019/05
/08/from-birth-registration-to-confirmation-of-citizenship-is-the-uk-process-
the-model-to-aspire-to/ (2020. 3. 1. 확인)

European Network on Statelessness, ENS Statelessness Index Survey: The
Netherlands (2019)

European Network on Statelessness, Country Briefing: Netherlands (2019. 2.)

Francois Crepeau & Bethanie Hastie, "The Case for 'Firewall' Protections for
Irregular Migrants", 17 European Journal of Migration and Law (2015)

Ineta Ziemele, Commentary on the United Nations Convention on the Rights of
the Child Article 7, 8

Laura Van Wass, "The Children of Irreguar Migrants: A Stateless Generation",
Netherlands Quarterly of Human Rights Vol. 25. No. 3 (2007)

Markus González Beilfuss, Safe Reporting of Crime for Victims and Witnesses
with Irregular Migration Status in Spain, Centre on Migration, Policy and
Society(COMPAS) (2019)

Office for National Statistics, Births by parents' country of birth, England and

Wales: 2018 (2019), https://www.ons.gov.uk/peoplepopulationandcommunity/
birthsdeathsandmarriages/livebirths/bulletins/parentscountryofbirthenglandan
dwales/2018 (2020.3.1. 확인)

Paula Gerber, Andy Gargett, & Melissa Castan, "Does the Right to Birth
Registration Include a Right to a Birth Certificate?", Netherlands Quarterly
of Human Rights, Vol. 29, No.4 (2011)

Platform for International Cooperation on Undocumented Migrants, Rights of
Accompanied Children in an Irregular Situation, Platform for International
Cooperation on Undocumented Migrants (2011)

Reinhard Schweitzer, The Micro-Management of Migrant Irregularity and its
Control, University of Sussex (2017)

Report of the Office of the United Nations High Commissioner for Human Rights,
Birth registration and the right of everyone to recognition everywhere as
a person before the law, A/HRC/27/22.

Rijksoverheid, "Hoe doe ik aangifte van een geboorte?", https://www.rijksoverheid.nl/
onderwerpen/aangifte-geboorte-en-naamskeuze-kind/vraag-en-antwoord/aang
ifte-geboorte (2020. 3. 31. 확인)

Sarah Joseph & Melissa Castan, The International Covenant on Civil and Political
Rights(3rd ed.), Oxford University Press (2013)

Srdjan Mrkic (Ed.), Handbook on Civil Registration and Vital Statistics Systems:
Management, Operation and Maintenance Rev. 1, United Nations (2018)

Trevor Buck, Alisdair A. Gillespie, Lynne Ross & Sarah Sargent, International
Child Law(3rd ed.), Routledge (2014)

UN Committee on the Elimination of Racial Discrimination(CERD), Concluding
observations on the 17th to 19th periodic reports of the Republic of
Korea Addendum: Information received from the Republic of Korea on
follow-up to the concluding observations, UN문서 CERD/C/KOR/FCO/

17-19, 10 January 2019

UN Committee on the Rights of the Child, General Comment No. 7: Implementing child rights in early childhood, UN 문서 CRC/C/GC/7, 1 November 2005

UN Human Rights Committee(HRC), CCPR General Comment No.17: Article 24(Rights of the Child), 7 April 1989

UN Human Rights Council, Birth registration and the right of everyone to recognition everywhere as a person before the law: resolution adopted by the Human Rights Council, UN 문서 A/HRC/RES/28/13, 7 April 2015

UN Human Rights Council, Birth registration and the right of everyone to recognition everywhere as a person before the law: resolution adopted by the Human Rights Council, UN 문서 A/HRC/27/22, 17 June 2014

UNESCO, Manual for Capacity Building on Birth Registration and Citizenship in Thailand (2nd ed.), UNESCO (2010)

UNICEF, A Passport to Protection (2013)

UNICEF, Every Childs Birth Right - Inequities and trends in birth registration (2013)

United Nations Department of Economic and Social Affairs, Statistics Division, 2014 Handbook (2014)

United Nations Thematic Working Group on Migration in Thailand (Jerrold W. Huguet Ed.), Thailand Migration Report 2014 (2014)

아동이익최우선의 원칙에서 바라본 아동 입양제도

- 아동 입양제도의 변천과 과제 -

소라미*

I. 아동입양제도의 의미와 원칙

입양은 생물학적 부모와 자식이 아닌 개인들 간에 부모·자식 관계를 형성함으로써 생물학적 부모가 돌볼 수 없는 아이에게 영구적인 가정을 제공하는 법적 절차이다.[1] 입양은 친생부모가 자녀를 양육할 수 없을 때 새로운 가정을 통해 보호가 필요한 아동에게 정신적·육체적으로 건강하게 성장할 수 있는 가정을 마련해 주는데 그 목적이 있다.[2] 입양제도는 보호가 필요한 아동을 위한 사회적 정책수단이다. 우리나라에서 입양은 1950년대 중반 전쟁고아에 대한 민간 차원의 구제활동으로 시작되었다. 전후 사회·경제적으로 열악했던 우리 사회는 전쟁고아와 가난으로 유기된 아동에 대한 보호를 민간 주도의 해외입양에 의존했다. 좋은 양부모를 만나 제대로 교육받고 건강하게 성장하여 성인이 되어 돌아온 해외입양인의 성공담

---

* 서울대학교 법학전문대학원 임상교수

1) 이봉주, 한국의 아동복지와 입양의 최근 추세, 한국 해외 입양, 뿌리의 집 (2015), 251.
2) 김주수·김상용 공저, 친족·상속법(제16판), 법문사 (2019), 346.

은 우리 사회에 해외입양에 대한 '신화'를 양산했다. 성공신화를 배경으로 1970, 1980년대, 민간 입양기관은 국내와 해외에 구축된 시스템에 기반하여 더욱 공격적으로 해외입양을 추진했다. 그 결과 1986년 아시안게임, 1988년 올림픽대회를 개최했던 우리나라는 1980년대에 연간 6000여명, 제일 많았을 때에는 약 8,000여명의 아이를 해외로 입양 보냈다.3) 2011년에는 미국으로 입양보낸 아동의 출신국 순위에서 1위를 기록했고 2016년에는 중국, 에티오피아에 이어 3위, 그 후 최근까지 중국·에티오피아·우크라이나·우간다 등과 함께 미국에 아이를 보낸 '고아 수출국 톱 5'에서 빠지지 않고 있다.4) 그 결과 한국은 국제사회로부터 '아동수출국'이라는 오명을 얻었다.

우리나라가 1991년에 가입한 유엔아동권리협약은 "공공 또는 민간 사회복지기관, 법원, 행정당국, 또는 입법기관 등에 의하여 실시되는 아동에 관한 모든 활동에 있어서 아동의 최선의 이익이 최우선적으로 고려되어야 한다."고 선언하고 있다(동 협약 제3조). (이하 '아동이익최우선의 원칙'이라고 함) 이 원칙은 우리나라 아동복지법에 기념이념으로 반영되어 있으며(아동복지법 제2조 제3항), 입양절차와 관련해서는 입양특례법에 "이 법에 따른 입양은 아동의 이익이 최우선이 되도록 하여야 한다."고 특별히 언급되어 있다(입양특례법 제4조). 1993년 국제사법에 관한 헤이그 회의에서 채택된'국제입양에서 아동보호 및 협력에 관한 협약'(이하 '헤이그 협약')은 국제입양에서 입양 아동의 이익을 보호하기 위한 국제적 기준을 정하고 있다.5) 헤이그협약은 전문에서 아동보호 방안으로 원가정에서

---

3) 국민권익위원회, "가슴으로 낳은 아이도 가족입니다. 입양 그리고 대한민국", 국민권익위원회 블로그, http://blog.daum.net/_blog/BlogTypeView.do?blogid=0PEHG&articleno=3571&categoryId=4&regdt=20110221233100 (2020. 4. 16. 확인).

4) 세계일보, "'고아 수출국' 오명 벗지 못한 한국", http://www.segye.com/newsView/20160330003518 (2016. 3. 30.).

5) 우리나라는 2013년 5월 24일에 헤이그 협약에 서명하고 2017. 10. 18. 국회

의 양육이 최우선적으로 고려되어야 하고, 그 다음으로 출신국 내에서의 입양이 검토된 후 국제입양은 최후의 수단으로 시도되어야 한다고 선언하고 있다.[6] 나아가 입양에 권한있는 당국의 개입이 필요하다고 못 박고 있다.[7] 유엔아동권리위원회는 2019년 제 5, 6차 대한민국정부 보고서를 심의한 후 "아동 최상의 이익이 모든 연령대에 있는 아동을 위한 입양절차에 가장 우선적으로 고려되고", "국제입양에서 아동의 보호 및 협력에 관한 헤이그협약 비준을 고려"할 것을 재차 권고했다.[8]

이후 살펴보겠지만 우리나라의 전통적인 입양제도는 가의 승계를 위한 제도로 운영되었다. 양자될 자는 양부와 동성동본이어야 했고, 양자의 성별 또한 남성으로 제한되어 있었다. 자녀의 복리를 위한 입양과는 출발점부터 달랐다. 전쟁고아를 돌보기 위해 해외입양을 촉진하고자 제정된 구 고아입양특례법은 가급적 입양 절차를 간이화하고 촉진하는 데에 초점이 맞춰져 있었다. 고액의 입양수수료를 지불하는 해외 양부모의 의사가 입양 절차에 반영되기는 수월했던 반면 아동의 이익이 반영되기를 기대하기는 어려운 구조였다. 이러한 우리나라의 입양 전통과 관행 하에서 입양제도를 아동이익최우선의 원칙의 관점에서 질문하고 재구조화하기란 쉽지 않다. 일례로 2011년 입양특례법 전면 개정 당시, 입양숙려제와 법원허가제의 도입에 대해 입양기관과 일부 입양가족 커뮤니티에서는 반대의 목소리를 제기했다. 입양숙려제란, 출산 후 7일이 지난 후에야 친생부모가 입양에 동의의 의사표시를 할 수 있도록 하는 제도이다. 법원허가제는 입양의 성립을 위해서는 반드시 법원의 심리와 허가를 거

에 비준 동의안을 제출했다.
6) 국회입법조사처, 「입양특례법」의 입법영향분석 (2017), 24~25.
7) 헤이그협약 제4, 5, 6조.
8) 제5, 6차 유엔아동권리위원회 최종권고 33. (a), (f).

치도록 하는 제도이다. 입양기관과 일부 입양부모 커뮤니티는 이러한 절차가 도입되면 입양절차에 소요되는 기간이 길어져 아동이 시설에서 보내는 시간이 연장되기 때문에 도리어 아동이익에 반한다는 주장이었다. 또한 법원 허가제를 도입하면 출생신고가 강제되어 출생 사실과 입양 사실을 숨기고 싶어 하는 미혼모와 입양부모들이 오히려 입양을 꺼리게 될 것이라는 취지였다.

하지만 2011년 입양특례법의 전면 개정 운동은 불법적인 입양 관행 하에서 아동의 이익이 침해되고 있다는 문제의식으로부터 출발했다. 당시 입양기관이 주관한 아동입양 절차는 '비밀입양'을 원하는 입양부모와 친생부모의 요구에 따라 아동을 마치 양부모의 친자녀인 것처럼 '허위'로 출생신고 하는 방식으로 이루어졌다. 이는 입양신고에 따라 입양이 성립하도록 정하고 있는 당시 법을 위반한 불법적인 관행이었다. 또한 입양을 결심한 친생모는 입양기관이 주선한 미혼모시설에 입소한 후, 아동을 출산하기도 전에 미리 친권포기각서와 입양 동의서류를 작성해야 했다. 출산 후 아동을 보면 입양동의 의사가 바뀔 수 있다는 이유로 친모는 출산과 동시에 아동과 분리되어 생이별을 해야 했다. '신속'한 절차에 의한 '비밀' 입양이 과연 해당 아동을 위한 최선의 이익에 부합하는지에 대해서는 어떠한 공적인 스크린도 이루어지지 않았다.

2011년에 입양특례법이 전부 개정되어 2012년부터 시행되었으나 입양아동 학대·사망 사건이 이후 연달아 발생했다. 2016년 7월 말, 3살 '은비'(가명)는 대구 지역의 예비 입양 가정에 위탁 보내진 지 7개월 만에 양부의 학대로 병원 응급실에서 뇌사 판정을 받은 후 사망했다(이하 '대구 사건'이라고 함).[9] 2016년 10월 초, 포천에서는 입양부모가 입양한 6살 된 딸을 살해하고 시신을 훼손·암매장 한 사

---

9) 중앙일보, "3살 입양아동 학대해 뇌사...양아버지 징역 10년", http://news.joins. om/article/21227462 (2017. 2. 8.).

건이 발생했다(이하 '포천 사건'이라고 함).[10] 그로부터 채 1년이 지나지 않은 2017년 7월에 또 다시 생후 6개월 된 입양아가 응급실로 실려 갔다. 입양한지 갓 한 달 된 아이가 새벽에 잠을 깨 칭얼거린다는 이유로 양모가 아이를 학대한 결과였다.[11] 이러한 사건을 통해 2011년 전면 개정된 입양특례법도 입양아동을 보호하기에 충분치 않다는 점이 드러났다. 입양 아동이 입양가정에서 학대 피해를 입는 일이 재발하지 않도록 하기 위해서는 '아동이익최우선의 원칙'에 입각해서 입양제도를 다시 점검하고 개선해야 할 것이다. 이하에서는 우리나라 입양제도의 시작 및 입양제도 발전 상 특징, 입양법제의 변천 과정을 살펴본 후, 향후 입양제도의 개선 과제를 검토하고자 한다.

II. 보호아동[12]에 대한 입양제도의 시작과 특성

우리나라의 전통적인 입양제도는 가계 혈통을 유지하기 위해 자식이 없는 부부에게 남자 상속자를 제공하기 위한 제도로 도입되었다.[13] 남자아이를 입양하여 제사의 주재자로 삼기 위한 것이었기 때

---

10) 서울신문, "입양아 살해 부모 테이프로 온몸 묶고 17시간 방치했다", http://www.eoul.co.kr/news/newsView.php?id=20161004010013&wlog_tag3=naver (2016. 10. 3.).

11) 대구일보, "6개월 된 입양아 중태 빠트린 30대 구속", http://www.idaegu.com/?c=6&uid=365599 (2017. 6. 21.).

12) 아동복지법 제3조 제4호의 '보호대상아동'을 '보호아동'으로 표기 함.
　　4. "보호대상아동"이란 보호자가 없거나 보호자로부터 이탈된 아동 또는 보호자가 아동을 학대하는 경우 등 그 보호자가 아동을 양육하기에 적당하지 아니하거나 양육할 능력이 없는 경우의 아동을 말한다.

13) 김주수·김상용, 앞의 글, 348.

문에 양부와 성과 본이 다른 아이는 양자가 될 수 없었으며 여아 또
한 배제되었다. 양자는 양부와 동성동본이어야 했고 양부의 자의 항
렬에 해당하는 남아로 한정되었다.14) 따라서 대를 잇기 위한 입양은
주로 친족 내에서 이루어졌다. 가계의 혈통을 유지하기 위한 입양은
'가정의 최상의 이익'을 유지하고 달성하는 것을 목적으로 삼는
다.15) 이러한 입양과 달리 사회적인 보호가 필요한 아동에게 대안적
인 가정을 찾아주기 위해 입양이 고려되기 시작한 것은 한국전쟁
이후 전쟁고아에게 미국과 유럽 등지에서 양부모를 찾아주었던 해
외입양을 통해서이다. 특히 미국인 홀트가 주도한 한·미간 국제입양
은 이후 공적 개입이 배제된 채 민간 주도로 이루어진 해외입양 관
행의 전형으로 자리 잡는다. 민간이 주도한 한·미간 국제입양은 이
후 수 십 년간 우리나라에서 사회적인 보호가 필요한 아동에 대한
대안으로 활용되었고 현재까지도 지배적인 영향력을 행사하고 있
다. 현행 입양제도와 관행을 제대로 파악하기 위해서는 해외입양이
어떻게 시작되었고, 그 당시 입양 관행의 특성은 어떠했는지부터 살
펴볼 필요가 있다.

1. '전쟁고아'의 해외 입양

한국에서 해외입양은 전쟁고아에 대한 민간 차원의 구제활동으
로 시작되었다. 전후 전쟁고아를 직접 돌 볼 수 없었던 우리 사회는
입양을 보호가 필요한 아동에 대한 유일한 보호책으로 삼았다.16) 민
간 입양기관들이 한국의 전쟁고아를 미국의 양부모에게 입양시킬

---

14) 김주수·김상용, 위의 글, 347.
15) 이봉주, 앞의 글, 253.
16) 김동수, 「한국인의 시각에서 본 국제입양」, 한국 해외 입양, 뿌리의 집
     (2015), 22.

수 있었던 것은 미국 난민법상 '고아(displaced orphan)'의 정의에 한
국 아동이 포함될 수 있었기 때문이다.17) 미국은 1950년 난민법 개
정을 통해 양부모를 다 잃은 고아뿐만 아니라 '기아가 된 아동', '한
부모만 남은 아동으로 그 부모가 아동을 돌보지 못하고 아동의 출
국·입양에 동의하거나 다른 후견인에게 친권을 포기한 경우'까지
고아의 범위를 확대했다.18) 1957년에 미국은 한국 주둔 미군과 한국
여성 간 출생한 아동에게 3,701개의 난민 비자 쿼터를 배정했다. 이
는 총 난민 쿼터 10,937명 중 34%에 달하는 숫자였다.19)

이후 1961년 미국 이민법(Immigration and Nationality Law)의 개정
으로 입양아동은 난민법의 쿼터 제한 없이 완화된 요건으로 미국
입국이 가능해졌다.20) 항구적이고 정상적인 미국 이민 자격의 하나
로서 이민법상 '고아' 자격을 신설한 것이다. 이 법에 따라 미국 시
민권자는 14세 미만의 타국의 '고아'를 입양하기 위해 미국에 입국
하도록 할 수 있었으며, 이때 '고아'란 '양쪽 부모가 모두 사망하거
나 실종된 경우뿐만 아니라 부모로부터 유기·분리된 경우, 한쪽 부
모의 사망·실종·유기·분리를 이유로 한부모만 있고 그 한 부모가 아
동을 적절하게 보호할 수 없어 이민과 입양을 위해 내놓은 경우'를
모두 포함했다.21) 이후 미국은 1961년부터 1975년까지 15년 동안 전
세계 34,568명의 고아에게 입양목적의 입국비자를 발급했는데, 그
중 한국 아동이 차지하는 비중은 전체의 54%인 19,283명이었다.22)

---

17) 이경은, "국제입양에 있어서 아동 권리의 국제법적 보호", 박사학위 논문,
    서울대학교 (2017), 59-60.
18) 전홍기혜, 이경은, 제인 정 트렌카, 「아이들 파는 나라」-한국의 국제입양 실
    태에 관한 보고서, 오월의 봄 (2019), 64.
19) 이경은, 앞의 글, 42.
20) 전홍기혜, 이경은, 제인 정 트렌카, 앞의 글, 65.
21) 이경은, 위의 글, 60.
22) 이경은, 위의 글, 42.

2. '고아 호적' 관행23)

한국 아동을 미국 가정으로 입양 보낼 때 '고아 호적' 창설이 무분별하게 이루어졌다. '고아 호적' 관행이란 친부모의 동의를 구할 수 있는 경우에도 이를 위한 노력을 하지 않거나 부모의 존재를 알면서도 불법적으로 아동을 기아로 처리하여 새로이 호적을 창설했던 입양 관행을 뜻한다. 2012년까지 기아 발견에 의한 단독 호적 발급 숫자와 해외입양 아동의 숫자가 거의 유사하다는 사실은 기아호적 관행의 실재를 뒷받침한다.24) 길을 잃은 아이가 '미아'에서 5~6개월 만에 '기아'로 둔갑하여 해외로 입양 보내졌던 사례들은 수차례 기사화되며 사회문제로 대두되기도 했다.25) 입양기관이 아동을 기아로 처리하여 해외입양 절차를 진행한 이유는 고아인 경우에는 여권 발급에서부터 미국 비자 발급, 미국에서의 입양재판에 이르기까지 친생부모의 동의 의사를 확인하는 절차를 거칠 필요가 없어 입양 절차가 보다 간이하고 신속하게 이루어질 수 있었기 때문이다.

이러한 배경 하에 1961년 한국에서는 외국인에 의한 고아입양에 관한 특례를 규정한 고아입양특례법이 제정되었다. 고아입양특례법상 고아의 정의는 '만18세 미만의 자로서, 부양의무자가 알려져 있지 않거나 부양의무자의 동의를 얻은 자'이다(동법 제2조 제1항). 1977. 1. 31. 고아입양특례법이 폐지되고 시행된 입양특례법26)은 제정 이유에서 '보호시설에 수용되어 있는 불우 아동의 입양절차를 간

---

23) 이하 소목차 2에서 4까지는 본고 작성자가 공동대리인단으로 참여한 서울중앙지방법원 2019가합502520 손해배상청구 사건(40여년 만에 한국으로 강제추방 당한 해외입양인을 대리하여 입양기관과 정부를 상대로 한 손해배상청구사건)의 소장 내용 중 일부를 발췌·정리하였습니다.
24) 전홍기혜, 이경은, 제인 정 트렌카, 위의 글, 47~48.
25) 1979년 5월 16일, 동아일보, "유괴된 딸 추적 1년 3개월...어른 무성의로 이미 미국 입양", 1975년 10월 5일 조선일보 "외아들을 돌려주오" 등.
26) 1990. 12. 31. 법률 제4300호로 개정되기 전의 것.

소화'하기 위한 것이라는 취지를 밝히고 있다. 위 입양특례법에 따르면, 외국인이 국외에서 입양을 원할 때에는 입양알선기관이 그 입양절차를 취하도록 하고 국외입양절차를 간소화함으로써 해외입양 업무를 사실상 입양알선기관에게 전부 위탁하였다. 또한 입양기관의 장은 무적아동의 취적을 할 수 있고(동법 제13조), 보호시설의 장의 입양동의로 입양기관에 위탁된 아동에 대한 후견직무를 할 수 있게 되었다(동법 제12조). 해당 조항은 미국에서 한국 출신 입양아동의 입양 허가 재판 절차에서 입양기관의 장이 작성한 입양동의서의 존재만으로 입양동의의 효력을 인정하게 하는 근거가 되었다.

3. '대리입양' 관행

한-미간 입양 절차에는 다른 나라간 해외입양에서는 유래를 찾아볼 수 없었던 '대리입양' 관행이 처음부터 자리 잡았다. '대리입양'이란 양부모가 아동을 직접 보지 않고 대리인을 통해 입양아동의 출신국에서 입양을 진행할 수 있도록 허용하는 입양방식을 뜻한다. 이러한 대리입양은 1950년대 한-미간 해외입양을 주도한 홀트 양자회의 회장 해리 홀트에 의해 주창되었다.[27] 비용과 시간 상 효율적인 입양 절차의 수행을 위해 입양알선기관이 양부모를 대신하여 입양 절차를 진행하도록 허용해야한다는 취지였다. '대리입양'은 양부모가 직접 입양아동의 국가를 방문하지 않아도 돼 훨씬 저렴한 비용으로 국제입양을 할 수 있게 했다. 그 결과 한국에서 미국으로 해외입양되는 아동의 수가 단기간 급증했다.

미국 주정부 산하 아동복지기관과 사회복지 전문가들은 대리입

---

27) 캐서린 시니저 초이, "국제입양의 기관화: 미국 내 한국인 입양의 역사적 기원", 한국 해외입양: 초국가적 아동 양육실험과 분투하는 입양 서사 50년, 뿌리의집 (2015), 54. 참조.

양제도에 대하여 아동의 안전과 복지를 보장할 수 없는 제도라는
점을 지적하며 강력히 반대했다. 자칫 잘못하면 입양절차에서 가장
중시되어야할 아동의 복리는 내팽개친 채 입양 부모와 사적 입양
알선 기관의 이익에 초점이 맞춰질 수 있다는 이유 때문이다.[28] 신
속한 입양절차를 추구했던 대리입양제도는 미국 쪽 입양부모와 가
정에 대한 한국 쪽의 심사와 사후 관리를 최소화하거나 생략했다.
입양부모에 대한 미흡한 심사 결과 1957년 미국 오리건 주에서 대리
입양 절차를 통해 미국으로 입양된 한국 입양아가 머리를 구타당해
사망한 사건이 발생했다.[29] 대리입양은 입양되는 아동의 안전과 복
지를 전혀 담보할 수 없는 불충분한 제도로서 입양되는 아동의 권
리를 침해할 중대한 위험성을 내포한다.

하지만 우리나라의 '1961년 고아입양특례법'은 "외국인은 각령의
정하는 기관으로 하여금 입양절차의 일부를 대리하게 할 수 있다."
고 명시함으로서 대리입양의 근거 규정을 명시하여 도입했다(동법
제6조). 이후 '1977년 입양특례법'에서는 입양 알선기관이 무적아동
의 취적을 할 수 있고, 후견직무를 수행할 수 있도록 하여 양부모가
입양아를 직접 보지 않고도 국외로 입양할 수 있도록 하였다(동법
제9조, 제12조, 제13조).

4. 입양의 '산업화'

기아호적 창설, 대리 입양 허용 등을 통하여 해외입양을 용이하
게 한 결과 대규모의 한국 아동들이 해외로 입양되었다. 아동에게
부모를 찾아주기 위한 아동보호적 차원에서 진행되었다고 보기에는
어려운 불법적인 수단이 동원되기도 했다. 전세기로 한 번에 100여

---

28) 이경은, 앞의 글, 63-64.
29) 전홍기혜, 이경은, 제인 정 트렌카, 위의 글, 77-81.

명의 입양아동을 수송하는 과정에서 아동 사망 사고가 발생하기도
했고, 입양 아동의 손목을 빨랫줄로 묶어 미국으로 인솔해가는 행태
가 사회문제화 되기도 했다.[30] 전쟁고아를 구제하기 위하여 해외입
양의 활성화가 필요하였다고 하나, 1970년대 이후 해외입양 통계가
훨씬 증가한 점에서 전쟁고아와 해외입양 활성화의 연관성은 높지
않아 보인다. 오히려, 해외입양을 통해 지급받는 입양수수료 수입에
서 해외입양 증가의 원인을 찾는 비판의 논거가 더 설득력이 있어
보인다.

한국 아동의 입양 수수료는 1988년 5000달러(같은 해 한국의 1인
당 국민소득 4571달러), 2009년 1만7215달러(같은 해 한국의 1인당
국민소득 1만7074달러), 2020년 기준 홀트 인터내셔널 홈페이지에
소개된 입양 수수료는 입양 심사 비용, 여행 경비 등을 제외하고도
약 33,000달러에 이른다.[31] 정부는 입양 수수료를 규제하기 위한 실
효적인 조치를 취하지 않았으며, 민간 입양기관은 입양 수수료를 해
외로 입양 보낼 아동을 확보하기 위해 고아원, 병원 등 아동이 있는
시설 및 기관에 대한 로비자금으로 이용하기도 했다.[32]

미국, 영국 등 해외 언론들은 이와 같이 산업화 된 한국의 해외입
양 행태를 강하게 비판했다. 1988년 1월 미국 월간지 프로그레시브

---

30) 전홍기혜, 이경은, 제인 정 트렌카, 위의 글, 80.
31) "해외입양에 대한 수수료 안내[Adoption Services-International Adoption- Adoption
Fees-Korea]", Holt International 홈페이지, https://www.holtinternational.org/adoption/
fees.php (2020. 4. 29. 확인).
32) 한겨레, "입양아 확보 위해 뒷돈" (1989. 9. 27.) 기사 중 "입양기관들이 입양
아동을 많이 확보하기 위해 고아원 등 복지시설과 병원 등 의료기관에 양육
비, 사례금 명목으로 막대한 자금을 주어온 것으로 보건사회부 감사 결과 드
러났다. 보사부가 국정감사자료로 제출한 89년도 보사부 감사결과 보고서에
따르면 홀트아동복지회는 국외입양대상 아동을 확보하기 위해 지난 86-88년
성로원 등 51개 사회복지시설에 입양 대상 아동 1명당 6만 원의 양육비와 입
양 때 20만 원의 사례비를 주는 등 모두 7억 8823만 원을 지원했다."

(Progressive)는 한국의 해외입양을 커버스토리로 다루었다. "아기 매매-한국이 아기를 만들고 미국이 이들을 산다(South Koreans make them, Americans buy them)"는 제목의 이 기사는 입양 기관이 입양 부모로부터 아동 1명 당 5000달러를 받고 있으며, 한국이 해외입양으로 벌어들이는 돈은 1년에 1500만~2000만 달러에 달한다고 보도했다. 위 기사에서 미국 INS 이민비자 담당 영사 로버트 애크만은 "한국에서 입양이 비즈니스가 되어버렸다", "한 달에 500명의 아기는 단지 인도적인 이유만으로는 설명이 안 되는 지나치게 많은 숫자이다. 인도주의가 멈추고 사업이 시작되는 지점이 어디인지 물어야 한다."라고 인터뷰했다.[33] 전쟁고아 문제를 해결하기 위해 시작된 해외입양은 전후 피해를 복구하고 사회·경제적으로 발전하기 시작한 이후 오히려 폭증한 것이다. 우리 정부가 국가적 지원과 보호가 필요한 아동을 자체적으로 보살피는 복지 체계를 구축하는 대신 해외로 입양 보내는 길을 택한 결과였다.

이상에서 살펴 본 해외입양 제도의 관행 상 특성, 즉 고아호적창설, 양부모 없이 진행되는 대리입양, 고액의 입양수수료와 기부금 수령 관행은 이후 수십년간 입양 관행으로 자리잡았고, 2011년 입양특례법 전면 개정 당시까지 지속되었다.

III. 이원적인 입양 법제의 변천

우리나라에서 아동에 대한 입양절차를 규율하는 법률은 민법 상

---

33) The Progressive, "Babies for sale. South Koreans make them, Americans buy them" (1988. 1월호), http://www.transracialabductees.org/politics/progressive.html. (2020. 4. 29. 확인)

가족법과 입양특례법으로 이원화되어 발전되어 왔다. 1958년에 처음 제정된 가족법은 입양의 일차적 목적을 가계 혈통과 재산을 유지할 수단을 제공하는 것으로 삼았다. 이러한 연혁에서 시작된 민법상 입양제도는 입양을 가족 내 사적인 문제로 인식해 사법적 감독을 최소화했다.[34] 사회적인 보호가 필요한 아동에 대한 입양을 규율하는 최초의 법은 1961년 「고아입양특례법」이었다. 이 법의 일차적인 목표는 한국 전쟁고아들과 가난 때문에 버려진 아이들에게 영구적인 가정을 찾아주기 위해 국제입양을 촉진하는 것이었다.[35] 입양에 대한 민법과 입양특례법의 각기 다른 접근 방식과 변천 내용은 우리나라의 입양 제도가 가계 승계를 위한 사적 계약관계의 관점으로부터 보호아동을 위한 대안적 가정 마련이라는 아동복지적 관점으로 변화해가는 과정을 잘 보여준다.

1. 입양특례법의 변천

가. 2011년 입양특례법 개정 전

앞서 살펴본 바와 같이 전쟁고아의 국외입양을 원활하게 하기 위해 제정된 1961년 고아입양특례법은 '외국인이 대한민국 국민인 고아를 양자로 함에 있어서 간이한 조치를 취함으로써 고아의 복리증진을 도모'하는 것을 입법목적으로 명시적으로 밝히고 있다(동법 제1조). 입양조치를 '간이화'함으로써 대한민국 국적의 아동에 대한 국외 입양을 '촉진'하고자 한다는 목적을 명시하고 있다. 또한 앞서 살펴본 바와 같이 '대리입양'의 근거 규정을 명시했다(동법 제6조). 대리입양제도는 아동의 출신국으로 하여금 입양부모의 자격을 심사할

---

34) 이봉주, 앞의 글, 255.
35) 이봉주, 위의 글, 256.

수 없게 만들어 아동의 생명권과 신체의 자유가 침해될 위험을 야기했다. 이러한 고아입양특례법은 제정 당시부터 보호가 필요한 양자의 복리를 실현하기에 미흡하다는 비판을 받았다.36)

　1976년 12월 31일 입양특례법의 제정으로 고아입양특례법은 폐지되었다. 1976년의 입양특례법은 제정 이유에서 '보호시설에 수용되어 있는 불우 아동의 입양절차를 간소화'하기 위한 것이라는 취지를 밝히고 있다. 외국인이 국외에서 입양을 원할 때에는 입양알선기관이 그 입양절차를 취하도록 하고 국외입양절차를 간소화함으로써 해외입양 업무를 사실상 입양알선기관에게 전부 위탁할 수 있도록 했다. 또한 입양기관의 장은 무적아동의 취적을 할 수 있고(동법 제13조), 보호시설의 장의 입양동의로 입양기관에 위탁된 아동에 대한 후견직무를 할 수 있게 되었다(동법 제12조). 해당 조항은 미국에서 한국 출신 입양아동의 입양 허가 재판 절차에서 입양기관의 장이 작성한 입양동의서의 존재만으로 입양동의의 효력을 인정하게 하는 근거가 되었다.

　1995년 입양특례법의 전면개정을 통해 법명을 입양촉진 및 절차에 관한 특례법으로 바꾸고, 입양에 있어서 국가의 책임을 명시·강조함으로써 이전 입양법과 차별화하고자 했다.37) 모든 아동은 그가 태어난 가정에서 건전하게 양육될 권리가 있음을 선언하였고(제3조 제1항), 그렇지 못할 경우 국가 및 지방자치단체가 아동이 건전하게 양육될 수 있는 다른 가정을 제공하기 위하여 필요한 조치와 지원을 하도록 규정하고 있다(제3조 제2항). 나아가 입양기관 종사자에 대한 교육, 입양기관에 대한 감독, 입양기관을 통한 양부모에 대한 사전교육, 입양 후 사후관리 등의 내용이 포함되었다. 출생한 가정

---

36) 김진, "고아입양특례법", 서울대학교 법학 (1962), 124.
37) 안재진, "국내법에 나타난 입양제도의 변천과정 분석: 아동권리의 관점에서", 한국아동복지학 제16권 4호 (2011), 83.

에서 양육될 아동의 권리를 선언한 점 및 교육 및 감독, 사후관리 등이 강화된 점은 이전에 비해 진일보해졌다고 평가할 수 있으나, 모든 입양 절차를 여전히 민간 기관에게 일임하고 있는 점에서 아동복리 보호에는 여전히 미흡하다는 평가를 받았다.[38]

나. 2011년 입양특례법 전면 개정

2011년, 16년 만에 입양특례법이 전면 개정되었다. 해외입양인 당사자 단체[39], 미혼모 당사자 단체,[40] 아동인권 옹호 시민사회단체[41]가 주축이 되어 우리 사회에 만연해 있었던 입양의 성공 신화와 그에 기반 한 '묻지마' 입양 관행에 의문을 제기한 결과였다. 입양에 있어서 아동의 이익이 최우선되어야 한다는 원칙을 신설하고 (입양특례법 제4조), 입양촉진 및 절차에 관한 특례법이었던 법 명칭을 입양특례법으로 바꾸었다. 아동은 출생한 원가정에서 양육되는 것이 최선이라는 헤이그협약의 원칙을 실현하고자 친생부모의 입양동의 시점을 아동의 출생일로부터 1주일 후로 제한하는 '입양 숙려제'를 도입했다(동법 제13조 제1항[42]). 또한 입양 동의 전에 친

---

38) 김상용, "입양촉진 및 절차에 관한 특례법의 개선 방향-국내 입양을 중심으로", 가족법 연구 제23권 제2호 (2009), 218.

39) TRACK(Truth and Reconciliation for the Adoption Community of Korea), GOAL (Global Overseas Adoptee's Link, ASK(Adoptee Solidarity Korea) 등의 해외입양인 당사자 단체가 입양법 개정 운동에 직·간접적으로 참여했다.

40) 한국미혼모지원네트워크, 국외입양 반대하는 국외입양인 생모들의 모임 '민들레회', 미혼모가족협회 등.

41) 사단법인 뿌리의 집, 공익인권법재단 공감, 탁틴 내일 등.

42) 입양특례법 제13조(입양동의의 요건 등)
　① 제12조제1항에 따른 입양의 동의는 아동의 출생일부터 1주일이 지난 후에 이루어져야 한다.
　② 입양동의의 대가로 금전 또는 재산상의 이익, 그 밖의 반대급부를 주고받거나 주고받을 것을 약속하여서는 아니 된다.
　③ 입양기관은 제12조제1항에서 정한 입양동의 전에 친생부모에게 아동을

생부모는 반드시 양육 지원 정책과 입양의 법적 효력 등에 대해 상
담을 제공받도록 했다(동조 제3항). 이를 통해 자녀를 출산하기도
전에 친모로부터 친권 포기 각서와 입양 동의 서류를 받아왔던 입
양 관행에 제동이 걸렸다. 기존 관행은 친모의 양육가능성을 원천적
으로 배제하여 친모의 양육권과 친가정에서 양육될 아동의 권리를
모두 침해했다.

한편 입양의 개시부터 종료까지 모든 절차를 민간 입양기관에게
일임했던 기존 입양 관행을 개선하고자 법원으로 하여금 입양이 아
동 복리에 최선인지 심사하게 했다(입양특례법 제11조).43) 이는 권
한 있는 공적 기관이 입양 절차에 관여해야한다는 헤이그협약 원칙
에도 부합한다.44) 입양허가를 받기 위해서는 아동의 출생신고 증빙
서류, 양친될 자격에 관한 증빙 서류, 입양 동의 요건을 충족했다는
서류 등을 법원에 제출해야 하고, 법원은 양부모의 입양동기, 양육
능력, 양육환경 등을 고려하여 입양 허가를 심판한다. 입양 허가를

직접 양육할 경우 지원받을 수 있는 사항 및 입양의 법률적 효력 등에
관한 충분한 상담을 제공하여야 하며, 상담내용 등에 대하여는 보건복
지부령으로 정한다.
④ 입양기관은 제12조제4항에서 정한 입양동의 전에 입양될 아동에게 입양
동의의 효과 등에 관한 충분한 상담을 제공하여야 하며, 상담내용 등에
대하여는 보건복지부령으로 정한다.
43) 입양특례법 제11조(가정법원의 허가)
① 제9조에서 정한 아동을 입양하려는 경우에는 다음 각 호의 서류를 갖추
어 가정법원의 허가를 받아야 한다.
1. 양자가 될 아동의 출생신고 증빙 서류
2. 제9조 및 제10조의 자격을 구비하였다는 서류
3. 제12조 및 제13조에 따른 입양동의 서류
4. 그 밖에 아동의 복리를 위하여 보건복지부령으로 정하는 서류
② 가정법원은 양자가 될 사람의 복리를 위하여 양친이 될 사람의 입양의
동기와 양육능력, 그 밖의 사정을 고려하여 제1항의 허가를 하지 아니
할 수 있다.
44) 헤이그협약 제4, 5, 6조.

받기 위해서는 법원에 아동의 출생신고 서류를 제출해야 함에 따라 입양신고 대신 허위 친생자 신고를 하던 기존 입양 관행에도 제동이 걸렸다. 기존 입양 관행은 호적 및 가족관계등록부와 같은 공적 신분 기록에 입양부모를 아동의 친생부모로 허위로 기록하게 하는 불법적인 관행이었다. 이는 입양신고를 함으로써 입양의 효력이 발생하도록 규정하고 있는 당시 입양법을 위반한 행위이며,[45] 형법상 공문서위조 관련 범죄에도 해당하는 범법행위이다.

나아가 입양인의 알권리 및 정체성 회복을 보장하기 위해 '입양정보공개청구권'을 입양인의 권리로서 도입했다(제36조). 자신의 정체성을 찾기 위해 한국에 돌아온 해외입양인들이 가장 먼저 찾는 곳은 입양기관이다. 친모와 원가족에 대한 정보를 얻기 위해서이다. 하지만 입양기관은 기록이 없다, 모른다, 개인정보여서 제공할 수 없다 등 부정적인 답변을 하기 일쑤였다. 수차례 입양기관을 찾아가면 담당자에 따라 기록을 내주기도 했다. 해외입양인들은 본인의 기록임에도 접근할 수 없는 현실에 절망했다가, 없다던 기록을 내어주는 입양기관의 임의적인 일 처리 방식에 분노했다. 해외입양인들은 이를 개선하기 위해 누구보다 앞장 서 입양법 개정을 요구했고 그 결과 입양정보공개청구권이 법적으로 보장된 것이다. 법 개정 후 법적 근거와 절차에 따라 투명하게 입양정보가 관리되고 공개될 것이라고 기대했으나 현실은 기대와 달랐다. 이에 대해서는 다시 살펴보겠다.

2. 민법상 입양 제도의 변천

1958년 2월 22에 제정된 민법은 민법 제정 전에 이루어졌던 가계

---

45) 2011년 개정 전 「입양촉진 및 절차에 관한 특례법」 제7조(입양의 효력발생) ① 이 법에 의한 입양은 「가족관계의 등록 등에 관한 법률」이 정하는 바에 의하여 신고함으로써 그 효력이 생긴다.

의 승계를 위한 입양관행을 법제화했다.46) 호주상속을 하는 양자는
양부와 동성동본의 혈족이어야 한다는 규정과(제877조 제2항), 사후
양자(제867조), 유언양자제도(제880조), 서양자제도(제876조 제1항)
등이 이에 해당한다. 한편 '자를 위한 입양'의 성격을 갖는 규정이
일부 도입되었는데, 성년자라면 기혼, 미혼, 남자, 여자를 불문하고
입양을 할 수 있도록 한 점, 부부가 공동으로 입양하도록 하고, 남녀
불문하고 양자가 될 수 있게 한 점 등이 이에 해당한다.47)

　1990년 민법 개정을 통해 가계의 승계를 위한 요소는 대폭 폐지
되었으나 아동의 복리를 위한 입양제도로서는 여전히 불충분하다는
평가를 받았다. 비밀입양을 원하는 입양부모의 욕구가 반영되어 입
양부모가 양자를 친생자인 것처럼 허위로 출생신고 하는 관행이 만
연했고, 이에 대하여 대법원도 허위의 친생자출생신고를 입양신고
로 해석하여 용인하는 태도를 보였다(대법원 1977. 7. 26. 선고 77다
492판결).48) 이와 같은 허위출생신고 방식의 '비밀입양' 관행은 입
양 관련 법적 규제를 형해화시키고 국가기관의 통제를 거치지 않고
은밀하게 입양이 이루어질 수 있는 기회를 제공하였다.49) 산부인과
등에서 미혼모나 경제적으로 어려운 산모로부터 아이를 넘겨받아
비밀리에 입양하는 사례가 종종 언론에 보도되었다.50) 또한 비밀입
양 관행은 입양아동이 친생부모를 알 수 있는 기회를 전면 차단하
는 문제를 야기했다. 공적 신분 기록에 친생 가족에 대한 기록이 기
재될 가능성을 배제하기 때문이다. 나아가 여전히 입양의 성립을 당

---

46) 안문희, "입양제도 개선 방안에 관한 연구", 사법정책연구원 연구총서 (2018.
　　3.), 11.
47) 안재진, 앞의 글, 78-79.
48) 안재진, 앞의 글, 80.
49) 김상용, "부모의 권리와 아동 최선의 이익(자녀의 복리)", 아동권리연구, 제4
　　권 제2호 (2000), 42.
50) 동아일보 1999년 10월 19일자 보도.

사자 간의 합의와 신고만으로 가능케 하고 있어 양부모의 자질·요건에 대한 규정이나 이를 심사하는 국가기관의 개입이 전혀 없었던 점에서 아동 복리를 위태롭게 할 수 있다는 우려가 제기되었다.[51]

2005년 민법 일부 개정으로 친양자입양 제도가 신설되었다. 친양자 제도는 기존의 일반 양자와 달리 양자와 친생부모의 관계가 완전히 소멸하고 양부모가 양자에 대한 단독 친권자가 되는 완전양자 제도이다. 양자는 양친의 성과 본을 따르고 가족관계등록부에 친생자로 기재되어 양친의 친생자와 동일하게 입양가족의 구성원이 될 수 있도록 하였다.[52] 친양자 관계의 성립을 위해서는 가정법원으로부터 허가를 받도록 하여 민법상 입양 제도에 국가기관의 개입을 최초로 도입했다. 가정법원은 친양자가 될 아동의 복리를 위하여 양육 상황, 입양 동기, 양부모의 양육능력과 그 밖의 사정을 고려하여 해당 입양 청구가 적절하지 않다고 인정되는 경우에는 이를 기각할 수 있다(민법 제908조의2 제2항). 입양의 성립에 법원의 심리 및 허가를 받도록 한 점은 아동 복리를 위한 조치로서 긍정적이나 친양자 입양의 파양 사유로 친양자의 패륜행위를 인정한 점에서는 아동 복리를 보호하는 데 있어 한계가 존재했다.[53]

3. 민법과 입양특례법간 상호 충돌과 보완

민법상 미성년 입양절차에 보편적인 법원 허가제가 도입된 것은 2011년 입양특례법이 전면 개정됨에 따라 법원 허가제가 도입된 이후인 2012년 2월이다. 당시 민법 개정 이유를 살펴보면 "현재 미성년자의 입양과 파양은 시·읍·면의 장에 대한 신고만으로 가능하기

---

51) 안재진, 앞의 글, 80.
52) 안문희, 앞의 글, 14.
53) 안재진, 앞의 글, 81.

때문에 아동학대의 습벽이 있는 사람 등도 손쉽게 입양을 할 수 있고 그 결과 미성년자의 복리에 악영향을 끼치는 사례가 자주 발생하고 있으므로, 이를 방지하기 위하여 미성년자를 입양할 때에는 가정법원의 허가를 받도록 하고"라고 취지를 밝히고 있다.[54) 입양특례법과 마찬가지로 미성년자 입양에 법원의 허가는 받도록 개선된 점은 반가우나, 입양특례법과 비교했을 때 민법상 미성년자 입양 절차에는 여전히 많은 공백이 존재한다. 입양절차법에 규정되어 있는 예비입양부모에 대한 교육, 입양 후 아동의 적응 상태 모니터링 등 사후관리와 사후서비스 지원 등이 민법에 따라 입양하는 입양가정에는 적용되지 않는 것이다.

대구·포천 입양아동 사망 사건 발생 이후, 2016년 12월 29일 가사소송규칙 일부가 개정되어 민법상 입양을 신청한 예비 양부모도 법원이 실시하는 교육을 이수해야만 하게 되었다(가사소송규칙 제62조의9). 민법에 따른 입양 절차에도 예비양부모에 대한 교육과정이 의무화되었다는 점은 환영할만하나 여전히 충분치 않다. 민법상 예비양부모를 위한 교육 시간은 기본적으로 총 3시간, '입양의 법률적 이해', '자녀의 발달과 적응', '아이와 부모의 행복한 소통법'으로 총 3개의 강의로 이루어진다.[55) 총 8시간으로 구성되어 있는 입양특례법상 예비양부모에 대한 교육과 비교했을 때 민법상 예비 양부모에 대한 교육 시간은 충분치 않다. 입양특례법상 교육에 대해서도 시간이 너무 짧고, 일회성으로 집체 강의 형식으로 이루어져 형식적이라는 비판이 존재한다. 입양특례법상 예비 양부모 교육보다도 짧은 시간 동안 이루어지는 민법상 입양부모의 교육에 실효성을 기대하기란 어려워 보인다. 보다 근본적으로 입양특례법은 양친이 될 사람의 자격을 비교적 엄격하게 규정하고 있는 반면(입양특례법 제10조[56)),

---

54) 구 민법(2013. 4. 5. 법률 제11728호로 개정되기 전의 것) 개정이유 참조.
55) 안문희, 앞의 글, 19.

민법은 양친이 될 사람의 자격을 제한하고 있지 않다.[57) 입양특례법 상 양친의 자격 등에 관한 엄격한 규제를 피하기 위해 민법상 입양 제도를 이용할 수 있는 우려가 존재한다.[58)

IV. 아동입양 제도의 향후 개선 과제

2011년 개정 입양특례법이 시행된 이후 이 법의 부작용으로 '베 이비박스'에 유기되는 아동이 증가했다는 주장이 제기되었다.[59) 이 를 근거로 입양기관과 일부 입양부모 단체는 입양특례법을 과거로 되돌려야한다고 주장했다.[60) 출생신고를 의무화해서는 안되며, 입

---

56) 입양특례법 제10조(양친이 될 자격 등)
　① 이 법에 따라 양친이 될 사람은 다음 각 호의 요건을 모두 갖추어야 한다.
　1. 양자를 부양하기에 충분한 재산이 있을 것
　2. 양자에 대하여 종교의 자유를 인정하고 사회의 구성원으로서 그에 상응 하는 양육과 교육을 할 수 있을 것
　3. 양친이 될 사람이 아동학대·가정폭력·성폭력·마약 등의 범죄나 알코올 등 약물중독의 경력이 없을 것
　4. 양친이 될 사람이 대한민국 국민이 아닌 경우 해당 국가의 법에 따라 양친이 될 수 있는 자격이 있을 것
　5. 그 밖에 양자가 될 사람의 복지를 위하여 보건복지부령으로 정하는 필 요한 요건을 갖출 것
　② 양친이 될 사람은 양자가 될 아동이 복리에 반하는 직업이나 그 밖에 인권침해의 우려가 있는 직업에 종사하지 아니하도록 하여야 한다.
　③ 양친이 되려는 사람은 입양의 성립 전에 입양기관 등으로부터 보건복지 부령으로 정하는 소정의 교육을 마쳐야 한다.
57) 국회입법조사처, 「입양특례법」의 입법영향분석(2017), 17.
58) 국회입법조사처, 위의 글, 18.
59) 연합뉴스, 베이비박스 5년 後 "①여전히 버려지는 새 생명", https://www.yna.co.kr/view/AKR20150502044100004(2015. 5. 3.; 2020. 4. 15. 검 색 기준).

양숙려제도 축소하거나 없애야한다는 것이었다. 실제 베이비박스에 유기된 아동의 수는 2011년 37명, 2012년 79명, 2013년 252명, 2015년 242명, 2017년 210명으로 급증했다.[61] 하지만 같은 시기에 전국에서 발생하는 전체 기아의 숫자는 크게 변동이 없는 것으로 드러나, 전국에 산재해서 발생해온 기아 사례가 베이비박스 한 곳으로 집중한 결과로 분석할 수 있다.[62] 베이비박스가 언론에 자주 등장하면서 인지도가 높아졌고 영아를 안전하게 유기할 수 있는 대안으로 제시된 것으로 해석할 수 있는 것이다. 따라서 베이비박스에 유기되는 영아 수의 급증을 입양특례법의 부작용으로 직접 연결하는 것은 정확한 근거가 없는 주장이다.[63]

사회적인 논란을 거쳐 개정된 입양특례법이 2012년부터 시행되기 시작했으나 그 이후로도 입양가정 내에서의 아동학대·사망 사건이 끊이지 않았다. 특히 2016년에 발생한 포천 입양아동 살해 사건과 대구 입양아동 학대·사망사건은 입양특례법 개정을 추진했던 시민사회단체들을 다시 모이게 했다. 이러한 사건이 발생하게 된 데에는 미비한 아동학대 대응 체계도 영향을 미쳤을 것이나, 입양 아동보호에 취약한 입양 절차상의 문제점이 반영된 결과일 것이다. 법원의 허가 이외에는 민간 입양기관의 주도로 이루어지고 있는 현행입양시스템이 과연 '아동이익 최우선의 원칙'을 제대로 실현하고 있는지 확인해야 했다. 대구와 포천 사건의 진상을 밝히고 재발을 방지하기 위해 아동인권단체와 시민사회단체, 관련 전문가들이 모여 진상조사위원회를 꾸려 조사를 펼쳤고, 그 결과를 바탕으로 제시한

---

60) 국회입법조사처, 위의 글, 38.
61) 머니투데이, "그녀는 그날, 아기를 안고 베이비박스로 갔다",
    https://news.mt.co.kr/mtview.php?no=2018112118291682347 (2018. 11. 22.; 2020.
    4. 15. 검색 기준).
62) 국회입법조사처, 위의 글, 39.
63) 국회입법조사처, 위의 글, 40.

입양특례법 전면 개정안을 중심으로 우리나라 입양제도의 개선과제를 검토하고자 한다.[64]

1. 모든 '아동'에 대한 입양 절차의 일원화[65]

앞서 살펴본 바와 같이 현재 입양을 관장하는 법은 '민법'과 '입양특례법'으로 이원화되어 있다. 입양기관이나 아동보호시설로 입양 또는 보호 의뢰된 아동, 즉 현 입양특례법 제2조 2호에서 규정하고 있는 '요보호아동'에 대한 입양에 대해서는 입양특례법이 적용되고, 친생부모와 입양하고자 하는 부모 사이에 직접적인 합의가 가능한 경우에는 민법이 적용된다. 해당 아동이 입양특례법의 적용대상인 요보호아동인지 여부에 따라 다른 법률과 절차가 적용되는 현재의 법체계는 아동 이익 최우선의 원칙에 반한다.[66] 2016년 6세 입양아동이 양부모에게 살해당했던 포천사건은 민법에 따라 입양이 이루어진 사례였다. 이웃에 살았던 양부모와 친모는 직접 당사자 간에 입양에 대한 의사합치를 본 후 법원으로부터 입양허가를 받았다. 하지만 민법상 입양 절차에는 법원의 심판 이외에 입양 부모에 대한 사전 교육과 검증, 사후관리 절차가 부재하다. 언론보도에 따르면 포천 양부의 경우 10여개의 전과가 있었다고 한다. 엄밀하게 말하자면 민법상 입양 절차로 유입되는 아동도 태어난 가정에서 친생부모

---

64) 대구·포천 입양아동 학대·사망사건 진상조사 결과를 중심으로, 입양아동 학대·사망사건 후 정책변화와 과제 토론회, 국회의원 남인순, 금태섭, 김삼화, 이재정, 국회 여성·아동·인권정책포럼 (2018. 1. 16.).

65) 이하 입양제도의 개선과제는 필자가 2018년 11월 가족법연구지에 게재한 '한국에서의 입양제도 현황과 과제' 중 'III.입양법제도의 현황 및 개선과제' 내용을 기본으로 일부 보완했다.

66) 안소영, "입양법제의 개선방안: 헤이그국제입양협약의 비준에 즈음하여", 박사학위 논문, 이화여자대학교 (2015), 12.

에 의한 양육을 받지 못한다는 점에서 국가의 보호가 필요한 아동에 해당한다. 이러한 점을 간과한 채 입양기관의 개입여부를 기준으로 다른 요건과 절차에 따라 아동 입양이 진행되는 이원화된 입양절차는 불합리하다. 불합리한 입양법제 하에서 아동 인권이 유린되고 있다. 모든 '아동'에 대한 입양의 요건과 절차를 일원화하여 입양이 아동 인권 최우선의 관점에서 이루어질 수 있도록 엄격하고 철저하게 통일적으로 입양절차를 규율할 필요가 있다.

민법에서는 아동과 성인을 망라한 입양에 대한 일반적이고 공통적인 사항을 규정하되, 아동에 대한 입양에 대해 특별법적 지위를 갖는 입양특례법에서는 모든 '아동'에 대한 입양 절차가 통합적인 아동보호시스템과 연계된 상태에서 공적 기관의 주도 하에서 아동이익 최우선의 원칙에서 이루어질 수 있도록 법 개정이 필요하다. 원가정에서 양육이 어려운 모든 아동에 대해 입양 신청, 친생부모에 대한 사전 상담, 예비양부모 교육 및 검증, 아동과 입양가정의 결연, 법원의 허가 후 사후관리까지 빠짐없이 아동 최선의 이익 우선원칙에 따라 이루어지도록 보장해야 한다.

2. 아동 입양에 대한 '공적 개입'의 강화

대구사건에서 은비(가명)는 법원으로부터 입양 허가 결정을 받기도 전에 예비 입양가정에 미리 보내졌다(이하 '입양 전 위탁'). 심지어 첫 번째 예비 입양 가정에서 정이 안간다는 이유로 은비를 입양기관으로 돌려보낸 지 1개월도 지나지 않았을 때, 은비는 두 번째 예비 입양 가정으로 다시 보내졌다. 입양특례법은 법원의 입양 허가 결정이 난 후에야 아동을 입양가정에 인도하도록 규정하고 있다(입양특례법 제31조67)). '입양 전 위탁'은 어떠한 법적 근거도, 공적 개입도 없이, 민간기관인 입양기관의 자의적인 판단에 전적으로 맡겨져 있다. 입양기관의 전권에 맡겨져 있는 일은 이 뿐만이 아니다. 아동에게 입양이 최선이라는 판단(아동에 대한 입양적격 결정), 입양절차가 진행되는 동안 아동의 인수 및 보호, 입양아동과 입양부모의 매칭(결연), 입양 전 위탁 결정까지 거의 모든 입양절차가 민간기관인 입양기관 단독의 결정으로 이루어지고 있다. 2011년 입양특례법의 개정으로 입양의 성립을 위해서는 법원의 허가를 받도록 되었으나, 이미 예비입양가정에서 아동을 인도받아 보호하고 있는 상태에서 이루어지는 사후적인 심판절차에서 법원이 아동 복리를 따지기엔 한계가 많다. 대구 사건은 어떠한 공적 개입도 없이 입양기관장의 전권으로 이루어진 민간 주도 입양의 비극적 결말을 보여주고 있다.

'유엔아동권리협약'과 '헤이그협약'은 입양에 있어서 아동 최선의 이익이 최우선적으로 고려되어야한다고 선언하고 있다. 나아가 입양을 권한 있는 공적 당국에서 관장할 것을 규정하고 있다.[68] 이러한 국제인권규범에 따라 노르웨이의 경우에는 입양과 관련된 거의 모든 절차를 정부에서 관장한다. 나아가 민간 입양기관의 역할은 최소한으로 축소하고 핵심적인 입양 업무에 대하여는 민간이 개입하지 못하도록 제한하고 있다.[69]

입양이 아동복지 시스템과 분리되어 운영되는 것도 문제이다. 헤이그협약은 무엇보다 아동은 태어난 가정에서 자라야한다는 원칙을 천명하고 있다.[70] 아동이 친생부모와 함께 살 수 있도록 가능한 모든

---

67) 입양특례법 제31조(아동의 인도)
   ① 입양기관 또는 부모는 법원의 입양허가 결정 후 입양될 아동을 양친이 될 사람에게 인도한다.
   ② 국외입양의 경우 아동의 인도는 보건복지부령으로 정하는 특별한 사정이 없으면 대한민국에서 이루어져야 한다.
68) 헤이그협약 제4, 5, 6조.
69) 김효진·이재연, "국내외 입양 관련 법률 체계와 내용에 관한 비교연구", 한국아동복지학 34호 (2011), 133.
70) 헤이그협약 전문.

아동복지·사회복지서비스를 지원하고, 입양은 최후의 방안으로서 검토되어야 한다. 하지만 우리나라는 친생부모가 입양기관을 찾아와 아이를 입양 보내달라고만 하면 곧 바로 입양 절차가 개시된다. 미혼모에 대한 양육지원, 지역의 복지 서비스와 연계될 틈은 존재하지 않는다. 2011년 입양특례법의 개정으로 입양 동의 의사표시 전 친생부모에 대한 사전상담이 의무화되었으나, 상담제공 주체는 '입양기관'이다.71) 아동복지법은 요보호아동에 대하여 입양 이외에 가정위탁 제도, 시설보호 등의 아동보호조치를 설계하고 있다. 따라서 당장 양육을 하기 어려운 친생부모는 임시적으로 가정위탁 제도나 시설보호의 도움을 받을 수 있다. 하지만 친생부모가 민간 입양기관을 찾아간 이상 입양 이외 다른 공적인 아동보호체계와 연결될 여지는 없다.

이러한 문제를 개선하기 위하여 우선 민간 입양기관이 입양 개시를 결정하고 아동을 인수하는 시스템부터 바뀌어야 한다. 양육의 어려움을 겪는 친생부모는 입양기관이 아니라 지방자치단체의 아동보호 체계 내에서 상담을 받고 양육 지원 서비스를 우선적으로 연계받은 후, 최후의 방안으로서 입양이 검토되도록 해야 한다. 해당 아동에게 입양이 아동이익 최우선의 원칙에 부합한다는 결정은 민간기관인 입양기관이 아니라 지방자치단체의 장이 내려야한다. 공적인 입양적격 결정에 따라 아동의 입양 절차가 개시되어야 한다. 입양절차가 진행되는 동안 해당 아동에 대한 보호 또한 사설 입양기관이 맡아서는 안되며, 친생부모가 보호하는 것을 원칙으로 하고 다만 직접 보호가 상황이 어려운 경우만 지방자치단체의 장의 보호조치에 따라 아동복지법상 가정위탁 또는 시설보호로 연계되어야한

---

71) 입양특례법 제12조(입양의 동의) ③ 입양기관은 제12조제1항에서 정한 입양 동의 전에 친생부모에게 아동을 직접 양육할 경우 지원받을 수 있는 사항 및 입양의 법률적 효력 등에 관한 충분한 상담을 제공하여야 하며, 상담내용 등에 대하여는 보건복지부령으로 정한다.

다.72) 입양하고자 하는 부모는 입양기관을 찾아가는 것이 아니라 보건복지부장관에게 입양의 신청을 하고, 입양부모 될 자격이 있는지 충분히 검증받아야한다. 입양 의뢰된 아동과 양부모가 될 가정의 매칭 또한 입양기관이 아니라 공적 기관인 보건복지부장관이 맡아 진행해야한다.73) 체코, 필리핀의 입양절차를 살펴보더라도, 권한 있는 공적 당국이 입양아동의 보호, 입양부모자격 확인, 아동과 입양부모의 결연, 해외입양 대상 적격 판단 등 주요한 입양 절차를 담당하고 있는 것을 확인할 수 있다.

또한 현행 '입양 전 위탁' 관행에 대한 개선이 필요하다. 법원의 입양허가 결정이 나기도 전에 입양기관장 단독의 결정으로 아동을 예비 입양 가정에 인도하는 입양 전 위탁 관행은 법원의 입양 허가 절차를 형해화한다. 입양 전 위탁을 입양기관의 자의적인 판단에 일임해서는 안 되며, 아동복지법 지원 체계 내에서 아동이익 최우선의 원칙에 따라 이루어지도록 개선되어야 한다. 입양 전 위탁은 입양가정에 대한 모든 검증이 이루어진 상태에서 아동의 복리에 위해가 없다고 판단되었을 때 이뤄져야 한다. 입양 전 위탁이 아동 복리에 적합한지 검증할 수 있도록 입양 전 위탁의 심사 절차와 요건, 아동의 상태에 대한 모니터링 방법, 법원 심사에 반영하는 방안 등에 대한 구체적인 내용을 마련해야 한다.

---

72) 김진석, "입양제도 개선방안: 입양 절차상 공적 개입 강화 방안을 중심으로", 아동 권익보호를 위한 입양 및 학대 예방 제도 개선방안 발표 토론회, 대구 포천 엽양아동 학대사망 사건 진상조사와 제도개선위원회 (2017), 65.
73) 노혜련, "한국 입양실천의 문제점과 개선방안", 아동 권익보호를 위한 입양 및 학대 예방 제도 개선방안 발표 토론회, 대구 포천 엽양아동 학대사망 사건 진상조사와 제도개선위원회 (2017), 50.

〈표 1〉 국가간 입양절차 비교[74]

구분	체코	필리핀	한국
입양아동보호	아동보호시설	아동보호시설	입양기간
입양숙려기간	출산 후 6주 (원가정 복귀 70-80%)	출산 후 3개월 (12주)	출산 후 1주
입양붐자격확인 (국가인증 후 결연시작)	중앙(지역)당국	중앙(지역)당국	결연 전 국가인증×
국내입양우선추진	6개월	4개월	5개월
국내입양 결연	지역정부 위원회	지역정부 위원회	입양기간
국제입양아동판단	중앙당국	중앙당국	입양기간 (결연 후 복지부 서류심사)
국제입양결연	자문위원회 (5개 전문분야, 7명)	결연위원회 (5개 전문분야, 6명)	입양기간

3. '원가정 양육 우선 원칙'의 실질적 구현

우리나라 입양실태의 특이점은 입양아동의 90% 이상이 미혼모 가정 출신인 점이다. 입양 문제가 미혼모에 대한 차별의 문제와 불가분의 관계에 있는 것이다[아래 표]. 2018년 기준으로 국내입양의 경우 83.3%가, 국외입양의 경우 99.7%가 미혼모 가정 출신으로 나타났다. 대구사건에서도 가장 안타까웠던 점은 당시 17살이었던 은비 엄마가 홀로 아이 양육과 생계를 책임지기 위해 고군분투했으나 어디에서도 제대로 된 도움을 받지 못했다는 점이다. 입양기관을 찾아가 은비를 맡기기까지 21개월 동안 지역사회와 우리의 복지시스템은 은비 엄마에게 적절한 지원을 하지 못했다. 청소년 미혼모에 대한 지원의 부재는 입양으로 귀결되었다.

---

74) 노혜련, "국제입양에 관한 법률안 공청회 진술문", 국제입양에 관한 법률안 공청회, 국회 보건복지상임위원회 (2019. 4. 1.), 7.

〈표 2〉 입양아동의 출신배경(보건복지부)[75]

연도	국내입양				국외입양			
	계	미혼모 아동	유기 아동	결손 가정등	계	미혼모 아동	기아등	결손 가정
2015	683	618 (90.5%)	54 (7.9%)	11 (1.6%)	374	358 (95.7%)	16 (4.3%)	-
2016	546	481 (88.1%)	18 (3.3%)	47 (8.6%)	334	327 (97.9%)	2 (0.6%)	5 (1.5%)
2017	465	417 (89.7%)	23 (4.9%)	25 (5.4%)	398	397 (99.7%)	-	1 (0.3%)
2018	378	315 (83.3%)	47 (12.5%)	16 (4.2%)	303	302 (99.7%)	1 (0.3%)	-

입양에 있어서 미혼모 가정 출신의 아동이 절대적인 비중을 차지하는 이유는 엄마 혼자 아이를 키우는 것보다는 좋은 양부모 만나는 것이 아이에게 더 낫다는 차별적인 인식과 내가 낸 세금으로 혼인외 관계에서 출생한 아이의 양육을 지원할 수는 없다는 미혼모에 대한 편견에서 비롯된 결과이다. 하지만 유엔아동권리협약과 헤이그협약은 모든 아동에게 출신가정과 출신국가에서 양육될 수 있는 기회를 최우선적으로 보장해야한다고 선언하고 있다. 해외 사례를 보더라도 필리핀의 경우 입양숙려기간을 3개월로 정하면서, 입양 성립 이전에 미혼모에 대한 상담과 지원을 우선 진행하도록 보장하고 있다.[76] 또한 입양 절차가 진행되는 동안 친생부모가 아동을 양육할 수 있도록 정부가 지원한다. 체코의 경우에는 입양숙려기간을 6주로 보장하고 이 기간 동안 친생부모가 아동을 양육하는 것을 원칙으로 삼고 있다.[77] 원가정 양육이 어려운 경우에는 아동보호체계상 일시 보호를 위한 시설 또는 위탁 가정에서 보호하도록 공적 지원 체계

75) 2019. 5. 10.자 보건복지부 보도자료.
76) 중앙입양원 헤이그비준준비팀, 필리핀 출장 결과보고서 (2014) 중(미발행).
77) 중앙입양원 조사연구부 헤이그협약팀 공무 출장 결과보고서-체코, 폴란드 (2015), 중(미발행).

를 설계해두고 있다.

하지만 우리나라의 입양 관행 하에서 친생부모는 민간 입양기관에게 입양을 의뢰한 순간 입양 절차에서 전면 배제된다. 2011년 입양특례법 개정으로 입양숙려제가 도입되기 전에는 지원 시설에 입소한 미혼모들은 출산하기도 전에 미리 친권 포기각서와 입양동의서를 작성해야했다. 입양 절차가 진행되는 동안 친생부모가 아동의 상태나 입양 절차 진행 상황을 확인할 방법조차 부재하다. 이러한 문제점을 개선하기 위해서는 입양이 의뢰된 이후 입양절차가 진행되는 동안 친생부모가 직접 아동을 양육할 수 있도록 보장하고, 직접 양육이 어려워 아동 보호를 의뢰하더라도 입양 절차 진행 상황과 아동의 상태에 대해 통지받을 권리를 보장해야 한다. 근본적으로는 미혼모가 양육을 선택지로 고려할 수 있도록 미혼모가정에 대한 사회적·제도적 편견과 차별을 시정해야 한다. 이를 위해서는 무엇보다 정부가 나서서 획기적인 미혼모 양육 지원책을 마련하고 재원을 확보해서 미혼모 가정을 실질적으로 지원해야한다.

4. 친가족 찾을 권리의 보장

유엔아동권리협약은 제7조에서 "아동은 (중략) 가능한 한 자신의 부모를 알고 부모에 의하여 양육 받을 권리를 갖는다."고 규정하고 있다. 2019년 유엔아동권리위원회는 제5,6차 대한민국 정부 보고서를 심의한 후 "입양아동이 그들의 친생부모에 대한 정보를 찾을 권리가 있음을 알려주고 그에 따른 적절한 접근권을 보장할 것"을 권고했다.[78] 우리나라 헌법 또한 국민의 알권리를 기본권으로서 보장하고 있다. 헌법재판소는 알권리가 헌법 제21조의 표현의 자유의 한

---

78) 제5, 6차 유엔아동권리위원회 최종권고 33.(e).

내용이며, 알 권리의 보장은 국민주권주의(헌법 제1조), 인간의 존엄
과 가치(제10조), 인간다운 생활을 할 권리(제34조 제1항)와 연결되
어 있다고 판시하고 있다.[79] 따라서 입양인과 그 가족이 입양기록에
접근할 권리, 나아가 가족을 알 권리는 유엔아동권리협약 제7조와
헌법 제10조, 제21조, 제34조 제1항에 근거한 기본권이다.

하지만 입양인의 입양정보공개청구 건 중 친생부모의 소재지 파
악이 되어서 친생부모의 동의에 따라 입양 정보가 공개된 경우는
17.2%에 불과하다. 대상자의 거부 또는 무응답, 사망, 소재확인 불가
등으로 인해 정보 공개가 거부된 것은 82.7%에 달한다. 입양인의 정
체성 찾기를 권리로서 인식하지 못한 결과 입양기관과 관련 시설은
입양인의 입양정보공개청구에 대하여 비밀유지의무 등을 내세우며
여전히 비협조적이다. 2011년 법 개정으로 입양인의 입양정보에 대
한 접근권은 보장되었으나 현실적으로는 실효성이 미비한 실태인
것이다.

〈표 3〉 입양정보공개청구현황 - 보건복지부 제출 자료[80]

연도	요청 건수	정보공개 (친생부모 동의)	정보 비공개
2013	1,252	274	978
2014	1,631	267	1,364
2015	2,021	297	1,724
2016	1,940	354	1,586
2017.10	1,555	255	1,300
계	8,399	1,447	6,952

우선 입양정보공개청구권자의 확대가 필요하다. 현행 입양특례
법은 입양정보공개를 청구할 수 있는 사람으로 "이 법에 따라 양자

---

79) 헌법재판소 1991. 5. 1. 선고 90헌마133 결정.
80) 보건복지부가 2018. 1. 30. 남인순 의원실에 제출한 자료.

가 된 사람"만을 규정하고 있다(제36조 제1항). 그러나 친생부모와 형제자매 등 입양인의 가족 또한 헌법과 유엔아동권리협약에 근거하여 입양기록에 대한 접근권과 가족을 알권리를 갖는다. 미국의 경우 입양정보공개 청구권을 '친생부모'에게 보장하고 있는 곳이 42개주, 친생부나 모를 같이 하는 '형제자매'에게 인정하는 곳이 33개주로, 대부분의 주에서 입양인에서 나아가 친생부모와 그 형제자매에게도 입양정보공개청구권을 보장하고 있다.[81] 이에 비교했을 때 우리나라의 입양정보공개청구권자의 범위는 매우 협소하다. 따라서 입양인에서 나아가 친생부모, 형제자매까지 입양정보에 접근할 수 있도록 법을 개정할 필요가 있다.

한편 현행 입양특례법 제36조제3항은 "친생부모가 사망이나 그 밖의 사유로 동의할 수 없는 경우에는 양자가 된 사람의 의료상 목적 등 특별한 사유가 있는 경우에는 친생부모의 동의 여부와 관계 없이 입양정보를 공개할 수 있다."고 규정하고 있다. 이 조항을 적용함에 있어 실무에서는 친생부모가 사망한 경우라 하더라도 입양인에게 치료를 위한 목적이 존재하는지를 추가로 요구하고 있다. 이러한 법 규정과 법 해석은 애초 동 조문의 입법 취지를 몰각시킨다. 2011년 개정 당시 동 조문은 입양인의 '정체성을 알 권리'와 '친생부모의 사생활 보호권'의 균형을 도모하기 위한 취지에서 반영된 내용이다. 즉 친생부모가 사망했거나 그에 준하는 사유로 동의할 수 없는 경우에는 친생부모의 사생활 보호의 필요성이 상대적으로 감소하므로 생존하는 입양인의 알권리가 보다 보호되어야 한다는 취지에서 비롯된 것이다. 입양인에게 의료상 치료 목적이 존재하는 경우도 마찬가지이다. 따라서 친생부모가 사망 기타 사유로 동의할 수 없는 경우와 의료상 치료 목적이 있는 경우를 별개의 사유로 규정

---

81) https://www.childwelfare.gov/topics/systemwide/laws-policies/state/ 통해 리서치 정리한 내용임.

하여 각각에 해당하는 경우에는 친생부모의 동의가 없더라도 입양 정보 공개가 가능하도록 법 조문을 명확하게 개정할 필요가 있다.

또한 현행 법 하에서는 정보공개신청이 거부된 이후 이에 대해 불복할 수 있는 절차가 부재하다. 법 개정을 통해 입양 정보 접근이 거부된 신청인이 이의를 제기할 수 있도록 보장해야한다. 또한 친생부모 및 입양아동의 소재지 파악을 위해 유전자데이터베이스를 구축하고 필요한 행정기관간 정보연계시스템을 구축하도록 법 개정도 필요하다.

5. 국외입양인에 대한 지원

어려서 미국으로 입양 보내졌다가 시민권을 취득하지 못해 수 십 년 만에 한국으로 강제추방당하는 해외입양인의 사례가 최근 지속적으로 발생하고 있다. 2017년 5월 비관적 선택을 한 입양인 P는 태어나자마자 고아원에 맡겨진 후, 열 살 때인 1984년 홀트아동복지회를 통해 미국 가정에 입양됐다. 두 번이나 파양하면서 방황하는 삶을 살다 폭행, 절도 등의 전과로 2011년 7월 한국으로 추방됐다. 국내에서 노숙자 쉼터와 복지시설, 정신병원, 교도소 등을 전전하다가 끝내 자살 했다.[82] 2017. 12. 21. 김해 소재 고시텔에서 노르웨이 국적의 해외입양인 C가 숨진 채 발견되었다. 2013년 친부모를 찾겠다며 한국으로 돌아와 가족을 찾는데 전념했으나 5년간 아무런 진척이 없었다. C는 우울증을 앓다가 쓸쓸히 생을 마감했다.[83] 1979년 네 살 나이로 미국에 입양돼 시민권도 없이 양부모 슬하에서 학대

82) 중앙일보, "시민권 없는 美해외입양인 3만3000명...한국 입양인들, 강제추방 위험", https://news.joins.com/article/21721250 (2017. 7. 3.; 2020. 4. 15. 검색).
83) 시사저널, "버림받은 해외입양인들 설 자리가 없다", https://www.sisajournal.com/news/articleView.html?idxno=173307 (2018. 1. 16.; 2020. 4. 15. 검색).

를 받다가 2016년 한국으로 강제 추방된 A,[84) 미국에서 강제 추방돼 한국에서 노숙인 생활을 하던 Y도 비슷한 처지다.[85) 이들은 과거 무분별하게 이뤄진 해외 입양 제도의 피해자다. 2012년 개정 입양특례법이 시행되기 전까지 해외 입양은 정부 개입 없이 민간기관 주도로 이루어졌고 제대로 된 사후관리도 제공되지 않았다. 복지부 통계에 따르면 1958년부터 2012년까지 우리나라에서 미국으로 입양된 입양인 수는 총 11만1,148명이며 이중 미국 국적(시민권) 취득이 확인된 이는 9만1,719명이라고 한다.[86) 나머지 1만9,429명 중 상당수가 시민권을 취득하지 못한 채 국적 불명 상태로 방치되고 있는 것으로 추정되고 있다.

국제입양에 있어서 사후관리 및 서비스지원에 대해 특별한 관리와 지원이 시급하다. 우리 사회가 보호하지 못하고 국제입양 보낸 입양인에 대하여 강제추방 및 위기 상황이 발생했을 때에는 사회적인 차원에서 지원할 수 있는 법적 근거를 마련할 필요가 있다. 귀환 입양인의 국내 적응 및 위기지원을 위하여 체류 및 국적회복의 지원, 취업 기회의 제공 및 취업교육의 제공, 필요한 사회복지서비스의 연계 및 정착 지원, 강제귀환 등 위기에 처한 입양인에 대한 의료·주거·생계 지원 등의 응급지원을 위한 법적 근거의 도입이 필요하다.

---

84) 연합뉴스, "40년 만에 한국으로 강제추방 입양인, 위법 입양에 국가에 소송", https://www.yna.co.kr/view/AKR20190124131800004 (2019. 1. 24.; 2020. 4. 15. 검색).
85) 프레시안, "미국 입양된 아이가 34년만에 이태원 노숙자로 발견된 사연", https://www.pressian.com/pages/articles/19331 (2011. 10. 6.; 2020. 4. 15. 검색).
86) 한국일보, 이성택 기자. "강제추방 불안에 떠는 미국 입양 한인 2만명" http://hankookilbo.com/v/fcf956f291094d6290464e5cae7c9890 (2017. 6. 1.).

V. 나가며

대구와 포천 입양아동 학대·사망사건 진상 조사를 마친 2018년 1월, 시민사회단체는 앞서 살펴본 입양법 개선 과제를 반영하여 입양특례법 전부 개정안을 성안해 국회 토론회를 진행했다. 이후 이 법안은 2018. 12. 5. 남인순 의원의 대표 발의로 국회에 제출되었다.[87] 동 법률안은 입양절차가 입양특례법과 민법으로 이원화되어 있어 아동보호에 공백이 발생하는 점과 민간 입양기관이 입양절차를 전담하다시피 하고 있어 국가의 책임이 소홀한 점을 지적하며 모든 아동에 대한 입양절차를 통일적으로 규율하고 전 입양절차에 정부의 책임을 강화하기 위해 법 개정을 제안한다고 이유를 밝히고 있다. 이 법안에 대해 법무부와 일부 민법 학자는 모든 아동의 입양을 입양특례법으로 규율하게 되면 기본법적 성격을 갖는 민법이 형해화될 우려가 있다는 점을 문제 삼았다. 민법은 법무부가, 입양특례법은 보건복지부가 담당 소관 부처이다. 불합리하게 이원화되어 있는 민법과 입양특례법 사이에서 방치되어 있는 아동의 이익을 보호하기 위해 아동 입양을 통합적으로 규율하자는 제안에 대해 부처 이기주의와 법 형식 논리로 응대하는 것은 수긍하기 어렵다.

입양기관은 모든 입양 절차를 중앙 정부와 지방 정부가 관장 하도록 한다면 입양의 전문성도 부족하고 아동복지인력과 시스템이 충분치 않은 공무원이 이를 감당할 수 있겠는가라는 현실론을 제기했다. 공식·비공식적인 자리에서 보건복지부 담당자가 행한 발언을 종합해보면 복지부는 이러한 입양기관의 주장을 일부 수용하는 듯하다. 하지만 이러한 현실론이 우세한 결과 지난 수십년간 아동입양

---

87) 남인순 의원 발의, "입양특례법 전부 개정안", 2017053, (2018. 12. 5.) [임기 만료로 폐기].

은 민간 입양기관의 몫으로 방치되었고, 공적인 아동보호시스템과
유리된 채 운영되는 기형적인 입양 관행을 낳았다. 2019년 5월 정부
는 포용국가 아동정책을 발표하며 "가정에서 보호가 어려운 아동은
국가가 확실하게 보호할 수 있도록 시스템을 근본적으로 혁신"하겠
다고 아동정책 추진 방향을 밝혔다. 이를 위해 "학대, 입양의뢰, 빈
곤으로 인한 대리보호 의뢰, 유기 등 어떤 경로로 보호 필요 아동이
발생하더라도, 지자체가 직접 상담하고 가정환경을 조사하여 무엇
이 아동에게 최선의 이익인지 판단"하고 "불가피하게 아동을 원가
정으로부터 분리해야하는 경우에는, 아동복지심의위원회 산하 '사
례결정위원회'에서 아동에게 가장 적합한 보호방식(가정위탁, 그룹
홈, 시설, 입양 등)을 결정"하겠다고 구체적인 내용을 제시했다.[88]
중앙·지방 정부 차원에서 공적인 아동보호시스템을 구축해 나감에
있어서 다른 아동보호체계와 함께 입양이 통합적으로 검토되고, 전
문적이고 충분한 숫자의 아동보호 전담 공무원이 적재적소에 배치
되어야 할 것이다.

우리 정부는 2013년 5월 24일에 헤이그협약에 서명을 했고, 2017
년 10월 18일 비준동의안(의안번호 2009877)을 국회에 제출한 상태
이다. 헤이그협약의 비준동의를 앞두고 동 협약의 이행을 대비하여
국회에는 관련된 입법안이 다수 발의되었다. 2016. 9. 23. 김승희 의
원 대표 발의로 '입양특례법 전부개정법률안'[89]과 '국제입양에 관한
법률 제정안'[90]이 발의되었고, 2018. 12. 5.에는 앞서 살펴 본 남인순
의원 대표 발의의 '입양특례법 전부개정법률안'과 '국제입양에 관한

---

88) 관계부처 합동 보도자료, "아동에 대한 국가 책임을 확대합니다 -아동이 행
복한 나라, 내일만큼 오늘이 빛나는 우리" (2019. 5. 22.), 3, 5.
89) 김승희 의원 발의, "입양특례법 전부개정법률안", 2002467, (2016. 9. 23.) [임
기 만료로 폐기].
90) 김승희 의원 발의, "국제입양에 관한 법률안", 2002466, (2016. 9. 23.) [임
기 만료로 폐기].

법률 제정안'91)발의되었다. 2019. 7. 15.에는 김세연 의원 대표 발의
로 같은 명의의 두 법안이 국회에 발의되었다.92) 한 가지 고무적인
사실은 국회 발의된 모든 법안이 입양 제도에서 아동이익 최우선의
원칙을 실현하고 공적 책임을 강화해야한다고 방향성을 제시하고
있다는 점이다. 입양 이전에 원가정 양육이 고려될 수 있도록 원가
정에 대한 지원을 강화하고, 입양 전 친생부모에 대한 사전 상담을
국가기관에서 담당하도록 하자는 점, 민간 입양기관에게 일임되어
있던 아동의 인수·보호·결연·사전위탁까지 모든 입양 절차에 중앙
또는 지방 정부의 개입이 필요하다는 점에 대하여 이견이 없어 보
인다. 문제는 디테일에 존재한다. 김승희 의원 발의 법안과 김세연
의원 발의 법안의 경우 주요한 모든 입양 절차를 중앙 또는 지방 정
부가 담당하도록 법 본문에 규정하면서 보칙 조항을 통해 정부의
역할을 민간 입양 기관에 위임할 수 있도록 허용하고 있는 것이
다.93) 잘 보이지 않는 위임 조문 단 하나를 통해 입양특례법 전부
개정안의 취지와 목표를 몰각시키고 있다.

입양가족은 친부모와 살 수 없게 된 아동에게 사회가 만들어 준
대안 가족이다. 그러므로 정부는 아동 인권 최우선의 관점에서 입양
에 적극적으로 개입해야하고, 그 결과에 대해 책임져야 한다. 아동

---

91) 남인순 의원 발의, "입양특례법 전부개정법률안", 2017051, (2018. 12. 5.) [임
기 만료로 폐기].
92) 김세연 의원 발의, "입양특례법 전부개정법률안", 2021484, (2019. 7. 15.) [임
기 만료로 폐기].
93) 김승희 의원 대표 발의 입양특례법 전부개정법률안 제39조 제3항 "보건복
지부장관, 시·도지사 또는 시장·군수·구청장은 대통령령으로 정하는 바에
따라 제25조의 입양기관 또는 관련 법인·단체에 제8조 제2항 및 제3항, 제
10조제1항 및 제3항, 제11조, 제28조, 제30조, 제31조에 따른 업무를 위탁할
수 있다."
김세연 의원 대표 발의 입양특례법 전부개정법률안 제36조제2항. 내용은
김승희 의원 법안과 대동소이함.

이익 최우선의 원칙과 원가정 양육 우선의 원칙을 중심에 두고 중
앙과 지방 정부가 아동보호 시스템 내에서 입양 절차를 관장하도록
입양 제도를 전면 재구성해야할 때이다.

참고문헌

국회입법조사처, 「입양특례법」의 입법영향분석 (2017)

김동수, "한국인의 시각에서 본 국제입양", 한국 해외 입양, 뿌리의 집 (2015)

김상용, "입양촉진 및 절차에 관한 특례법의 개선 방향-국내 입양을 중심으로", 가족법 연구 제23권 제2호 (2009)

김상용, 「부모의 권리와 아동 최선의 이익(자녀의 복리)」, 아동권리연구, 제4권 제2호 (2000)

김주수·김상용 공저, "친족·상속법" (제16판), 법문사 (2019)

김진, "고아입양특례법", 서울대학교 법학 (1962)

김진석, "입양제도 개선방안: 입양 절차상 공적 개입 강화 방안을 중심으로", 아동 권익보호를 위한 입양 및 학대 예방 제도 개선방안 발표 토론회 자료집 (2017)

김효진·이재연, "국내외 입양 관련 법률 체계와 내용에 관한 비교연구", 한국아동복지학 34호 (2011)

노혜련, "한국 입양실천의 문제점과 개선방안", 아동 권익보호를 위한 입양 및 학대 예방 제도 개선방안 발표 토론회 자료집 (2017)

안문희, "입양제도 개선 방안에 관한 연구", 사법정책연구원 연구총서 2018-03 (2018)

안소영, "입양법제의 개선방안: 헤이그국제입양협약의 비준에 즈음하여", 박사학위 논문, 이화여자대학교 (2015)

안재진, "국내법에 나타난 입양제도의 변천과정 분석: 아동권리의 관점에서", 한국아동복지학 제16권 4호 (2011)

유엔아동권리위원회 제5, 6차 대한민국 정부에 대한 최종권고 (2019)

이경은, "국제입양에 있어서 아동 권리의 국제법적 보호", 박사학위 논문,

서울대학교 대학원 법학과 국제법전공 (2017)

이봉주, "한국의 아동복지와 입양의 최근 추세", 한국 해외 입양, 뿌리의 집 (2015)

전홍기혜, 이경은, 제인 정 트렌카, "아이들 파는 나라-한국의 국제입양 실태에 관한 보고서", 오월의 봄 (2019)

캐서린 시니저 초이, '국제입양의 기관화: 미국 내 한국인 입양의 역사적 기원', "한국 해외입양: 초국가적 아동 양육실험과 분투하는 입양 서사 50년", 뿌리의집 (2015)

청소년 성착취 관련 현황과 법상 제 문제

고은비*·권호현**·김여진***
김현아****·이세희*****·조진경******

I. 서론

본 연구를 통해 현재 사이버성폭력의 처벌과 규제가 적절한지를 범죄의 유형에 따라 살펴보고, 그 문제점과 해결방안을 모색하고자 한다. 또, 현재 발생하는 피해로부터 피해자[1]를 보호하기 위해 법이 나아갈 방향을 제시하여 해당 논의를 진전시킬 것이다.

최근 온라인을 통한 아동 청소년 성착취 범죄가 눈에 띄게 늘고 있다. 하지만 이를 제재할 법적 근거는 미비하다. 이에 아동·청소년을 대상으로 한 온라인 그루밍, 지인 능욕, 유포 협박, 온라인을 통한 성매매(성착취)의 유형별 사례를 살펴보고자 한다. 이를 통해 그

---

    * 한국사이버성폭력대응센터 피해지원국원
   ** 법무법인(유) 원 변호사
  *** 한국사이버성폭력대응센터 피해지원국장
 **** 김현아 법률사무소 변호사
***** 한국사이버성폭력대응센터 사무국원
****** 십대여성인권센터 대표
1) 필자는 '피해자'를 개인의 정체성으로 규정하기보다 피해 사건을 경험한 사람으로 여기고자 '피해 경험자'라는 단어를 지향하지만 본 연구에서는 법적 개념으로서의 '피해자'라는 단어가 중요하므로 여기에서는 '피해자'라는 단어를 채택하였다.

실태와 법적 제 문제를 짚어볼 것이다. 또, 현재 시점에서 중요하게 논의되어야 할 입법 과제와 그 쟁점을 정리하여 궁극적으로 사이버 성폭력 범죄를 근절하는 데 기여하고자 한다.

Ⅱ. 온라인 그루밍

1. 사례를 통해 본 온라인 그루밍 범죄의 실태

〈사례〉

자신을 17세 남성이라고 밝히는 가해자 B는 15세 여성인 A에게 랜덤채팅 애플리케이션을 통해 접근하였다. B는 A의 고민도 들어주고 프로필 사진이 예쁘다며 칭찬을 하며 A의 호감을 얻었다. B는 A에게 카카오톡에서 대화하자고 제안하였고 둘은 카카오톡 아이디를 교환하여 카카오톡에서 대화를 이어갔다. B는 A에게 사귀자고 제안하며 A의 이름, 나이, 키, 몸무게, 학교, 거주지 등의 신상정보를 물어서 파악하였다. B는 A의 신뢰를 얻어 외모를 칭찬하며 얼굴 사진을 요구했고 A는 자신의 사진을 전송하였다. B가 요구하는 촬영물의 수위는 점점 높아져 교복 치마를 입은 다리 사진, 속옷만 입고 있는 가슴 사진, 급기야 가슴과 성기가 노출되는 전신 나체 사진도 요구하였다. A가 주저할 때면 B는 자신의 성기 사진을 보내며 성적인 대화를 계속 건넸고 사귀는 사이라면 이런 촬영물을 보내줘야 한다는 B의 설득에 A는 B가 요구하는 사진을 찍어 보냈다.

B는 A에게 실제로 만나기를 요구했고 주말에 만나기로 약속하였으나 곧 A의 어머니가 대화 기록을 발견하면서 피해가 드러났다. 부모님과 A는 A가 보낸 성적 촬영물이 유포될 가능성 때문에 걱정이 컸고 가해자가 갖고 있는 A의 촬영물을 삭제하는 것이 중요했다. A의 부모님은 B에게 카카오톡으로 A의 촬영물을 삭제할 것을 요청하였으나 B는 A가 자발적으로 보낸 촬영물인데 본인이 삭제할 이유가 없다며 이에 응하지 않았다. A의 부모님은 촬영물을 삭제할 방법에 대해서 자문을 받기 위해 한국사이버성폭력대응센터(이하 '본 단체')로 상담을 접수하였다.

그루밍(Grooming)[2]은 '길들이기'라는 의미로 가해자가 성착취를 할 의도로 자신보다 경험이 부족하거나 미숙한 사람에게 접근해 신뢰 관계를 형성하는 것을 말한다. 그루밍 성폭력은 경제적·정서적으로 취약한 상황에 있는 아동·청소년을 대상으로 많이 발생한다. 겉으로 드러나는 폭력이나 협박이 없어서 여성주의적 시각으로 보지 않으면 피해 경험자와 가해자가 마치 연인이거나 호의적인 관계를 맺었던 것처럼 보여 문제로 인식하지 못할 수도 있다. 피해 경험자 또한 가해자 외에 의지할 곳이 없는 고립된 상태이기 때문에 자신이 성범죄의 대상임을 인지하기 힘들고 인지하더라도 주변에 알리는 것이 쉽지 않다.[3] 그루밍은 오프라인과 온라인을 통해 이루어질 수 있으며, 사이버 공간이 확장되는 만큼 온라인 그루밍은 전 세계적으로 늘어나고 있다.

온라인 그루밍의 결과값은 다양하다. 촬영물 전송을 유도할 수도 있고 촬영물 거래를 제안할 수도 있으며 성매매를 제안할 수도 있다. 이후 실제로 촬영물 확보·구매 및 성매매·성폭력으로 이어진다. 그리고 확보한 촬영물이나 신상정보를 가지고 유포 협박을 하여 추가 피해를 계속 발생시키기도 한다. 이 과정에서 촬영물이나 신상정보가 사이버 공간에 유포되는 경우도 많다. 실제로 본 단체에서 발표한 2018년도 상담 통계에 따르면 전체 피해 유형별 통계 중 온라인 그루밍 사건이 5.6%로 26건이 접수되었다. 온라인 그루밍 사건은

---

2) 그루밍(grooming)은 사전적인 의미로 '차림새를 단정하게 하기'이다. 사전적인 의미와 별도로 성폭력에서 그루밍에 대한 정확한 의미와 범위는 아직 합의된 바가 없다. 다만 감정적, 정서적 유혹의 의미로서 잠재적 학대자들이 아동들이 성적인 행동을 하도록 유인하는 전략으로 묘사될 수 있다. [탁틴내일, "그루밍 수법, 도대체 무엇이길래? '의미 봤더니'", http://www.tacteen.net/ ㅌsub070501/338948 (2020. 3. 20. 확인).].
3) 한국사이버성폭력대응센터, 2020 한국 사이버성폭력을 진단하다, 한국사이버성폭력대응센터 (2019), 108.

전부 다른 피해 유형과 결합하여 발생하였다. 결합되어 발생한 피해 유형은 비동의 유포 33%, 유포 협박 29%, 기타 협박과 불안 피해가 11%, 성관계 강요, 성희롱, 음란물 유포, 성매매가 각 4%로 나타났다. 특히 온라인 그루밍은 주로 여성 아동·청소년을 대상으로 발생하는데 2018년 통계에서도 이 사실이 여실히 드러난다. 본 단체의 2018년 상담통계에 따르면 피해자 성별이 전원 여성이고 피해자 연령은 10대 85%, 20대 11%, 10대 이하 4%로 나타난다.

이렇게 온라인 그루밍은 취약한 대상에게 주로 가해지는 폭력이지만 경찰 신고된 사건은 31%에 불과하였다. 법적 대응을 방해하는 요인은 온라인에서 알게 된 가해자의 정보가 많지 않아 특정이 어렵다는 점, 피해자가 피해 발생 이후 당황하거나 가해자와 거리를 두기 위해서, 혹은 부모님이나 주변 사람들에게 피해 사실을 숨기기 위해서 대화창을 나가거나 촬영물을 삭제하는 경우가 많아 증거 확보가 어렵다는 점, 나아가 온라인 그루밍 사건에서 적용할 수 있는 법이 미비하다는 점을 들 수 있다. 법의 미비점에 대해서는 다음 목차에서 상세히 밝힐 예정이다.

하지만 결국 이 세 가지 요인을 관통하는 문제점은 우리 사회에 존재하는 '순결한 피해자 프레임'의 문제이다. 본인이 '자발적'으로 촬영물을 보냈기 때문에, 본인이 '자발적'으로 가해자와 대화를 이어나갔기 때문에 피해자가 가해자에게 가해의 '여지'를 주었다는 프레임이 남아있는 이상, 법이 획기적으로 바뀌기도, 가해자 특정을 위한 적극적인 수사가 이루어지기에도, 피해자가 누군가에게 피해 사실을 알리고 도움을 요청하기에도 어려울 것이다. 따라서 온라인 그루밍 범죄에 대한 우리 사회 인식의 변화는 법 개정과 반드시 함께 가야 하는 지점일 수밖에 없다.

2. 법상 제 문제[4]

가. 온라인 그루밍 실태와 법적 한계

우리나라 중학생의 스마트폰 보급률은 2016년 처음으로 90%를 돌파한 이후 꾸준히 증가하여 이미 2017년에 96.5%이며, 고등학생의 스마트폰 보급률은 2017년 93.5%이다.[5] 또한 우리나라 2019년 현재 10대가 스마트폰을 필수 매체로 선택한 비율은 87.0%로 압도적이어서,[6] 높은 스마트폰 보유율과 함께 청소년들에게 있어 온라인 공간의 중요성과 위험성을 동시에 확인할 수 있다.

하지만 앞서 살펴본 사례처럼 가해자가 청소년에게 단순히 외형적인 폭행이나 협박을 가하지 않았더라도, 청소년의 정서적 취약함을 이용하는 행위에 대해 법적 개입이 필요함에도 불구하고 현행법상 한계가 있다.

온라인 그루밍과 관련하여 외국의 입법례를 살펴보면, 영국에서의 그루밍 행위는 성인이 아동에 대한 성적 행위를 용이하게 할 목적으로 아동을 길들이기 위한 다양한 행위를 총칭하는 것으로서, 그루밍 관련 형사처벌 규정은 성인이 의도적으로 아동과 친밀해 지기 위해 접근하는 행위를 범죄화하는 방식으로 이루어지고, Sexual Offences Act 2003 제15조의 법정형은 10년 미만의 구금형이다.[7]

또한 미국 연방법원은 아동에 대한 성행위를 전제로 하는 그루밍

---

4) 온라인 그루밍 범죄의 법상 제 문제에 관하여 김현아 법률사무소의 김현아 변호사가 집필하였다.
5) 한국미디어패널조사 연구팀, "2017년 한국미디어패널조사 결과 주요 내용", KISDI STAT Report Vol. 17-23 (2017. 12.), 3.
6) 정용찬·최지은·김윤화, 2019년 방송매체이용행태조사 보고서, 방송통신위원회 (2019), 10.
7) 윤정숙·이태헌·김현숙, "아동·청소년 성범죄에서 그루밍(grooming)의 특성 및 대응방안 연구", 형사정책연구원 연구총서 (2019), 93.

행위 중 아동에게 음란사진, 영상, 메시지를 전송하거나 아동을 그루밍한 후 성행위를 전제로 하여 여행을 하게 하거나 이동시키는 행위도, 함께 이동하거나 성행위를 하는 것과 마찬가지로 처벌하고 있는 것을 알 수 있다. 그리고 일부 주(텍사스, 오하이오, 미네소타 등)에서는 그루밍 행위의 양태를 성범죄로서 규정하도록 관련 법률을 개정하였으며, 온라인 또는 앱 채팅을 통하여 아동들에게 그루밍하는 행위에 대하여 그 행위만으로 유무죄를 판단하고 있다.[8]

독일 형법 역시 사이버 그루밍을 기본적으로 처벌하고 있고(형법 제176조 제4항 제3호) 최근 연방정부는 2019년 6월 26일 사이버 그루밍의 미수까지도 처벌하는 법률안을 입법예고하였다.[9] 스웨덴은 2009년 그루밍 금지법이 시행된 이래로 아동에 대한 성적 학대 범죄에 대하여, 특히 그루밍이나 성적 착취에 대하여 지속적인 모니터링을 하고 있으며, 매년 이를 Netclean Report로 발표하고 있다. 2018년에 발간된 동 보고서에 따르면 아동학대 범죄 중 최근 가장 크게 증가하고 있는 것은 아동에 대한 성적 학대 관련 이미지물들의 제작, 공유, 배포라고 한다. 경찰의 조사에 따르면 아동 성범죄 사건의 80% 가량이 아동에 대한 성 학대의 결과물로 이미지를 생성한다는 것이 확인되었고, 이중에서도 90% 이상의 사건에서 아동이 강요를 받거나 강요 없이 다른 사람과 이미지를 제작하거나 게시하고 이를 공유하고 있다고 한다.[10]

해외의 이러한 입법 현황과 달리 우리나라에는 온라인 그루밍을 처벌하는 직접적인 조항은 없고, 관련된 범죄의 관련 조항들에 포섭

---

8) 윤정숙 외, 위의 글, 110.
9) 박희영, "사이버그루밍(Cybergrooming) 미수 처벌에 관한 형법 개정 법률안", 최신독일판례연구 (2019. 6.), 1.
10) 윤정숙 외, 위의 글, 114.

가능한 경우, 이를 적용하여 처벌할 수 있을 뿐이다.[11)

이와 관련하여 우리나라에서도 최근 국회에 정보통신매체를 이용하여 아동·청소년의 성을 사려는 의도를 가지고 정보통신망을 통하여 아동·청소년에게 만남을 유도하거나 성적 행위를 요구한 자에 대한 처벌 규정이 없기 때문에, 정보통신망을 이용하여 아동·청소년에 대한 성범죄를 의도하거나 성적 행위를 요구한 자를 처벌하여 아동·청소년을 성범죄로부터 안전하게 보호하기 위한 아동·청소년 성보호에 관한 법률안이 제출되기도 하였다.[12) 또한 "특히 자신을 믿고 의지하는 피해자의 취약한 심리 상태와 요구를 거스르기 어려운 상황을 악용한 일종의 그루밍 성범죄(정신적으로 길들인 뒤 자행하는 성범죄)로도 보인다"고 판시하여 그루밍이라는 단어가 판결문에서 사용되기도 하였다.[13)

---

11) 형법 제288조(추행 등 목적 약취, 유인 등) ②항에서 "노동력 착취, 성매매와 성적 착취, 장기적출을 목적으로 사람을 약취 또는 유인한 사람은 2년 이상 15년 이하의 징역에 처한다"라고 규정하고, 아동·청소년의 성보호에 관한 법률 제13조(아동·청소년의 성을 사는 행위 등) ②항에서 "아동·청소년의 성을 사기 위하여 아동·청소년을 유인하거나 성을 팔도록 권유한 자는 1년 이하의 징역 또는 1천만원 이하의 벌금에 처한다."라고 규정하고 있다. 또한 아동복지법에서는 제17조(금지행위) 제2호에서는 아동에게 음란한 행위를 시키거나 이를 매개하는 행위 또는 아동에게 성적 수치심을 주는 성희롱 등의 성적 학대행위, 제5호에서는 아동의 정신건강 및 발달에 해를 끼치는 정서적 학대행위를 금지하고 있다. 아동 청소년 성보호에 관한 법률 제11조(아동·청소년 이용 음란물의 제작·배포 등) 제⑤항에서는 아동·청소년 이용 음란물임을 알면서 이를 소지한 자는 1년 이하의 징역 또는 2천만 원 이하의 벌금에 처벌한다고 규정하고 있다.

12) 제15조 제2항에 제3호의2를 다음과 같이 신설한다.
제3의2. 아동·청소년의 성을 사려는 의도를 가지고 정보통신망을 통하여 아동·청소년에게 만남을 유도하거나 성적 행위를 요구한 자. [임재훈 의원 발의, "아동·청소년의 성보호에 관한 법률 일부개정법률안", 2020176, (2019. 5. 3.) [임기 만료 폐기], 1].

13) 임충식, ""부부체험 하자'. 중학생 제자 4년간 성폭행 교사 징역 9년", 뉴스1, https://www.news1.kr/articles/?3372691 (2018. 07. 16.).

물론 '온라인 그루밍'의 구체적인 입법을 추진하기 위해서는 법적 용어의 정의부터 국민들의 공론화, 공감대 형성까지 남아있는 과제가 있다. 하지만 아동 청소년에 대한 성착취 피해를 줄이기 위해 해외에서도 이미 그 내용을 규정하고 있으며, 현재 우리나라의 아동·청소년 성착취의 심각한 실태에서 그 필요성이 강력히 요청되기 때문에, 앞으로 적극적인 연구와 입법화가 필요하다.

나. 삭제 관련 근거조항 도입

청소년의 촬영물을 타인이 소지하거나 유포된 경우, 그 행위에 대한 법적인 처벌과 별도로 피해자에게 중요한 것은 촬영물의 삭제이다. 하지만 현재 성폭력 처벌법 제14조의 불법촬영물의 경우 많은 피해자가 영상 삭제 혹은 가해 행위의 중단을 목적으로 경찰에 신고를 하지만, 수사단계에서 해당 전자기기를 조사하여 불법촬영물을 발견하고도 가해자에게 삭제를 강제할 수 없고, 권고만 할 수 있는 것이 현실이다. 더군다나 아동청소년이 스스로 촬영한 후 그루밍에 의해 전송한 경우에는 소지자에 대한 강력한 삭제 요청에 더욱 한계가 있다.

그러나 아동·청소년 이용 음란물 소지 자체가 처벌되듯이, 아동·청소년이 스스로 자신의 촬영물을 전송했다고 하여 소지자가 이를 소지하는 것이 정당화되고 아동·청소년의 삭제 요청을 거부할 권리가 인정되어서는 안 된다.

아동 청소년에 대해 우리의 법과 제도가 본질적으로 추구하여야 할 보호 법익은 아동·청소년의 '성착취로부터의 예방과 보호'여야 한다. 그렇다면 아동·청소년을 대상으로 하는 촬영물의 삭제 요구는 적극적으로 이루어져야 하고 사각지대가 있어서는 안 된다.

구체적으로 신속한 삭제를 위한 방법으로 응급조치, 임시조치, 긴급임시조치, 삭제명령 부과, 삭제불응죄 처벌 등 각 단계적 접근

방법을 고민해볼 수 있다.

먼저 법률에 삭제 명령을 규정하여 법원이 부수처분으로 삭제명령을 의무화하는 방법이 있다. 이를 통해 삭제를 유도하고 그 후의 가해자의 재유포 행위에 대해 민·형사상 처벌이 용이할 수 있다.[14]

하지만 법원의 명령에 의한 삭제명령은 그 시기가 늦기 때문에 촬영물이 유포 등으로 소비되기 전에 경찰 단계에서부터 개입과 법적 조치가 필요하다. 현재 가정폭력범죄의 처벌 등에 관한 특례법에서도 피해자 보호를 위해 응급조치, 임시조치, 긴급임시조치가 이루어지고 있다. 따라서 이와 같은 방식으로 디지털 성폭력에 상응하는 피해자 보호와 촬영물 삭제를 위해 필요한 조치들을 적극적으로 고민하여 입법화하여야 한다.

* 20대 국회개정 법안

성폭력처벌등에관한특례법은 2020년 4월 29일에 20대 국회 본회의를 통과하였다. 제14조 카메라등이용촬영죄는 개정 후 제4항이 신설되어 제1항에 해당하는 불법촬영물이나 제2항에 해당하는 비동의 유포 피해촬영물을 소지·구입·저장 또는 시청한 자를 처벌하도록 하는 조항이 신설되었다. 이를 통해 불법촬영물과 비동의유포 피해촬영물의 경우 가해자가 소지하고 있는 상황에서 삭제를 강제할 수 있는 근거가 마련될 수 있는 발판이 될 것으로 기대한다.

〈개정 전〉	〈개정 후〉
제14조(카메라 등을 이용한 촬영) ① 카메라나 그 밖에 이와 유사한 기능을 갖춘 기계장치를 이용하여 성적 욕망 또는 수치심을 유발할	제14조(카메라 등을 이용한 촬영) ① 카메라나 그 밖에 이와 유사한 기능을 갖춘 기계장치를 이용하여 성적 욕망 또는 수치심을 유발할 수 있는 사람의 신체를 촬영대상자의 의사에 반하여

14) 김현아 외, "디지털성범죄의 처벌 및 피해자 지원 방안 연구", 국회여성가족위원회 (2018), 99.

수 있는 사람의 신체를 촬영대상자의 의사에 반하여 촬영한 자는 7년 이하의 징역 또는 5천만원 이하의 벌금에 처한다. 〈개정 2018. 12. 18., 2020. 5. 19.〉

② 제1항에 따른 촬영물 또는 복제물(복제물의 복제물을 포함한다. 이하 이 조에서 같다)을 반포·판매·임대·제공 또는 공공연하게 전시·상영(이하 "반포등"이라 한다)한 자 또는 제1항의 촬영이 촬영 당시에는 촬영대상자의 의사에 반하지 아니한 경우(자신의 신체를 직접 촬영한 경우를 포함한다)에도 사후에 그 촬영물 또는 복제물을 촬영대상자의 의사에 반하여 반포등을 한 자는 7년 이하의 징역 또는 5천만원 이하의 벌금에 처한다. 〈개정 2018. 12. 18., 2020. 5. 19.〉

③ 영리를 목적으로 촬영대상자의 의사에 반하여 「정보통신망 이용촉진 및 정보보호 등에 관한 법률」 제2조제1항제1호의 정보통신망(이하 "정보통신망"이라 한다)을 이용하여 제2항의 죄를 범한 자는 3년 이상의 유기징역에 처한다. 〈개정 2018. 12. 18., 2020. 5. 19.〉

촬영한 자는 7년 이하의 징역 또는 5천만원 이하의 벌금에 처한다. 〈개정 2018. 12. 18., 2020. 5. 19.〉

② 제1항에 따른 촬영물 또는 복제물(복제물의 복제물을 포함한다. 이하 이 조에서 같다)을 반포·판매·임대·제공 또는 공공연하게 전시·상영(이하 "반포등"이라 한다)한 자 또는 제1항의 촬영이 촬영 당시에는 촬영대상자의 의사에 반하지 아니한 경우(자신의 신체를 직접 촬영한 경우를 포함한다)에도 사후에 그 촬영물 또는 복제물을 촬영대상자의 의사에 반하여 반포등을 한 자는 7년 이하의 징역 또는 5천만원 이하의 벌금에 처한다. 〈개정 2018. 12. 18., 2020. 5. 19.〉

③ 영리를 목적으로 촬영대상자의 의사에 반하여 「정보통신망 이용촉진 및 정보보호 등에 관한 법률」 제2조제1항제1호의 정보통신망(이하 "정보통신망"이라 한다)을 이용하여 제2항의 죄를 범한 자는 3년 이상의 유기징역에 처한다. 〈개정 2018. 12. 18., 2020. 5. 19.〉

④ 제1항 또는 제2항의 촬영물 또는 복제물을 소지·구입·저장 또는 시청한 자는 3년 이하의 징역 또는 3천만원 이하의 벌금에 처한다. 〈신설 2020. 5. 19.〉

⑤ 상습으로 제1항부터 제3항까지의 죄를 범한 때에는 그 죄에 정한 형의 2분의 1까지 가중한다. 〈신설 2020. 5. 19.〉가 등의 의견을 요청할 수 있다.

Ⅲ. 지인 능욕15)

---

15) 지인의 촬영물을 이용하여 성적으로 합성, 편집, 가공하는 폭력을 지칭할 때 사용한다. 다만 가해자 특정이 어렵거나 피해자와 지인 관계가 아닌 제3자가 가해자인 경우도 있지만 보다 일반적인 사례로 통칭하기 위해서 본 연구에서는 이 용어를 채택하였다.

1. 사례를 통해 본 지인능욕 범죄의 실태

〈사례〉

14세 여성인 A는 자신의 인스타그램 계정에 교복을 입고 학교에서 찍은 얼굴 사진 등의 일상 사진을 게시했다. A의 학교 선배인 가해자 B는 A의 계정에서 얼굴이 드러난 사진을 모아 '지인 능욕'을 전문으로 작업하는 트위터 계정주 C에게 의뢰했다. 가해자 B는 A의 얼굴에 다른 여성의 나체를 합성·편집해 달라고 요청하고, 대가로 문화상품권을 제공했다(이하 ① 행위). B는 합성·편집된 A의 사진과 A의 실명, 거주지, 학교를 적시하여 '지인 능욕' 텔레그램 방에 유포했다(이하 ② 행위).

같은 텔레그램 방에 있던 가해자 D는 피해자 A의 얼굴 사진으로 '아헤가오'(성폭행을 당하면서 오르가즘을 느끼는 표정으로 눈동자는 위로 치켜뜨고 볼은 발그스름하며 혀를 내밀고 침을 흘리는 식의 표정)하는 모습으로 재편집(이하 ③ 행위)하여 해당 텔레그램 방에 유포(이하 ④ 행위)하였고, 가해자 E는 A의 얼굴 사진을 인쇄한 후 자신의 정액을 묻혀 재촬영(이하 ⑤ 행위)하여 역시 해당 텔레그램 방에 유포(이하 ⑥ 행위)했다. 가해자 F는 "A는 딱 보니 걸레다. 제대로 능욕하고 싶다, 내 클라우드에 B, D, E가 유포한 피해자 A 의 사진을 저장했다"라고 해당 텔레그램 방에 메시지를 남겼다(이하 ⑦ 행위). 그 외 해당 텔레그램 방에 있던 불특정 다수의 가해자는 피해자 A의 신상을 파헤쳐, A의 인스타그램 계정에 성적으로 모욕적인 댓글을 남겼다(이하 ⑧ 행위).

처음에는 단순한 스팸성 댓글이라고 여겼던 A는 익명의 인스타그램 계정 제보로 '지인 능욕' 텔레그램 방의 존재를 알게 되었고, 이러한 행위가 약 1년 전부터 텔레그램에서 지속되었다는 것에 충격을 받았다. A는 '지인 능욕'에 동조한 가해자들을 처벌하고 합성·편집된 사진을 삭제하는 방안을 자문받고자 본 단체로 상담을 접수하였다.

한국사이버성폭력대응센터의 통계에 따르면 2017년 접수된 합성 피해는 전체 206건 중 14건으로, 6.8%에 해당한다. 2018년에는 전체 463건 중 13건이 합성 피해로 집계되어 2.8%에 달하는 것으로 나타났다.

사이버성폭력이 급증함에 따라 전체 피해 유형 중 '지인 능욕' 피해의 비율이 줄어든 것은 사실이나 접수된 피해 건수는 유사한 추세이다. 나아가 피해자가 피해 발생 사실을 인지하기 어렵기 때문에 암수율은 훨씬 높을 것으로 추정된다. 실제로 텀블러, 트위터와 같은 SNS와 텔레그램과 같은 메신저를 모니터링해보면 상당수의 지인 능욕 피해 사례를 발견할 수 있다. 본 단체가 2020년 2월 기준 접근 가능했던 텔레그램 성착취 방 94개 가운데 지인 능욕만을 다루는 방은 10여 개였다.

2018년에 접수된 사례를 더욱 자세히 들여다보면 피해자가 10대인 경우는 4건으로 30.8%, 20대인 경우는 6건으로 46.2%에 해당한다. 10대에서 20대 피해자가 전체의 2/3에 해당하는 77%로 집계되었다. 13건 중 1건은 30대, 2건은 신원이 미확인된 사례이다.

2. 법상 제 문제16)

누군가의 적나라한 성행위 영상과 사진에 내 얼굴이 정교하게 합성되어 인터넷에 유포되었다. 해당 영상물, 사진에는 내 이름, 생년월일, 주소, 직장 또는 학교, 전화번호까지 기재되어 있다. 영상과 사진에는 사실이 아닌 내 성적 취향이나 기가 막힌 허위 사실까지 기재되어 있다.

이건 사회적 살인행위다. 피해자로 하여금 사회활동을 불가능하게 하고, 지극히 사소한 행동 하나 하나까지 자기 검열을 하게 만든다. 손상되는 피해자의 법익의 범위, 깊이, 지속 기간을 헤아리는 것이 불가능하다.

---

16) 지인 능욕 범죄의 법상 제 문제와 관하여 법무법인(유) 원의 권호현 변호사가 집필하였다.

가. 현행법의 규율

(1) 피해자가 아동·청소년[17]인 경우

피해자가 아동·청소년인 경우 지인 합성 사진 또는 영상 제작 행위, 유포 행위, 소지 행위 등은 아동·청소년의 성보호에 관한 법률(이하 '아청법')의 규율을 받게 되어 비교적 중하게 처벌된다.

(가) B, C에 대한 처벌(①, ② 행위)

C는 아동·청소년 이용 음란물[18]을 제작한 자이므로 아청법 제11조 제1항[19]에 따라 무기징역 또는 5년 이상의 유기징역에 처해진다(① 행위).

B는 C에게 위의 행위를 하도록 교사한 자이므로 위와 같은 형으로 처벌된다(① 행위). 또한 B가 A의 실명, 거주지 등의 정보를 적시하여 합성·편집된 아동·청소년 이용 음란물을 텔레그램방에 유포한 행위(② 행위)는 정보통신망 이용촉진 및 정보보호 등에 관한 법률(이하 '정보통신망법') 제70조 제2항[20] 소정의 허위사실적시명예훼손 범죄인 동시에, 아청법 제11조 제3항[21] 소정의 아동·청소년이용

---

17) 제2조(정의) 1. "아동·청소년"이란 19세 미만의 자를 말한다. 다만, 19세에 도달하는 연도의 1월 1일을 맞이한 자는 제외한다.
18) 아동·청소년으로 명백하게 인식될 수 있는 사람이나 표현물이 등장하여 제4호의 어느 하나(성교 행위, 신체 노출 행위 등)에 해당하는 행위를 하거나 그 밖의 성적 행위를 하는 내용을 표현하는 것으로서 필름·비디오물·게임물 또는 컴퓨터나 그 밖의 통신매체를 통한 화상·영상 등의 형태로 된 것(아청법 제2조 제5호).
19) 제11조(아동·청소년이용음란물의 제작·배포 등) ① 아동·청소년이용음란물을 제작·수입 또는 수출한 자는 무기징역 또는 5년 이상의 유기징역에 처한다.
20) 제70조(벌칙) ② 사람을 비방할 목적으로 정보통신망을 통하여 공공연하게 거짓의 사실을 드러내어 다른 사람의 명예를 훼손한 자는 7년 이하의 징역, 10년 이하의 자격정지 또는 5천만 원 이하의 벌금에 처한다.

음란물 배포 범죄에 해당한다.

(나) D, E에 대한 처벌(D의 ③, ④, E의 ⑤, ⑥ 행위)

D, E는 단순히 아동·청소년이용음란물을 배포하거나 소지한 것이 아니라 새로운 아동·청소년이용음란물을 제작한 것으로 평가된다. 따라서 D의 ③ 행위, E의 ⑤ 행위는 C와 동일하게 아청법 제11조 제1항에 따라 무기징역 또는 5년 이상의 유기징역에 처해질 수 있다.

또한 D와 E는 자신이 새로이 제작한 아동·청소년이용음란물을 텔레그램 방에 배포(D의 ④ 행위, E의 ⑥행위)하였으므로 정보통신망법 제70조 제2항 위반, 아청법 제11조 제3항 위반 범죄도 성립한다.

(다) F 및 기타 A에 모욕적인 댓글을 남긴 자(이하 'F 등')에 대한 처벌(⑦, ⑧ 행위)

〈표 1〉 피해자가 아동·청소년인 경우 행위자별 현행법의 규율 정리

행위자	C		B		D / E			F 등	
행위	①아동·청소년 이용 음란물 제작	①아동·청소년 이용 음란물 제작 교사	② 개인정보 적시하여 편집된 아동·청소년 이용 음란물 유포		③, ⑤ 아동·청소년 이용 음란물 제작	④, ⑥ 개인정보 적시하여 편집된 아동·청소년 이용 음란물 유포		⑦, ⑧ 아동·청소년 이용 음란물 소지, 모욕 행위	
위반규정	아청법 제11조 제1항	아청법 제11조 제1항	정보통신망법 제70조 제2항	아청법 제11조 제3항	아청법 제11조 제1항	정보통신망법 제70조 제2항	아청법 제11조 제3항	아청법 제11조 제5항	형법 제311조
형량	무기징역 또는 5년 이상 징역	무기징역 또는 5년 이상 징역	7년 이하 징역, 10년 이하 자격정지 또는 5천만 원 이하 벌금	7년 이하 징역 또는 5천만원 이하의 벌금	무기징역 또는 5년 이상 징역	7년 이하 징역, 10년 이하 자격정지 또는 5천만 원 이하 벌금	7년 이하 징역 또는 5천만 원 이하의 벌금	1년 이하 징역 또는 2천만 원 이하 벌금	1년 이하 징역, 금고 또는 200만 원 이하 벌금

---

21) ③ 아동·청소년이용음란물을 배포·제공하거나 공연히 전시 또는 상영한 자는 7년 이하의 징역 또는 5천만원 이하의 벌금에 처한다.

F는 B, D, E가 유포한 각 사진을 별도의 공간에 저장함으로써 아동·청소년이용음란물을 소지하였다. 한편 F와 같이 보조기억장치에 저장하지 않았더라도 해당 텔레그램방에 업로드 된 사진들이 모바일 기기 등에 임시로 저장되는 순간 F 등은 아동·청소년이용음란물을 소지한 것으로 평가된다. 따라서 이들은 아청법 제11조 제5항(소지죄)에 따라 1년 이하의 징역 또는 2천만 원 이하의 벌금에 처해진다.

또한 F 등은 불특정 다수가 볼 수 있고, 전파될 수 있는 텔레그램방, 인스타그램 계정에서 A를 모욕하였으므로 형법 제311조에 의해 1년 이하의 징역 등에 처해진다.

(2) 피해자가 성년[22]인 경우

피해자가 성년인 경우는 위 가.항의 경우와 비교할 때 현저하게 경한 처벌을 받는다.

(가) B, C에 대한 처벌(①, ② 행위)

B는 반포 내지 공연히 전시 등의 목적으로 C에게 음란한 도화 제작을 교사하였고 이를 정보통신망인 텔레그램방에 유포하였으므로 위 각 행위는 형법 제244조 소정의 음화제조 교사, 형법 제243조[23] 소정의 음화반포(정보통신망법 제44조의7제1항 제1호 위반에도 해당[24])에 해당한다. 위 각 형의 형량은 1년 이하의 징역 또는 500만 원 이하의 벌금에 불과하다. 또한 B의 행위는 앞서 가.항에서 본 것과 같이 정보통신망법 제70조 제2항 소정의 허위사실적시명예

---

22) 아동청소년의 성보호에 관한 법률 제2조 제1호 소정의 "아동·청소년"이 아닌 자.

23) 제243조(음화반포등) 음란한 문서, 도화, 필름 기타 물건을 반포, 판매 또는 임대하거나 공연히 전시 또는 상영한 자는 1년 이하의 징역 또는 500만 원 이하의 벌금에 처한다.

24) 1년 이하의 징역 또는 1천만 원 이하의 벌금에 해당한다.

훼손에도 해당한다.

C는 형법 제244조에 따라 음화제조죄로 처벌된다.

한편 형법 제244조는 반포 등의 목적으로 음란한 물건을 제조하여야만 처벌한다[25]. 따라서 검사가 C에게 해당 합성·편집 사진을 반포 내지 공연히 전시 등을 할 목적이 있었음을 충분히 입증하지 못한다면, B, C 모두를 음화제조 내지 교사죄로 처벌하지 못할 가능성이 있다.[26]

<표 2> 피해자가 성인인 경우 행위자별 현행법의 규율 정리

행위자	C		B		D / E		F 등
행위	①음화제조	①음화제조 교사	② 개인정보 적시하여 편집된 음화반포	③, ⑤ 음화제조	④, ⑥ 개인정보 적시하여 편집된 음화반포	⑦, ⑧ 모욕행위	
위반규정	형법 제244조	형법 제244조	정보통신망법 제70조 제2항	형법 제243조 정보통신망법 제44조의7 제1항	형법 제244조	정보통신망법 제70조 제2항	형법 제243조 정보통신망법 제44조의7 제1항	형법 제311조
형량	1년 이하 징역 또는 500만 원 이하 벌금	1년 이하 징역 또는 500만 원 이하 벌금	7년 이하 징역, 10년 이하 자격정지 또는 5천만 원 이하 벌금	1년 이하 징역 또는 500(1,000)만 원 이하 벌금	1년 이하 징역 또는 500만 원 이하 벌금	7년 이하 징역, 10년 이하 자격정지 또는 5천만 원 이하 벌금	1년 이하 징역 또는 500(1,000)만 원 이하 벌금	1년 이하 징역, 금고 또는 200만 원 이하 벌금
비고	음화 제조 불성립 가능성 높음	기소의지 낮음			기소의지 낮음		

---

25) 제244조(음화제조 등) 제243조의 행위에 공할 목적으로 음란한 물건을 제조, 소지, 수입 또는 수출한 자는 1년 이하의 징역 또는 500만 원 이하의 벌금에 처한다.

26) 다만 관련 사건에서 법원은 제작자가 자신의 SNS 계정에 샘플을 게시하고 있었던 점, 교사자는 자신의 제작 의뢰물 또한 언제든지 위 샘플과 같이 게시(반포 내지 공연히 전시)될 가능성을 미필적으로 인식하고 있었던 점을 감안하여 음화제조 교사죄를 인정하였다.

(나) D, E에 대한 처벌(D의 ③, ④, E의 ⑤, ⑥ 행위)

D, E의 행위는 새로운 음화 제작, 및 유포 행위이므로 형법 제244조 음화제조, 형법 제243조 음화반포죄에 해당하는 동시에 정보통신망법 제70조 제2항 위반에도 해당한다.

(다) F 및 기타 A에 모욕적인 댓글을 남긴 자(이하 'F 등')에 대한 처벌(⑦, ⑧ 행위)

F 등은 불특정 다수가 볼 수 있고, 전파될 수 있는 텔레그램방, 인스타그램 계정에서 A를 모욕하였으므로 형법 제311조에 의해 1년 이하의 징역 등에 처해진다.

나. 현행법의 규율 수준

(1) 피해자가 아동·청소년인 경우

피해자가 만19세 미만의 아동·청소년인 경우 현행법상 아동·청소년이용음란물 제작의 형량은 형법 제250조 제1항 살인죄의 형량과 유사한 수준이다(사형, 무기 또는 5년 이상의 징역). 그러나 아동·청소년이용음란물, 이른바 '지인 합성' 사진 또는 영상으로 인한 피해의 핵심은 그 광범위하고 무차별하고 끊이지 않는 유포에 있다. 따라서 어쩌면 제작보다 유포의 경우가 그 반사회성과 피해의 규모가 심대함에도 아청법 제11조 제3항은 아동·청소년이용음란물의 유포 등 행위에 대한 처벌이 매우 경하다. 영리를 목적으로 판매, 대여 등을 하는 경우에도 10년 이하의 징역에 불과하고, 영리 목적이 없는 경우에는 7년 이하의 징역에 그친다.

아청법 제11조 제2항, 제3항의 형량을 상향할 필요성이 크다.

(2) 피해자가 성인인 경우

이른바 '지인 합성' 범죄는 성폭력범죄의 처벌 등에 관한 특례법

(이하 '성폭력처벌법') 제14조 제1항 소정의 카메라등 이용 촬영죄와 그 행위 가치와 피해의 측면에서 유사하다. 그러나 위 규정은 실제로 기계 장치를 이용하여 사람의 신체를 촬영한 경우만을 처벌하도록 규정하고 있어 합성, 편집의 방법으로 피해자에게 유사한 피해를 주는 경우를 처벌할 수 없다.

따라서 현행법상 피해자가 성인인 경우 위 규정을 적용할 수 없고 어쩔 수 없이 형법상의 음화제조, 음화반포로 규율할 수밖에 없다.

그런데 피해자가 성년인 경우 '지인 합성' 사진 제조, 유포 행위의 형량은 고작 1년 이하의 징역 또는 500만 원 이하의 벌금에 불과하다. 심지어 위 음화제조죄는 제조한 음화의 유포 등의 목적이 있는 경우에만 처벌할 수 있어 음화제조자 또는 음화제조교사자가 처벌을 피할 가능성이 상당히 높다. 또한 실제로 유포하지 않은 채 지인의 사진을 음란물에 합성하여 단순히 소지만 하고 있는 경우를 처벌할 수 없다. 단순 소지 목적 음화제조라 하더라도 그와 같은 행위는 타인의 인격권을 파괴하는 행위이자 언제든지 정보통신망 등을 통하여 유포될 위험에 피해자를 노출시키는 것이므로 이를 처벌할 필요성이 크다.

성폭력처벌법 제14조 제1항에 사람의 신체의 촬영뿐만 아니라 '편집' 규정을 삽입하거나 그와 같은 취지로 별도의 처벌규정을 신설할 필요성이 절실하다.[27)28)]

---

27) 해당 원고를 작성한 이후인 2020. 3. 5. 이른바 '딥페이크 포르노 처벌 강화법[성폭력범죄의 처벌 등에 관한 특례법 일부개정법률안(대안)(법제사법위원장) 의안번호 2024689]'이 통과되어 사람의 얼굴, 음성을 대상으로 한 촬영물을 편집, 합성, 가공하거나 반포 등을 한 자를 처벌하는 규정이 신설되었다(제14조의2). 그러나 여전히 해당 규정 위반의 형량이 각 5년/7년 이하의 징역 또는 5천만 원 이하의 벌금으로 비교적 경하다는 한계, 타인의 인격권을 중하게 침해하는 행위임에도 "반포 등을 할 목적"이 있어야만 처벌하도록 규정하였다는 한계가 남아 있다.

28) 제14조의2(허위영상물 등의 반포등) ① 반포등을 할 목적으로 사람의 얼굴·

다. 법 개정 외 수사 및 기소 관행, 법원의 태도 개선 필요

(1) 수사기관의 허위사실 적시 명예훼손 수사 및 기소 의지가 낮고 법원도 같은 태도를 보임

지인 합성 사진 내지 영상의 제조 및 유포 행위는 실질적으로 피해자가 실제로 해당 사진 내지 영상의 피사체라는 허위사실을 유포하는 행위이다. 그럼에도 수사기관은 지인 합성 사건이 정보통신망법 제70조 제2항 위반 허위사실 적시 명예훼손 행위에 해당할 수 있다는 점에 대하여 납득하면서도 이에 대한 기소를 주저하는 경향이 있다. 이는 법원의 보수적인 태도에 기인하는 바가 크다고 본다. 법원은 명예훼손 범죄에 있어서 '사실의 적시'란 "시간과 공간적으로 구체적인 과거 또는 현재의 사실관계에 관한 보고 내지 진술을 의미"한다는 태도를 견지하고 있기에 "보고 내지 진술"에 해당하지 않는 '지인 사진을 음란물에 합성하거나 편집하는 행위'를 명예훼손 행위로 해석하는 데 주저하는 것으로 보인다.[29)]

신체 또는 음성을 대상으로 한 촬영물·영상물 또는 음성물(이하 이 조에서 "영상물등"이라 한다)을 영상물등의 대상자의 의사에 반하여 성적 욕망 또는 수치심을 유발할 수 있는 형태로 편집·합성 또는 가공(이하 이 조에서 "편집등"이라 한다)한 자는 5년 이하의 징역 또는 5천만 원 이하의 벌금에 처한다.
② 제1항에 따른 편집물·합성물·가공물(이하 이 항에서 "편집물등"이라 한다) 또는 복제물(복제물의 복제물을 포함한다. 이하 이 항에서 같다)을 반포등을 한 자 또는 제1항의 편집등을 할 당시에는 영상물등의 대상자의 의사에 반하지 아니한 경우에도 사후에 그 편집물등 또는 복제물을 영상물등의 대상자의 의사에 반하여 반포 등을 한 자는 5년 이하의 징역 또는 5천만 원 이하의 벌금에 처한다.
③ 영리를 목적으로 영상물등의 대상자의 의사에 반하여 정보통신망을 이용하여 제2항의 죄를 범한 자는 7년 이하의 징역에 처한다.
29) 정보통신망법 제70조 제2항 위반 유죄로 선고된 사례는 해당 지인합성 사진에 '뒹굴고 싶어 000만 돌아다니는 사람입니다'라는 문구와 피해자의 이름, 휴대전화번호, 사는 곳, 학교 등 구체적인 정보가 기재되어 있었다. 이

(2) 압수수색영장 집행의 개선, 온라인서비스 제공자의 의무 강화

트위터, 텔레그램 등 외국에 서버를 두고 있는 회사에 대하여 압수수색영장 집행이 쉽지 않다. 특히 아동·청소년이용음란물의 제작 및 유포 행위는 중대한 범죄에 해당한다는 점에 대하여 국제적인 인식은 동일하다. 그럼에도 일부 외국 국적 회사들은 수사기관의 압수수색영장에 협조하지 않는 경우가 많다. 정부와 국회는 온라인서비스제공자의 국적을 불문하고 대한민국 국민이 피해자인 사건에 관하여 효과적인 압수수색영장 집행이 이루어질 수 있도록 법 개정, 국제공조수사 강화에 힘쓸 필요가 있다. 나아가 영리 목적과 무관하게[30] 온라인서비스 제공자로서의 의무를 강화할 필요가 있다. 현행 아청법은 제17조 제1항에서 영리 목적이 있는 온라인서비스 제공자에 한하여 아동·청소년이용음란물을 발견하기 위하여 필요한 조치를 취하지 않거나 발견된 아동·청소년이용음란물 즉시 삭제 등의 조치를 취하지 않는 경우 3년 이하의 징역 또는 2천만 원 이하의 벌금에 처하는 규정을 두고 있을 뿐이다. 영리 목적 규정의 삭제, 형량의 상향, 민사상 징벌적 손해배상 규정의 신설과 그 입증 책임의 전환 등 법 개정을 고려해 보아야 한다.

마저도 당초 경찰과 검사는 명예훼손 성립 가능성이 낮다는 의사를 지속적으로 피력하였으나 고소대리인의 수차례 설득 끝에 기소되어 유죄가 선고된 경우다.
30) 아청법 제2조 제8호, 같은 법 시행령 제2조는 온라인서비스제공자의 범위를 정보통신망법 제2조 제3호인 전기통신사업자, 영리목적 정보제공 및 정보매개자에 국한시킴으로써 텔레그램과 같은 영리목적이 없는 온라인서비스제공자에게는 아동·청소년이용음란물 삭제의무를 지우고 있지 않다.

Ⅳ. 유포협박

1. 사례를 통해 본 아동·청소년을 대상으로 한 유포 협박 범죄의 실태

〈사례〉

사례 1. 친밀한 관계에서의 유포 협박
가해자 A(10대)는 피해자 B(10대)와 교제 당시 동의 없이 성관계 장면을 촬영했다. 이후 B가 헤어지자고 하자 A는 성적 촬영물을 가지고 있다며 친구와 가족에게 유포하겠다고 협박했다. A는 만남의 지속을 계속 요구했고, 응하지 않을 시 불법촬영물을 유포하겠다며 B를 지속해서 협박했다. 아동·청소년인 B는 부모님이 알게 되는 것이 두려워 신고하지 못했고, A가 가지고 있는 영상을 삭제할 방법이 있는지 상담을 요청했다.
사례 2. 온라인 내의 익명 가해자로부터의 유포 협박
가해자 C(30대)는 피해자 D(10대)에게 페이스북 메시지를 통해 접근했다. C는 D와 성적인 내용의 메시지를 주고받았고, 그 후 D에게 고수익 알바를 제안했다. 채용을 위해서는 인증이 필요하다며 알몸 사진도 요구했다. 인증만 하고 지울 거라는 말에 D는 사진을 전송했다. 그 후 C는 자위 영상을 보내지 않으면 이 사진과 신상정보를 유포할 거라고 협박했다. 이에 D는 유포가 두려워 자위 영상을 찍어 보냈다. D는 신고하면 유포하겠다는 C의 엄포에 모든 요구에 응할 수밖에 없었다. C는 받은 영상을 빌미로 계속해 더 높은 수위의 영상을 요구했고, 이를 통해 피해자 D를 '노예화' 시켰다. C는 협박으로 얻어낸 영상을 텔레그램을 통해 불특정 다수에게 유포하였다.

유포 협박이란 가해자가 성적 촬영물 유포를 빌미로 피해자를 자신이 바라는 대로 조종하는 행위이다. 한국사이버성폭력대응센터를 비롯한 사이버성폭력 피해지원단체의 전체 상담 사례 중 유포 협박 사례는 30.1%이다. 피해자 10명 중 3명이 유포 협박을 받고 있다. 유포 협박은 그 자체만으로도 피해자를 괴롭히는 소기의 목적을 달성한다. 유포 자체가 가져오는 피해를 피해자와 가해자 모두 인지하기 때문이다.

조사 결과 피해자를 괴롭히기 위해 유포 협박을 하는 경우가 77.7%로 가장 큰 비중을 차지했다. 그 외에 피해자 통제를 목적으로 하는 경우도 많다. 통계상으로 보면 관계 유지와 같은 피해자 통제 목적이 48.5%, 가해자 혹은 제3자와의 성행위 강요가 12.6%, 금품 갈취 10.7%, 추가 촬영물의 제작 및 요구 2.9% 순이었다. 친밀한 관계에서는 협박의 목적이 관계 유지 등 피해자를 통제하기 위함이 86.5%로 가장 큰 비중을 차지하였다. 온라인 관계에서는 추가 촬영물 제작 요구와 성행위 강요가 15.8%로 가장 큰 비중이다.[31]

유포 협박의 특징은 피해자가 유포에 대한 두려움 때문에 가해자의 요구에 계속 따르게 된다는 데 있다. 피해자들은 협박에 의해 반복적으로 혹은 더 심각한 범죄에 노출될 위험에 처해 있다. 따라서 적절한 피해자 보호와 신속한 조치가 절실하다. 그러나 이러한 심각성에 비해 수사기관의 대처와 법적 지원은 미진한 게 현실이다. 이 때문에 현장에서는 피해자 지원에 있어 많은 한계에 부딪힌다. 그 한계는 다음과 같다.

가. 현재로서는 가해자의 유포 협박을 즉시 중단시킬 수단이 부재하다.

유포 협박을 받는 피해자의 가장 큰 요구는 가해자의 협박을 멈추게 해달라는 것이다. 하지만 현행법상 원본 영상의 삭제를 강제할 수 없다. 이 때문에 협박을 중단시키는 데도 어려움을 겪는다. 만일 수사에 들어가더라도 가해자에게 삭제를 권고하는 수준에 그치고, 압수수색까지 가는 경우는 거의 없다. 또한 가해자의 협박을 효과적으로 중단시킬 수 있는 구속수사 역시 영장 발부까지 오랜 시간이 걸리고, 정확한 증거가 없을 경우에는 발부조차 어렵다. 정확한 증

---

31) 장다혜 외, "온라인 성폭력 범죄의 변화에 따른 처벌 및 규제 방안", 한국형사정책연구원 (2018), 276.

거를 찾는 것은 수사의 영역이지만, 이 모든 것이 피해자에게 떠넘겨지는 게 현실이다. 이 때문에 피해자는 유포 협박을 받으며 증거까지 스스로 찾아야 하는 이중고를 겪는다. 유포 협박은 사안의 심각성에 반해 수사기관은 실제 유포행위가 이뤄지지 않았다는 이유로 수사에 소극적이고 또한 성폭력 범죄로 다뤄지지 않기 때문에 피해자가 성폭력 피해자로서의 권리를 보장받기가 어렵고, 유포 행위를 예방하거나 방지할 억제력도 없는 실정이다.

나. 모니터링이 어렵다.

개인 간 유포 시 모니터링이 어렵다. 유포 협박의 경우 실제 유포 여부를 확인해야 적절한 대응 방법을 찾을 수 있다. 만일 유포 범죄가 발생할 경우 신속한 삭제 지원이 필요하다. 하지만 페이스북 메신저, 텔레그램 등 채팅을 통한 개인 간 유포 시 모니터링 및 삭제가 어렵다. 유포 협박의 경우 가해자가 촬영물을 실제로 가지고 있는지, 혹은 촬영물이 유포되었는지의 여부에 따라 대응 전략을 다르게 구사해야 한다. 하지만 페이스북이나 트위터, 인스타그램과 같은 SNS 메신저나 텔레그램, 라인, 카카오톡과 같은 메신저를 이용하여 개인 간에 유포되었을 때에는 모니터링을 통해 유포된 촬영물을 발견하기 어렵다는 한계가 있다.

다. 가해자 특정이 어렵다.

SNS를 통한 유포 협박의 경우 가해자 특정이 어렵다. 사례 2.처럼 온라인을 통해 맺은 관계에서 일어난 범죄일 경우가 이에 해당한다. 가해자 특정에 어려움을 겪을수록 수사 기간이 길어지고 증거인멸의 가능성과 함께 피해자가 더 큰 범죄에 노출될 위험이 커진다.

라. 사회적 인식의 변화가 필요하다.

유포 협박에 대한 잘못된 사회적 인식이 사건 해결의 걸림돌로
작용한다. 가족이나 직장 등 피해가 주변에 알려지게 될까 두려워
고소를 꺼리는 피해자도 많다. 불법촬영물을 '음란물'로 소비하고
여성의 성적 경험을 비난하는 사회적 분위기 때문이다. 무엇보다 불
법 촬영, 비동의 유포, 재유포 이를 가능하게 하는 유통 플랫폼의 구
조 및 산업화에 대한 사회적 인식 개선이 필요하다. 불법촬영물을
유통하거나 영리 목적으로 판매하는 행위가 범죄임을 분명히 하고,
피해 촬영물을 소비하는 행위 자체가 불법, 범죄라는 인식의 변화가
필요하다.

2. 법상 제 문제

> ▸형법 제283조 협박, 존속협박
> ① 사람을 협박한 자는 3년 이하의 징역, 500만원 이하의 벌금, 구류 또는 과료
> 에 처한다.
> ② 자기 또는 배우자의 직계존속에 대하여 제1항의 죄를 범한 때에는 5년 이하
> 의 징역 또는 700만원 이하의 벌금에 처한다.
> ③ 제1항 및 제2항의 죄는 피해자의 명시한 의사에 반하여 공소를 제기할 수 없다.

> ▸형법 제324조 강요
> ① 폭행 또는 협박으로 사람의 권리행사를 방해하거나 의무없는 일을 하게 한
> 자는 5년 이하의 징역 또는 3천만원 이하의 벌금에 처한다.
> ② 단체 또는 다중의 위력을 보이거나 위험한 물건을 휴대하여 제1항의 죄를 범
> 한 자는 10년 이하의 징역 또는 5천만원 이하의 벌금에 처한다.

> ▸형법 제350조 공갈
> ① 사람을 공갈하여 재물의 교부를 받거나 재산상의 이익을 취득한 자는 10년
> 이하의 징역 또는 2천만원 이하의 벌금에 처한다.
> ② 전항의 방법으로 제삼자로 하여금 재물의 교부를 받게 하거나 재산상의 이
> 익을 취득하게 한 때에도 전항의 형과 같다.

가. 현행 법률의 문제점

(1) 유포 협박 성폭력 처벌법 적용 불가

현행법상 상대방의 동의 없이 성적 수치심을 유발할 수 있는 동영상을 촬영하거나, 이를 유포·판매하는 경우에는 성폭력 처벌법으로 처벌받는다. 따라서 불법촬영물을 유포하겠다고 협박하는 경우 성폭력처벌법과 형법상 협박죄의 적용을 함께 할 수도 있다. 하지만 동의하에 찍은 영상을 유포하겠다고 협박하는 경우나, 협박은 이루어졌으나 실제 유포까지 이어지지 않은 경우 형법 상 협박죄만을 적용 받는다. 이로 인해 유포 협박 피해자는 국선변호인 선임, 여성 경찰관에 의한 조사 및 입회, 신뢰 관계 있는 사람의 동석 등 성폭력 피해자로서의 권리를 인정받을 수 없다. 그리고 성폭력 처벌법상 카메라등이용촬영죄로 고소할 수 없거나 고소하더라도 증거 불충분 등으로 불기소되는 경우가 대부분이다. 그렇기 때문에 불법 촬영 여부와 상관없이 유포 협박을 성폭력 처벌법으로 처벌해야 한다.

또한, "동영상을 갖고 있다", "다른 남자들이 너를 다 알게 해주겠다"라고 말한 것만으로는 형법상 협박죄를 적용하기 어렵다. 협박죄는 타인을 해칠 것이라는 구체적인 언행을 동반해야 하기 때문이다. 이는 유포 협박의 특징을 아우르지 못한 법의 구성이다. 유포 협박의 경우 실제로 영상이 존재하든 아니든 피해자는 유포의 가능성만으로도 큰 두려움을 느낀다. 그러므로 정확히 "네 영상을 유포하겠다"라고 말할 경우에만 협박죄로 보는 것은 유포 협박으로 고통받는 사람들을 더 위험한 상황이어야만, 혹은 실제로 유포가 일어나야만 보호하겠다는 말과 다르지 않다.

(2) 적극적 수사의 필요성

최근 가시화된 텔레그램 내 성착취 방의 시작은 불법적으로 취득한 개인정보와 성적 이미지를 빌미로 유포 협박을 하면서였다. 가해자들은 경찰 등을 사칭해 피해 여성들의 개인정보를 받아내고 협박해 성착취 영상 촬영을 강요했다. 한번 시작된 성착취 영상 촬영 강요는 유포 협박을 통해 반복됐다. 그러나 사안의 심각성에 반해 수사기관은 실제 유포행위가 이뤄지지 않았다는 이유로 소극적으로 수사하기도 한다. 제도권 내에서 유포 행위를 예방하기 위해 적극적인 수사가 이루어져야 한다.

나. 법 개정의 방향과 내용

성폭력 피해자로서의 권리 보장과 적극적인 수사를 위해 불법촬영 여부와 상관없이 유포협박을 성폭력 처벌법으로 포섭시켜야 한다. 이러한 내용을 담은 법안들은 이미 발의가 되어 있으므로 국회에서 서둘러 통과되어야 한다.

▶성폭력범죄의 처벌 등에 관한 특례법 일부개정법률안32)
성폭력범죄의 처벌 등에 관한 특례법 일부를 다음과 같이 개정한다.
제14조제3항을 제4항으로 하고, 같은 조에 제3항을 다음과 같이 신설한다.
③ 제1항에 따른 촬영물 또는 복제물(복제물의 복제물을 포함한다. 이하 이 항에서 같다)을 이용하여 촬영대상자를 협박한 자 또는 제1항의 촬영이 촬영 당시에는 촬영대상자의 의사에 반하지 아니한 경우에도 사후에 그 촬영물 또는 복제물을 이용하여 촬영대상자를 협박한 자는 5년 이하의 징역 또는 3천만원 이하의 벌금에 처한다.

▶성폭력범죄의 처벌 등에 관한 특례법 일부개정법률안33)
제14조의2(촬영물을 이용한 협박과 강요)
① 제14조제1항 또는 제2항의 촬영물 또는 복제물을 반포·판매·임대·제공 또는 공공연하게 전시·상영할 것이라고 고지함으로써 다른 사람을 협박한 사람은 5년 이하의 징역 또는 5천만 원 이하의 벌금에 처한다.
② 제1항에 따른 협박으로 사람의 권리 행사를 방해하거나 의무없는 일을 하게 한 사람은 7년 이하의 징역 또는 7천만 원 이하의 벌금에 처한다.
　　제15조 중 "제9조까지 및 제14조의 미수범은"을 "제9조까지, 제14조 및 제14조의2의 미수범은"으로 한다.

* 20대 국회개정 법안

성폭력처벌등에관한특례법은 2020년 4월 29일에 20대 국회 본회의를 통과하였다. 제14조의3 촬영물 등을 이용한 협박·강요죄가 신설되면서 유포 협박 역시 성폭력처벌법으로 다루어질 있도록 개정되었다. 이를 통해 유포 협박의 피해자도 성폭력피해자로서의 권리를 보장받을 수 있게 되었다.

〈개정 전〉	〈개정 후〉
-	제14조의3(촬영물 등을 이용한 협박·강요) ① 성적 욕망 또는 수치심을 유발할 수 있는 촬영물 또는 복제물(복제물의 복제물을 포함한다)을 이용하여 사람을 협박한 자는 1년 이상의 유기징역에 처한다. ② 제1항에 따른 협박으로 사람의 권리행사를 방해하거나 의무 없는 일을 하게 한 자는 3년 이상의 유기징역에 처한다. ③ 상습으로 제1항 및 제2항의 죄를 범한 경우에는 그 죄에 정한 형의 2분의 1까지 가중한다. [본조신설 2020. 5. 19.]

V. 성매매(성착취)[34]

1. 사례를 통해 본 아동·청소년을 대상으로 한 성매매(성착취) 범죄의 실태

---

32) 김영호 의원 발의, "성폭력범죄의 처벌 등에 관한 특례법 일부개정법률안", 2020215 (2019. 5. 7.) [대안 반영 폐기].
33) 진선미 의원 발의, "성폭력범죄의 처벌 등에 관한 특례법 일부개정법률안", 2023321 (2019. 10. 30.) [대안 반영 폐기].
34) 아동·청소년을 대상으로 한 성매매(성착취) 범죄의 실태와 법상 제 문제에 관하여 십대여성인권센터 조진경 대표가 집필하였다.

〈사례〉

사례 1.

201X년, 만 13세를 2개월 지난 A는 모친의 핸드폰을 가지고 나와 놀다가 떨어뜨려 액정을 깨뜨렸다. 엄마에게 야단맞을 것이 두려워 A는 가출을 결심하고 스마트폰 어플을 통해 '가출함, 재워줄 사람'이라는 방을 만들었다. 그리고 재워주겠다는 쪽지를 보내고 각종 위로의 말을 건넨 후 만나자고 한 성인 남성을 만났다. 만 13세 밖에 되지 않았고 또래에 비해 지능이 약간 떨어져 학교에서도 자주 왕따 경험이 있던 아이는 그 남성을 따라 모텔에 가서 성폭행을 당했다. 첫 성경험이었고 너무 무서웠고 혼란스러웠던 아이는 더욱 집으로 돌아가지 못하고 계속 스마트폰 어플을 통해 재워줄 친구를 찾았다. 그 후 6명에 달하는 성인 남성들에게 성폭행을 당했다. 가출 신고가 되어 있어 거의 1주일이 지난 후 지방 도시의 한 공원에서 A를 찾았지만 아이는 이미 제정신이 아니었다. A의 엄마는 거지꼴이 되어 있고 역한 냄새를 풍기며 뭔가 이상한 아이를 보고 가슴이 철렁 내려앉았다. 어머니는 아이를 데리고 성폭력 원스톱 아동지원센터에 신고한 후 국선변호사 입회하에 성폭력 피해에 대해 진술하였다. A는 그 일이 있고 난 후 극도로 불안해하고 혼란스러워하며 심각한 우울 증상을 보였고 급기야 자살시도까지 하였다. 결국 어머니는 아이를 정신병원에 입원시켜 치료를 받게 해야 했다. 그러나 설상가상으로 A는 보호받아야 할 정신병원에서도 남성 보호사에 의해 성폭행을 당했다. 기가 막히는 상황이었지만, 이 사실을 알게 된 어머니는 보호사를 성폭력으로 신고하였다.

A에 대한 사건은 2가지로 분리되어 진행되었다. 첫 번째 가출한 후 6명의 성인 남성들에게 당한 성폭력 사건과 정신병원에서 발생한 두 번째 성폭력 사건으로 분리되어 진행되었다. 그러나 6명의 성인 남성들로부터 성폭행당한 첫 번째 사건은 처음부터 성폭력 사건으로 수사되지 않았다. 그것은 A가 이미 만 13세를 2개월 지나 '의제 강간'으로 규율할 수 없었을 뿐 아니라, 스마트폰 어플을 통해 A가 스스로 채팅방을 만들었고, A가 자발적으로 성인 남성을 따라 모텔에 들어가 성관계에 이르게 된 것이라 하여 강제성이 없었다는 이유에서였다. 더 나아가 A가 성관계의 대가로 모텔비를 제공받고 떡볶이나 치킨 등을 얻어먹었다는 이유로 이 사건은 성매매 사건으로 수사 방향이 바뀌어 버렸다. 이에 따라 초기 성폭력사건을 지원했던 아동센터에서는 A를 더 이상 피해자로 볼 수 없게 됨으로써 피해자를 위한 심리상담 지원을 중단하였다.

사례 2.

201X년 당시 17살이었던 B는 학업 스트레스에 지쳐 채팅 어플리케이션을 통해 익명의 남성들과 대화를 나누게 되었다. 그때 한 남성D가 B에게 이상한 사진을 보냈다. 그것이 무엇이냐며 시작된 대화는 라인으로 옮겨 계속되었다. B는 사진 속의 이상한 도구가 성적 행위를 위한 도구라는 것을 알게 되었고 호기심에 그 남성D와의 대화에 빠져들었다. 하나하나 너무나 자세하고 친절하게 가르쳐 주는 남성D와 밤새도록 대화를 하던 중, 남성D는 갑자기 너의 몸을 보고 싶다며 사진을 보내줄 것을 요구하였다. 사진 보내기를 거절한 B에게 이렇게 오랜 시간 너와 대화를 나누는 나를 못 믿는 거냐. 나는 이상한 사람이 아니다. 얼굴만 빼고 보내면 되지 않느냐. 내 사진도 보낼 테니 무슨 일이 있으면 너도 내 사진을 갖고 있으니 괜찮지 않겠냐. 너무나 너를 보고 싶다. 사진을 보내지 않으면 차단을 하겠다는 등 갖은 감언이설로 사진을 보낼 것을 강권하였다. B는 대화가 중단될 것이 아쉽기도 하고, 긴 시간 동안 친절하게 대화를 이끌어 준 남성D에게 미안한 마음도 들고, 얼굴만 보내지 않으면 별일 없지 않을까 싶어 자신의 몸 사진을 보내주었다. 남성D는 그 순간부터 돌변하였다. 사진을 라인에 있는 친구들에게 공개하겠다, 부모나 학교에 알릴 테니 나를 한번만 만나 달라, 우리가 만나면 보는 앞에서 지워주겠다며 협박하여 1회 남성D의 집에서 만남을 가졌고, 거기서 성폭행을 당하였다. 그러나 B는 신고할 수 없었고, 남성D는 다시 지속적으로 사진을 가지고 '노예 주인' 관계로 만날 것을 강요하였다. 그 이후에도 사진 유포에 대한 두려움으로 B는 남성D의 요구를 받아들였고, 그때마다 성폭행이 있었다. 누구에게도 털어놓을 수 없는 상황에서 자주 늦고 이상한 행동을 하는 딸에게 엄마의 야단은 폭언과 폭력도 포함이 되었다. 그때마다 남성D는 B를 위로해주었고 가출을 권유하였다. 결국 B는 아르바이트를 해서 돈을 모아 성공해서 엄마를 만나라는 유혹에 넘어가, 재워줄 수 있다는 남성D의 말을 믿고 가출하였다. 가출한 후 B는 남성D의 집에 철저하게 고립, 감금되어 지속적인 성매수 알선·강요 및 강간 등의 피해를 입었다. 남성D는 생활비와 월세를 벌어오라며 성매매를 알선·강요하였고, 미성년자인 B가 통장을 만들 수 없다는 점을 이용, 자신의 통장에 성매수 대금을 입금하도록 하였다. 그러던 중 B는 성매매 상황에서 성매수 남성E에게 폭행을 당하였고, 신고할 수 없었던 B가 도움을 요청한 알선자 남성D와 성매수 남성E 간의 다툼으로 경찰에 신고 되면서 B의 성매매 사실이 드러나게 되었다. 현장에 출두한 경찰은 B와 남성D가 짜고 성매수 남성E에게 '조건 사기'를 쳤다고 의심, 경찰서로 이동 중 B는 남성D와 분리되지 못했다. 이에 남성D는 B에게 자신들의 관계를 연인 관계로, 성매매는 B가 자발적으로 한 것으로 진술할 것을 강요·협박하였다. 남성D와 함께 조사받았던 B는 경찰에서 거짓 진술을 하였다. 결국 B는 피의자로 조사되었고, 성매매는 자발적으로 한 것으로 조서에 기록되었다.

2. 법상 제 문제

가. 사건 처리 과정과 결과

이 두 사례의 경우 모두 성폭력 범죄가 인정되지 않았다.

(1) 사례 1

A 사건의 경우는 강제성이 없다는 이유와 자발성과 대가성을 근거로 아동·청소년 성매매 사건으로 수사되었다. 그러나 그마저도 일부 성매수 남성들은 무혐의로 기소조차 되지 않고 풀려났다. 성매수 남성 중 한 남성의 경우, 집에 재워주겠다고 A를 자신의 집 근처로 이동하게 했지만 모텔로 유인하여 A가 가지고 있던 돈 1만 원을 달라고 하여 그것을 포함하여 모텔비를 지급하고 성폭력 후 식사 등 아무것도 제공하지 않고 아이만 남겨두고 자리를 떠났다. 그 남성은 A가 자신보다 더 많은 돈을 모텔비로 지급하였고 자신은 아무런 대가를 제공하지 않았다고 하며 A와 동의한 성관계를 주장하였다. 검찰은 이를 받아들여 아동·청소년 성매수를 무혐의로 기소하지 않았다. A 모친은 항고해줄 것을 국선변호인에게 요청하였으나 국선변호인은 A의 사건이 성폭력 피해가 아닌 것으로 수사되었기 때문에 항고하는 역할은 법적으로 자신의 역할이 아니라고 하였다. 결국 이 사건을 포함하여 6명의 성구매 남성들에 대한 형사 사건 지원은 비영리민간단체인 십대여성인권센터 법률지원단 변호사들이 맡아 진행하게 되었다.

항고는 A의 지적장애가 수사에 고려되지 않았다는 주장이 받아들여졌고, 이후 성매수 남성 5명이 모두 기소되었다.(당시 1인은 소재지 불명으로 수사중지 된 상태였다.) 형사재판은 A가 아동·청소년

인지 몰랐다는 점과 지적 장애가 있었는지는 몰랐고 A와 동의에 의해 성관계를 했다는 점에서 억울하다고 주장하는 각 성매수 남성들의 요구에 의해 거의 모든 재판이 3심까지 이어졌으며, 각 재판부에서는 A가 정말 어린아이로 보이는지와 지적장애가 있어 보이는지를 판단하겠다는 점에서 A와 그의 모친은 재판마다 불려 나가야 했다. 2년이 넘는 시간을 보내며 성매수 남성 5명에 대한 형사재판이 벌금, 집행유예 등으로 종결되었다. 그러나 매번 수사와 재판에 불려 다니느라 생업을 거의 포기해야 했던 A 모녀가 받은 피해자에 대한 보상은 현행 법률상에서는 아무것도 없었다. 그나마 자발성을 이유로 성매매 '대상아동·청소년'으로 A가 보호처분되지 않았다는 점에서 다행이라고 여겨야 할 지경이었다. 결국 십대여성인권센터에서는 만 13세를 2개월 지난 아동·청소년을 상대로 성매매를 하였다는 이유로 아주 가벼운 솜방망이 처벌을 받는 것으로 끝이 난 성인 남성 5인을 상대로 '손해배상청구소송'을 진행하기로 결정하였다. 성매수 남성들은 가볍지만 모두 형사처벌을 받았기에 금액이 적더라도 '손해배상청구'는 승소할 것으로 예상했기 때문이다. 그러나 그결과는 참담하고 경악스러웠다. 같은 지적장애 아동·청소년 A를 상대로 성매수했던 피고 남성 2인이 같은 법원에서 전혀 다른 판결이 나온 것이다. 한 재판부에서는 A의 지적 장애를 이유로 성적 자기결정권 행사를 할 수 없는 상황이라는 점을 인정, 원고 일부 승소가 결정되었고, 다른 재판부에서는 A의 지적 장애가 인정이 되나 성적 자기결정권 행사가 어려울 지경은 아니라고 판단하였으며, 재판에서 성매수남이 형사처벌을 받은 것은 아동·청소년의 성을 보호하여야 한다는 '사회적 법익'을 어겼기 때문이므로, 성매수 남성이 형사처벌을 받았다고 하여 그 상대가 된 아동·청소년이 바로 피해자가 되었다고 볼 수 없다는 점에서는 원고 패소 결정이 나온 것이다. 이 판결은 같은 아동·청소년을 상대로 한 성매수 범죄자들에 대해 전혀 다른 판결을 하였다는 점에서 재판부의 신뢰성을 심하게 훼손시킨 사건이었으며, 만 13세 밖에 되지 않은 지적 장애가 있는 아동·청소년이 성매매의 상대방이 되었다는 이유로 피해자로 볼 수 없다고 한 현행 '아청법'의 인식과 법률적 문제를 정확하게 드러내준 사건이 되었다.

(2) 사례 2

B는 경찰조사과정에서 가출신고가 되어 있는 것이 드러나 모친에게 연락이 되었다. 3개월 동안 B를 간절하게 찾아다녔던 모친은 경찰조사 시 B에 의해 입회를 거부당했고, 조사가 끝난 후 경찰은 "B가 정신적으로 좀 이상하다", "아이를 정신과에 데려가 치료를 받게 해라", "가학/피학적 성행위를 하는 것 같다", "다른 아이들 같으면 시켜서 했다고 하는데, B는 모든 것을 혼자서 다했다고 주장한다"는 등 수사관들에게서 남성D의 입장을 대변하는 듯한 발언을 들어야 했다. 집으로 돌아와 B에 의해 그간의 정황을 듣게 된 모친은 경악하여 십대여성인권센터로 찾아왔다.

남성D는 스마트폰 어플을 통해 B의 다리 사진 등을 보내 성매수 남성들을 찾아 조건을 맞춘 후 B를 내보냈다. 집주변의 모텔들을 돌아가며 장소를 지정하고 처음에는 데리고 나가고 데리고 들어오며 감시를 하다가 시간이 흐르자 카톡이나 라인 등으로 지시하고 시작하고 끝나는 시간을 보고하게 했다. 돈을 모아주겠다고 꼬여 남성D의 통장으로 매회 성매수 대금을 입금하게 시켰고, 남성D는 자신의 유흥비와 게임비를 위해 마음대로 사용하였다. 성매매는 많으면 하루에 6번을 나가게 하였고, 돌아온 B를 상대로 남성D의 성폭행은 지속되었다.

십대여성인권센터는 현행 '아청법'이 자발적으로 성매매를 한 아동·청소년들을 '대상 아동·청소년'으로 '피해 아동·청소년'과 따로 분류하여 보호처분되고 있는 현실에서 보호처분될 것을 두려워하는 모친과 B를 격려하며 '강간, 성매매 강요·알선 등'으로 고소장을 작성, 제출하였다. 이 사건은 같은 경찰서 다른 부서에 배치되었다. 이미 혼자서 다 했다고 진술한 사건은 거짓 진술이었음을 전하고 사건을 병합하여 '강간 등'으로 수사해줄 것을 요청하였지만 수사기관은 이를 거부하였고, 사건은 따로 송치되었다.

거짓 진술한 첫 번째 조사에서 B는 '대상 아동·청소년'으로 가정법원에 넘겨졌으며, 법원에서는 B에게 출두명령을 내렸다. 혼비백산하여 찾아온 B 모녀를 대신하여 변호인은 법원에 '강간 등'으로 고소했음을 알렸고, 이에 가정법원에서는 '강간 등' 수사 결과가 나올 때까지 판결을 미뤄주기로 하였다. 그러나 변호인 입회하에 6차례나 진행된 '강간 등' 고소사건에서 결국 '강간과 강요'는 인정되지 않았고, 겨우 '알선'만 가볍게 인정되었다. 사진 유포 협박은 B의 얼굴이 나오지 않았고 남성D가 실제로 유포하지도 않았는데 B가 혼자서 협박으로 느꼈다는 점에서 인정되지 않았으며, B가 미성년자임은 수사에 전혀 고려되지 않았고 성인 여성처럼 조사되어 남성D가 그루밍한 점도 인정되지 않았다. 그리고 지속적 성폭력을 당했다면 왜 도망나오지 않았으며 신고하지 않았는지 의문을 제기하며 성매매 또한 특별히 폭행이나 항거불능 상태에서 이루어진 것이 아니었다는 점을 이유로 강요마저 인정되지 않았다. 도리어 남성D의 성매매 알선 행위마저도 인정되지 않을 상황이었지만 겨우 '성매매 알선'만 가볍게 인정되어 기소되었다. 이후 가정법원에서는 '강간 등'이 인정되지 않았다는 점에서 B는 보호처분을 받게 되었다. 그래도 다행히 B는 모친의 감독하에 보호받는 조건으로 반성문을 제출하고 인신구금이 되지 않은 채, 40시간 성폭력상담소 교육이수와 80시간 사회봉사명령을 받았다.

B의 사건은 남성D에 대한 '성매매 알선'과 남성E에 대한 '아동·

청소년 성매수 행위'가 기소되어 재판이 진행되는 것으로 종결이 나
는 듯하였다. 그러나 상상도 못한 반전이 일어났다. 계속해서 억울
함을 주장하고 있는 남성D의 재판이 지리멸렬하게 진행되는 중 한
경찰관으로부터 전화를 받았다. 남성D에 대해 B와 동일한 피해를
주장하는 아동·청소년이 또 있다는 이야기였다. 분류심사원에서 만
난 'C'가 남성D에게 '강간, 성매매강요, 알선 등'을 당했다고 진술하
였고, 경찰은 B가 다시 진술을 해준다면 이를 토대로 수사를 진행하
고 싶다는 내용이었다. 결국 B의 진술을 토대로 진행된 수사에서 동
일한 피해 아동·청소년 4명이 추가로 드러났고, 4명의 아동·청소년
피해자 사건이 기소될 때까지 끝나지 않았던 남성D의 재판은 결국
B의 사건이 병합되어 남성D는 법정구속되었다.

피해 아동·청소년들을 인터넷상에서 그루밍하여 사진을 요구하
고, 그 사진을 배포하겠다는 협박으로 성폭력한 후, 다시 이 사실을
지속적으로 협박하여 성폭력한 후 결국 성매매 알선까지 강요했던
남성D는 법정 구속되었지만, B는 '피해아동·청소년'으로 인정받지
못하고 '대상 아동·청소년'으로 보호처분된 것이다. B의 진술 때문
에 '피해아동·청소년'이 된 4명의 아동·청소년들에게 적용된 법률은
'아청법' 제14조(아동·청소년에 대한 강요행위 등)였고, B에게 적용
된 법률은 '아청법' 제15조(알선영업행위 등)였다.

나. 결과로 본 현행 법률의 문제점

(1) 「아동·청소년의 성보호에 관한 법률」35)('아청법')은 성착취(성

---

35) 「아동·청소년의 성보호에 관한 법률」 제정은 1999. 9. 3. 새정치국민회의와
미성년자 매매춘 금지 정책기획단 주최로 '청소년 성매매 처벌 등에 관한
법률(안)'공청회를 개최하면서 전면화되었다. 2000. 1. 14. 국회 본회의를 통
과한 「청소년의 성보호에 관한 법률」은 2000. 7. 1.부터 시행되었다. 이후
2009. 6. 9. 「아동·청소년의성보호에관한법률」로 법률명을 전부 개정하여 아
동도 보호 대상임을 명확히 하고, 아동·청소년을 대상으로 한 유사 성교행

매매)를 당한 아동을 '피해 아동·청소년'과 '대상아동·청소년'
으로 분류하고 있으며, 이때 '피해아동·청소년'은 법이 정한
보호를 받는 반면(제23조~제30조, 제36조, 제37조, 제41조~제
43조), '대상아동·청소년'은 「성매매알선 등 행위의 처벌에 관
한 법률」36)을 위반하여 자발적으로 성을 매매한 사람으로 분
류되는 결과, 보호처분의 대상이 되며, 피의자로서 조사를 받
게 되고 미성년자임에도 국선변호인제도를 활용할 수 없는
등 보호를 위한 지원은 전혀 제공받지 못하고 있다(제38조,
제39조, 제40조).37)

위 및 성매수 유인행위 처벌 규정을 신설하며, 성범죄 피해자 및 보호자에
대한 합의 강요행위를 처벌하는 규정을 신설하도록 하여 아동·청소년의 성
보호를 더욱 강화하도록 하였다.(2010. 1. 1. 시행) 정보통신망을 통하여 신상
정보를 공개하도록 함으로써 아동·청소년 성범죄에 대한 경각심을 제고함.

36) 2004년 제정, 시행된 「성매매방지법」은 「성매매 알선 등 행위의 처벌에 관
한 법률」(소관부처 법무부)과 「성매매방지 및 피해자보호 등에 관한 법률」
(소관부처 여가부)로 구성된다.

37) 아동·청소년을 대상으로 한 성매매 범죄는 현재 2가지 법률로 규율할 수 있
다. 「아동·청소년의 성보호에 관한 법률」과 「성매매알선 등 행위의 처벌에
관한 법률」이다. 그러나 '대상아동청소년' 정의 규정이 두 법률 안에서 아
래와 같이 모순을 일으키고 있다.
- 아래 -
1. 「성매매 알선 등 행위의 처벌에 관한 법률」(이하 '성매매처벌법')과 「아
동·청소년의 성보호에 관한 법률」(이하 '아청법')의 모순
'성매매처벌법' 제2조(정의) 제4호 "성매매 피해자"의 정의규정 다목에서
는 '다. 청소년, 사물을 변별하거나 의사를 결정할 능력이 없거나 미약한
사람 또는 대통령령으로 정하는 중대한 장애가 있는 사람으로서 성매매
를 하도록 알선·유인된 사람'이라고 정의되어 있다.
법조문의 불명확함으로 성매매피해자의 해석으로 ① '청소년'이기만 하
면 피해자로 보는 견해가 있을 수 있고, ② '청소년으로서 성매매를 하도
록 알선 유인된 사람'이라고 보는 견해가 있을 수 있다.
(1) 성매매피해자로 청소년이기만 하면 피해자로 보는 견해에 의하면 명
백히 '아청법'상 '대상아동청소년'규정은 충돌된다. '아청법'은 성매매피
해자를 '대상아동청소년'으로 규정하고 있는 우를 범하고 있다.

(2) '대상아동·청소년'에게 부과되는 보호처분은 처벌의 성격을 가지고 있음에 따라, 아동·청소년들은 범죄자로 낙인화되고, 반대로 성매수자/알선자 등의 성착취 범죄자들에 대한 신고 율은 낮아지며, 그 결과 성매매가 반복되는 부작용을 야기하고 있다.

(3) 더구나 인터넷/모바일/sns 등을 매개로 한 성매매가 증가함에 따라 아동·청소년 대상 성매수 범죄가 "유인 행위"라고 해석 되는 경우는 드물고, 반대로 아동·청소년이 먼저 성매매를 제 안한 것으로 수사가 진행되어 많은 경우 아동·청소년은 '대상 아동·청소년'으로 분류된다.

(4) 아동·청소년의 성을 사기 위하여 아동·청소년을 유인하거나 성을 팔도록 권유한 자는 1년 이하의 징역 또는 1천만 원 이 하의 벌금이라는 낮은 형벌이 부과되고 있으며(제13조), 집행 유예의 비율이 높다. 따라서 성범죄 억지책으로서 법률이 전 혀 기능하지 않는다.

(5) 주로 아동·청소년을 목적으로 한 인터넷 성매매(성착취)가 확 산되고 있으나, 이 부분을 예방·개선하기 위한 법과 제도는 부재하다.

---

(2) 성매매피해자로 '청소년으로서 성매매를 하도록 알선 유인된 사람' 이라고 보는 견해에 의해서도 성매매를 하도록 알선 유인되지 않는 청 소년이 어떤 청소년이냐는 것이다. 오프라인상에서는 성매매알선업자에 의해 강요알선, 유인되는 경우뿐만 아니라 성매수자에 의해 유인될 것이 며, 온라인상에서는 성인과의 채팅방이 알선 유인책이 될 것이며 채팅을 통해 성매수자에 의해 유인되지 않는 경우는 없을 것이다. 따라서 '아청 법'은 성매매피해자를 '대상아동청소년'으로 규정하는 우를 범하고 있는 것이다.
[박숙란, "대상청소년의 문제 및 대안모색-법개정 방향 및 내용을 중심으 로", 아동청소년의 성착취 문제 토론회: 아동청소년 성보호법의 '대상청소 년' 어떻게 볼 것인가?, 성매매문제해결을위한전국연대(2015. 3. 23. 발표) 참조.]

(6) 식사 제공, 소정의 용돈 등을 성매매 대가로 제공한 경우, 성
    착취범은 합의에 의한 성관계를 주장하거나, 아동·청소년이
    먼저 성매매를 제안하였다며 억울해하는 등 성착취범의 도덕
    적 불감성이 심각한 수준이며, 이것이 실제 재판결과에 영향
    을 미쳐 아동·청소년의 피해가 회복되지 못한다.

다. 법 개정의 방향과 내용38)

---

38) '아청법' 개정은 2015년과 2016. 8. 8. 남인순 의원실 대표 발의, 2017. 2. 13.
    김삼화 의원실 대표 발의한 개정안을 국회여성가족위원회 위원장 대안법률
    개정안으로 정리하여 2018. 2. 국회여성가족위원회를 통과하였다. 그러나
    2020년 3월 현재 국회법제사법위원회에 계류되어 논의조차 되지 않고 있는
    실정이다. 아래는 대안개정안의 내용이다.
    - 아래 -
    가. 대상아동·청소년을 삭제하고, 피해아동·청소년에 성을 사는 행위의 피
        해자가 된 성매매 피해아동·청소년을 포함하도록 함(안 제2조제6호 및
        제7호).
    나. 장애 아동·청소년을 대상 성범죄에 대하여 정한 형의 2분의 1까지 가중
        처벌할 수 있도록 함(안 제13조제3항 신설).
    다. 「형법」 제305조에 따른 미성년자에 대한 간음·추행의 죄에 대하여 공소
        시효를 배제함(안 제20조제3항제1호).
    라. 검사 또는 사법경찰관은 성매매 피해아동·청소년을 발견한 경우 신속하
        게 사건을 수사한 후 여성가족부장관 및 성매매 피해아동·지원센터를
        관할하는 시·도지사에 통지하도록 하고, 통지를 받은 여성가족부장관은
        해당 성매매 피해아동·청소년에 대하여 교육 프로그램 이수 등의 조치
        를 하도록 함(안 제38조).
    마. 대상아동·청소년에 대한 「소년법」의 적용 조항을 삭제함(안 제39조 및
        제40조 삭제). 바. 국가와 지방자치단체는 성매매 피해아동·청소년의 보
        호 및 지원을 위하여 성매매 피해아동·청소년 지원센터를 설치·운영할
        수 있도록 함(안 제47조의2 신설).
    사. 등록정보의 공개 및 고지 대상을 아동·청소년대상 성범죄를 저지른 자
        로 확대함 (안 제49조제1항제1호 및 제50조제1항제1호). [차인순, "성매
        매유입 아동청소년 보호를 위한 '아동청소년의 성보호에 관한 법률' 개
        정 간담회: 대상아동청소년 이대로 둘 것인가? 토론문", 성매매문제해결

(1) 아동·청소년을 대상으로 한 성매매는 어떤 경우이든 "아동 성
착취"[39]임을 분명히 하고,

(2) 「아동·청소년의 성보호에 관한 법률」을 개정하여 '대상아동·
청소년'의 구분을 폐지해야한다. 피해자를 범죄자 취급하지
않도록 하여야 한다.[40]

을위한전국연대 (2019. 6. 4) 참조.]

39) 상업적인 아동의 성착취'(CSEC)는 "금전적 또는 기타의 경제적 이유를 목
적으로, 또는 적어도 그것을 주된 목적으로 하는 아동 성착취"라고 정의하
고 있다. 여기서 경제적 교환은 금전일 수도 금전이 아닌 것, 예를 들어 음
식, 피난처, 마약 등일수도 있지만, 예외 없이 착취자에게 최대의 이익을 주
면서 관련 아동의 기본권이나, 존엄, 자율, 신체적, 정신적 건강 등은 말살
하는 것을 말한다. 이러한 용어는, 1996년 스톡홀름에서 개최된 상업적 아
동 성착취 근절을 위한 세계 회의에서 ECPAT가 창안한 이후로 지금까지
널리 받아들여지고 있다고 한다. 이 용어를 사용하기 전에는 주로 '아동 성
매매'란 말이 사용되었으나 '성매매'라고 부를 때에는 대부분의 문화권에서
성매매는 부도덕과 연결되며, 그 피해자가 아동이라 할지라도 이러한 편견
에 따르는 혐오가 줄어들기 어렵다는 점에서 '아동 성착취'라는 이름으로
바꿔 쓰게 되었다. 이러한 명칭 개정을 통해 이것을 아동에 대한 가장 참을
수 없는 인권 침해 현상으로 바르게 볼 수 있게 되었을 뿐만 아니라, 이 문
제에 대한 생각과 사고를 바꿀 수 있었으며, 따라서 이 용어 정의가 중요하
다는 점을 국제적 경험을 통해 우리에게 알려주고 있다. [청소년보호위원
회, "아동의 상업적 성착취에 관한 동아시아 및 태평양지역 공약 이행 점검
회의 참가 보고서", 국무총리 청소년보호위원회(2004. 12.) 참조.]

40) 2019년 9월 18일과 19일에 대한민국의 「유엔아동권리협약」 이행 제5-6차
심의가 진행되었고, 유엔아동권리위원회는 「아동 매매·아동 성매매, 아동
음란물에 관한 선택의정서」에 대한 후속조치 정보가 충분하지 않은 대한
민국 정부에 대해 유감을 표하며, 무엇보다 성적 착취 및 성적 학대와 관련
하여 다음과 같이 우려하였다.

(a) 교사에 의한 성희롱뿐 아니라 온라인 아동 성매매와 그루밍의 증가를
포함하여 성폭력 및 성적 학대가 여전히 만연해 있다는 점,

(b) 만 13세 이상인 아동은 동의 능력이 있다고 간주되어, 성적 착취 및 성
적 학대로부터 보호받지 못하는 점,

(c) 성매매를 자발적으로 했다고 고려되는 아동("대상 아동")이 범죄자로
취급되며, 법적 조력 및 지원 서비스 대상에서 제외되고 구금과 같은

(3) 아동·청소년 성착취범에 대한 검거, 처벌의 확실성을 높이고, 아동·청소년에 대한 성착취를 사전에 예방할 수 있는 개선책을 마련해야한다.

(4) 아동·청소년, 사이버/모바일, 성착취 소관부처 상호가 협력하여 인터넷/디지털 성착취를 근절할 수 있는 방안과 전담지원체계와 기구를 마련해야하고,

(5) 아동·청소년 성착취 피해자를 위한 아웃리치기관, 교육기관, 상담소 등 지원기관을 다양화하고, 지원예산을 확충해야한다.

"보호처분"의 대상이 되어 성적 착취를 당해도 신고를 단념하게 된다는 점,

(d) 아동에 대한 성적 착취 및 성적 학대로 유죄 판결을 받은 성인 범죄자에게 보호관찰을 포함한 관대한 형이 내려지고 있다는 점.

이에 대해 위원회는 다음과 같은 사항을 대한민국 정부에게 강력히 권고하였다.

(a) 온라인 성매매와 그루밍, 그리고 교사에 의한 성희롱을 포함한 아동에 대한 모든 형태의 성적 착취 및 성적 학대를 방지하고 대응하기 위해 필요한 모든 적절한 조치를 취할 것,

(b) 온라인 그루밍을 정의하고 형사 범죄로 규정할 것,

(c) 성적 행위 금지 대상 아동의 연령을 상향할 것,

(d) 다음과 같이 성적 착취 및 성적 학대에 연관된(대상 아동) 18세 미만의 모든 아동을 범죄자로 취급하지 않고, 피해자로 처우할 것,

   (i) 법률상 "피해자"로 명시할 것,

   (ii) "보호처분"을 폐지할 것.

   (iii) 지원서비스 및 법적 조력을 제공할 것.

   (iv) 보상과 구제를 포함한 사법 절차 접근성을 보장할 것.

(e) 학교를 포함하여 인식 개선을 강화하고, 접근성이 높고 비밀이 보장되며 아동 친화적이고 효과적인 경로를 통한 성적 착취 및 성적 학대 신고를 독려할 것.

(f) 교사를 포함하여 모든 성범죄자들이 강요의 증거 유무와 상관없이 기소되고, 적절한 제재를 받도록 하며, 성범죄자들에 대한 처벌이 국제기준에 부합하도록 할 것.

위원회는 2024년 12월 19일까지 위 최종 견해에 대한 후속조치 관련 정보를 포함하는 제7차 국가보고서를 제출할 것을 요청하였다.

피해자 지위로 보호받아야 한다.

(6) 근본적인 대책으로서 아동·청소년 성착취 피해자에게 불이익한 가정, 학교 등 환경을 개선하기 위한 관계자에 대한 교육과 통합적 복지시스템을 도입해야 한다.

* 20대 국회개정 법안

국회법제사법위원회에 2년 넘게 계류중이었던 아동·청소년의 성보호에 관한 법률 일부개정안이 2020년 4월 30일 오전 0시 30분경 국회 본 회의에서 통과되었다. 이 개정법은 '대상 아동·청소년' 정의 규정을 삭제하고 모든 성매수 범죄의 대상이 된 아동·청소년을 '피해 아동·청소년'으로만 규정하는 것을 골자로, 이들에 대한 보호처분을 폐지하고 통합지원센터를 설치하는 등의 적극적 지원을 하는 것을 주요내용으로 한다. 즉, 개정법은 모든 성착취에 이용된 아동·청소년을 피해 아동·청소년으로 분명히 하고, 성착취 가해자에게 그 책임을 묻는 법적 프레임을 제공하였음에 그 특별한 의미가 있다.

이제부터는 "성착취 피해 아동·청소년에 대한 실질적 지원체계 구축" 그리고 "성착취를 근절하기 위한 국가의 역할"에 대해 적극적으로 논의를 시작해야 한다.

Ⅵ. 결론

지금까지 살펴보았듯 아동·청소년 성착취와 관련된 입법은 여전히 미진하다. 이 문제들을 다룰 때에 우리는 기존 법에서의 '음란' 개념이 포함되어 있는 법안을 활용하면서도 나아가 이것은 '음란'의 문제가 아닌 성착취 문제라는 본질에 다가가야 한다.

　여전히 성폭력 처벌법 제14조와 아청법은 '성적 욕망 또는 수치심을 유발할 수 있는 신체' 혹은 '아동·청소년이용음란물'이라는 표현을 사용하고 있다. 이 경우 법원은 촬영된 신체 부위가 어디냐에 초점을 맞추어 남성의 성적 욕망을 유발하느냐 아니냐를 중점으로 판단하는 남성 중심적인 시각의 판결이 나오게 된다. 또한 법에서의 '음란' 개념 때문에 피해자는 자신의 피해를 입증하기 위해 얼마나 '음란'한 내용의 피해인지를 입증해야 하는 사태가 벌어지는 것이다. 법에 성착취라는 본질이 적용되지 않는 성착취 피해 여성들의 인격권 침해도 다룰 수 없다.

　아동·청소년 성착취 피해의 실태를 파악하고자 하며 해결방안을 고민하는 사람들에게 이 총서가 도움이 되기를 바라며, 더 이상 그 누구도 성착취의 피해자가 되지 않도록 하루빨리 법제도가 개선되기를 기대한다.

참고문헌

김현아 외, "디지털성범죄의 처벌 및 피해자 지원 방안 연구", 국회여성가족
      위원회 (2018)

박숙란, "대상청소년의 문제 및 대안모색-법개정 방향 및 내용을 중심으로",
      아동청소년의 성착취 문제 토론회: 아동청소년 성보호법의 '대상청소
      년' 어떻게 볼 것인가?, 성매매문제해결을위한전국연대 (2015. 3. 23.)

박희영, "사이버그루밍(Cybergrooming) 미수 처벌에 관한 형법 개정 법률안",
      최신독일판례연구 (2019. 6.)

윤정숙·이태헌·김현숙, "아동·청소년 성범죄에서 그루밍(grooming)의 특성
      및 대응방안 연구", 형사정책연구원 연구총서 (2019)

임충식, "'부부체험 하자'. 중학생 제자 4년간 성폭행 교사 징역 9년", 뉴스1
      https://www.news1.kr/articles/?3372691 (2018. 07. 16.)

장다혜 외, "온라인 성폭력 범죄의 변화에 따른 처벌 및 규제 방안", 한국형
      사정책연구원 (2018)

정용찬·최지은·김윤화, 2019년 방송매체이용행태조사 보고서, 방송통신위원
      회 (2019)

차인순, "성매매유입 아동청소년 보호를 위한 '아동청소년의 성보호에 관한
      법률' 개정 간담회: 대상아동청소년 이대로 둘 것인가? 토론문", 성
      매매문제해결을위한전국연대 (2019. 6. 4)

청소년보호위원회, "아동의 상업적 성착취에 관한 동아시아 및 태평양지역 공
      약 이행 점검회의 참가 보고서", 국무총리 청소년보호위원회 (2004. 12.)

한국미디어패널조사 연구팀, "2017년 한국미디어패널조사 결과 주요 내용",
      KISDI STAT Report Vol. 17-23 (2017. 12.)

한국사이버성폭력대응센터, 2020 한국 사이버성폭력을 진단하다, 한국사이

버성폭력대응센터 (2019)

탁틴내일, "그루밍 수법, 도대체 무엇이길래? '의미 봤더니'", http://www. tacteen.net/sub070501/338948 (2020. 3. 20. 확인)

아동 최선의 이익과 아동의사 존중 원칙의 실현을 위한 현행 아동학대범죄의 처벌 등에 관한 특례법*의 개선방안

신수경**·황준협***

Ⅰ. 들어가며

아동은 권리의 주체이나 스스로 자신의 권리를 능동적으로 실현하고, 제3자의 폭력이나 학대행위로부터 스스로를 지키기 어렵다는 특수성을 가지고 있다. 이에 국가는 아동 권리의 보호와 구현을 위한 다양한 정책을 마련하되, 특히 아동학대와 같은 폭력 피해자인 아동들을 위해서는 그들의 "권리 실현"을 위한 전제로서 아동의 "안전을 확보"할 수 있는 수단을 강구하여 이를 제도화하여야 한다. 아동학대범죄의 처벌 등에 관한 특례법(이하 '아동학대처벌법'이라 한다)은 이와 같은 국가의 의무를 바탕으로, 2013. 울주아동학대사망사건1)·칠곡아동학대사망사건2) 등 연이은 아동학대로 인한 아동 사

---

* 아동학대범죄의 처벌에 관한 특례법(2019. 7. 16. 법률 제16248호로 개정된 것)을 말한다.
** 법률사무소 율다함 변호사
*** 법무법인 덕수 변호사
1) 이른바 '이서현 아동학대 사망사건'으로, 2013. 10. 계모의 상습적인 폭행으로 당시 만 8세였던 이서현이 사망한 것에 대하여 피고인 계모에게 아동학대로 인한 아동사망사건으로는 드물게 살인죄로 기소되어 징역 18년형을

망사건의 발생으로 인하여 아동학대에 대해 체계적이고 강력하게 대처해달라는 국민적 요청이 있자 이에 응답하여 만들어진 결과물로서, 2014. 1. 28. 제정되어 같은 해 9. 29.에 시행되었다.

아동학대처벌법은 "아동학대"에 대응하기 위한 대한 최초의 단독법으로, "학대행위자와 피해아동의 즉각적인 격리조치(동법 제12조 응급조치), 학대행위자에 대한 상담·교육(동법 제19조 임시조치, 제36조의 보호처분), 학대피해아동에 대한 보호명령(동법 제47조 피해아동보호명령)"을 규정하고, 아동학대범죄에 있어서 수사기관·가정법원의 개입 및 학대피해아동의 변호인 선임권의 법적 근거를 마련하는 등 제정 자체로 피해아동의 "안전 확보"에 기여하였다고 평가할 수 있다.

그러나 현행 아동학대처벌법은 피해아동의 "안전 확보"에 치중한 나머지, 동법이 아동의 권리에 대한 법률적·사실적 제약의 내용을 담고 있음이 분명함에도 불구하고 우리나라가 비준하고 있는 "유엔아동권리협약(Convention on the Rights of the Child, 이하 'UNCRC'

선고하게 되었다. 이서현의 유치원 교사가 아동학대 사실에 대하여 아동보호전문기관에 신고를 하였음에도 불구하고, 이사 후 행적에 대하여 파악하지 못하여 제대로 개입하지 못하는 등 아동학대 사건 개입의 전반적인 문제점이 지적되자, 이에 대한 문제점과 개선방안 등을 논의하기 위하여 6개 민간단체와 국회의원, 전문가로 구성된 '울주 아동학대사망사건 진상조사와 제도개선 위원회(위원장 남인순 민주당 국회의원)'가 발족했고, 해당 위원회가 종료되면서 조사와 활동 내용을 담은 '이서현 보고서'가 제작되었다.

2) 2013. 8. 계모와 친부의 상습적인 폭행으로 당시 9세 아동이 사망한 사건으로, 수사 초기에 사망아동과 함께 아동학대의 피해를 입고 있었던 사망아동의 여동생을 가해자로 지목하여 수사하는 등 수사과정에 혼선이 빚어진 바 있었으나, 아동들을 학대하는 모습을 촬영한 핸드폰이 발견되면서 계모와 친부를 기소할 수 있었다. 비슷한 시기 발생한 울주아동학대사망사건과 달리 단순히 상해치사로 기소되면서 형량이 대폭 낮아져, 두 아동에 대한 아동학대의 범죄사실로 계모에게 징역 15년, 친부에게 징역 6년이 선고되는데 그친다.

라 한다.)"의 기본 이념이자 가장 핵심적인 일반원칙인 "아동 최선
의 이익 원칙(best interests of the child, UNCRC 제3조[3])"을 충분히
반영하지 못하고 있다.[4] 또한 "아동 최선의 이익"을 판단하기 위한
가장 주요한 핵심적 요소이자 실현의 전제인 "아동의 의사(의견)"를
어떻게 반영하고 구현할 것인가(아동 의사 존중의 원칙)[5]에 대한 구

---

3) Article 3
  1. In all actions concerning children, whether undertaken by public or private
     social welfare institutions, courts of law, administrative authorities or legislative
     bodies, the best interests of the child shall be a primary consideration.
  2. States Parties undertake to ensure the child such protection and care as is
     necessary for his or her well-being, taking into account the rights and duties
     of his or her parents, legal guardians, or other individuals legally responsible
     for him or her, and, to this end, shall take all appropriate legislative and
     administrative measures.
  3. States Parties shall ensure that the institutions, services and facilities responsible
     for the care or protection of children shall conform with the standards
     established by competent authorities, particularly in the areas of safety, health,
     in the number and suitability of their staff, as well as competent supervision.
4) 2020. 3. 5. 국회 본회의에서 통과된, 아동학대처벌법 일부개정법률안(의안
   번호 2024698호)(이하 '아동학대처벌법 개정안'이라 한다)에서는 응급조치
   의 내용을 담은 아동학대처벌법 제12조 제1항 제3호의 내용으로서 "피해아
   동을 보호시설로 인도"하는 경우에 있어서는 "피해아동등의 이익을 최우선
   으로 고려하여야 하며"라고 규정하고, 임시후견인 선임의 내용을 담은 동
   법 제23조 제2항의 내용 중 "(임시로 후견인의 임무를 수행하는 사람을 선
   임하는 경우) 판사는 피해아동등의 이익을 최우선을 고려하여" 라고 규정
   하여, 아동 최선의 이익 원칙을 일부 입법에 반영하였다. 다만, 후술하는 바
   와 같이 아동 최선의 이익은 아동학대처벌법 전반을 관통하는 대원칙으로
   서 적용되어야 하므로, 아동학대처벌법 개정안 역시 위와 같이 일부의 조항
   에만 한정하여 규정하였다는 점에서 한계를 가지고 있다.
5) 아동의사존중의 원칙을 선언한 내용으로, UNCRC 제12조를 참조할 수 있다.
   Article 12
   1. States Parties shall assure to the child who is capable of forming his or her
      own views the right to express those views freely in all matters affecting the
      child, the views of the child being given due weight in accordance with the

체적인 방법과 절차에 대한 규정이 미흡한 상태이다. 아동 최선의 이익 원칙은 국가가 아동을 대할 때 취하여야 할 태도의 전반적인 대원칙이라는 점, 아동학대처벌법은 형사법적 특징을 가지고 있으며, 동법의 피해아동은 아동임과 동시에 형사사법 절차의 "피해자"의 지위를 가진다는 점, 피해아동의 의사를 존중하여 반영하는 절차는 아동 최선의 이익을 판단하기 위하여서도 물론이거니와 피해자의 헌법상 권리를 실현하는 절차라는 점에서 매우 상세히 규정될 필요가 있다.

이에 이하에서는 현행 아동학대처벌법에 있어 "아동 최선의 이익 원칙"이 구현되어야 할 당위성을 검토하고, 아동 최선의 이익을 판단하고 형사사법 절차에서의 피해자의 진술권 실현을 위하여 "아동의 의사(의견)의 존중과 반영"의 구체적인 절차가 마련될 필요성을 도출하도록 한다. 또한, 현행 아동학대처벌법 중 특히 위 두 원칙의 실질적 구현과 관련된 현행 아동학대처벌법 규정들을 검토하여 개선방안을 제안하도록 한다.

II. 아동 최선의 이익 원칙의 실현

1. 유엔아동권리협약(UNCRC)

UNCRC 제3조에서는 "공공 또는 민간 사회복지기관, 법원, 행정

---

age and maturity of the child.

2. For this purpose, the child shall in particular be provided the opportunity to be heard in any judicial and administrative proceedings affecting the child, either directly, or through a representative or an appropriate body, in a manner consistent with the procedural rules of national law.

당국, 또는 입법기관 등에 의해 실시되는 아동에 관한 모든 활동에
있어서 '아동 최선의 이익(the best interests of th child)'이 '최우선적
으로 고려(a primary consideration)'되어야 한다."고 규정하고 있다.6)
이 때의 "아동의 이익"은 아동의 권리보호와 복지증진을 의미하는
것으로 해석되며,7) "최선(best)"의 의미는 아동의 전반적인 이익에
있어서 논란이 될 수 있는 다른 요소들을 배제하는 것으로,8) 원칙적
으로 국가 또는 부모의 이익이 아닌 아동 자신의 판단에 의한 이익
을 말한다고 할 것이다. UNCRC 제정으로 가져온 중대한 변화는 아
동을 권리의 주체로서 인정하는 것이므로, 아동이 권리를 갖고 있는
이상 그 이익을 추구하는 것은 아동 그 자신이어야 하고, 이익을 판
단하는 아동의 능력은 잠재적이든 현재 그대로의 능력이든 모두 존
중되어야 한다. 이때 부모·국가 등의 역할은 자신들의 이익을 임의
대로 아동의 이익으로 상정하여 판단하지 말고, 아동 자신이 최선의
이익을 판단하고 이에 따라 행동할 수 있도록 조건과 자원을 충분
히 제공하여야 한다는 것이다.9)

2. 국내법령

아동복지법은 2000년 전부개정을 통하여 동법의 기본이념으로
'아동의 최선의 이익 최우선적 고려'를 명시한 바 있고,10) 민법은

---

6) 각주 3) 참조.
7) 성희자, "아동최선의 이익 판단의 구체적 기준에 대한 연구 : 양육자 지정
   대법원 판례를 중심으로", 사회과학연구 제23권 제2호 (2012), 6.
8) 김태천, "아동권리협약", 국제인권법 제1호 (1996), 185-187.
9) 한지숙·홍은주, "아동권리협약과 아동의 권리실현", 아동권리연구 제2권 제
   2호 (1998), 41.
10) 아동복지법 제3조(기본이념) ③ 아동에 관한 모든 활동에 있어서 아동의 이
    익이 최우선적으로 고려되어야 한다.

2005년 개정을 통하여 친권의 행사에 있어 '자의 복리'를 우선적으로 고려한다는 조항을 규정[11]하였다. 일반적으로 아동의 복리는 아동의 이익의 한 내용으로 해석하고 있는바, 위 민법 개정을 '아동 최선의 이익을 친자법상 최고이념이자 지도 원리로 규정한 것'으로 평가하는 견해도 있다.[12][13] 입양특례법에 있어서도 "이 법에 따른 입

---

11) 민법 제912조(친권 행사와 친권자 지정의 기준) ① 친권을 행사함에 있어서는 자의 복리를 우선적으로 고려하여야 한다.
　　② 가정법원이 친권자를 지정함에 있어서는 자(子)의 복리를 우선적으로 고려하여야 한다. 이를 위하여 가정법원은 관련 분야의 전문가나 사회복지기관으로부터 자문을 받을 수 있다.
12) 홍춘의, "친자법에 있어서 자의 복리개념", 민사법학 제36호 (2007), 645.
13) "자의 복리"를 아동 최선의 이익의 내용의 하나로 본다면, 민법 제912조 외에도 민법상 "자의 복리"를 규정한 조항은 모두 아동 최선의 이익을 고려하여 규정된 것으로 볼 수 있다.
　　제781조(자의 성과 본) ⑥ 자의 복리를 위하여 자의 성과 본을 변경할 필요가 있을 때에는 부, 모 또는 자의 청구에 의하여 법원의 허가를 받아 이를 변경할 수 있다. 다만, 자가 미성년자이고 법정대리인이 청구할 수 없는 경우에는 제777조의 규정에 따른 친족 또는 검사가 청구할 수 있다.
　　제837조(이혼과 자의 양육책임) ③ 제1항에 따른 협의가 자(子)의 복리에 반하는 경우에는 가정법원은 보정을 명하거나 직권으로 그 자(子)의 의사(意思)·연령과 부모의 재산상황, 그 밖의 사정을 참작하여 양육에 필요한 사항을 정한다.
　　제837조의2(면접교섭권) ③ 가정법원은 자의 복리를 위하여 필요한 때에는 당사자의 청구 또는 직권에 의하여 면접교섭을 제한·배제·변경할 수 있다.
　　제908조의2(친양자 입양의 요건 등) ③ 가정법원은 친양자가 될 사람의 복리를 위하여 그 양육상황, 친양자 입양의 동기, 양부모의 양육능력, 그 밖의 사정을 고려하여 친양자 입양이 적당하지 아니하다고 인정하는 경우에는 제1항의 청구를 기각할 수 있다.
　　제908조의5(친양자의 파양) ①양친, 친양자, 친생의 부 또는 모나 검사는 다음 각 호의 어느 하나의 사유가 있는 경우에는 가정법원에 친양자의 파양(罷養)을 청구할 수 있다.
　　1. 양친이 친양자를 학대 또는 유기(遺棄)하거나 그 밖에 친양자의 복리를 현저히 해하는 때
　　제909조(친권자) ④ 혼인 외의 자가 인지된 경우와 부모가 이혼하는 경우에는 부모의 협의로 친권자를 정하여야 하고, 협의할 수 없거나 협의가 이루

양은 아동의 이익이 최우선이 되도록 하여야 한다(동법 제4조)."라고 규정하며, 영유아보육법에서도 "보육은 영유아의 이익을 최우선적으로 고려하여 제공되어야 한다(동법 제3조 제1항)."라는 규정을 두고 있다.

3. 아동학대처벌법상 아동 최선의 이익의 최우선적 고려의 필요성

앞서 살펴본 다른 법령과 달리, 아동학대처벌법은 아동의 신상에 대한 각종의 결정으로서 가정과 보호자로부터의 분리 및 친권·후견

어지지 아니하는 경우에는 가정법원은 직권으로 또는 당사자의 청구에 따라 친권자를 지정하여야 한다. 다만, 부모의 협의가 자(子)의 복리에 반하는 경우에는 가정법원은 보정을 명하거나 직권으로 친권자를 정한다.

⑥가정법원은 자의 복리를 위하여 필요하다고 인정되는 경우에는 자의 4촌 이내의 친족의 청구에 의하여 정하여진 친권자를 다른 일방으로 변경할 수 있다.

제909조의2(친권자의 지정 등) ④ 가정법원은 제1항 또는 제2항에 따른 친권자 지정 청구나 제3항에 따른 후견인 선임 청구가 생존하는 부 또는 모, 친생부모 일방 또는 쌍방의 양육의사 및 양육능력, 청구 동기, 미성년자의 의사, 그 밖의 사정을 고려하여 미성년자의 복리를 위하여 적절하지 아니하다고 인정하면 청구를 기각할 수 있다. 이 경우 가정법원은 직권으로 미성년후견인을 선임하거나 생존하는 부 또는 모, 친생부모 일방 또는 쌍방을 친권자로 지정하여야 한다.

⑥ 가정법원은 제3항 또는 제4항에 따라 미성년후견인이 선임된 경우라도 미성년후견인 선임 후 양육상황이나 양육능력의 변동, 미성년자의 의사, 그 밖의 사정을 고려하여 미성년자의 복리를 위하여 필요하면 생존하는 부 또는 모, 친생부모 일방 또는 쌍방, 미성년자의 청구에 의하여 후견을 종료하고 생존하는 부 또는 모, 친생부모 일방 또는 쌍방을 친권자로 지정할 수 있다.

제940조(후견인의 변경) 가정법원은 피후견인의 복리를 위하여 후견인을 변경할 필요가 있다고 인정하면 직권으로 또는 피후견인, 친족, 후견감독인, 검사, 지방자치단체의 장의 청구에 의하여 후견인을 변경할 수 있다.

권의 상실 등 다른 법령에 비하여 더욱 강력한 아동 권리의 제한을 규정하고 있음에도 불구하고, "아동 최선의 이익"에 대한 어떠한 언급도 하고 있지 않다.[14)]

아동학대처벌법은 "아동학대행위자에 대한 처벌 강화와 피해아동에 대한 긴급한 조치와 보호 등을 통한 아동학대 예방 및 아동의 건전한 성장"을 위하여 제정된 것으로,[15)] 학대행위자에 대한 처벌 강화와 피해아동의 보호 및 건전한 성장이라는 두 가지 목표가 병존하고 있는 형태이다. 이에 동법이 적용되는 경우, 피해아동에 대한 각종의 결정이 어떠한 기준으로 이루어질 것인지에 대하여 명확한 기준을 설정해야 할 필요가 있다. 현행 학대행위자의 처벌 강화와 피해아동의 보호라는 두 가지 목표가 병존적으로 설정되어 있어 아동학대처벌법의 목적 및 제정 이유에 비추어 본다면 학대행위자에 대한 처벌 강화 등에 중심을 두고, 피해아동의 복리와 최선의 이익을 후순위로 고려하게 되더라도, 동법의 목적과 취지에 반하지 않

---

14) 오히려, 아동학대처벌법 시행령 제2조는 "검사, 사법경찰관리, 보호관찰관, 「아동복지법」제45조에 따른 아동보호전문기관(이하 "아동보호전문기관"이라 한다)의 장과 그 직원 등은 「아동학대범죄의 처벌 등에 관한 특례법」(이하 "법"이라 한다)에 따른 처분 또는 청구 등을 할 경우에는 피해아동의 안전과 보호를 우선적으로 고려하여야 한다."고 규정하는바 아동 최선의 이익을 단순히 아동의 안전과 보호로만 해석하는 것이 아닌지 우려스럽다 할 것이다. 다만, 아동학대처벌법 개정안(의안번호 246182024698)의 내용 중에는 응급조치와 임시후견인 선임 등에 한정하여 아동 최선의 이익 원칙이 언급되어 있다.; 각주 7) 참고.

15) 아동학대처벌법의 제정 이유에서는 "아동의 양육은 가족구성원 차원의 과제일 뿐만 아니라 사회구성원 모두의 관심이 필요한 사안으로서, 아동에 대한 학대행위는 성장 단계에 있는 아동의 정서 및 건강에 영구적인 상처를 남길 수 있으므로 그 대상이 성인인 경우보다 엄격한 처벌과 교화가 필요한바, 아동학대범죄에 대한 처벌을 강화하고 아동학대범죄가 발생한 경우 긴급한 조치 및 보호가 가능하도록 제도를 마련함으로써, 아동학대에 대한 강력한 대처와 예방을 통해 아동이 건강한 사회 구성원으로 성장하도록 하려는 것임."이라고 밝히고 있다.

는 것처럼 해석될 여지가 있다.

예를 들어, 피해아동의 안전 확보와 학대행위자에 대한 처벌 강화(불이익 강화)의 취지로 아동학대 현장에서 피해아동과 학대행위자의 분리가 이루어지는 때, 피해아동이 시설로 보호되고 학대행위자는 여전히 학대의 현장인 자신의 가정 등에서 생활을 하게 되는 경우가 있다. 피해아동은 자신의 원래의 학교·교우관계에 이탈하여 보호시설에서 학대행위자에 대한 위험성이 사라질 때까지 상당시간을 보내게 된다. 이러한 경우 아동에 대한 분리 조치는 피해아동에게 최선의 이익이 되는 방식의 결정인가? 학대행위자가 친권자인 경우에 있어, 아동학대의 범죄행위 그 자체는 상대적으로 경미하나, 학대행위자의 성행개선의 가능성이 전혀 없는 경우에 있어서 피해아동과 학대행위자에 대한 조치가 불요하다고 판단하는 것은 피해아동의 건전한 성장을 위한 바람직한 결정인가?

또한 아동학대범죄처리절차는 수사기관과 법원뿐 아니라, 아동보호전문기관과 피해아동의 수탁기관 등 다수의 기관이 복합적으로 개입하여 진행된다. 해당 기관들은 각 기관의 업무상 원칙적인 기준, 예를 들어 아동보호전문기관이나 수탁기관의 경우는 복지적 측면에서 아동복지법을 중심으로 한 "아동 최선의 이익"등을, 수사기관·법원 등은 "행위자 처벌"등을 중심으로 업무를 수행할 수밖에 없으므로, 피해아동에 대한 각종 결정의 방향이 상이할 수 있으며, 실제 현장에서도 이 부분 때문에 다양한 갈등이 존재한다.

따라서 아동학대처벌법은 아동학대사건처리절차 전반에 적용되는 피해아동에 대한 처분 및 결정에 대한 명확한 기준을 설정할 필요가 있으며, 단순히 학대행위 자체의 경중이 기준이 되어서는 안 된다. 다시 말해 피해아동의 신상에 영향을 미치는 일련의 결정들에 있어서 이 모든 단계에서 아동의 권리보호와 복지증진 등 아동 최선의 이익에 대한 검토와 고려가 최우선적으로 필요하고, 이러한 내용은 아동학대처벌법 전체를 관통하는 "대원칙"으로서 명시되어야 한다.

Ⅲ. 아동의사 존중의 원칙의 실현

1. 유엔아동권리협약(UNCRC)

UNCRC 제12조[16)]는 자신의 의견을 형성할 능력을 갖춘 아동에게 영향을 미치는 모든 문제에 대하여 자유롭게 의견을 표현할 권리를 보장하고, 아동의 나이와 성숙도에 따라 그의 의견에 적절한 비중을 부여하여야 한다는 것, 그리고 이러한 목적을 달성하기 위하여 당사국은 아동에게 영향을 미치는 사법적·행정적 절차를 시행함에 있어 아동이 직접 또는 대리인이나 적절한 기관을 통하여 의견을 진술할 기회를 국내법을 준수하는 범위 안에서 갖도록 할 것을 규정하고 있다. UNCRC 제12조는 아동 최선의 이익을 실현하기 위한 전제조항이자 이를 정당화하기 위한 조항으로, 아동의 의사표현뿐 아니라 아동 자신의 삶에 영향을 미치는 문제에 있어서 아동들에게 더 많은 발언권이 주어져야 할 필요성을 언급하고 있다.[17)]

2. 국내법령

아동복지법은 제15조에서 보호대상아동[18)]에게 이루어지는 보호

---

16) 각주 5) 참조.
17) 한지숙, 홍은주, 앞의 논문, 48.
18) 아동복지법 제3조(정의) 이 법에서 사용하는 용어의 뜻은 다음과 같다.
    4. "보호대상아동"이란 보호자가 없거나 보호자로부터 이탈된 아동 또는 보호자가 아동을 학대하는 경우 등 그 보호자가 아동을 양육하기에 적당하지

조치 중 시설 입소와 입양에 있어서는 해당 보호대상아동의 의사를 존중하라는 규정을 두고 있으며,19) 시·도지사, 시장·군수·구청장의 친권제한 등의 청구20)와 후견인 선임·변경21)·임시후견인 지정22) 등에 있어 해당 아동의 의견을 존중하라는 규정을 두고 있다. 민법은 아동의 신상과 관련된 결정에 있어서 아동의 의사를 고려하는 조항을 두고 있는데, 친권자들의 이혼 시 자(子)의 양육에 관한 결정에 있어 그 자(子)의 의사를 참작하도록 하며,23) 친권자 지정에 있어서도 미성년자의 의사를 고려하도록 되어 있다.24) 입양특례법은 파양

아니하거나 양육할 능력이 없는 경우의 아동을 말한다.

19) 아동복지법 제15조(보호조치) ① 시·도지사 또는 시장·군수·구청장은 그 관할 구역에서 보호대상아동을 발견하거나 보호자의 의뢰를 받은 때에는 아동의 최상의 이익을 위하여 대통령령으로 정하는 바에 따라 다음 각 호에 해당하는 보호조치를 하여야 한다.
④ 시·도지사 또는 시장·군수·구청장은 제1항 제3호부터 제6호까지의 보호조치를 함에 있어서 해당 보호대상아동의 의사를 존중하여야 하며, 보호자가 있을 때에는 그 의견을 들어야 한다. 다만, 아동의 보호자가 「아동학대범죄의 처벌 등에 관한 특례법」 제2조제5호의 아동학대행위자(이하 "아동학대행위자"라 한다)인 경우에는 그러하지 아니하다.

20) 아동복지법 제18조(친권상실 선고의 청구 등) ③ 시·도지사, 시장·군수·구청장 또는 검사는 제1항 및 제2항에 따라 친권행사의 제한 또는 친권상실의 선고 청구를 할 경우 해당 아동의 의견을 존중하여야 한다.

21) 아동복지법 제19조(아동의 후견인의 선임 청구 등) ③ 제1항에 따른 후견인의 선임 및 제2항에 따른 후견인의 변경 청구를 할 때에는 해당 아동의 의견을 존중하여야 한다.

22) 아동복지법 제20조(아동의 후견인 선임) ② 법원은 후견인이 없는 아동에 대하여 제1항에 따라 후견인을 선임하기 전까지 시·도지사, 시장·군수·구청장, 제45조에 따른 아동보호전문기관(이하 "아동보호전문기관"이라 한다)의 장, 가정위탁지원센터의 장 및 보장원의 장으로 하여금 임시로 그 아동의 후견인 역할을 하게 할 수 있다. 이 경우 해당 아동의 의견을 존중하여야 한다.

23) 제837조(이혼과 자의 양육책임) ③ 제1항에 따른 협의가 자(子)의 복리에 반하는 경우에는 가정법원은 보정을 명하거나 직권으로 그 자(子)의 의사(意思)·연령과 부모의 재산상황, 그 밖의 사정을 참작하여 양육에 필요한 사항을 정한다.

206 아동·청소년의 권리에 관한 연구

시 13세 이상의 입양아동의 의견을 청취하고 그 의견을 존중하여야
한다는 조항을 두고 있다.25) 아동학대처벌법과 일정부분 중첩되는
영역을 가지는 가정폭력범죄의 처벌 등에 관한 특례법(이하 '가정폭
력처벌법'이라 한다)의 경우26)27) 피해자는 임시조치의 청구·신청
요청 및 의견 진술을 할 수 있으며,28) 가정보호사건의 처리 여부 및

---

24) 제909조(친권자) ④ 혼인 외의 자가 인지된 경우와 부모가 이혼하는 경우에
   는 부모의 협의로 친권자를 정하여야 하고, 협의할 수 없거나 협의가 이루
   어지지 아니하는 경우에는 가정법원은 직권으로 또는 당사자의 청구에 따
   라 친권자를 지정하여야 한다. 다만, 부모의 협의가 자(子)의 복리에 반하는
   경우에는 가정법원은 보정을 명하거나 직권으로 친권자를 정한다.
25) 제17조(파양) ② 가정법원은 파양이 청구된 아동이 13세 이상인 경우 입양
   아동의 의견을 청취하고 그 의견을 존중하여야 한다.
26) 가정폭력처벌법 제2조(정의) 이 법에서 사용하는 용어의 뜻은 다음과 같다.
   1. "가정폭력"이란 가정구성원 사이의 신체적, 정신적 또는 재산상 피해를 수
      반하는 행위를 말한다.
   2. "가정구성원"이란 다음 각 목의 어느 하나에 해당하는 사람을 말한다.
      나. 자기 또는 배우자와 직계존비속관계(사실상의 양친자관계를 포함한
         다. 이하 같다)에 있거나 있었던 사람
      다. 계부모와 자녀의 관계 또는 적모(嫡母)와 서자(庶子)의 관계에 있거나
         있었던 사람
   5. "피해자"란 가정폭력범죄로 인하여 직접적으로 피해를 입은 사람을 말한다.
27) 다만, 아동학대처벌법은 다른 법률과의 관계에 있어, 아동학대범죄에 대하
   여는 이 법을 우선 적용한다고 규정하고 있어(동법 제3조 참조), 아동학대
   범죄에 대해서는 가정폭력처벌법에 우선하여 아동학대처벌법이 적용된다.
28) 가정폭력처벌법 제8조(임시조치의 청구 등) ① 검사는 가정폭력범죄가 재발
   될 우려가 있다고 인정하는 경우에는 직권으로 또는 사법경찰관의 신청에
   의하여 법원에 제29조제1항 제1호·제2호 또는 제3호의 임시조치를 청구할
   수 있다.
   ② 검사는 가정폭력행위자가 제1항의 청구에 의하여 결정된 임시조치를 위반
   하여 가정폭력범죄가 재발될 우려가 있다고 인정하는 경우에는 직권으로 또
   는 사법경찰관의 신청에 의하여 법원에 제29조제1항 제5호의 임시조치를 청
   구할 수 있다.
   ③ 제1항 및 제2항의 경우 피해자 또는 그 법정대리인은 검사 또는 사법경찰
   관에게 제1항 및 제2항에 따른 임시조치의 청구 또는 그 신청을 요청하거나
   이에 관하여 의견을 진술할 수 있다.

가정보호사건 관할 법원 송치 여부에 있어 피해자의 의사를 존중하라는 조항도 두고 있다.[29]

3. 아동학대처벌법에서의 아동 의사의 존중의 필요성

가. 아동학대처벌법령에서의 아동 의사 관련 규정

아동학대처벌법 제12조는 피해아동을 시설로 보호하는 등의 응급조치에 있어서는, 피해아동의 의사를 존중하여야 한다는 규정을 두고 있으며,[30] 피해아동은 임시조치 청구에 있어 청구 또는 신청요청 및 의견 진술을 할 수 있고,[31] 학대행위자에 대한 검사의 조건부

---

29) 가정폭력처벌법 제9조(가정보호사건의 처리) ① 검사는 가정폭력범죄로서 사건의 성질·동기 및 결과, 가정폭력행위자의 성행 등을 고려하여 이 법에 따른 보호처분을 하는 것이 적절하다고 인정하는 경우에는 가정보호사건으로 처리할 수 있다. 이 경우 검사는 피해자의 의사를 존중하여야 한다.
  제12조(법원의 송치) 법원은 가정폭력행위자에 대한 피고사건을 심리한 결과 이 법에 따른 보호처분을 하는 것이 적절하다고 인정하는 경우에는 결정으로 사건을 가정보호사건의 관할 법원에 송치할 수 있다. 이 경우 법원은 피해자의 의사를 존중하여야 한다.
30) 아동학대처벌법 제12조(피해아동에 대한 응급조치) ① 제11조제1항에 따라 현장에 출동하거나 아동학대범죄 현장을 발견한 사법경찰관리 또는 아동보호전문기관의 직원은 피해아동 보호를 위하여 즉시 다음 각 호의 조치(이하 "응급조치"라 한다)를 하여야 한다. 이 경우 제3호의 조치를 하는 때에는 피해아동의 의사를 존중하여야 한다(다만, 피해아동을 보호하여야 할 필요가 있는 등 특별한 사정이 있는 경우에는 그러하지 아니하다).
  아동학대처벌법 개정안제12조 제1항에서는, 응급조치 중 제3호의 조치(피해아동 등을 아동학대 관련 보호시설로 인도)를 하는 때에는 "피해아동등의 이익을 최우선으로 고려하여야 하며, 피해아동등을 보호하여야 할 필요가 있는 등 특별한 사정이 있는 경우를 제외하고는 피해아동등의 의사를 존중하여야 한다."고 규정하고 있다.
31) 아동학대처벌법 제14조(임시조치의 청구) ② 피해아동, 그 법정대리인, 변호사 또는 아동보호전문기관의 장은 검사 또는 사법경찰관에게 제1항에 따른 임시조치의 청구 또는 그 신청을 요청하거나 이에 관하여 의견을 진술할

기소유예 여부에 대하여 피해아동의 의사를 고려하도록 하고 있다.[32] 또한, 임시조치·보호조치·피해아동보호명령 등에 있어 친권의 제한 등이 있는 경우 임시로 후견인을 선정할 수 있는바, 임시 후견인 선임에 대하여 피해아동은 의견을 제시할 수 있다.[33] 아동학대처벌법 시행령 제5조는 피해아동의 의견 청취라는 표제 하에, 응급조치·피해아동보호명령에 따라 피해아동이 시설에 위탁된 경우 피해아동을 주기적으로 방문하여 피해아동의 의견을 청취할 수 있다는 내용을 규정하고 있으며,[34] 아동보호심판규칙은 피해아동보호명령에 있어 가정위탁 결정시에 판사가 피해아동의 의사를 고려하여야 한다는 규정을 두고 있다.[35]

수 있다.

32) 아동학대처벌법 제26조(조건부 기소유예) 검사는 아동학대범죄를 수사한 결과 다음 각 호의 사유를 고려하여 필요하다고 인정하는 경우에는 아동학대행위자에 대하여 상담, 치료 또는 교육 받는 것을 조건으로 기소유예를 할 수 있다.
  5. 피해아동 또는 그 법정대리인의 의사

33) 아동학대처벌법 제23조(임시로 후견인의 임무를 수행할 사람) ② 제1항의 경우 판사는 해당 피해아동의 의견을 존중하여야 하며, 피해아동, 변호사, 아동보호전문기관의 장 및 가정위탁지원센터의 장 등 피해아동을 보호하고 있는 사람은 그 선임에 관하여 의견을 제시할 수 있다.
  대안반영으로 폐기된 송기헌 의원 대표발의의 아동학대처벌법 개정안(의안번호 24618)의 개정 내용에 따르면, "(임시로 후견인의 임무를 수행하는 사람을 선임하는 경우) 판사는 피해아동등의 이익을 최우선을 고려하고 그 의견을 존중하여야 하며"라고 규정하고 있다.

34) 아동학대처벌법시행령 제5조(피해아동의 의견 청취 등) ① 아동보호전문기관의 직원이나 사법경찰관리는 피해아동이 법 제12조에 따른 응급조치 또는 법 제47조에 따른 피해아동보호명령 등에 따라 보호시설, 의료기관 또는 아동복지시설 등에 인도 또는 위탁된 경우에는 주기적으로 피해아동을 방문하여 보호자와의 의사소통을 중개하거나 피해아동의 상황 등에 관한 의견을 청취할 수 있다. 다만, 보호자와의 의사소통 중개는 피해아동이 원하는 경우에만 할 수 있다.

35) 아동보호심판규칙 제88조(수탁 연고자 등의 선정) ① 판사는 법 제47조 제1항 제6호의 가정위탁을 하고자 할 때에는 피해아동의 친족 기타 피해아동

나. 아동학대처벌법에서의 피해아동 의사 존중의 중요성

(1) 아동학대사건처리절차의 특징

(가) 피해아동의 의사와 무관한 절차 진행의 가능성

현행 아동학대처벌법은 피해아동을 보호하여야할 특별한 사정이 있는 경우에는 피해아동의 의사에도 불구하고 피해아동을 보호시설로 인도할 수 있도록 하고 있으며(아동학대처벌법 제12조 제1항), 피해아동의 의사와 무관하게 아동보호전문기관장의 청구 또는 판사의 직권으로 피해아동에게 보호명령을 내릴 수도 있다(아동학대처벌법 제47조). 아동학대처벌법과 유사한 형태로 "피해자"에 대한 보호조치 등을 규정하고 있는 가정폭력처벌법의 경우, "피해자"의 동의가 있는 경우에만 피해자를 상담소 또는 보호시설에 있도록 하며,[36] 피해자보호명령의 경우 피해자 본인 또는 법정대리인만이 청구할 수 있도록 하는 것[37]과 명백한 차이를 보인다. 이처럼 아동학

과 특별한 연고가 있는 자 또는 아동의 보호를 희망하는 사람(이하 "연고자 등"이라고 한다) 중에서 성범죄, 가정폭력, 아동학대, 정신질환 등의 전력이 없고 피해아동의 보호에 적당한 환경을 갖춘 자를 선정하여야 한다.

② 판사는 제1항에 따라 수탁 연고자 등을 선정함에 있어서 연고자 등의 직업, 소득, 성행, 범죄경력, 가정환경, 피해아동의 의사 등을 고려하여야 하고, 미리 연고자 등의 의견을 상당한 방법으로 들어야 한다.

36) 가정폭력처벌법 제5조(가정폭력범죄에 대한 응급조치) 진행 중인 가정폭력범죄에 대하여 신고를 받은 사법경찰관리는 즉시 현장에 나가서 다음 각 호의 조치를 하여야 한다.

1. 폭력행위의 제지, 가정폭력행위자·피해자의 분리 및 범죄수사
2. 피해자를 가정폭력 관련 상담소 또는 보호시설로 인도(피해자가 동의한 경우만 해당한다)
3. 긴급치료가 필요한 피해자를 의료기관으로 인도
4. 폭력행위 재발 시 제8조에 따라 임시조치를 신청할 수 있음을 통보

37) 가정폭력처벌법 55조의2(피해자보호명령 등) ① 판사는 피해자의 보호를 위하여 필요하다고 인정하는 때에는 피해자 또는 그 법정대리인의 청구에 따라 결정으로 가정폭력행위자에게 다음 각 호의 어느 하나에 해당하는 피해

대사건처리 절차에 있어 피해아동의 의사와 무관하게 진행이 가능하다는 것은 아동학대사건절차의 특징이라 할 수 있다.

(나) 피해아동 기본권 침해 가능성

신체의 자유는 인간으로서 당연히 누리는 천부적·초국가적 자연권으로서 국가는 국가안전·질서유지를 위하여 불가피한 경우 최소한의 범위 안에서 이를 제한할 수 있다.[38] 국민은 자신의 체류지와 생활의 근거가 되는 거주지를 자유롭게 결정하고 변경할 자유를 가지며,[39] 행복을 추구할 권리를 가진다.[40] 피해아동 역시 당연히 신체의 자유와 거주이전의 자유를 누리며 행복을 추구할 권리가 있다.

현행 아동학대처벌법 제12조 제1항의 응급조치는 아동학대범죄 현장에서 사법경찰관리 또는 아동보호전문기관 직원을 통해 "피해아동을 아동학대 관련 보호시설로 인도(제3호), 긴급치료가 필요한 피해아동을 의료기관으로 인도(제4호)" 할 수 있는 내용을 담고 있으며, 동법 제47조는 판사에 의한 보호명령으로서 "피해아동을 아동복지시설 또는 장애인복지시설로의 보호위탁(제4호), 피해아동을 의료기관으로의 치료위탁(제5호), 피해아동을 아동보호전문기관, 상담소 등으로의 상담·치료위탁(제5조의2호), 피해아동을 연고자 등에게 가정위탁(제6호)" 할 수 있다는 내용을 담고 있다.

전술한 바와 같이 위 응급조치와 피해아동보호명령은 피해아동의 의사와 무관하게 진행·결정될 수 있는바, 피해아동이 원치 않음

자보호명령을 할 수 있다.

38) 헌법 제12조 ①모든 국민은 신체의 자유를 가진다. 누구든지 법률에 의하지 아니하고는 체포·구속·압수·수색 또는 심문을 받지 아니하며, 법률과 적법한 절차에 의하지 아니하고는 처벌·보안처분 또는 강제노역을 받지 아니한다.

39) 헌법 제14조 모든 국민은 거주·이전의 자유를 가진다.

40) 헌법 제10조 모든 국민은 인간으로서의 존엄과 가치를 가지며, 행복을 추구할 권리를 가진다. 국가는 개인이 가지는 불가침의 기본적 인권을 확인하고 이를 보장할 의무를 진다.

에도 불구하고 보호시설 등으로 피해아동을 "인도" 또는 "위탁"할 수 있게 되어 그 집행과정에서 피해아동의 신체적 자유가 제한될 수 있다. 더욱이 이러한 "인도·위탁"은 피해아동을 원래의 가정(주거지)이 아닌 새로운 주거지로의 이동을 전제하고 있으므로 피해아동의 거주이전의 자유도 제한하는 것이다. 또한, 피해아동이 자신이 원래의 일상을 영위하던 장소에서 벗어나야 하며, 자신의 보호자로부터도 이탈되어야 하는 상황인바 행복추구권 등의 기본권이 제한된다.

따라서, 무엇보다 "당사자"인 "피해아동"의 의사가 가장 중요한 요소로서 고려되어야 한다. 가정폭력처벌법의 경우 피해자 의사에 따라 이러한 "인도"와 "입소"를 결정하고 있고,[41] 성폭력방지 및 피해자보호 등에 관한 법률(이하 '성폭력방지법'이라 한다)의 보호시설 입소에 있어서도 피해자 본인의 입소 희망의사를 원칙적인 형태로 규정[42]하고 있는 것을 감안한다면, 보호시설 입소에 있어 피해아동의 의사를 요건으로 규정하지 않은 아동학대처벌법상의 사건처리 절차는 피해아동의 기본권 침해 가능성이 상대적으로 높다.

(다) 피해아동 개인별 의사표현 능력 격차 존재 가능성

아동학대처벌법에서 상정하고 있는 피해아동은 아동학대범죄의 직접적인 피해를 당한 만 18세 미만인 사람이므로,[43] 태어나면서부

---

41) 각주 36), 37) 각 참조.
42) 성폭력방지법 제15조(보호시설의 입소) ① 피해자등이 다음 각 호의 어느 하나에 해당하는 경우에는 보호시설에 입소할 수 있다.
　　1. 본인이 입소를 희망하거나 입소에 동의하는 경우
　　2. 미성년자 또는 지적장애인 등 의사능력이 불완전한 사람으로서 성폭력행위자가 아닌 보호자가 입소에 동의하는 경우
43) 아동학대처벌법 제2조(정의) 이 법에서 사용하는 용어의 뜻은 다음과 같다.
　　1. "아동"이란 「아동복지법」 제3조제1호에 따른 아동을 말한다.
　　아동복지법 제3조(정의) 이 법에서 사용하는 용어의 뜻은 다음과 같다.

터 만 18세에 이르기 직전의 아동들에 있어 개인별 의사표현 능력
차가 존재할 것은 충분히 예상된다. 전술한 바와 같이 아동학대사건
처리절차에서 피해아동의 의사를 확인하고 반영하는 것이 중요함에
도 불구하고, 아동학대처벌법에서는 이러한 피해아동의 의사표현
능력 격차를 감안한 규정은 존재하지 않는다. 다만 형사법절차의 기
본법인 형사소송법 제163조의2는 13세 미만의 피해자를 증인으로
신문하는 경우 부득이한 경우가 아닌 한 신뢰관계에 있는 자를 동
석하도록 규정하며,[44] 아동학대처벌법 제17조가 준용하고 있는 성
폭력범죄의 처벌 등에 관한 특례법(이하 '성폭력처벌법'이라 한다)
제41조는 피해아동이 16세 미만인 경우 공판기일에 출석하여 증언
이 현저히 곤란한 사정이 있는 것으로 간주하고 증거보전의 청구를
인정하고 있다.[45]

　피해아동의 의사표현능력은 개인별로 상이하기 때문에 이를 표
준화하여 기준을 설정하는 것은 쉬운 문제는 아니다. 그러나, 앞서

---

　1 "아동"이란 18세 미만인 사람을 말한다.

44) 형사소송법 제163조의2(신뢰관계에 있는 자의 동석) ②법원은 범죄로 인한
　　피해자가 13세 미만이거나 신체적 또는 정신적 장애로 사물을 변별하거나
　　의사를 결정할 능력이 미약한 경우에 재판에 지장을 초래할 우려가 있는
　　등 부득이한 경우가 아닌 한 피해자와 신뢰관계에 있는 자를 동석하게 하
　　여야 한다.

45) 성폭력처벌법 제41조(증거보전의 특례) ① 피해자나 그 법정대리인 또는 경
　　찰은 피해자가 공판기일에 출석하여 증언하는 것에 현저히 곤란한 사정이
　　있을 때에는 그 사유를 소명(疏明)하여 제30조에 따라 촬영된 영상물 또는
　　그 밖의 다른 증거에 대하여 해당 성폭력범죄를 수사하는 검사에게「형사
　　소송법」제184조(증거보전의 청구와 그 절차)제1항에 따른 증거보전의 청구
　　를 할 것을 요청할 수 있다. 이 경우 피해자가 16세 미만이거나 신체적인
　　또는 정신적인 장애로 사물을 변별하거나 의사를 결정할 능력이 미약한 경
　　우에는 공판기일에 출석하여 증언하는 것에 현저히 곤란한 사정이 있는 것
　　으로 본다.
　　② 제1항의 요청을 받은 검사는 그 요청이 타당하다고 인정할 때에는 증거
　　보전의 청구를 할 수 있다.

검토한 형사소송법 규정이나 성폭력처벌법 규정상의 연령을 일응의 기준으로 삼아 그 연령에 비추어 장애·심신미약 등의 특별한 사정이 없는 한 그 의사표현의 능력을 온전히 인정하여, 아동학대사건처리절차에 있어 피해아동의 의사로서 보다 비중 있게 반영할 수 있음에도, 현행 아동학대처벌법에서는 미취학의 아동과 성년에 근접한 아동 모두 동일한 기준으로 대하고 있다는 것도 현행 아동학대처벌법에서 개정이 필요한 지점이다.

(2) 형사사법절차에서의 피해자 진술권 실현

본래 피해자는 근본적으로 형벌권 발동의 근거로서 주체성을 가짐에도 형사절차에서 배제되어 왔으나, 정의실현을 위하여 피해자가 형사절차에 참가할 수 있는 제도가 마련되어야 한다는 목소리가 끊임없이 있어 왔고, 이에 범죄피해자에 대한 최근의 국제적인 흐름은 UN에서 결의한 '피해자 선언'의 기본원칙46)을 최대한 반영하여 피해자보호를 위하여 기본권을 강화하자는 것이다. 특히 피해자의 기본권으로서 '피해자가 법정에서 의견을 제시할 권리', 즉 형사절차에서의 '피해자 진술권'에 대한 논의가 활발하다.

현행 우리나라 헌법 제27조 제5항47)에서도 피해자진술권을 규정하고 있으며, 이에 대하여 헌법재판소는 "피해자의 진술권은 피해자에게 자신의 이익이나 주장을 형사절차에 적절하게 반영할 수 있는 기회를 제공하는 것을 목적으로 헌법상 인정된 제도"라는 취지로 판

---

46) U.N., Declaration of Basic Principles of Justice for Victims of Crime and Abuse of Power, A/RES/40/34, 1985. 그 내용으로, 동정심과 존중, 절차상 정보를 받을 권리, 법정에서 의견제시, 법률자문, 사생활과 신체적 안전의 보호, 비공식적인 분쟁의 해결, 사회원조 및 의료지원, 범법자에 대한 손해배상과 보상, 국가에 의한 보상, 능력 배양과 협력을 규정하고 있다.

47) 헌법 제27조 ⑤ 형사피해자는 법률이 정하는 바에 의하여 당해 사건의 재판절차에서 진술할 수 있다.

시하고 있다.[48] 현행 형사소송법은 제294조의2에서 피해자등의 진술
권을 규정하고 특히, 동법 동조 제2항에서 피해자가 진술할 수 있는
내용으로서 '피해의 정도 및 결과, 피고인의 처벌에 관한 의견, 그
밖에 당해 사건에 관한 의견'을 규정하고 있다.[49] 이와 같이 피해자
전반에게 인정된 공판정에서의 피해자 진술권 외에도, 성폭력처벌
법은 피해자 변호사 선임의 특례 조항을 두어 피해자의 실질적인
진술권 실현을 도모하고 있으며,[50] 피해자 변호사 선임 특례 조항은

---

48) 우리 헌법재판소는 헌법 제27조 제5항 피해자진술권 규정의 취지는 법관이
   형사재판을 함에 있어서 피해자의 진술을 청취하여 적절하고 공평한 재판
   을 하여야 한다는 것을 뜻할 뿐만 아니라, 이에 더 나아가 형사피해자에게
   법관으로 하여금 적절한 형벌권을 행사하여 줄 것을 청구할 수 있는 사법
   절차적 기본권을 보장해준 것이라고 해석하고 있으며(헌법재판소 1989. 4.
   17. 선고 88헌마3 결정 참조), 또한 형사 피해자의 재판절차진술권은 사인소
   추를 완전히 제한하여 검사에게만 형사소추권을 독점시키고 있는 현행 기
   소독점주의 형사소송체계 하에서 형사절차참여를 통한 의견 진술의 기회를
   부여하여 법관으로 하여금 당해사건의 의견을 청취하게 함으로써 유·무죄
   의 판단과 양형결정에 참고하도록 하려는 취지에서 인정된 제도라고 설명
   하고 있다(헌법재판소 2002. 10. 31. 선고 2002헌마453 결정 참조)."라고 설
   명하고 있다.
49) 형사소송법 제294조의2(피해자등의 진술권) ① 법원은 범죄로 인한 피해자
   또는 그 법정대리인(피해자가 사망한 경우에는 배우자·직계친족·형제자매
   를 포함한다. 이하 이 조에서 "피해자등"이라 한다)의 신청이 있는 때에는
   그 피해자등을 증인으로 신문하여야 한다. 다만, 다음 각 호의 어느 하나에
   해당하는 경우에는 그러하지 아니하다.
   ② 법원은 제1항에 따라 피해자등을 신문하는 경우 피해의 정도 및 결과,
   피고인의 처벌에 관한 의견, 그 밖에 당해 사건에 관한 의견을 진술할 기
   회를 주어야 한다.
50) 성폭력처벌법 제27조(성폭력범죄 피해자에 대한 변호사 선임의 특례) ① 성
   폭력범죄의 피해자 및 그 법정대리인(이하 "피해자등"이라 한다)은 형사절
   차상 입을 수 있는 피해를 방어하고 법률적 조력을 보장하기 위하여 변호
   사를 선임할 수 있다.
   ② 제1항에 따른 변호사는 검사 또는 사법경찰관의 피해자등에 대한 조사
   에 참여하여 의견을 진술할 수 있다. 다만, 조사 도중에는 검사 또는 사법
   경찰관의 승인을 받아 의견을 진술할 수 있다.

아동·청소년 성보호에 관한 법률(이하 '청소년성보호법'이라 한다)
과 아동학대처벌법에서도 준용하고 있다.[51] 이를 넘어 가정폭력처
벌법은 "피해자"에게 "가정보호사건으로 처리할 것인지 여부"에 대
한 의견과 일반 형사법원에서 심리중인 사건의 "가정보호사건 관할
법원으로의 송치 여부"에 대한 의견을 밝히도록 하고 형사사법기관
은 이를 존중할 수 있도록 규정 하고 있어,[52] 적어도 법률상으로는
가정폭력 사건처리 방향, 특히 "가정폭력행위자[53]"의 처분에 있어
피해자의 의사가 반영되도록 하고 있다.

아동학대사건의 경우 피해아동 스스로가 '피해의 정도 및 결과,
피고인의 처벌에 관한 의견, 그 밖에 당해 사건에 관한 의견'을 밝히
는 것은 쉽지 않은 일로서, 현행 피해자 변호사 제도를 통한 보충이
반드시 요청된다 할 것이다. 그러나 피해아동의 변호사 선임이 현실
적으로 "국선 피해자 변호사"를 통하여만 가능함에도 국선변호사
지정은 "임의적"으로만 규정되어 있어 한계가 있다.[54] 또한 가정폭

---

51) 청소년성보호법 제30조와 아동학대처벌법 제16조가 각 그 규정이다.
청소년성보호법 제30조(피해아동·청소년 등에 대한 변호사선임의 특례) ①
아동·청소년대상 성범죄의 피해자 및 그 법정대리인은 형사절차상 입을
수 있는 피해를 방어하고 법률적 조력을 보장하기 위하여 변호사를 선임
할 수 있다.
② 제1항에 따른 변호사에 관하여는 「성폭력범죄의 처벌 등에 관한 특례
법」 제27조제2항부터 제6항까지를 준용한다.
아동학대처벌법 제16조(피해아동에 대한 변호사 선임의 특례) 아동학대범
죄사건의 피해아동에 대한 변호사 선임 등에 관하여는 「성폭력범죄의 처
벌 등에 관한 특례법」 제27조를 준용한다. 이 경우 "성폭력범죄"는 "아동학
대범죄"로, "형사절차"는 "형사 및 아동보호 절차"로, "피해자"는 "피해아
동"으로 본다.
52) 각주 29) 참조.
53) 가정폭력처벌법 제2조(정의) 이 법에서 사용하는 용어의 뜻은 다음과 같다.
4. "가정폭력행위자"란 가정폭력범죄를 범한 사람 및 가정구성원인 공범을
말한다.
54) 검사의 국선변호사 선정 등에 관한 규칙 제8조(국선변호사 선정) ① 검사는

력처벌법과 달리 학대행위자의 아동보호사건처리 등의 처분과 관련한 피해아동 의사 반영과 관련된 직접적인 규정이 현행 아동학대처벌법에는 존재하지 않아, 피해자의 진술권 실현에 미흡하다 할 것이다.

4. 피해아동 의사 존중을 위한 절차 마련의 필요성

피해아동에 대한 아동학대처벌법상의 조치는 피해아동에게 중대한 영향을 미치는 문제이나, 아동학대사건처리 절차는 정작 "당사자"인 피해아동의 의사와 무관하게 개시·결정될 수 있는 가능성이 있고, 이로써 피해아동의 기본권 침해에 이를 위험성도 있다. 또한 피해아동은 형사사법절차의 피해자로서의 지위도 가지는바, 아동의 특수성을 고려하여 일반 피해자들에 비하여 내용적·절차적으로 보다 두터운 진술권의 보장을 받을 필요도 있다.

현행 아동학대처벌법은 피해아동의 의사가 존중되어야 한다는 일반 원칙적 규정도 일부 조항에 한하여만 규정되어 있을 뿐이고, 피해아동의 의사를 존중하기 위하여 어떻게 피해아동의 진의를 확인할 것인지, 또 그 진의를 적절하게 반영할 것인지에 대한 내용은 침묵하고 있다. 오히려 아동학대사건 처리 중 문제가 생기자, 관련 기관들이 피해아동의 의사를 앞세워 자신들의 면책을 주장하는 경우도 발생하고 있는 실정이다.[55]

피해자에게 변호사가 없는 경우에는 직권으로 또는 피해자나 그 법정대리인(피해아동에 대해서는 아동학대행위자를 제외한다. 이하 같다)의 신청에 따라 국선변호사를 선정할 수 있다. 이 경우 국선변호사 선정은 특별한 사정이 없는 한 해당 사건의 관할 검찰청 소속 성폭력 또는 아동학대 전담검사가 한다.

55) 국민일보, "김상희 의원, 인천 5세 아동 학대 사망 사건 참극 막을 기회 다섯번 놓친 사회복지전달체계 고쳐야", http://news.kmib.co.kr/article/view.asp?arcid=

피해아동의 의사를 존중하기 위해서는, 피해아동이 "당사자"로서 자유로이 자신의 의견을 표명할 수 있어야 한다. 이에 현재 피해아동의 의사 표명을 위한 제도로 마련되어 있는 피해자 변호사제도를 보다 활성화·전문화 시켜야 한다. 또한, 피해아동이 표명한 의견에 대하여 아동의 진의여부를 분석하고 이를 적절히 반영할 수 있도록 아동의 연령과 성숙도 등을 고려하는 기준을 마련하는 것은 물론, 이러한 기준과 과정 등을 담은 절차를 아동학대처벌법상에 명시할 필요가 있다.

IV. 아동학대처벌법 개정방안

1. 아동학대처벌법의 목적·기본이념으로서 아동 최선의 이익 원칙

아동 최선의 이익 원칙은 아동 관련 국가의 정책·법 제도 등에 있어서 가장 중요한 기준이 되는 원칙임에도 불구하고, 현행 아동학대처벌법은 이에 대한 어떠한 언급도 하고 있지 아니하다.[56] 더욱이 아동학대처벌법상 각종의 조치들은 아동에 대하여 어떠한 법률의 조치보다 아동의 신상에 강력한 영향을 미치며 기본권 침해의 가능성도 큰바, 이러한 조치들을 가능하게 하는 기준을 동법상 반드시 명시하여야 할 것이며, 그 기준은 아동 최선의 이익 원칙이 되어야 함이 자명하다.

0013840687 (2019. 10. 21.).

[56] 단, 2020. 3. 5. 국회 본회의에서 통과된, 아동학대처벌법 개정안에서는 일부 아동최선의 이익을 반영하였다(각주 4) 참조).

〈현 행〉	〈개정 제안〉
제1조(목적) 이 법은 아동학대범죄의 처벌 및 그 절차에 관한 특례와 피해아동에 대한 보호절차 및 아동학대행위자에 대한 보호처분을 규정함으로써 아동을 보호하여 아동이 건강한 사회 구성원으로 성장하도록 함을 목적으로 한다.	제1조(목적) 이 법은 아동학대범죄의 처벌 및 그 절차에 관한 특례와 피해아동에 대한 보호절차 및 아동학대행위자에 대한 보호처분을 규정함으로써, <u>피해아동의 이익을 최우선으로 고려하여</u> 아동을 보호하고, 아동이 건강한 사회 구성원으로 성장하도록 함을 목적으로 한다.

2. 아동학대사건처리 절차에서의 피해아동 의사 존중의 원칙

피해아동은 아동학대처벌법상의 조치에 있어서 "당사자"로서, 자신의 의사를 충분히 표명할 수 있어야 하고, 관련기관들은 피해아동의 이러한 의사를 존중하여 각 조치를 결정하여야 한다. 더욱이 피해아동은 "아동"이자 "피해자"로서의 지위도 동시에 가지고 있으므로, 피해자로서 해당 사건의 처리 방향 등에 대하여 의견을 밝힐 수 있어야 한다. 따라서 아동학대처벌법상 아동학대사건처리절차에 있어서 원칙으로서 피해아동 의사 존중의 원칙을 명시하되, 실무적으로 피해아동의 의사와 국가의 아동보호의사가 충돌할 여지를 감안하여 아동 최선의 이익 원칙을 한계로서 더불어 규정하도록 하며, "피해자"로서 피해아동이 아동학대행위자의 처리 등에 대하여 의견을 밝힐 수 있도록 하고, 피해아동을 조력하기 위한 피해자 변호사 제도 등을 보완할 수 있도록 개정할 필요가 있다.

가. 원칙규정 신설

〈현 행〉	〈개정 제안〉
〈신설〉	제10조의7조(피해아동 의사 존중 등) 피해아동은 아동학대범죄의 처리절차에서 자유롭게 자신의 의견을 표명할 수 있어야 하며, 피해아동의 의견은 연령·성숙도 등을 고려하여 최대한 반영되어야 한다.

나. 응급조치에 있어서 피해아동 의사 존중의 원칙 반영

〈현 행〉	〈개정 제안〉
제12조(피해아동에 대한 응급조치) ① 제11조제1항에 따라 현장에 출동하거나 아동학대범죄 현장을 발견한 사법경찰관리 또는 아동보호전문기관의 직원은 피해아동 보호를 위하여 즉시 다음 각 호의 조치(이하 "응급조치"라 한다)를 하여야 한다. 이 경우 제3호의 조치를 하는 때에는 피해아동의 의사를 존중하여야 한다(다만, 피해아동을 보호하여야 할 필요가 있는 등 특별한 사정이 있는 경우에는 그러하지 아니하다).	제12조(피해아동에 대한 응급조치) ① 제11조제1항에 따라 현장에 출동하거나 아동학대범죄 현장을 발견한 사법경찰관리 또는 아동보호전문기관의 직원은 피해아동 보호를 위하여 즉시 다음 각 호의 조치(이하 "응급조치"라 한다)를 하여야 한다. 이 경우 제3호의 조치를 하는 때에는 피해아동의 최선의 이익을 고려하여야 하며, 피해아동을 보호하여야 할 필요가 있는 등 특별한 사정이 있는 경우가 아닌 한 피해아동의 의사를 반영하여야 한다.

다. 피해아동보호명령에 있어서 피해아동 의사 존중의 원칙

〈현 행〉	〈개정 제안〉
제47조(가정법원의 피해아동에 대한 보호명령) ① 판사는 직권 또는 피해아동, 그 법정대리인, 변호사, 아동보호전문기관의 장의 청구에 따라 결정으로 피해아동의 보호를 위하여 다음 각 호의 피해아동보호명령을 할 수 있다. 4. 피해아동을 아동복지시설 또는 장애	제47조(가정법원의 피해아동에 대한 보호명령) ① 판사는 직권 또는 피해아동, 그 법정대리인, 변호사, 아동보호전문기관의 장의 청구에 따라 결정으로 피해아동의 보호를 위하여 다음 각 호의 피해아동보호명령을 할 수 있다. 4. 피해아동을 아동복지시설 또는 장애

인복지시설로의 보호위탁 5. 피해아동을 의료기관으로의 치료위탁 6. 피해아동을 연고자 등에게 가정위탁 ③ 판사가 제1항 각 호의 피해아동보호 명령을 하는 경우 피해아동, 그 법정대 리인, 변호사 또는 아동보호전문기관의 장은 관할 법원에 대하여 필요한 의견 을 진술할 수 있다.	인복지시설로의 보호위탁 5. 피해아동을 의료기관으로의 치료위탁 6. 피해아동을 연고자 등에게 가정위탁 ③ 판사가 제1항 각 호의 피해아동보호 명령을 하는 경우 피해아동, 그 법정대 리인, 변호사 또는 아동보호전문기관의 장은 관할 법원에 대하여 필요한 의견 을 진술할 수 있다. <u>이 때 판사는 피해 아동의 최선의 이익을 고려하여 피해아 동의 의사를 반영하여야 한다.</u>

라. 아동보호사건처리 등에 있어 피해아동 의사 반영

〈현 행〉	〈개정 제안〉
제27조(아동보호사건의 처리) ①검사는 아동학대범죄로서 제26조 각 호의 사 유를 고려하여 제36조에 따른 보호처 분을 하는 것이 적절하다고 인정하는 경우에는 아동보호사건으로 처리할 수 있다.	제27조(아동보호사건의 처리) ①검사는 아동학대범죄로서 제26조 각 호의 사 유를 고려하여 제36조에 따른 보호처 분을 하는 것이 적절하다고 인정하는 경우에는 아동보호사건으로 처리할 수 있다. <u>이 경우 검사는 피해아동의 최선 의 이익을 고려하여 피해아동의 의사 를 반영하여야 한다.</u>

〈현 행〉	〈개정 제안〉
제29조(법원의 송치) 법원은 아동학대 행위자에 대한 피고사건을 심리한 결 과 제36조에 따른 보호처분을 하는 것 이 적절하다고 인정하는 경우에는 결 정으로 사건을 관할 법원에 송치할 수 있다.	제29조(법원의 송치) 법원은 아동학대 행위자에 대한 피고사건을 심리한 결 과 제36조에 따른 보호처분을 하는 것 이 적절하다고 인정하는 경우에는 결 정으로 사건을 관할 법원에 송치할 수 있다. <u>이 경우 법원은 피해아동의 최선 의 이익을 고려하여 피해아동의 의사 를 반영하여야 한다.</u>

마. 피해자 변호사의 필요적 선임

〈현 행〉	〈개정 제안〉
제16조(피해아동에 대한 변호사 선임의 특례) 아동학대범죄사건의 피해아동에 대한 변호사 선임 등에 관하여는 「성폭력범죄의 처벌 등에 관한 특례법」 제27조를 준용한다. 이 경우 "성폭력범죄"는 "아동학대범죄"로, "형사절차"는 "형사 및 아동보호 절차"로, "피해자"는 "피해아동"으로 본다.	제26조(아동학대범죄 피해아동에 대한 변호사 선임의 특례) ① 아동학대범죄의 피해아동 및 그 법정대리인(이하 "피해아동등"이라 한다)은 형사절차상 입을 수 있는 피해를 방어하고 법률적 조력을 보장하기 위하여 변호사를 선임할 수 있다. ② 검사는 피해아동에게 변호사가 없는 경우 국선변호사를 선정하여 형사절차에서 피해아동의 권익을 보호하여야 한다. ③ 아동학대범죄사건의 피해아동에 대한 변호사 선임 등에 관하여는 「성폭력범죄의 처벌 등에 관한 특례법」 제27조 제2항부터 제5항까지를 준용한다. 이 경우 "성폭력범죄"는 "아동학대범죄"로, "형사절차"는 "형사 및 아동보호 절차"로, "피해자"는 "피해아동"으로 본다.

3. 피해아동 의사 존중 원칙 실현을 위한 의사 확인 및 반영절차의 구체화

피해아동 의사 존중 원칙의 실현을 위해서는 무엇보다 피해아동의 의사를 확인할 수 있는 절차를 마련하고, 확인된 의사의 진의여부를 판단할 수 있는 전문적인 개입이 필요하다. 또한, 이렇게 확인된 피해아동의 진의를 피해아동에 대한 조치에 어디까지 반영할 것인지를 적절히 판단할 수 있는 제도도 마련되어야 한다. 이러한 전 과정이 법률로서 존재하여야 피해아동 의사 존중의 원칙이 실질적으로 구현되었다고 할 수 있을 것이다.

가. 응급조치시의 피해아동 의사 확인 절차의 구체화

응급조치와 같이 시급성이 요구되는 조치에 있어 피해아동의 의사를 확인하는 절차가 현실적으로 운용되는 것은 한계가 있다. 따라서 사후로라도 피해아동의 의사를 확인하여 응급조치 이후의 절차에 있어서 이를 반영하여야 할 필요가 있다. 현행 아동복지법 제15조 및 이를 근거로 규정된 동법 시행령 제18조의2 제1항 단서57) 조항에 따르면 시·도지사 또는 시장·군수·구청장은 피해아동을 시설에 입소시키는 등의 보호조치를 취하기 전에 상담, 건강검진, 심리검사 및 가정환경에 대한 조사를 필요적으로 하여야 하며, 아동학대처벌법상의 응급조치가 있는 경우에는 위 심리검사 등을 응급조치 후에 실시할 수 있다고 규정하고 있다. 그렇다면 적어도 피해아동을 시설로 인도하는 응급조치 이후에는 시·도지사 또는 시장·군수·구청장이 아동복지법에 따른 심리상담 등을 할 수 있는 것으로 해석되므로, 이러한 절차에 피해아동의 진정한 의사를 확인하는 절차를 포함시킬 수 있겠다. 이를 통하여 확인된 피해아동의 진정한 의사는 이후 진행되는 피해아동의 신상과 관련된 결정에 반드시 반영되어야 할 것이다. 또한 시·도지사 또는 시장·군수·구청장은 정신건강의학과 의사, 심리학자, 사회복지학자 등의 전문가의 의견을 적극적으로 요청하여 피해아동의 진정한 의사를 파악할 수 있도록 노력하여야 할 것이다.

---

57) 아동복지법 시행령 제18조의2(보호대상아동에 대한 상담 등) ① 법 제15조 제2항 후단에 따른 보호대상아동에 대한 상담, 심리검사 및 가정환경에 대한 조사는 별표 1의 방법으로 실시한다. 다만, 「아동학대범죄의 처벌 등에 관한 특례법」 제12조에 따른 응급조치가 필요한 경우 및 시·도지사 또는 시장·군수·구청장이 긴급한 보호조치가 필요하다고 인정하는 경우에는 법 제15조 제1항 제3호부터 제5호까지의 조치가 이루어진 후에 상담, 심리검사 및 가정환경에 대한 조사를 실시할 수 있다.

〈현 행〉	〈개정 제안〉
〈신 설〉	제12조(피해아동에 대한 응급조치) ③ 시·도지사 또는 시장·군수·구청장은 제1항 제3호에 따라 보호시설로 인도된 피해아동에 대하여는 아동복지법 제15조제2항 후단에 따른 상담, 건강검진, 심리검사 및 가정환경에 대한 조사를 실시하고, 응급조치에 대한 피해아동의 의사를 확인하여 피해아동의 신상과 관련된 결정에 반영하여야 한다. 시·도지사 또는 시장·군수·구청장은 피해아동의 의사를 확인하기 위하여 정신건강의학과의사, 심리학자, 사회복지학자, 그 밖의 전문가 등의 의견을 요청할 수 있다.

나. 피해아동보호명령시의 피해아동 의사 확인 절차의 구체화

피해아동보호명령의 경우 응급조치와 비교하여 판사에게 상대적으로 상당한 시간이 부여되므로, 판사는 법원의 아동보호조사관 등을 통하여 피해아동과 관련한 다양한 요소들을 조사하는 절차를 충분히 거칠 수 있다. 실제 아동학대처벌법을 근거로 만들어진 아동보호심판규칙에 따르면, 아동보호조사관은 피해아동의 심신상태, 가정환경, 사회적 유대관계 등을 조사할 수 있도록 하고 있다.58) 또한 현행 아동학대처벌법 제56조에 따라 준용되는 가정폭력처벌법 제22조59)의 전문가의 의견조회를 통하여 피해아동보호명령에 관하여 피

---

58) 아동보호심판규칙 제15조(조사의 방법) ③ 조사는 다음 각 호의 사항에 관하여 한다.
　1. 아동학대범죄의 동기와 경위, 범죄 후의 정황
　2. 행위자 및 피해아동의 심신상태와 가정환경 및 사회적 유대관계
　3. 피해아동과의 관계 및 재범의 위험성과 정도
　4. 기타 심리와 처분을 함에 필요한 사항
59) 가정폭력처벌법 제22조(전문가의 의견 조회) ① 법원은 정신건강의학과 의사, 심리학자, 사회학자, 사회복지학자, 그 밖의 관련 전문가에게 가정폭력

해아동의 진정한 의사를 확인할 수도 있을 것이다. 다만, 전문가 의견조회는 판사의 재량으로 규정되어 있기 때문에 피해아동보호명령에 대한 피해자의 의사를 확인하고 의사의 진정성 여부를 전문가 의견조회를 통하여 확인하는 절차를 원칙으로서 명확히 규정하여 실무적으로 정착시킬 필요가 있다.

〈현 행〉	〈개정 제안〉
제47조(가정법원의 피해아동에 대한 보호명령) ③ 판사가 제1항 각 호의 피해아동보호명령을 하는 경우 피해아동, 그 법정대리인, 변호사 또는 아동보호전문기관의 장은 관할 법원에 대하여 필요한 의견을 진술할 수 있다.	제47조(가정법원의 피해아동에 대한 보호명령) ③ 판사가 제1항 각 호의 피해아동보호명령을 하는 경우 피해아동, 그 법정대리인, 변호사 또는 아동보호전문기관의 장은 관할 법원에 대하여 필요한 의견을 진술할 수 있다. <u>이 때 판사는 피해아동의 최선의 이익을 고려하여 피해아동의 의사를 반영하여야 한다.</u> <u>④ 판사는 제3항 후문의 피해아동의 의사를 반영하기 위하여 아동보호조사관으로 하여금 이를 조사하도록 하여야 하며, 정신건강의학과의사, 심리학자, 사회학자, 사회복지학자, 그 밖의 관련전문가에게 위 피해아동의 의사에 대한 의견을 조회하여야 한다. 다만 다른 자료에 비추어 피해아동의 의사가 충분히 확인되는 경우에는 그러하지 아니하다.</u>

행위자, 피해자 또는 가정구성원의 정신·심리상태에 대한 진단소견 및 가정폭력범죄의 원인에 관한 의견을 조회할 수 있다. 〈개정 2011. 8. 4.〉
② 법원은 가정보호사건을 조사·심리할 때 제1항에 따른 의견 조회의 결과를 고려하여야 한다.

V. 결 론

아동학대처벌법은 2014. 1. 28. 처음 제정되어 같은 해 9. 29.부터 지금[60]까지 7차례에 걸쳐 개정되어 왔다. 매 개정마다 제도의 공백을 메우기 위해 보완이 이루어져 왔으나 아직도 현행 아동학대처벌법이 아동학대 피해자 보호 및 아동인권친화적인 법률로 평가받기에는 미흡한 점이 많다. 특히, 아동 사건에 있어 준수되어야 할 핵심적인 대원칙인 아동 최선의 이익의 원칙이 아동학대처벌법에 거의 반영되지 못하고 있다는 점은 하루 빨리 개선되어야 한다.

아동학대처벌법은 국내에 현존하는 아동관련 법령 중 아동의 신상에 대한 가장 강력한 영향을 미치는 각종의 조치를 담고 있다. 따라서 이러한 각종의 조치에 대한 결정을 함에 있어 피해아동의 복리, 즉 아동 최선의 이익을 최우선적으로 고려하여야 한다는 원칙은 동법의 목적·이념으로서 반드시 포함되어야 하며, 이를 기준으로 아동학대처벌법상의 조치가 이루어져야 할 것이다.

또한, 아동의 최선의 이익을 최우선적으로 고려하는데 있어서는 1차적으로 피해 아동의 의사의 확인이 필요하며, 아동의 의사가 충분히 반영될 수 있도록 하여야 할 것이다. 이를 위해 아동학대처벌법상의 조치들에 관한 결정을 할 때에는 "당사자"인 피해아동의 의사를 존중하여야 한다는 내용이 함께 규율되어야 한다. 다만, 피해아동의 최선의 이익을 판단함에 있어 결과적으로 피해아동의 의사에 반하는 조치를 해야 하는 경우도 있을 수 있다. 즉, 외형적으로 드러난 아동의 의사에 반하더라도, 그것이 객관적으로 추정되는 아동의 진의와는 다른 경우가 있을 수 있으며, 아동의 의사에 반하더

---

60) 2020. 3. 24. 법률 17087호로 한차례 더 아동학대처벌법이 개정되었고, 2020. 10. 1.부터 개정된 아동학대처벌법이 시행될 예정이다.

라도 아동의 최선의 이익을 위해서는 아동의 의사에 반하는 조치가 필요한 경우도 있을 수 있다. 따라서 아동 최선의 이익 원칙이 피해 아동 의사 반영의 한계로 작용할 수 있도록 더불어 규정하는 방식 도 고려할 수 있을 것이다.61) 또한, 피해아동은 형사사법절차에서 피해자의 지위에 있고, 아동학대처벌법은 형사법적 특징을 가진다. 따라서, 피해아동의 의사를 존중한다는 것은 단순히 선언적인 규정 에 그쳐서는 안된다. 앞으로 개정될 아동학대처벌법에서는 피해아 동의 의사를 존중하기 위해 단순히 피해아동의 의사를 확인하는 절 차뿐만 아니라, 그 진의를 파악할 수 있는 절차가 마련되어야 할 것 이며, 그렇게 파악된 의사를 구체적인 사건에서 어디까지 반영할 것 인지에 대해서까지 섬세하고 촘촘하게 규정되어야 할 것이다. 이와 관련하여 목차 Ⅳ에서 대략의 개정방안을 제시하여 보았다. 해당 개 정방안이 아동학대범죄 처리절차에 있어 아동최선이익의 원칙을 실 현하는 초석이 되기를 바라며, 추후 조금 더 촘촘하고 섬세한 개정 방안이 제시될 수 있기를 기대한다.

---

61) 예컨대 응급조치가 필요한 상황에서 아동의 의사와 국가의 아동보호취지가 충돌할 경우에는 아동 이익 최우선의 원칙에 따라 공적 개입 방식을 조율·결정하도록 하는 방식 등으로 규정할 수 있다; "피해아동등의 이익을 최우선으로 고려하여야 하며, 피해아동등을 보호하여야 할 필요가 있는 등 특별한 사정이 있는 경우를 제외하고는 피해아동등의 의사를 존중하여야 한다." (각주 33 송기헌 의원안 중 제12조 응급조치 참조).

참고문헌

국민일보, "김상희 의원, 인천 5세 아동 학대 사망 사건 참극 막을 기회 다섯 번 놓친 사회복지전달체계 고쳐야", http://news.kmib.co.kr/article/view. asp?arcid=0013840687 (2019. 10. 21.)

노혜련 외 7명, "「아동학대범죄의 처벌 등에 관한 특례법」 개정방안 연구", 법무부·숭실대학교 산학협력단 (2019)

김태천, "아동권리협약", 국제인권법 제1호 (1996)

성희자, "아동최선의 이익 판단의 구체적 기준에 대한 연구 : 양육자 지정 대법원 판례를 중심으로", 사회과학연구 제23권 제2호 (2012)

한지숙·홍은주, "아동권리협약과 아동의 권리실현", 아동권리연구 제2권 제2호 (1998)

홍춘의, "친자법에 있어서 자의 복리개념", 민사법학 제36호 (2007)

U.N., Declaration of Basic Principles of Justice for Victims of Crime and Abuse of Power, A/RES/40/34, 1985

학교폭력 관련 법제 및 정책의 개선방안

박종훈*

I. 서론

어느새 우리 삶에 학교폭력이라는 말이 자연스럽게 사용되고 있다. 보편적인 인권 보장의 원칙이 있음에도 불구하고 개별 인권, 예를 들어 여성이나 아동·청소년의 인권을 다시 이야기하는 이유는 그만큼 소수자들의 인권이 잘 보장되지 않고 있기 때문일 것이다. 마찬가지로 아동·청소년에 대한 학대 등 보편적 폭력 금지와 별개로 학교폭력에 대한 논의가 지속되고 있는 것은 그만큼 이 학교폭력의 문제가 가볍지 않다는 것을 잘 보여준다.

실제로 이것을 반영하듯 학교폭력에 대해서는 일반적인 폭력에 대해 적용할 수 있는 형법(소년법)이나 아동복지법 이외에 학교폭력 예방 및 대책에 관한 법률(이하 '학교폭력예방법')을 별도로 두고 있다. 학교폭력예방법은 지난 2004년 1월 29일, 심각한 사회문제로 대두되었던 학교폭력 문제에 효과적으로 대처하기 위하여 제정되었는데, 현승일 의원 등 50인이 법률안 제안에 참여했고, 정기적인 학교폭력 예방교육의 실시, 학교폭력의 신고 의무화, 학교폭력의 예방 및 대책을 위한 전담기구의 설치와 이를 위한 국가의 재정적 지원을 위한 제도적 틀을 마련하는 것을 주요 내용으로 입법취지를 밝

* 산청 간디고등학교 교사, 변호사

히고 있다.[1]

그런데 문제는 이 학교폭력예방법이 그동안 학교폭력과 갈등을 줄이는 데 효과가 있었냐는 것이다. 오히려 학교폭력예방법이 학교의 교육적 기능을 마비시키고 쟁송의 장으로 만들어 더 큰 갈등을 조장한다는 비판이 나왔고, 급기야 폐지하는 게 더 낫다는 주장까지 나오기도 했다.[2]

그러므로 이 글에서는 먼저 학교폭력예방법이 제정되고 개정되는 과정에서 어떤 문제점들이 발생했는지를 살펴본 후, 학교폭력에 대처하는 해외 사례는 어떠한지 비교법적 관점에서 보고, 이를 통해 우리의 학교폭력 관련 법제와 정책이 어떤 방향으로 개선되어야 하는지를 검토하고자 한다.

II. 학교폭력 관련 법제 현황

1. 학교폭력예방법의 제정 및 변경

처음 학교폭력이 큰 사회적 문제로 대두가 된 것은 1995년 집단 조리돌림과 구타 등 선배들의 학교폭력을 견디지 못한 서울의 1학년 고등학생이 투신자살을 하면서였다.[3] 이에 따라 김영삼 정부는

---

1) 하윤수, "학교폭력예방법의 문제점과 개선 방안", 동아법학 제78호 (2018. 2.), 405.
2) 에듀인뉴스, "'학교폭력예방법 폐지가 답이다'...가해학생 선도도, 피해학생 보호도 불가능", https://www.eduinnews.co.kr/news/articleView.html?idxno=19486, (2019. 9. 2. 8:39).
3) 신아일보, "[학교폭력①] '푸른나무청예단' 끝나지 않은 전쟁", http://www.shinailbo.co.kr/news/articleView.html?idxno=1151427 (2019. 3. 21.).

학교폭력 근절을 위하여 가해학생 사회봉사명령제, 청소년 보호법 제정, 학교담당경찰관제 등 범정부적인 종합대책을 수립하였으나 학교폭력 문제는 더욱 심각해졌다. 이에 2004년, 학교폭력에 좀 더 효과적으로 대응하기 위해서 학교폭력예방법을 제정하게 되었다.

2. 학교폭력예방법의 주요 개정 흐름

학교폭력예방법은 2004년에 제정된 이후 20여 차례 크고 작은 개정을 거쳐왔다. 그러나 가장 큰 주요 개정은 2012년과 2019년 개정을 꼽을 수 있다. 그러므로 일단 2004년 제정법과 조치를 강화했던 2012년 일부개정법의 주요 내용을 먼저 살펴보고자 한다. 2019년 개정은 기존 학교폭력예방법의 문제점을 대거 반영하여 수정한 것이므로 기존에 어떤 문제점이 논의되었는지 먼저 살핀 후, 2019년 개정의 주요 내용과 그 한계점에 대해서 검토하고자 한다.

가. 2004년 제정 학교폭력예방법의 주요 내용

2004년 1월 29일에 공포되고 7월 30일부터 시행된 학교폭력예방법은 학생의 인권을 보호하기 위한 목적으로 학교폭력의 예방과 대책에 필요한 사항을 규정하였다. 구체적으로는 각급별 학교폭력대책위원회의 구성과 운영, 학교폭력 예방대책의 수립과 실시, 정기적인 학교폭력실태에 관한 전수조사 및 예방교육, 학교폭력신고의무화, 학교폭력의 조사를 위한 전담기구의 설치, 피해학생에 대한 보호조치와 가해학생에 대한 조치, 전문상담교사의 배치와 재심청구 및 분쟁의 조정, 학교전담경찰관의 배치, 학생보호인력의 배치와 이를 위한 국가 및 지방자치단체의 재정적 지원 등 책무를 규정하였다.
구체적인 법 조항들을 보면, 교육인적자원부장관은 학교폭력 예

방 및 대책에 관한 정책목표 및 방향을 설정하고, 이에 따라 학교폭
력의 근절을 위한 조사·연구·교육 및 계도에 관한 사항 등이 포함된
학교폭력예방 및 대책에 관한 기본계획을 5년마다 수립하도록 하였
다(법 제6조). 그리고 특별시·광역시·도의 교육감은 기본계획에 따
라 학교폭력의 예방 및 대책에 관한 시행계획을 수립하도록 하고,
교육감은 학교의 장으로 하여금 학교폭력의 예방 및 대책에 관한
실시계획을 수립·시행하도록 하였다(법 제9조). 학교폭력 예방 및
대책과 관련된 사항을 심의하기 위하여 초등·중등 및 고등학교 등
에 당해 학교의 장을 위원장으로 하고 교사 및 학부모 등을 위원으
로 하는 학교 폭력대책자치위원회를 두도록 하고, 동 위원회에서 학
교폭력 예방 프로그램의 구성 및 실시, 피해학생의 보호 및 가해학
생에 대한 선도·징계에 관한 사항 등을 심의하도록 하였다(법 제10
조). 학교의 장은 학교에 상담실을 설치하고 전문상담교사를 두도록
하며, 교사 중에서 학교폭력문제를 담당하는 책임교사를 선임하도
록 하였으며(법 제12조), 학생의 육체적·정신적 보호와 학교폭력의
예방을 위한 교육을 정기적으로 실시하도록 하였다(법 제13조). 학
교폭력대책자치위원회는 피해학생의 보호와 가해학생의 선도·교육
을 위하여 필요하다고 인정하는 때에는 당해 피해학생 및 가해학생
에 대한 학급교체, 전학권고 또는 전학 등 필요한 조치를 할 것을
학교의 장에게 요청할 수 있도록 하였다(법 제14조 및 제15조).

정리하면, 이 법의 가장 주요한 점은 학교폭력을 일반적인 폭력
과 별도로 정의하는 별도의 법제를 처음 만들면서 피해학생의 보호
를 위한 법적 조치를 가능하게 했다는 점이다. 2004년 법 제정 이전
에는 학교폭력에 대한 법적 해결에 있어서 가해학생에 대한 선도·
처벌의 부분은 「초·중등교육법」을 근거로 한 선도위원회 등 징계4)

---

4) 초·중등교육법상 조치는 가해학생에 대한 징계는 가능했으나 학교폭력에
   맞는 특별한 조치들이 불가능하였고, 특히 피해학생에 대한 보호조치가 별

나 「소년법」으로 처리되었고, 가해자의 손해배상에 관한 부분은 민사소송 등을 통해 개인의 차원에서 해결되었을 뿐, 피해학생의 보호라는 부분은 고려되지 않았었다. 또한 학교폭력의 예방 및 대책을 위한 틀을 마련했다는 점에서도 의의가 있다고 하겠다.[5]

나. 2012년 일부개정법의 주요 내용

그러나 2004년 학교폭력예방법이 제정되고 몇 번의 개정을 거치면서도 학교폭력은 체감상으로 줄어들지 않았다.[6] 오히려 경찰청 통계상으로는 학교폭력 가해자는 2008년에는 25,301명을 기록하였고, 2012년까지 매년 2만 명을 넘어섰다. 급기야 2012년에는 23,877명으로, 2011년보다 오히려 2,100여명이 증가하기까지 했다.[7]

그런 와중에 2011년 3월 청주 고등학교 남학생 자살사건, 7월 대구 여중생 자살사건, 12월 대전 여고생 자살사건, 대구 남중생 자살사건, 청주 중학교 남학생 일진 폭행치사사건, 광주 중학교 남학생 자살사건, 2012년 1월 대전 여고생 자살사건, 전주 남고생 자살 사건 등으로 이어지면서 또다시 학교폭력에 대한 대책마련이 시급해졌다. 이에 정부는 2012년 2월 학교폭력 근절 종합대책을 발표하였고,

---

도로 없었다.
5) 이승현, "학교폭력 예방 및 대책에 관한 법률의 개정내용 및 개선방안", 형사정책연구 제23권 제2호 (2012. 6.), 166.
6) 2008년 일부개정에서는 학교폭력의 개념 속에 성폭력을 포함시켰으며, 피해학생에 대한 보호와 치료 비용을 학교안정공제회가 부담하고 가해학생의 보호자에게 구상할 있도록 하였으며, 가해학생에게 특별교육을 조치할 경우 보호자도 함께 교육을 받도록 하였다. 2009년 일부개정에서는 긴급상담 전화 설치, 피해학생에 대한 보복행위 금지, 장애학생 보호교육정을 마련하였고, 2011년 일부개정에서는 학교폭력대책자치위원회의 역할을 강화하였는데, 전체 위원 과반수를 학부모대표로 위촉하도록 하고, 회의결과를 공개하도록 의무화하였다.
7) 김승환, 박현호, "학교폭력의 양상 변화에 따른 처리절차 개선방안 연구", 경찰학논총 제14권 제2호 (2019), 203.

그동안 국회에서 심의되었던 개정법률안의 내용을 취합하여 2012년 3월 학교폭력예방법을 개정하였다.[8] 다음은 학교폭력예방법 2012년 일부개정법의 주요내용이다.

(1) 학교폭력의 정의 확대

기존의 학교폭력예방법 제2조 제1호에서는 학교폭력을 "학교 내외에서 학생간에 발생한 상해, 폭행, 감금, 협박, 약취·유인, 명예훼손·모욕, 공갈, 강요 및 성폭력, 따돌림, 정보통신망을 이용한 음란·폭력정보 등에 의하여 신체·정신 또는 재산 상의 피해를 수반하는 행위"로 규정하였다. 그러나 '학생간' 발생한 사건만을 학교폭력으로 규정하면서 일방이 학생이 아닌 경우에는 학교폭력이 아니어서 피해학생에게 학교폭력예방법상 보호조치를 할 수 없다는 문제가 있었다. 개정법에서는 이러한 문제를 해결하기 위해 학교폭력의 범위를 확대하여 '학생을 대상으로' 발생한 행위로 규정하였다(제2조 제1호). 또한 직접적인 폭력보다도 카카오톡 등 SNS를 통한 따돌림 등 폭력이 늘어나는 현상을 감안하여 '사이버따돌림'을 학교폭력의 유형으로 포함시켰다.

(2) 피해학생에 대한 조치 강화

원래 학교폭력예방법에는 피해학생을 보호하기 위해 피해학생에게 전학을 권고할 수 있도록 규정하고 있었다. 문제는 학교폭력이 발생했을 때 가해학생이 아니라 피해학생이 전학 가는 상황이 빈번해졌고, 이에 개정법은 피해학생에 대한 조치 유형 중에 '전학권고' 규정을 삭제하였다. 피해학생에 대한 조치를 자치위원회 요청 7일 이내에 이행하도록 하였고, 자치위원회가 피해학생에 대하여 보호

---

8) 이승현, 앞의 글, 162.

조치를 할 경우에는 피해학생 및 보호자의 의견 진술 기회를 주도록 하였다. 피해학생의 신속한 치료를 위해 학교의 장 또는 피해학생의 보호자가 원하는 경우 학교안전공제회 또는 시도교육감이 바로 비용을 부담한 후 구상권을 행사할 수 있도록 하여 피해학생을 두텁게 보호하였다(제16조). 기존의 가해학생의 전학 및 퇴학조치에 한정되었던 재심청구를 피해학생에게도 허용함으로써 피해학생에 대한 보호를 강화하였다(개정법 제17조의2).

(3) 가해학생에 대한 조치 추가

가해학생에 대한 기존 학교폭력예방법상의 조치9)만으로는 충분하지 않다고 판단하여 가해학생에 대한 제재를 보다 강화하였다. 가해학생에 대하여 피해학생뿐만 아니라 신고·고발학생과도 접촉을 금지하도록 하였고, 가해학생에 대한 조치로서 출석정지에 대하여 기간제한을 두지 않도록 하였다. 또한 피해학생의 2차 피해를 방지하기 위하여 가해학생이 협박이나 보복행위를 하는 경우에는 병과 및 가중조치를 할 수 있도록 하고, 가해학생이 해당 조치를 거부하거나 기피하는 경우에도 추가조치가 가능하도록 하였다(제17조).

또한 그때까지만 해도 가해학생 처벌에만 초점을 맞추고 있었을 뿐 아동·청소년을 감안한 회복적 교육에 대한 부분이 전무했다. 예를 들어 가해학생이 장기간 출석정지를 당하는 경우에도 다른 회복적인 교육 조치를 할 방안이 없었다. 이에 2012년 개정법에서는 가해학생에 대한 치료에도 초점을 맞추어 가해학생도 심리치료를 받도록 하는 규정을 신설하였다(제17조 제3항). 그리고 학교폭력이 발

---

9) 피해학생에 대한 서면사과, 피해학생에 대한 접촉, 협박 및 보복행위의 금지, 학교교체, 전학, 학교에서의 봉사, 사회봉사, 학내외 전문가에 의한 특별교육이수 또는 심리치료, 10일 이내의 출석정지, 퇴학처분 등 9가지로 규정하고 있었음.

생한 경우 가해학생 보호자도 특별교육을 받도록 하여(제17조 제9
항), 보호자의 책임성을 강조하였다(제22조 제2항).

(4) 학교폭력 조치 학교생활기록부 기재

학교폭력예방법에서 직접 규정한 내용은 아니지만, 학교 내 학교
폭력 조치와 처분에 있어서 가장 큰 양상의 변화를 가져온 부분이
다. 2012년 1월 27일 교육과학기술부는 학교폭력 근절을 위한 종합
대책의 일환으로 학교폭력과 관련된 사항은 학교폭력예방법 제17조
에 규정된 가해학생에 대한 조치사항을 입력하도록 '학교생활기록
작성 및 관리지침'10)을 개정하였다.

다. 2019년학교폭력예방법 개정 전까지의 비판점

(1) 학교폭력대책자치위원회의 전문성 확보 어려움

학교에서 학교폭력을 심의하여 학교장에게 조치를 권고하는 학
교폭력대책자치위원회의 법상 구성은 학교 교원과 학부모 대표뿐만
아니라 법학·의학적 지식을 가진 사람 등이다. 그러나 현실적으로
전국 모든 초·중·고등학교에 설치된 자치위원회에 이러한 전문가를
위촉하는 것은 현실적으로 어렵다. 특히, 자치위원회 전체위원 과반
수는 학부모 전체회의에서 직접 선출된 학부모대표로 위촉하게 되
어 있어서 자치위원의 다수는 학부모로 구성되었었다. 실제로 2015
년도 학교별 학교폭력자치위원회 구성 현황을 보면, 대부분의 학교
자치위원회 위원 중 교사 및 학부모 비중이 86.2%를 차지하고 있었
다.11) 그 결과 학교에서 학교폭력에 대해 심의를 할 때 전문성과 일
관성이 결여되는 경우가 많았다.

---

10) 교육부훈령으로서, 당시는 교육과학기술부훈령.
11) 하윤수, 앞의 글, 417.

(2) 교육적·회복적 갈등 해결의 어려움

가장 큰 문제점으로 꼽힌 것은 아무리 사소한 갈등이라고 하더라도 그 경중에 상관없이, 학생 또는 보호자가 학교폭력대책자치위원회 개최를 요청할 경우 반드시 학교폭력대책자치위원회를 개최할 수밖에 없었다는 점이다. 심지어 가해학생이 자신의 잘못을 인정하고 피해학생이 받아들여 교육적으로 잘 해결이 된 경우에도 보호자가 학교폭력대책자치위원회 개최를 요청할 경우 학교폭력대책자치위원회를 개최할 수밖에 없었다. 물론 교육부[12]에서는 학교장이 자체 종결할 수 있는 경우를 명시[13]하고는 있었으나, 이 경우에도 피해학생이나 보호자가 학교폭력대책자치위원회 개최를 요구하지 않을 경우에 해당되는 것이었기 때문에 현실적으로는 적용하기 어려웠다. 더구나 학교폭력예방법의 도입 배경이 학교가 학교폭력을 축소하거나 은폐할 수 있다는 불신에서 시작한 점을 감안해 볼 때, 학교에서는 아주 사소한 사안에 대해서도 교육적 해결보다는 학교폭력대책자치위원회를 통해 처분을 내릴 수밖에 없는 상황에 빠졌었다.

(3) 학생 낙인효과로 인한 인권침해

학교폭력 조치 결과를 학교생활기록부에 기재하는 것에 대하여는 다음과 같은 비판이 있었다.

"학교폭력 가해학생에 대한 부정적인 낙인효과를 유발할 뿐, 학교폭력의 예방에는 기여하지 못한다. 학교폭력을 예방하기 위하여는 교사와 학생간의 면담을 일상화하고 교사 간 협력적인 지도체제를 만들

---

12) 교육부, 학교폭력 사안처리 가이드북 (2018), 38.
13) ① 피해학생에게 신체·정신적 또는 재산상의 피해가 있었다고 객관적인 증거가 없고, 즉시 잘못을 인정하여 상호간에 화해가 이루어진 경우 ② 제3자가 신고한 사안에 대한 사안조사 결과, 오인신고였던 경우.

어 학생의 인권을 보다 덜 침해하면서도 학생에 대한 깊이 있는 이해
와 조력이 가능한 다양한 지도방법들이 존재함에도 불구하고, 심판대
상 조항들은 상급학교에 입시전형 자료로 제공되는 학교생활기록부에
조치사항을 기록, 보존하는 방법을 택하고 있다. 이것은 과잉금지원칙
에 반하여 청구인의 개인정보자기결정권 등을 침해한다."[14]

그러나 이에 대하여 헌법재판소는 "이 사건 기재조항 및 보존조
항은 학교폭력 가해학생에 대한 교정 및 선도와 학교폭력 예방을
그 목적으로 하는바, 그러한 입법목적의 정당성이 인정"된다고 보았
고, "또한, 학교생활기록부에 학교폭력 관련 조치사항을 기재·보존
하게 하면 담당교사가 학생 개인의 과거 행동에 대한 정보를 파악
할 수 있어 학생의 선도 및 교육 자료로 활용할 수 있을 뿐만 아니
라, 상급학교의 학생 선발자료로 활용될 수 있다는 측면에서 학생들
의 경각심을 고취하여 학교폭력을 예방하거나 재발을 방지하는 효
과가 있다 할 것이므로, 그 수단의 적합성도 인정된다."고 판단하였
다. 또한 "학교폭력 관련 조치사항들을 학교생활기록부에 기재하고
보존하는 것은, 가해학생을 선도하고 교육할 수 있는 유용한 정보가
되고, 특히 상급학교로의 진학 자료로 사용됨으로써 학생들의 경각
심을 고취시켜 학교폭력을 예방하고 재발을 방지하는 가장 효과적
인 수단이 된다."고 하면서 침해의 최소성도 인정하였으며, 마지막
으로 "이 사건 기재조항 및 보존조항이 달성하고자 하는 공익은 학
교폭력 가해학생의 선도 및 교육을 통한 학교폭력의 예방에 있다
할 것인바, 안전하고 건전한 학교생활을 보장하여 학생들을 보호하
려는 공익은 학교폭력의 가해자인 학생이 입게 되는 기본권제한의
정도에 비해 그 보호가치가 결코 작지 않다."고 하여 과잉금지원칙

---

14) 헌법재판소 2016. 4. 28. 선고 2012헌마630 결정 참조.

에 위배되지 않는다고 판단한 바 있다.[15]

(4) 교육보다는 쟁송의 장이 된 학교

최근에는 학생의 보호자가 학교폭력대책자치위원회를 진행하면서 변호사를 선임하는 경우가 많아졌다.[16] 게다가 절차의 진행뿐만 아니라 재심, 행정심판, 행정소송 등 후속조치까지 법적분쟁으로 이어지고 있다. 즉 학교폭력 조치 기록을 학교생활기록부에 남기면서 입시에 불리하게 적용이 되자 이것을 이용해서 가해자와 피해자 모두 학교폭력대책자치위원회의 결정을 인정하기보다는 법원의 판단까지 기다리는 양상이 생기고 있는 것이다. 또한 이 과정에서 학교폭력 담당교사가 소송을 당하는 일도 늘어나고 있다. 그 스트레스를 이기지 못한 교사가 극단적인 선택을 하는 일까지 발생했다.[17] 그 결과 학교는 경미하고 사소한 학교폭력이라고 하더라도 자신의 행위를 인정하고 회복하는 교육적 장소가 아니라 법적 시시비비를 끝까지 가리는 쟁송의 장소가 되었다.

라. 2019년 일부개정법의 주요 내용

이상에서 거론한 학교폭력예방법의 문제점에 따라서 여러 가지 비판이 있었고, 이에 이런 점을 감안하여 2019년 8월 학교폭력예방법의 개정이 있었다. 대략적인 내용을 살펴보면 학교에 설치하는 학교폭력대책자치위원회의 교육지원청별 이전, 전문성을 위한 학부모 구성 비율 축소, 경미 사안에 한해 학교장 자체해결제도 도입, 이원화된 재심과 행정심판 일원화 등의 변화가 있는데, 주요 항목별 개

---

15) 헌법재판소 2016. 4. 28. 선고 2012헌마630 결정 참조.
16) "학교 폭력에 변호사부터 부르는 부모들", 한국일보 (2017. 10. 27.), 1.
17) 아시아경제, "대법, '학교폭력' 담당교사 자살 '업무상재해'", http://www.asiae.co.kr/news/view.htm?idxno=2016021220171297848 (2016. 2. 14. 09:00).

정 내용과 의의를 살펴보면 다음과 같다.

(1) 교육지원청에 학교폭력대책심의위원회(이하 '심의위원회') 신설

각 교육지원청에 학교폭력을 심의하는 위원회를 설치하였다(제 12조). 기존에는 학교에 설치한 학교폭력대책자치위원회에서 학교 폭력 관련 사안을 심의했으나, 개정 후에는 학교에 있던 학교폭력대 책자치위원회를 폐지하고 대신 각 교육지원청에 설치하는 심의위원 회에서 학교폭력 관련 사안을 심의하는 것으로 변경되었다. 이러한 변경을 통해 학교 단위에서는 확보하기 힘든 위원의 인적 전문성을 제고하여 조치의 공정성이나 객관성을 더 확보할 수 있고, 결과적으 로 학교의 재심·소송 등 각종 법정 분쟁 부담을 줄이는 효과가 있을 것으로 기대된다.

(2) 심의위원회 학부모 구성 비율 축소

원래 학교 단위 학교폭력대책자치위원회 구성원 중 과반수는 학부 모 대표였으나, 개정 후에는 심의위원회 위원의 3분의 1 이상만 학 부모로 한다고 변경되었다. 이것은 심의위원회에 법률 분야나 청소 년 분야의 전문가를 더 확보하여 심의 과정에서의 전문성을 높이고 좀 더 공정성을 확보하기 위함이다.

(3) 경미한 사건 학교장 자체해결제도 도입

원래 법상에는 학교폭력 사안에 대한 학교장 자체해결제도라는 조항이 없었다. 그래서 경미한 사안의 경우에도 교육적 해결보다는 학교폭력대책자치위원회를 통한 절차적 해결을 해야만 하는 경우가 많았다. 그런데 개정법에는 피해 학생과 보호자가 심의위원회 개최 를 원하지 않고 일정한 조건[18]을 충족하는 경미한 학교폭력의 경우에는 학교장이 자체적으로 해결할 수 있음을 명시하였다. 이를 통해 학교에서는 경미한 학교폭력 사안에 대해서는 교육적 해결이 될 것으로 기대하고 있다. 그리고 회복적 교육 환경 조성을 위하여 경미한 사안의 경우 가해학생에 대한 서면사과, 접근 금지, 학교 봉사 처분은 학교생활기록부 기재를 1회 유보할 수 있는 근거[19]를 마련하였다.

(4) 행정심판으로 재심 일원화

기존에는 피해학생이 가해학생에 대한 조치에 이의를 제기할 때는 시·도에 설치된 지역위원회에 재심을 청구하고, 가해학생은 자신에 대한 조치가 부당하다고 판단했을 때 교육청에 설치된 시·도학생징계조정위원회에 재심을 청구하도록 이원화되어 운영하고 있었다. 개정 후에는 피·가해학생 모두 행정심판으로 재심을 청구할 수

---

18) 1. 2주 이상의 신체·정신 치료를 요하는 진단서를 발급받지 않은 경우
   2. 재산상 피해가 없거나 즉각 복구된 경우
   3. 학교폭력이 지속적이지 않은 경우
   4. 학교폭력에 관한 신고, 진술, 자료제공 등에 한 보복행위가 아닌 경우
19) 초·중등교육법 시행규칙 제21조(학교생활기록의 기재내용 등) ② 제1항제6호 후단에 따라「학교폭력예방 및 대책에 관한 법률」제17조제1항제1호부터 제3호까지에 따른 조치사항에 관한 내용을 적어야 하는 경우는 다음 각 호의 어느 하나에 해당하는 경우로 한정한다. 이 경우 제2호에 해당하는 경우에는 그 다른 학교폭력사건으로 받은「학교폭력예방 및 대책에 관한 법률」제17조제1항제1호부터 제3호까지에 따른 조치사항에 관한 내용도 함께 적어야 한다.
   1. 해당 학생이「학교폭력예방 및 대책에 관한 법률」제17조제1항제1호부터 제3호까지에 따른 조치사항을 이행하지 않은 경우
   2. 해당 학생이「학교폭력예방 및 대책에 관한 법률」제17조제1항제1호부터 제3호까지에 따른 조치를 받은 후 동일 학교급에 재학하는 동안(초등학생인 경우에는 그 조치를 받은 날부터 3년 이내의 범위에서 동일 학교급에 재학하는 동안) 다른 학교폭력사건으로 같은 조 제1항의 조치를 받은 경우·

있도록 일원화하였다.

마. 2019년 일부개정법의 가능성과 한계

이상에서 학교폭력예방법 2019년 일부개정한 내용을 살펴보았다. 2019 개정법은 그동안 비판받던 학교폭력예방법의 문제점을 일정부분 보완하였다는 점에서 의의가 있다. 특히 학교를 쟁송의 장으로 만들었던 학교폭력대책자치위원회의 업무를 교육지원청의 심의위원회에서 일괄적으로 처리하도록 하고 경미한 사안의 경우 학교장이 종결할 수 있도록 한 것은 교육계의 의견을 가장 크게 반영한 것으로 볼 수 있다. 그러나 학교장 자체해결제도를 명시적으로 도입했다고는 하나 이 경우에도 요건이 엄격하고 무엇보다 당사자들이 심의위원회에서 처리를 원할 경우에만 가능하기 때문에 학교장 자체해결제도는 사실상 유명무실하다고 볼 수 있다. 게다가 경미한 사안의 경우 학교생활기록부 기재를 1회 유보할 수 있도록 하기는 했으나 학교생활기록부 기재 제도 자체는 그대로 있으므로 아동·청소년에 대한 인권침해적 요소와 이로 인한 반복되는 불복과 쟁송의 여지[20]는 그대로 남겨놓았다. 그러므로 해외에서는 학교폭력을 어떻게 접근하고 있는지 살펴본 후 문제점에 대한 개선 방안을 모색해 보고자 한다.

---

20) 피해자는 가해자에게 학교생활기록부에 기재될 수 있는 처분을 받도록 하기 위해서 행정심판을 청구할 것이고, 다시 가해자는 학교생활기록부에 기재될 수 있는 처분을 받은 경우에는 끝까지 인정하지 않고 행정심판으로 불복하는 일이 반복될 것이다.

Ⅲ. 학교폭력에 관한 해외 사례

여기에서는 학교폭력 문제에 대해서 국가 차원에서 비교적 체계적이고 적극적인 대처를 하고 있어 시사점이 있는 국가인 독일, 영국, 노르웨이의 주요 특징들을 살펴보았다.

1. 독일

가. 개관

독일은 학교폭력에 대한 별도의 단일법을 두고 있지는 않고, 각 주에서 개별적인 법으로 정하고 있다.[21] 즉 독일은 학교와 관련된 사항 16개를 주별로 결정하게 되고, 학교 내의 조처나 학교폭력에 관련된 처리는 연방법으로 해결하지 않고 각 주의 학교법률에 따라 규율하고 있는 것이다.[22] 독일은 1980년 후부터 학교폭력의 심각성이 대두하기 시작하여, 1987년에 미국과 프랑스의 학교폭력 예방모델을 기초하여 정부위원회를 설치하였다. 1990년 독일 통일 후의 급격한 사회상의 변화는 학교 내 갈등의 비화에도 많은 영향을 미쳤는데, 이에 따라 1990년대부터 학교폭력에 대한 실태조사와 연구가 본격적으로 이루어지기 시작했다. 2002년 에르푸르트(Erfurt) 김나지움의 총기 난사 사건은 학교폭력에 대한 적극적인 대책 수립이 시작되는 도화선이 되었으며, 독일 내 학교폭력 사고와 자살, 그리고 우울증 등 정신질환 등으로 인하여 보험사의 경제적 손실이 발생하

---

21) 윤태현, "학교폭력예방 및 대책의 실효성 제고 방안", 박사학위 논문, 한양대학교 (2017), 87.
22) 정향기, "학교폭력 예방제도의 문제점과 개선방안에 관한 법적 연구", 박사학위 논문, 동아대학교 (2017), 98.

면서 민간보험사의 적극적인 개입으로 학교폭력에 대한 실태조사, 학교폭력 예방프로그램의 개발과 지원이 이루어지게 되었다. 보험 사가 대학 등 연구기관과 협력하여 조사와 연구가 이루어지고, 학교 및 교육청과 연계하여 예방프로그램 개발 역시 지원하고 있다.23)

나. 학교폭력 대처의 주요 특징

(1) 보험제도를 통한 적극적인 피해자 보상

학교폭력과 관련하여 안전사고의 발생 시에는 보험기관과 연계 하여 보상에 힘을 쏟게 되어 있다. 보험기관은 사후처리 차원에서 소극적인 피해보상만이 아닌 학교 내 각종 사고를 예방하고 대책을 수립하는 단계에서부터 적극적으로 참여할 의무를 지고 있다.24) 이 를 통해 학교폭력의 피해자들은 신속한 피해지원을 받을 수 있다.

(2) 학교폭력 처리 절차의 유기적 협력 체계 구축

독일에서의 학교폭력은 경중에 따라 사안을 3단계로 나누어 처 리한다. 가벼운 사건은 학교 내에서 교육 조치나 징계 조치를 통해 처리하고 있지만, 중대한 사건이면 바로 경찰에 신고되어 사법절차 가 진행된다. 저 위험에 해당하는 I단계 사안의 경우 학교 내에서 사안을 책임지고 처리하게 된다. 다만, 학교가 교육적 문제 해결을 시도하기가 어렵고, 외부기관이나 경찰의 도움이 필요한 경우, 사건 이 공공의 관심사면 문서로 보고를 해야 한다. 중 위험에 해당하는 II단계 사안의 경우 학교와 경찰이 협력하여 학교 외부의 지원제도 를 활용하여 처리할 필요가 있다. 자살 시도나 가정폭력의 경우 청 소년국이나 보건국의 지원시스템을 활용하여 실시한다. 고위험에

---

23) 국회도서관, 학교폭력 한눈에 보기 (2013), 58.
24) 정향기, 앞의 글, 104.

해당하는 III단계 사안의 경우 학교가 경찰 110 또는 소방서 112신고를 하고, 경찰이 즉시 개입하여 처리한다. 학교는 즉시 폭력 예방과 위기 상황 개입을 할 수 있는 교육상담사와 관련 담당자에게 도움을 요청하고 학교책임자와 사고보험(Unfallkasse)에 즉시 신고한다.[25] 즉 학교에서의 학교폭력 처리과정에서 교육적 절차와 형사적 절차가 유기적으로 이어지는 것이다.

(3) 의미있는 분쟁조정 절차

독일의 학교폭력 분쟁조정절차에는 행위 중재제도와 가해자-피해자 조정제도가 있다. 먼저 2011년 5월부터 시행되고 있는 행위 중재제도는 학교에서 일상적으로 발생할 수 있는 폭력 문제가 발생한 경우 외부의 분쟁조정자가 개입하여 문제를 풀어가도록 하는 방법이다. 학교 간의 문제, 교사와의 문제, 학생과 교직원 간의 문제 등이 중재 대상이 되는데, 학교와 관련자는 12세 이상의 학생을 대상으로 중재 신청을 할 수 있으며, 신청하게 되면 해당 사무실에서 당사자들이 협의하게 되고 학생의 부모가 원할 때 참여할 수 있다. 중재가 끝나면 당사자는 분쟁조정에 관한 결과를 통지받게 되고, 사법절차가 진행 중인 사건은 분쟁조정자와 사법기관도 함께 통지를 받는다. 그리고 가해자-피해자 조정제도는 1991년부터 재판 외 중재 방법으로 활용되고 있는 제도로 당사자의 의사에 따라 무료로 제공된다. 14세 이상 21세 이하 가해 학생을 대상으로 할 수 있고, 이 조정에서는 손해배상 해결만이 아니라 폭력으로 인한 분노나 원상회복의 방법 등에 대하여도 구체적으로 논의한다. 가해자-피해자 조정제도는 합의 중재와 달리 중대한 학교폭력에만 적용할 수 있다. 조정자가 조정 결과를 사법기관에 보고하면 이 결과를 참고하여 가해

---

25) 정향기, 앞의 글, 101.

학생에 대한 처벌 수위를 결정한다.[26]

(4) 사전 예방과 지원 프로그램과 지원

독일은 사전예방적인 관점에서 프로그램을 운영하는 경우가 많아 가해 학생이 되기 이전의 단계에서 운영하는 프로그램이 많다. 가령 베를린의 Übergang 프로젝트는 아동 정신과 의사에 의해 일반적인 학교 시스템에 입학시키는 것이 부적합하다고 평가되어 특별한 지원이 요구되는 학생, 혹은 자신이나 타인에게 위험을 가할 가능성이 커 일반 학급에 수용하는 것이 어렵다고 평가되는 학생에 대하여 지원하는 프로그램이다. 특히 징계 조치를 받아 다른 학교로 전학을 가게 된 아이들이 이전 학교에서의 부정적 경험으로 인해 쉽게 새로운 학교에 적응하지 못하거나, 수업을 꺼리거나, 계속해서 폭력적 성향을 표출하게 될 때 적용한다. 이 프로젝트는 주로 교사 상담(Lehrerberatung), 학부모 상담(Elternberatung), 학급에의 융화(Integration in den Klassenverband), 임시 학습 그룹(Übergangsklasse), 학교와 청소년지원자의 협력(Kooperation zwischen Schule und Jugendhilfe) 등을 활용한다. Übergang 프로젝트는 매년 개최되는 통합전문운영위원회(Integrationsfachkonferenz)에서 참여 여부를 결정하지만, 아동의 프로젝트 참여 기간은 1년에서 3년 사이로 결정된다. 학생의 참여가 결정되면 10시부터 11시 30분까지 임시 학습그룹에 참석하여 당해 학생은 기본적인 학교 수업에 참석하고, 일주일에 4회 정서발달을 위한 다양한 지원을 받게 된다.[27]

또한 독일의 청소년 복지 지원법(Kinder-und Jugendhilfegesetz)은

---

26) 이승현·정제영·강태훈·강무영, "학교폭력 가해 학생 관련정책의 효과성 분석 연구", 한국형사정책연구원 (2014), 77, 166.

27) 이승현·이천현·안성훈·박성훈·이덕난·김영식, "현장중심 학교폭력 개선을 위한 법제도 구축방안", 경제·인문사회연구회 (2013), 473~474.

모든 양육권자는 교육이나 안전의 위협을 받을 때 아동·청소년이 성장하는 과정에서 지원해야 함을 규정하고 있다. 이에 이 법은 학교폭력으로 문제의 내용이나 상황에 따라 위기 상황에 놓인 청소년에 대하여 민간단체 등의 다양한 지원서비스를 제공한다. 청소년 복지 지원법에 따라 청소년복지지원이 학교와 연계되어 이루어질 수 있도록 하였다.[28]

2. 영국

가. 개관

영국은 학교폭력이 사회적 이슈가 된 1990년대 후부터 다양한 대책 마련을 내놓고 있다. 영국 정부는 청소년 범죄, 학교폭력 및 비행, 무단결석 등을 방지하기 위하여 이를 뒷받침할 수 있는 법령을 제정·공포하였는데 「교육법(The Education Act, 1996)」, 「인권법(Human Rights Act, 1998)」, 「학교 기준 및 구조법(The School Standard and Framework Act, 1998)」, 「교육 및 감사법(Education and Inspections Act, 2006)」 등이 대표적인 관계 법령이고, 가장 중요한 법은 1998년에 제정된 범죄와 무질서대응법(The Crime and Disorder Act)으로 학교폭력 예방을 위한 회복적 소년사법에 대한 내용을 담고 있다. 이하의 내용은 대부분 이 법을 바탕으로 한 정책과 제도들이다.

나. 학교폭력 대처의 주요 특징

(1) 학교전담경찰관의 많은 권한과 역할

주목할 만한 일로 경찰에게 많은 권한과 역할이 주어져 있다.

---

28) 이승현·정제영·강태훈·강무영, 앞의글, 77, 163~164.

영국 경찰기관은 영국 전체의 이만여 개의 학교 중, 약 오천여 개의 학교에 전담경찰관제(1천여 명의 경찰관이 담당)를 운영하고 있다. 또한, 선도 조건부 훈방제도를 두어서 '최후 경고제(Final Warnings)' 등을 운영하고 있다.29)

구체적으로 보면 영국에서는 경찰에게 학생지도 및 단속의무 조항을 두어 야간통행금지시간을 정하거나 통행금지 위반 학생을 귀가시키고 필요한 경우 별도의 시설에서 보호하게 하는 등, 학교폭력을 비롯한 학교 내·외의 사고를 예방하고 단속하는 데 있어서 경찰에게 많은 권한과 역할을 부여하고 있다.30)

학교전담경찰관은 '최후 경고제(Final Warnings)'를 실시하고 있다. 이는 법률을 세 번 위반할 경우 적용되는 제도로서 경찰은 소년범을 체포했을 때 범법행위의 형태나 심각성, 처벌 시 유죄판결의 가능성, 자백 여부 및 범죄전력, 처벌 시 공익성 부합 여부 등의 평가 후 결정을 내리게 되고 이때 평가는 위험성 요인 평가 기준에 따라 행해지게 된다. 가벼운 초범의 경우 1차 경고하고, 재범 시 최종 경고 후 '지역 청소년 범죄예방 팀(Youth Offendings Team, YOT)'에 신속히 인계하여 선도프로그램에 참여하도록 하고 있으며, 마지막으로 세 번째 체포된 경우 형사처분한다.31)

(2) 학생 보호자에 대한 책임 강화

영국은 학교폭력을 단순한 학생비행의 문제로 보지 않고, 교육법을 개정하여 학교 밖 청소년, 퇴학생과 자퇴생에 대한 교육대책을

---

29) 김형섭, "학교폭력예방을 위한 법제연구", 박사학위 논문, 영남대학교 (2012), 140.
30) 박효정·정미경·박종효·한세리, "학교폭력 실태의 이해와 진단", 한국교육개발원 연구 17권 (2005), 95-196.
31) 제경덕, "학교폭력에 대한 경찰의 효과적인 대응방안에 관한 연구", 석사학위 논문, 창원대학교 (2015), 42.

마련하고 시행하였다. 그러면서 가정에서의 역할이 중요하다는 인식하에 1990년대 이후에 부모책임법(Parental Responsibility Law)을 대안으로 입법화를 추진하였다. 이는 유럽연합에서 비단 학교폭력의 문제에서뿐 아니라, 아동과 청소년의 보호를 위한 규정을 입법화하는 것으로 이어졌다. 우선 영국의 경우, 부모책임법에서 자녀의 비행과 범죄에 책임을 부모에게 부과함으로써 부모의 의무적 참여, 심리비용에 대한 금전적인 책임, 피해배상에 대한 부모의 책임, 처우 비용에 대한 부모의 부담, 전환프로그램에 대한 부모참여 의무화, 부모를 대상으로 한 상담 및 프로그램에 의무적 참여, 사회봉사명령, 벌금과 구금과 같은 규정을 둠으로써 학교폭력으로 인한 부모의 책임이 다양한 방식으로 등장하게 되었다.[32]

(3) 피해자와 가해자 모두를 위한 전문적 프로그램

영국의 학교폭력 예방정책은 Anti Bullying Campaign;(ABC) 이다. 이 정책은 학교폭력 가해자와 피해자 모두를 공정하게 처리하고 있는 것이 특징이다. 가해자를 위한 교육시설인 Secondary Support Unit, 피해자를 위한 교육시설인 Red Balloon과 같은 대안 교실이 마련되어 괴롭힘과 관련된 학생들을 위해 별도의 교육시설이 운영되고 있다. 영국의 학교폭력 예방정책은 교육부와 사법부가 긴밀하게 협조하면서 대처한다는 점에서 그 특징을 찾을 수 있다. 학교폭력문제가 발생할 때, 단호하고 엄중하게 처리하되, 사법부에 소속된 소년원에서 범죄심리학을 전공한 전문가들이 가해자에게 맞는 맞춤형 교육프로그램을 제공하여 처벌보다는 교화를 중시하여 대응하고 있다. 영국은 정규교육과정에 어려움을 호소하는 학생, 특히 공격적이거나 반사회적 행동을 하는 등, 탈락위험에 처한 학생을 지원하는

---

32) 김은경, "21세기 소년사법 개혁과 회복적 사법의 가치", 형사정책연구 제18권 제3호 (2007), 1175.

교육서비스가 있다. 대체로 개방적이면서 보호와 동기유발을 일으키는 교육환경에서, 스스로 자신을 가치 있게 여기며 다른 사람을 존중할 줄 아는 사람으로 양육하면서 정규학교로 되돌려 보내는 것을 목표로 하고 있다. 이 프로그램에는 한 주간 동안 2일 또는 24주 프로그램 등이 있다.[33]

3. 노르웨이

가. 개관

노르웨이에서 1982년 학교폭력에 시달려 왔던 청소년 세 명이 자살한 사건이 발생하자 노르웨이 교육연구부에서 국가적 차원의 학교폭력 예방 및 대처방안 관련 프로그램을 개발함으로써 학교폭력 대처가 체계화되었다.[34] 처음 노르웨이는 1998년의 교육법(The Education Act)에 따라 학교폭력 예방과 대책을 위한 법적 근거를 마련하였으며 2003년 4월부터 노르웨이 모든 학교에 이를 적용하고 있다.[35] 노르웨이는 2004년 OECD 국가 국제 네트워크에서 괴롭힘 및 학교폭력 관련하여 2006년까지 국제 전문가로서 정부 간 다국적으로 학교폭력 근절을 위한 국제적인 활동을 주도했다. 또한, 노르웨이는 국제사회로부터 학교폭력 예방정책이 우수하다는 평가를 받았고, 노르웨이 교육부를 중심으로 국제네트워크가 구성되어 국제네트워크의 핵심 집단(The Steering Group)으로서 주도적인 역할을 하고 있다.[36]

---

33) 정향기, 앞의 글, 85-87.
34) 금명자·오혜영·조은경·백현주·신주연, "학교폭력예방과 대처를 위한 연계 체제 구축방안", 한국 청소년상담원 (2005), 20.
35) 박종효, "노르웨이 학교폭력 근절을 위한 매니페스토(Manifesto against Bullying)", 한국교육개발원 교육정책포럼 149호 (2007), 326.

나. 학교폭력 대처의 주요 특징

(1) 보호적 관점이 아닌 권리 주체로서의 청소년 교육

노르웨이에서 학교폭력과 직접적인 관련이 있는 법 조항은 교육법 9조 제2항과 3항이다. 제2항은 학생들의 기본적인 안정을 보장하는 데 필요한 학교의 물리적 환경에 대한 권리를 규정하고 있다. 이 조항에 따르면 학생들은 스스로 학교의 물리적 환경 즉 채광, 환기, 온도 및 소음 등에 관심을 가지고 지켜보고, 개선이 필요한 경우 반드시 보고하도록 저학년부터 철저하게 교육받는다. 이렇게 학생 스스로 자신의 환경적 권리에 대한 인식과 개선 요청의 주체가 됨으로써, 모든 학생이 실질적으로 물리적 보호를 받을 수 있도록 보장하고 있다.[37]

(2) 폭력 방관자가 아닌 옹호자로서의 교육

노르웨이 교육법 제3항은 "학교에 고용된 사람들은 특정 학생이 괴롭힘에 관한 행위, 인종차별적 행위, 폭력적 행위를 당한 사실에 대해 숙지하거나 의심할 수 있어야 하며 가능한 한 빨리 해당 문제를 조사해서 학교 관리자에게 알려야 한다. 만일, 가능하다면 직접 개입하여 조처해야 한다."고 규정하고 있다.[38] 아울러 "이러한 피해를 본 학생은 누구든지 학교에 연락할 수 있으며 학교에 적절한 조처를 해 주라고 요구할 수 있다."라고 규정하고 있다.[39] 그리고 학급에서는 발생하는 예방 및 처치에 대한 활동은 괴롭힘 등의 폭력에

---

36) 교육인적자원부, "학교폭력 대처 정책 선진국 체험 연수 보고서", 교육인적자원부 (2005), 1, 20-21.
37) 정향기, 앞의 글, 89.
38) 박효정·정미경·박종효·한세리, 앞의 글, 95~196.
39) 박종효, 앞의 글, 326.

반대를 표명하는 학급규칙을 정하고 강화해 나가면서 정규적인 학급회의와 친 사회적인 행동에 대한 규범, 공감 능력과 지식의 증가, 부모와의 만남과 부모의 적극적인 개입 등으로 학교폭력 예방을 위하여 활동하도록 하고 있다. 그리고 폭력을 목격하면 반사적인 표현으로 '멈춤(Stop)'을 합창하게 한다. 수시로 학급회의를 개최할 때에도 학생들은 방관자가 되지 않고 적극적으로 대응할 수 있도록 교육하고 있다.[40]

(3) 교장, 교사, 학부모, 학생 등 모든 구성원이 함께 참여하는 학교폭력 근절 프로그램

2003년도에는 집단따돌림에 대한 대처 방안으로 Zero Program(제로 프로그램)을 도입했다. 제로(Zero) 내에는 각 학교의 교장과 담임, 부모와 학생 등으로 집단을 구성하고 세미나를 개최한다. 학교폭력 예방을 위한 대응방안으로 학교폭력에 대응하는 역량을 키우는 일에 집중되어 있다. 매년 6회 이상 세미나를 개최하고 외부전문가를 초청한다. 무관용, 책임과 헌신, 지속적인 대처라는 3대 원칙에 따라 운영되고 있다.[41]

4. 소결

이상에서 독일, 영국, 노르웨이의 학교폭력 대처 사례에 대해서 살펴보았다. 독일의 경우 보험제도를 통한 적극적인 피해자 보상, 학교폭력 처리 절차의 유기적 협력 체계 구축, 의미있는 분쟁조정 절차, 사전 예방과 지원 프로그램과 지원을 주요 특징으로 꼽았고,

---

40) 정향기, 앞의 글, 92.
41) 정향기, 앞의 글, 93.

영국의 경우 학교전담경찰관의 많은 권한과 역할, 학생 보호자에 대한 책임 강화, 피해자와 가해자 모두를 위한 전문적 프로그램을 주요 특징으로 살펴 보았다. 마지막으로 노르웨이의 경우 보호적 관점이 아닌 권리 주체로서의 청소년 교육, 폭력 방관자가 아닌 옹호자로서의 교육, 교장, 교사, 학부모, 학생 등 모든 구성원이 함께 참여하는 학교폭력 근절 프로그램을 통해 학교폭력에 대처하고 있었다. 이러한 부분들은 우리도 적극적으로 반영할 부분이라고 할 수 있겠다.

IV. 학교폭력 관련 법제 및 정책의 개선방안

지금까지 학교폭력 관련 우리 법제와 외국의 주요 사례들을 살펴보았다. 이를 바탕으로 현재 법제의 문제점은 무엇인지 다시 한 번 살펴보고 외국의 사례 등을 참고하여 이에 대한 개선방안들을 모색해보도록 하겠다.

1. 비판점

앞에서 이미 살펴보았지만, 우리나라는 학교폭력예방을 위하여 학교폭력예방법이라는 별도의 법을 제정하여 대처하고 있다. 그리고 이 법에서 학교폭력예방을 위한 절차 및 교육, 그리고 권한과 책임 등을 규정하고 있다. 그러나 앞서 본 해외의 사례에서처럼 학교폭력은 단순히 하나의 법으로서 해결할 수 있는 문제가 아니라 다양한 차원에서의 접근이 필요하다. 특히 우리 학교폭력 법제 및 정책의 대표적인 문제는 크게 ① 교육과 형사·사법 절차가 유기적으로

254 아동·청소년의 권리에 관한 연구

연결되어 있지 못하여 중복된 절차가 지속적으로 반복되는 점, ②
지나치게 '응보'와 '보호'의 관점에서 학교폭력의 문제를 바라보는
경향이 있는 점, ③ 학교 안의 문제로만 보아서 다양한 주체의 협력
이 부족한 점 등을 꼽을 수 있다. 이에 대해서 하나씩 살펴보자.

2. 교육과 형사·사법 절차의 유기적 결합

현재 학교 내에서 학교폭력이 발생했을 때 회복적 접근이 어려운
이유 중 하나는 학교의 학교폭력 처리 절차와 형사적 절차가 분리
되어 있다는 것이다. 즉 학교 내에서 학교폭력 절차가 진행된다고
하더라도 피해자가 형사절차를 원할 경우 형사절차가 별도로 진행
되면서 학교는 곤란한 상황에 빠지게 된다. 가령 가해학생이 학교폭
력으로 처분은 받았지만 형사적으로 혐의가 없을 경우, 학내에서는
새로운 분쟁의 빌미가 될 수 있기 때문에 형사 결과가 나오기 전까
지 현실적으로 절차를 진행하기가 쉽지 않은 경우가 발생한다.[42] 또
한 학교에서 피해학생과 가해학생에 대하여 화해나 중재를 하려고
해도 학교는 이에 대한 특별한 권한도 없고, 사법절차와의 명확한
관련성이 규정되어 있지 않은 상황에서 이뤄지기도 쉽지 않은 것이
현실이다. 결국 학교에서는 징계로서의 절차만 남을 뿐 교육이나 중
재를 통한 회복적 절차가 이뤄지는 것이 어려워진다.

이에 대하여 독일과 영국의 사례를 참고할 필요가 있다. 앞에서
본 것처럼 독일에서는 경중에 따라 사안을 단계별로 나누어 처리한
다. 즉 단계별로 학교 내에서 처리할 문제, 경찰이 개입하는 사안으

---

42) 물론 형사적으로 문제가 없다고 하더라도 얼마든지 학교폭력예방법에 따른
학교폭력이 인정될 수 있다. 여기에서 말하는 문제점은 법적으로 불가능하
다는 것이 아니라 두 절차가 중첩되어 진행됨으로써 학내에서의 실질적인
사안 해결이 어려워지는 경우가 발생한다는 것이다.

로 나뉘는 것이다. 사안에 따라 학교는 경찰과 교육상담사 등의 적극적인 지원을 받는다. 물론 우리도 학교전담경찰관이 있고 학교폭력에 있어서 일정한 역할을 맡고 있다. 그러나 이것은 인적인 지원에 가깝고, 실제 영국처럼 학교전담경찰관이 교육에 있어서 권한을 가지고 있거나 기능을 한다는 규정이 없다. 그러므로 추후 학교폭력 관련 법제의 개정을 통해서 학교전담경찰관의 역할에 교육적 권한을 포함시키고, 학교 안에서 교육과 회복적 절차를 통해서 해결할 수 있는 사안들은 학교 내의 절차를 통해서 해결하도록 하여 일정 기준에 따라 형사 절차로 진행되어야 하는 사안은 다음 단계로 격상시켜 처리를 해야하는 것이 바람직하다.

이때 중요한 것은 형사 절차로 진행된 사안의 경우에도 단순히 처벌만으로 끝나지 않고, 실제 교육적 의미가 있도록 해야한다는 것이다. 그렇게 되기 위해서는 영국의 '최후 경고제(Final Warnings)'를 참고할 필요가 있다. 청소년이 학교폭력 때문에 형사 절차를 밟을 경우, 범법행위의 형태나 심각성, 처벌 시 유죄판결의 가능성, 자백 여부 및 범죄전력, 처벌 시 공익성 부합 여부 등의 평가 후, 가벼운 초범의 경우 1차 경고하여 학교에서 회복적 교육을 받을 수 있도록 독려하고 재범 시 최종경고 후 전문적인 지역 선도프로그램에 참여하도록 하고, 마지막으로 세 번째 체포된 경우 형벌하는 방안을 생각해 볼 수 있다. 이렇게 되었을 때 학교폭력 조치 결과를 학교생활기록부에 기재하는 문제도 조금 해결될 여지가 있다. 학교폭력 조치를 학교생활기록부에 기재하는 문제는 어려운 문제다. 개인적으로는 낙인 효과로 인한 인권침해의 문제가 있다. 나아가 실질적으로는 학교나 학생의 입장에서 보았을 때 학교생활기록부 기재로 인한 긍정적 효과보다는 부정적 효과가 크다고 생각한다. 다른 한편 현실적으로는 피해자들의 응보라는 정의와 충돌하는 지점도 있다. 그러나 학교폭력 사안을 단계별로 다뤄서 학교에서 해결하기 힘든 사안의 경우 형사적 처벌까지 받을 수 있게 한다면 학교생활기록부 기재의 당위성이 그만큼 줄 수 있으므로 폐지될 수 있을 것이라고 생각한다.

끝으로 회복적 교육을 위하여 학교나 교육지원청의 심의위원회의 분쟁절차가 실효가 있으려면, 독일처럼 중재가 끝나면 당사자는 분쟁조정에 관한 결과를 통지받게 되고, 사법절차가 진행 중인 사건은 분쟁조정자와 사법기관도 함께 통지를 받게 하고, 조정자가 조정 결과를 사법기관에 보고하면 이 결과를 참고하여 가해 학생에 대한 처벌 수위를 결정하는 등의 실질적인 연결 절차를 만들어두어야 한다.

3. 권리와 가치로서의 학교폭력 예방교육

우리는 과도하리만큼 학생을 학교폭력으로부터 '보호'받아야 할 '객체'로 보는 경향이 있다. 그러나 실제로 폭력을 막을 수 있는 것은 타인의 꼼꼼한 감시를 통한 보호가 아니라 자발적인 의식을 통해 가능하다. 우리도 초·중등교육법에 학생의 인권을 보장해야 한다는 점이 명시되어 있지만, 구체적으로 학생들이 어떤 권리를 가지고 있는 지에 대해서는 나와 있지 않다.[43] 이 점에 대해서는 노르웨이의 사례를 적극적으로 참고해야 한다. 노르웨이가 교육법에서 학생들의 기본적인 안정을 보장하는 데 필요한 학교의 물리적 환경에 대한 권리를 규정하고 이를 통해 학생 스스로 학교의 물리적 환경 즉 채광, 환기, 온도 및 소음 등에 관심을 가지고 지켜보고, 개선이 필요한 경우 반드시 보고하도록 저학년부터 철저하게 교육하는 것처럼 학생을 하나하나의 주체로서 교육해야 한다. 그러려면 단순히 '학교폭력이 나쁘다'라는 교육이 아니라 '일체의 폭력은 나쁘다'라

---

43) 서울, 경기도 등 몇 곳의 지자체별로 '학생인권조례'를 두고 있는 경우는 있다.

는 가치교육이 동반되어야 한다. 즉 학교라는 공간에서는 학생과 학생뿐만 아니라 누구에게도 폭력은 허용될 수 없다는 점이 공유되어야 한다. 그리고 이를 통해서 학생들 스스로 학교폭력의 방관자가 아니라 옹호자가 될 수 있도록 교육이 되어야 한다.

4. 학교폭력 예방과 회복을 위한 다양한 주체들의 적극적 지원

학교폭력의 예방과 해결은 학교 안에서만의 노력으로는 절대적으로 부족하다. 학교뿐만 아니라 청소년을 둘러싼 다양한 주체들의 적극적인 지원과 노력이 필요하다.

먼저, 가정의 역할이 가장 중요할 수밖에 없다. 가정에서 불행한 청소년은 학교폭력의 피해자나 가해자가 될 확률이 높을 수밖에 없다. 여기에 대해서는 영국의 부모책임법을 참고할 수 있다. 영국은 학교폭력을 단순한 학생비행의 문제로 보지 않고, 교육법을 개정하여 학교 밖 청소년, 즉 퇴학생과 자퇴생에 대한 교육대책을 마련하고 시행하였는데, 자녀의 비행과 범죄의 책임을 부모에게 부과함으로써 부모의 의무적 참여, 심리비용에 대한 금전적인 책임, 피해배상에 대한 부모의 책임, 처우 비용에 대한 부모의 부담, 전환프로그램에 대한 부모참여 의무화, 부모를 대상으로 한 상담 및 프로그램에 의무적 참여, 사회봉사명령, 벌금과 구금과 같은 규정을 두었다. 청소년 보호자의 책무성을 담보하는 법령 개정이 필요하다.

또한 독일과 영국과 같이 전문적인 학교폭력 예방 프로그램 및 설사 학교폭력에 연루되었다고 하더라도 회복하고 적응할 수 있는 전문적인 프로그램의 지원이 필요하다. 독일처럼 전문적인 의사가 특별한 지원이 요구되는 학생을 지원하거나, 피해자뿐만 아니라 가해학생이라고 하더라도 이전 학교에서의 부정적 경험으로 인해 쉽게 새로운 학교에 적응하지 못하는 학생을 위한 교사 상담, 학부모

상담, 학급에의 융화, 임시 학습 그룹 등에 대한 구체적인 지원 방안을 법제에 담아야 한다. 즉 학교폭력과 관련하여 피해학생만큼이나 가해학생에 대한 적극적인 지원이 필요하다.

그리고 독일에서 본 것과 같이 피해학생을 위한 보험제도는 매우 유용하다고 할 수 있겠다. 일단 폭력에 의해 물질적·정신적 피해를 입은 경우 절차가 끝나야 하므로 현실적으로 피해보상을 받기까지 시간이 매우 오래 걸릴 수밖에 없다. 이럴 때 피해학생에게 일단 선보상을 하고 가해학생에게 후구상하는 제도가 마련된다면 피해학생의 회복에 조금이라도 더 보탬이 될 수 있다.

마지막으로 노르웨이의 제로 프로그램처럼 학교의 교장과 담임, 부모와 학생 등 공동체가 집단을 구성하고 학교폭력 예방을 위한 역량을 키울 수 있도록 지원과 책무성을 부여하는 것이 필요하다.

V. 결론

지금까지 학교폭력 관련 법제와 개선방안에 대해서 살펴보았다. 2004년 학교폭력예방법이 처음 제정된 이후로 20여 차례의 크고 작은 개정을 거치는 변화가 있었다. 그러나 실제로 학교폭력을 바라보는 관점과 대처하는 방향은 크게 변하지 않았던 것도 사실이다. 학교폭력은 별도의 문제가 아니라 결국 아동·청소년의 인권 문제이다. 그렇기 때문에 그 시작점 또한 처벌이 아니라 아동·청소년의 인권을 고민하는 것에서 시작해야 한다. 그렇게 하기 위해서는 학교에서는 교육적으로 학교폭력을 해결할 수 있는 여지를 남겨놓아야 한다. 또한 아동·청소년이 주체로서 폭력에 대응할 수 있도록 교육의 방향을 잡아야 한다. 그리고 이 모든 것을 위한 지원 체계가 필요하다.

　이러한 흐름을 위하여 이 글에서는 크게 세 가지의 개선방안을 제안하였다. 교육과 형사·사법 절차의 유기적 결합이 필요하다는 것이다. 학교에서는 학교폭력을 교육이나 중재를 통한 회복적 절차로 해결할 수 있는 사안과 형사 절차를 밟아야 하는 사안으로 경중에 따라 사안을 단계별로 나누어 처리하라는 것이다. 다만 이때 형사 절차로 진행된 사안의 경우에도 단순히 처벌만으로 끝나지 않도록 영국의 최후 경고제처럼 청소년이 스스로 자신의 잘못을 반성하고 회복할 수 있도록 하는 제도가 필요하다. 이러한 절차가 제대로 자리 잡는다면 학교폭력 조치의 학교생활기록부 기재 당위성은 줄어들 것이라고 기대한다. 그리고 교육기관의 중재절차는 실제로 사법 절차와 연결될 수 있도록 하여 실효성을 확보해야 한다.

　교육적인 측면에서는 학생이 스스로 권리의 주체가 될 수 있도록 교육해야 한다. 학교라는 공간에서는 학생과 학생뿐만 아니라 누구에게도 폭력은 허용될 수 없다는 점이 공유되어 학생들 스스로 학교폭력의 방관자가 아니라 옹호자가 될 수 있는 교육이 되어야 한다.

　마지막으로 학교폭력의 해결을 위해서는 학교뿐만 아니라 청소년을 둘러싼 다양한 주체들의 적극적인 지원과 노력이 필요한데, 영국의 부모책임법과 같이 가정에서부터 책무성을 담보할 수 있는 법제가 필요하다. 그리고 전문적인 학교폭력 예방 프로그램 및 학교폭력 사후 지원 프로그램이 필요하다. 또한 선보상 후구상 제도와 같이 피해학생의 회복을 위한 제도도 필요할 것이다. 마지막으로 노르웨이의 제로 프로그램처럼 학교의 교장과 담임, 부모와 학생 등 공동체가 집단을 구성하고 학교폭력 예방을 위한 역량을 키울 수 있도록 지원과 책무성을 부여하는 것이 필요하다.

참고문헌

교육부, 학교폭력 사안처리 가이드북 (2018)

교육인적자원부, "학교폭력 대처 정책 선진국 체험 연수 보고서", 교육인적
　　자원부 (2005)

국회도서관, 학교폭력 한눈에 보기 (2013)

금명자·오혜영·조은경·백현주·신주연, "학교폭력예방과 대처를 위한 연계체
　　제 구축방안", 한국청소년상담원 (2005)

김은경, "21세기 소년사법 개혁과 회복적 사법의 가치", 형사정책연구 제18
　　권 제3호, (2007)

김승환, 박현호, "학교폭력의 양상 변화에 따른 처리절차 개선방안 연구",
　　경찰학논총 제14권 제2호 (2019)

김형섭, "학교폭력예방을 위한 법제연구", 박사학위 논문, 영남대학교 (2012)

윤태현, "학교폭력예방 및 대책의 실효성 제고 방안", 박사학위 논문, 한양
　　대학교 (2017)

이승현, "학교폭력 예방 및 대책에 관한 법률의 개정내용 및 개선방안", 형
　　사정책연구 제23권 제2호 (2012. 6)

이승현·이천현·안성훈·박성훈·이덕난·김영식, "현장중심 학교폭력 개선을
　　위한 법제도 구축방안", 경제·인문사회연구회 (2013)

이승현·정제영·강태훈·강무영, "학교폭력 가해 학생 관련정책의 효과성 분
　　석 연구", 한국형사정책연구원 (2014)

박종효, "노르웨이 학교폭력 근절을 위한 매니페스토(Manifesto against Bullying)",
　　한국교육개발원 교육정책포럼 149호 (2007).

박효정·정미경·박종효·한세리, "학교폭력 실태의 이해와 진단", 한국교육개
　　발원 연구 제17권 (2005)

정향기, "학교폭력 예방제도의 문제점과 개선방안에 관한 법적 연구", 박사
학위 논문, 동아대학교 (2017)

제경덕, "학교폭력에 대한 경찰의 효과적인 대응방안에 관한 연구", 석사학
위 논문, 창원대학교 (2015)

하윤수, "학교폭력예방법의 문제점과 개선 방안", 동아법학 제78호 (2018. 2.)

신아일보, "[학교폭력①] '푸른나무청예단' 끝나지 않은 정쟁", http://www.
shinailbo.co.kr/news/articleView.html?idxno=1151427 (2019. 3. 21.)

아시아경제, "대법, '학교폭력' 담당교사 자살 '업무상재해'", http://www.asiae.co.
kr/news/view.htm?idxno=2016021220171297848 (2016. 2. 14. 09:00)

에듀인뉴스, "'학교폭력예방법 폐지가 답이다'...가해학생 선도도, 피해학생보
호도 불가능", https://www.eduinnews.co.kr/news/articleView.html?idxno=
19486, (2019. 9. 2. 8:39)

"학교 폭력에 변호사부터 부르는 부모들", 한국일보 (2017. 10. 27.)

소년사법절차상 아동의 발달의 권리 보장 현황과 개선과제
- 교육받을 권리를 중심으로 -

오명은·이한솔*

Ⅰ. 서론

최근 소년범죄는 질적인 측면에서 그 심각성이 증대되고 있다는 지적이 있으며, 소년범의 재범율이 35%에 이르러 양적인 측면에서도 그 중대성을 묵인하기 어려운 수준이다. 이는 기존 소년사법제도가 제대로 운영되고 있지 못하거나, 실효성이 없다는 의미로 받아들일 수 있다. 이에 소년범에 대한 처벌을 강화하여야 한다는 의견이 대두되어 법무부가 2018. 12. 발표한 제1차 소년비행예방 기본계획(2019-2023)에서는 형사미성년 연령기준의 하향 조정, 소년 형사특례의 축소, 소년부 송치 제한 등을 포함시키고 있다. 이는 소년범에 대한 처벌을 강화하는 방식으로 소년범죄의 심각성에 대응하기 위한 것으로 보인다. 그렇지만 이러한 시각은 기본적으로 소년범죄를 소년 개인의 문제로 치부하는 것이어서 과연 소년범죄에 대한 해결책인지 의문이 제기될 수밖에 없다.

역사적으로 소년에 대해서는 교육의 대상인지 통제의 대상인지

---

* 이상 법무법인(유한) 태평양 변호사

에 대하여 상반된 관점이 존재한다. 이에 대하여 어느 한 가지 관점이 타당하다고 하기는 어렵고, 두 가지 관점을 적절히 조화시켜 소년이 성숙한 인간으로 성장할 수 있도록 하는 것이 중요하다는 데에는 이론이 없다. 이에 따라 제도적으로도 소년에 대해서 국친사상에 입각한 소년사법제도와 교육사상에 입각한 소년복지제도가 병존적으로 존재한다. 문제는 소년사법제도와 소년복지제도가 얼마나 유기적이고 효율적으로 운영되는지 여부일 것이다.

UN아동권리협약에서는 아동이 온전한 인간으로서 성장하기 위하여 보장받아야 하는 권리에 대하여 정하고 있는데 이는 소년복지제도가 지향해야 하는 원칙을 천명한 것으로 볼 수 있다. 따라서 우리나라에서 소년사법제도와 소년복지제도가 얼마나 잘 기능하고, 운영되고 있는지와 관련하여 소년사법제도 내에서 UN아동권리협약에서 정하는 아동의 발달의 권리가 얼마나 보장되고 있는지를 중심으로 살펴보고자 한다.

이하에서는 아동의 발달의 권리의 의의에 대하여 살펴보고, 아동의 발달의 권리와 교육을 받을 권리의 헌법적 근거 및 법적 근거에 대하여 살펴보며, 현행 소년사법절차상 보호소년 교육 과정 운영의 문제점에 대하여 살펴보도록 하겠다.

II. 아동의 발달의 권리 의의

1. 아동의 정의

가. 아동 개념에 대한 법적 편입 연혁

아동은 로마시대부터 근세에까지 법적으로 부(父)의 재산으로 간

주되었고,[1] 산업혁명에 이르기까지 주로 부모나 다른 성인의 통제의 대상으로 이해되었다. 산업혁명 이후 노동환경에서 아동을 어떻게 보호할 것인지 논의가 시작되었다. 제1차 세계대전 이후 고아가 증가하고, 전쟁에서 사망하는 아동이 증가하자 아동권리의 국제적 보호의 필요성이 강조되기 시작하였는바, 이에 국제연맹은 1924. 9. 26. '아동권리에 관한 제네바선언'을 채택하였고, 유엔총회는 1959. 11. 20. '아동권리 선언'을 채택하였다.[2] 위 선언이나 조약은 구속력이 없다는 점 및 아동을 권리의 주체라기 보다는 보호의 대상으로만 보았다는 점이 문제로 지적되었다.[3] 이후 아동을 단순히 보호 내지 감독의 대상이 아닌 권리의 주체로 보는 시각이 대두되었고, 아동의 권리에 관하여 포괄적으로 정하는 UN아동권리협약(Convention on the Rights of the Child: CRC)이 채택되었다.[4]

UN아동권리협약 제1조에서는 아동의 범위는 특별히 따로 법으로 정하지 않는 한 18세 미만으로 한다고 정하고 있다.

나. 현행법 체계상 아동의 정의

우리 법체계에서는 신체적으로나 정신적으로 미성숙하여 독립적인 주체로서 자신의 행동에 대하여 책임을 지기 어려운 사람, 이러한 이유로 국가 또는 대리인 등의 보호를 필요로 하는 사람을 미성년자, 아동, 연소자, 청소년 등으로 정하여 보호하고 있다. 아동의 경우 위와 같은 특수성으로 인하여 권리의 주체임에도 불구하고 권리를 제대로 행사하지 못하거나 침해 당할 우려가 있어서 법에서

1) 김태천, "아동권리협약", 국제인권법 제1호 (1996), 179.
2) 정인섭, "주요 인권조약의 국내적 실천", 인권과 정의 제221호 (1995), 74.
3) 최미영, "아동의 권리주체성", 인권판례평석, 박영사 (2017), 1.
4) 이노홍, UN아동권리협약 및 선택의정서에 따른 권리보호의 국제적 동향, 한국법제연구원 (2013), 19~20.

별도로 아동의 권리에 대하여 정하고 있는 경우도 있다.

예를 들어 민법 제4조에서는 사람은 19세로 성년에 이르게 된다고 정하고 있다. 2011. 3. 7. 법률 제10429호로 개정되기 전의 민법은 성년 연령을 만 20세로 규정하였는데, 이는 만 19세 이상의 자에게 선거권을 부여하던 종래 공직선거법5)이나 만 19세를 법률 적용의 기준으로 삼는 청소년보호법이나 소년법 등과 충돌이 있었다. 이에 2011. 3. 7. 개정된 현행 민법은 다른 법령의 규정, 사회 현실과 청소년의 신체적, 정신적 성숙도를 반영해 성년기를 만 19세로 하향 조정한 것이다.6)

이외 각각의 법령에서는 보호하는 대상을 칭하는 용어나 그 연령을 다음과 같이 다르게 정하고 있다.

<표 1> 아동과 청소년에 대한 법령

법령	내용
아동	
아동복지법 제3조 제1호	"아동"이란 18세 미만인 사람을 말한다.
아동학대범죄의 처벌 등에 관한 특례법 제2조 제1호	"아동"이란 아동복지법 제3조 제1호에 따른 아동을 말한다.
아동의 빈곤예방 및 지원 등에 관한 법률 제3조 제1호	"아동"이란 아동복지법 제3조 제1호에 따른 아동을 말한다.
아동·청소년의 성보호에 관한 법률 제2조 제1호	"아동·청소년"이란 19세 미만의 자를 말한다. 다만, 19세에 도달하는 연도의 1월 1일을 맞이한 자는 제외한다.
연소자	
근로기준법 제66조	사용자는 18세 미만인 자에 대하여는 그 연령을 증명하는 가족관계기록사항에 관한 증명서와 친권자

---

5) 공직선거법(2020. 1. 14. 법률 제16864호로 개정된 것) 제15조 제1항은 18세 이상의 국민에게 선거권을 부여하는 것으로 개정되었다.
6) 윤진수·현소혜, 2013년 개정민법해설, 법무부 (2013), 24.

	또는 후견인의 동의서를 사업장에 갖추어 두어야 한다.
공연법 제2조 제6호	"연소자"란 18세 미만의 사람(초·중등교육법 제2조에 따른 고등학교에 재학 중인 사람을 포함한다)을 말한다.
청소년	
청소년기본법 제3조 제1호	"청소년"이란 9세 이상 24세 이하인 사람을 말한다. 다만, 다른 법률에서 청소년에 대한 적용을 다르게 할 필요가 있는 경우에는 따로 정할 수 있다.
학교 밖 청소년 지원에 관한 법률 제2조 제1호	"청소년"이란 청소년기본법 제3조 제1호 본문에 해당하는 사람을 말한다.
청소년보호법 제2조 제1호	"청소년"이란 만 19세 미만인 사람을 말한다. 다만, 만 19세가 되는 해의 1월 1일을 맞이한 사람은 제외한다.
대중문화예술산업발전법 제2조 제10호	"청소년"이란 만 19세 미만의 사람을 말한다. 다만 만 19세가 되는 해의 1월 1일을 맞이한 사람은 제외한다.

이처럼 법령별로 아동, 미성년자, 청소년 등의 다른 용어를 사용하고, 그 대상 연령을 다르게 정하는 것은 각 법령의 입법 취지가 다르기 때문이다. 다만 각 법령에서 정하는 대상 연령은 절대적인 기준이라고 보기는 어렵다. 현행 법령상 아동·청소년의 범위는 넓게 잡을 때 대략 출생으로부터 24세까지로 보는 것이고, 좁게 보면 그 중에서도 민법상 미성년자의 범위에 속하는 19세 미만까지, 가장 좁게는 18세 미만까지로 정하고 있다.

2. 발달의 권리의 정의

가. 현행법상 발달의 권리

현행법상 발달의 권리의 정의에 대하여 명시적으로 정하고 있는 규정은 없다. 다만 아동복지법, 청소년보호법 등에 아동의 발달과 관련된 권리에 관한 규정들이 포함되어 있을 따름이다. 이들 규정 중 상당수는 UN아동권리협약 비준 이후에 도입된 것이기도 하다. 이에 따라 발달의 권리의 의미와 이에 포함되는 세부적 권리에 대하여 정확히 이해하기 위해서는 UN아동권리협약을 살펴보아야 할 것이다.

나. UN아동권리협약에서 정하는 발달의 권리

UN아동권리협약에서는 아동의 발달의 권리를 특정하여 정의하고 있지는 아니하고, 아동이 권리와 자유를 누리기 위해서 보장받아야 하는 권리에 대하여 포괄적으로 정하고 있는데 이를 통하여 발달의 권리의 의미를 파악해 볼 수 있다.

UN아동권리협약에서는 서문에서 사람은 아동기에 특별한 보호와 도움을 받을 권리가 있다고 전제한 다음 사회의 기본적인 집단이자 아동의 발달과 행복을 위한 천연의 환경인 가정이 공동체 안에서 본연의 책임을 다 할 수 있도록 보호와 도움을 받아야 하고, 아동은 조화로운 인격 발달을 위해 가족적인 환경과 행복, 사랑과 이해 속에서 성장하여야 하며, 사회인으로서 삶을 살아가기 위한 충분한 준비를 하여야 한다고 정하고 있다.

UN아동권리협약에서는 아동의 건강한 성장과 발달을 위한 구체적인 권리를 다음과 같이 명시하고 있다. UN아동권리협약 제3조 제1항에서는 공공, 민간 사회복지기관, 법원, 행정당국, 입법기관 등은 아동과 관련된 활동을 함에 있어 아동에게 최상의 이익이 무엇인지 가장 먼저 고려해야 한다고 정하고 있는데 이른바 아동의 복지권을 정하고 있는 것이다. 또한 UN아동권리협약 제3조 제2항에서는 당사국은 아동의 부모, 후견인 및 기타 아동에 대해 법적 책임이 있는 자의 권리와 의무를 고려해 아동복지에 필요한 보호와 배려를 보장하고, 이를 위해 입법적, 행정적으로 모든 적절한 조치를 취해야 한다고 정하고 있고, 제19조에서는 당사국은 아동이 부모나 법정후견인, 다른 보호자로부터 양육되는 동안 모든 형태의 신체적, 정신적 폭력, 상해나 학대, 유기, 부당한 대우, 성적인 학대를 비롯한 착취로부터 아동을 보호하기 이해 모든 적절한 입법적·행정적·사회적·교육적 조치를 취해야 한다고 정하여 보호의 권리에 관하여 언급하고 있다.

아동의 최상의 발달의 권리가 있는데, 이와 관련하여 UN아동권리협약 제5조에서는 당사국은 아동이 이 협약이 명시한 권리를 행사함에 있어 부모나 현지관습에 의한 확대가족, 공동체 구성원, 후견인 등 법적 보호자들이 아동의 능력과 발달 정도에 맞게 지도하고 감독할 책임과 권리가 있음을 존중해야 한다고 정하고 있고, 제6조 제2항에서는 당사국은 아동의 생존과 발달을 최대한 보장해야 한다고 정하고 있다. 또한 제18조 제1항에서는 '당사국은 아동의 양육과 발달에 있어 양쪽 부모가 공동책임을 진다는 원칙이 공인받을 수 있도록 최선의 노력을 기울여야 한다. 부모 또는 경우에 따라 법정후견인은 아동의 양육과 발달에 일차적 책임을 지며 그들은 기본적으로 아동에게 무엇이 최상인가에 관심을 가져야 한다'고 정하고 있다.

또한 UN아동권리협약에서는 아동이 자신의 생존, 성장과 발달 과정에서 발생하는 여러 가지 사건에 대하여 스스로 결정할 수 있도록 연령과 성숙에 의하여 참여가 필요한 권리를 명시하고 있다.[7] 예를 들어 제12조 및 제13조에서는 아동의 표현의 자유, 제14조에서는 아동의 사상, 양심, 종교의 자유, 제15조에서는 결사의 자유 및 집회의 자유, 제16조에서는 사생활의 자유 등을 정하고 있다.

---

7) 문선화, "한국사회에서의 아동의 발달권", 초록우산 어린이재단 동광 제110호 (2015), 4.

그리고 UN아동권리협약은 전문에서 아동이 인종, 피부색, 성별, 언어, 종교, 정치적 의견, 민족적·사회적 출신, 재산, 태생, 신분 등을 이유로 차별받지 않을 권리에 대해서도 정하고 있다. 이처럼 UN아동권리협약에서 아동이 온전한 인격체로 성장하기 위하여 보장하는 권리를 통칭하여 광의의 발달의 권리라고 할 수 있다.

3. 소결론

위에서 살펴본 바와 같이 아동이나 발달의 권리에 대하여 명시적인 정의 규정은 없다. 이는 문제되는 발달의 권리의 내용에 따라 보호의 대상이 달라질 수밖에 없고, 아동에게 보장되어야 하는 권리의 내용도 사회의 변화, 법 체계의 변화 등에 따라 달라질 수밖에 없다는 점을 고려하면 당연한 것인지도 모른다. 다만 아동의 발달의 권리 보장이라는 측면에서 살펴볼 때에 아동의 범위는 가장 넓게 살펴보아야 할 필요가 있으므로 UN아동권리협약과 청소년기본법 등을 참조하여 24세 이하의 자를 아동으로 보는 것이 타당하다고 생각된다. 그렇지만 소년사법절차와 연관된 아동의 발달의 권리에 있어서 10세 이상의 자부터 소년재판의 대상이 되므로 10세 이상 24세 이하의 자로 한정하여 살펴보기로 한다.

또한 발달의 권리의 범위와 관련하여서는 위에서 살펴본 광의의 발달의 권리 중 아동의 신체적, 정신적 성숙과 보다 밀접한 연관이 있는 이른바 협의의 발달의 권리, 즉 최상의 발달의 권리 및 참여의 권리에 한정하여 보다 상세히 살펴보기로 한다.

Ⅲ. 아동의 발달의 권리와 교육받을 권리의 헌법적 근거

아동의 발달의 권리는 UN아동권리협약에서 정한 아동의 기본권인 생존의 권리, 보호의 권리, 발달의 권리, 참여의 권리, 차별받지 않을 권리 중 하나이며, 아동이 잠재능력을 최대한 발휘하는데 필요한 권리를 말한다. 즉, 교육받을 권리, 여가를 즐길 권리, 문화생활을 하고 정보를 얻을 권리, 생각과 양심과 종교의 자유를 누릴 수 있는 권리 등을 의미한다.[8]

우리 헌법에서는 종교의 자유(제20조), 양심의 자유(제19조), 교육받을 권리(제31조 제1항) 등을 정하고 있고, 아동이 한 인간으로서 이러한 기본권을 향유할 자격이 있다는 점에 관하여는 이론의 여지가 없으나,[9] 이와 별개로 아동의 발달의 권리에 대하여 명시적으로 규정하고 있지는 아니하다.

이는 앞서 언급한 아동에 대한 우리 사회의 시각이 반영된 것으로 보이는 측면이 있다. 즉, 우리나라에서 아동은 타율적인 보호·규제의 대상으로 취급당해 왔고, 피보호자·피교육자 등의 호칭에서처럼 피동적인 역할에 제약되었으며,[10] 우리 사회에서 아동에 대해서 권리의 주체라기보다는 보호의 대상으로 보는 것이 일반적이었다.

---

8) 국가인권위원회, 사이버인권교육 보조교재 「유엔아동권리협약」의 이해 (2018), 22.

9) 헌법재판소는 과외교습금지 사건[헌법재판소 2000. 4. 27. 선고 98헌가16, 98헌마429(병합)전원재판부 결정]과 학교환경위생정화구역 내 극장설치금지 사건[헌법재판소 2004. 5. 27. 선고 2003헌가1, 2004헌가4(병합)전원재판부 결정]에서 아동과 청소년은 부모와 국가에 의한 교육, 보호의 단순한 대상이 아닌 독자적인 인격체이며, 그의 인격권은 성인과 마찬가지로 인간의 존엄성 및 행복추구권을 보장하는 헌법 제10조에 의하여 보호된다고 판시하였다.

10) 김선택, "아동·청소년보호의 헌법적 기초", 헌법재판소 헌법논총 8집 (1997), 103.

즉, 우리 사회에서 아동은 아직 권리의 주체가 되기에는 부족한, 아직 성숙하지 않은, 발전 중인 인격체로서 보호의 대상, 감독의 대상으로 받아들여졌다. 이런 사회적 시선이 반영된 것일까, 우리 헌법에 아동의 발달의 권리를 포함한 일체의 권리를 구체적으로 명시한 규정은 찾을 수 없다.

이에 아동의 발달의 권리의 헌법적 근거를 제시하기 위하여 아동의 발달의 권리의 근거로서 학계에서 논의되는 아동의 인격성장의 권리에 관한 논의를 살펴보고, 소고에서 중점을 두어 검토하는 아동의 발달의 권리의 중요한 일부로서 아동의 교육받을 권리의 헌법적 근거인 헌법 제31조 제1항에 관하여 알아본다.

1. 발달의 권리의 근거로서 아동의 인격성장의 권리

헌법상 일반적 인격권의 보장이나 일반적 행동의 자유의 보장을 '인격체로서 존재함을 보장받기 위한 권리'라고 볼 수 있을 것이다. 그런데 아동은 인격체로 존재하기 위해서는 우선 인격체로서 성장할 필요가 있다. 우리나라와 독일 학계에서는 인간으로서의 존엄과 가치를 바탕으로 하여 이와 결합한 행복추구권의 한 내용으로서 미성년자를 위한 '인격체로 성장할 권리'(인격성장의 권리, Recht auf Person-Werden)를 헌법적으로 보장된 것으로 구성하는 것이 가능할 것으로 보는 견해[11]도 있다.

아동이 우리나라의 헌법적 가치질서 안에서 의미 있는 인격체로 존재하기 위하여는 아동이 인간 또는 국민으로서 가지는 일반적인 기본권을 보장하는 것만으로는 충분하지 않고, 인격성장의 권리가 보장되어야 한다. 아동의 기본권적 보호는 인격형성의 과정에서 이

---

11) 김선택, 앞의 글, 83.

루어지기 때문이다.12) 인격권과 일반적 자유권의 보장은 인격체로의 성장을 전제로 하는 것이며 따라서 아동의 인격성장의 권리를 그에 못지않은 중요한 권리내용으로 포착하는 것이 합리적이다.13)

우리 법원과 헌법재판소는 행복추구권의 포괄적 기본권성을 인정한 전제 위에서 헌법 제37조 제1항(헌법에 규정된 열거되지 아니한 권리조항)은 단지 열거되지 아니한 권리가 존재한다는 사실을 헌법적으로 확인하고 있다.14) 독자적인 기본권적 영역이 형성될 수 있는 기본권유형은 열거되지 아니한 권리조항으로, 비유형적이고 비전형적인 자유영역은 행복추구권으로 보호되도록 기능배분을 하면 될 것이다.15) 아동의 발달의 권리 또한 헌법에 명시적으로 규정되지는 않았지만 비유형적인 기본권 영역으로서 행복추구권에 기초하여 보호될 수 있을 것이다.

아동의 인격성장의 권리는 아동의 발달의 권리와 궤를 같이한다고 보아야 한다. 인격의 성장이란 개인의 인격을 다듬어 발달시키고, 이를 발현시키는 과정이라 할 것인데, 이러한 인격성장은 아동의 교육과 여가 및 문화활동 등을 통하여 아동이 '발달'함에 따라 이루어진다. 즉, 아동의 발달의 권리는 아동의 인격성장의 권리로서 헌법 제10조 행복추구권에 기하여 보호받아야 한다.

2. 아동의 교육받을 권리의 헌법적 근거

우리 헌법 제31조 제1항은 모든 국민은 능력에 따라 균등하게 교

---

12) 정혜영, "아동의 기본권에 관한 연구 -'아동'관련 조항의 신설과 그 헌법적 모델 검토-", 공법학연구 제10권 제4호 (2019), 86.
13) 김선택, 앞의 글, 89.
14) 권혜령, 헌법에 열거되지 아니한 권리, 한국학술정보 (2010), 390.
15) 김선택, "'행복추구권'과 '헌법에 열거되지 아니한 권리'의 기본권체계적 해석", 고려대 안암법학 창간호 (1993), 177.

육을 받을 권리를 가진다고 규정하고, 교육기본법 제3조는 모든 국민은 평생에 걸쳐 학습하고, 능력과 적성에 따라 교육을 받을 권리를 가진다고 규정하고 있다. '국민'이라고 하여 명시적으로 아동의 '교육받을 권리'를 규정하지는 않았지만, 해석상 당연히 아동의 교육을 받을 권리는 헌법이 보장하는 기본권이다.

헌법재판소 또한 교육을 받을 권리(국민의 수학권)가 우리 헌법이 지향하고 있는 문화국가, 민주복지국가의 이념구현을 위한 기본적 토대이고, 국민이 인간으로서 존엄과 가치를 가지며 행복을 추구하고(헌법 제10조 전문) 인간다운 생활을 영위하는데(헌법 제34조) 필수적인 조건이고 대전제라고 판시하여 아동의 교육받을 권리를 인정하고 있다.16) 대법원도 전교조 소속 교원의 수업거부로 인한 손해배상 사건17)에서 학습권의 주체인 학생은 비록 그가 아직 성숙하지 못한 아동 내지 청소년이라 하더라도 부모와 국가에 의한 교육의 단순한 대상이 아니라 독자적인 인격체로서 국가의 교육권한과 부모의 교육권 범주 내에서 자신의 교육에 관하여 스스로 결정할 권리를 가진다라고 판시하였다.

아동의 '교육을 받을 권리'는 능력에 따라 '교육을 받을 권리'와 균등하게 '교육을 받을 권리'를 내용으로 한다고 이해하는 것이 일반적이다.18) 헌법재판소는 교육을 받을 권리는 개인의 인격 발달 및 인간 존엄성의 구현,19) 다른 기본권들의 실현,20) 다원성의 구현,21) 사회공동체 교육,22) 실질적 평등의 구현23)이라는 중요한 기능을 가

---

16) 헌법재판소 1992. 11. 12. 선고 89헌마88 전원재판부 결정.
17) 대법원 2007. 9. 20. 선고 2005다25298 판결
18) 최종찬, "학생의 교육기본권과 부모의 교육권: 협력과 상충", 교육법학연구 제27권 제2호 (2015. 8.), 90.
19) 헌법재판소 1992. 11. 12. 선고 89헌마88 전원재판부 결정.
20) 헌법재판소 2001. 2. 22. 선고 99헌바93 전원재판부 결정.
21) 헌법재판소 2000. 4. 27. 선고 98헌가16 전원재판부 결정.
22) 헌법재판소 1994. 2. 24. 선고 93헌마192 전원재판부 결정.

진다고 판시하고 있다.

IV. 아동의 발달의 권리와 교육받을 권리의 법적 근거

1. UN아동권리협약에 따른 아동의 발달의 권리와 교육받을 권리

우리나라는 1991년 11월 20일에 UN아동권리협약을 비준하여 UN 아동권리협약은 아동의 발달의 권리와 교육받을 권리에 관한 법적 근거가 되었다(헌법 제6조 제1항).[24]

가. 아동 교육의 목표와 국가의 조치의무

교육받을 권리는 아동의 발달의 권리의 핵심을 이룬다. 뿐만 아니라 이러한 교육권의 보장은 빈곤의 감소, 성평등의 촉진, 아동노동의 철폐, 민주주의와 평화 및 관용을 증진시키는 기본 바탕이 된다는 점에서 특히 중요하다.[25] UN아동권리협약[26]은 아동의 교육권

---

23) 헌법재판소, 앞의 판례.
24) 다만, UN아동권리협약이 실제 법원 판결에서 원용되는 현황은 미약하다. 협약의 전반적 조항을 이행하는 국내법규 보완과 협약의 모든 조항이 사법 판결에 적용될 수 있도록 하기 위해 보건복지부는 2015년 '유엔아동권리협약 이행을 위한 법적 제도화 방안 연구'를 수행하여 구체적인 방안을 모색하고 사회적 논의를 진행하고 있다.
25) 국가인권위원회, 앞의 책, 165.
26) UN아동권리협약(UN Convention on the Rights of the Child)은 1989년 유엔 총회에서 채택된 국제 인권조약으로 한국은 1991년 이 조약을 비준했다. 헌법 제6조 제1항(헌법에 의하여 체결·공포된 조약과 일반적으로 승인된 국제법규는 국내법과 같은 효력을 가진다)에 따라 국내법과 동일한 효력을 갖지

보장을 위하여 제28조와 제29조를 두고 있다.

UN아동권리협약 제29조는 아동교육이 지향해야 할 다섯 가지 목표를 설정한다. 동조는 아동교육에 있어서 인권과 문화적 주체성 및 다양성을 존중하며 아동의 인격, 재능 및 정신적·신체적 능력을 최대한 계발하여야 한다는 등의 목표를 제시한다.

UN아동권리협약 제 29 조

1. 당사국은 아동교육이 다음의 목표를 지향해야 한다는 데 동의한다.
   가. 아동의 인격, 재능 및 정신적·신체적 잠재력의 최대 계발
   나. 인권과 기본적 자유, 유엔헌장에 규정된 원칙 존중
   다. 자신의 부모와 문화적 주체성, 언어 및 가치, 현거주국과 출신국의 국가적 가치 및 이질적인 문명에 대한 존중
   라. 아동이 인종적·민족적·종교적 집단 및 원주민 등 모든 사람과의 관계에 있어서 이해, 평화, 관용, 성 평등 및 우정의 정신에 입각해 자유사회에서 책임 있는 삶을 영위하도록 하는 준비
   마. 자연환경에 대한 존중

아동권리협약 제28조는 국가가 아동에게 교육받을 권리를 보장하기 위하여 취해야 할 조치를 규정한다. 동조는 국가가 의무적인 초등교육의 무상 제공, 다양한 형태의 중등교육 발전 장려, 고등교육 기회 등의 조치를 취할 것을 요구한다.

만, 실제 위 협약이 법원 판결에서 원용되는 현황은 미약하다.

UN아동권리협약 제 28 조

1. 당사국은 교육에 대한 아동의 권리를 인정하며, 균등한 기회 제공을 기반으로 이 권리를 점진적으로 달성하기 위해 특별히 다음 조치를 취해야 한다.
   가. 초등교육은 의무적으로 모든 사람에게 무상으로 제공되어야 한다.
   나. 일반 및 직업교육을 포함한 여러 형태의 중등교육 발전을 장려하고, 모든 아동이 중등교육의 혜택을 받을 수 있도록 하며, 무상교육을 도입하거나 및 필요한 경우 재정적 지원을 하는 등 적절한 조치를 취해야 한다.
   다. 모든 사람에게 능력에 따라 고등교육 기회가 개방되도록 모든 적절한 조치를 취해야 한다.

   라. 모든 아동이 교육 및 직업관련 정보와 지침을 이용할 수 있도록 조치를 취해야 한다.
   마. 학교 출석률과 중퇴율 감소를 촉진하는 조치를 취해야 한다.
2. 당사국은 학교 규율이 아동의 인격을 존중하고 이 협약을 준수하는 방향으로 운영되도록 보장하기 위해 모든 적절한 조치를 취해야 한다.
3. 당사국은 특히 전세계의 무지와 문맹 퇴치에 이바지하고, 과학기술지식 및 현대적인 교육체계에의 접근성을 높이기 위해 교육부문의 국제협력을 증진하고 장려해야 한다. 이 문제에 있어서 특별히 개발도상국의 필요를 고려해야 한다.

나. 소년사법절차에서 보장되어야 할 아동의 교육권

UN아동권리협약은 명시적으로 소년사법절차에서 보장되어야 할 구체적인 아동의 교육권이 내용을 규정하고 있지는 않다. 그러나 UN아동권리협약 제37조와 제40조의 규정에 비추어 볼 때 소년사법절차에서도 아동에게는 아동의 존엄성을 존중하고, 아동의 나이에 맞는, 아동이 사회의 건설적인 구성원으로서 자라나기에 필요한 소양을 교육받을 권리가 있다고 보아야 한다.

UN아동권리협약은 제37조 다호에서 '자유를 박탈당한 모든 아동은 인도주의와 인간 존엄성에 대한 존중에 입각해 아동의 나이에

맞는 처우를 받아야 한다'고 규정한다. 소년사법절차에서 자유를 박
탈당한 아동에게 위 제37조가 적용되어야 함은 자명하고, '아동의
나이에 맞는 처우'에는 아동의 나이에 따라 그에 맞는 교육을 제공
하는 것 또한 포함된다.

UN아동권리협약 제 37 조

당사국은 다음의 사항을 보장해야 한다.
다. <u>자유를 박탈당한 모든 아동은 인도주의와 인간 존엄성에 대한 존중에 입각
해 아동의 나이에 맞는 처우를 받아야 한다.</u> 특히 자유를 박탈당한 모든 아
동은 성인과 함께 수용되는 것이 아동에게 최선이라고 판단되는 경우를 제
외하고는 성인으로부터 격리되어야 하며, 예외적인 경우를 제외하고는 서
신과 방문을 통해 가족과 연락할 권리를 가진다

나아가 UN아동권리협약 제40조 제1항에 따라 소년사법절차에서
아동은 타인의 인권과 자유에 대한 존중심을 강화하고, 아동의 나이
에 대한 고려와 함께 사회복귀 및 사회에서 맡게 될 건설적 역할의
가치를 고려하는 등의 방식으로 처우 받을 권리가 있다. 따라서 소
년사법절차에서 아동에게 제공되는 교육은 아동이 타인을 존중하는
건전한 사회인으로서 가져야 할 가치를 함양하고 아동이 사회에 기
여할 수 있는 능력을 배양하는 방식으로 제공되어야 할 것이다.

UN아동권리협약 제 40 조

1. 당사국은 형사피의자나 형사피고인, 유죄로 인정받은 <u>모든 아동이 타인의
   인권과 자유에 대한 아동의 존중심을 강화하고, 아동의 나이에 대한 고려와
   함께 사회복귀 및 사회에서 맡게 될 건설적 역할의 가치를 고려하는 등</u> 인
   간존엄성과 가치에 대한 의식을 높일 수 있는 방식으로 처우받을 권리가 있
   음을 인정한다.

---

2. 소년사법절차상 아동의 교육받을 권리 보장 관련 규정

가. 우리나라 소년사법절차 개관

우리나라의 소년사법절차는 아동에 대한 일반 형사사건을 처리하는 '소년형사절차'와 아동에 대한 보호처분을 처리하는 '소년보호절차'로 구분할 수 있고, 위 두 가지를 모두 포함하여 소년사법절차라 한다.[27] 우리나라의 소년사법절차는 위와 같이 이원화되어있고, 각 절차에서 판사가 내릴 수 있는 판결 또는 결정의 성격 또한 완전히 다르다. 검사선의주의(檢事先議主義)에 따라 검사는 우선적으로 이러한 이원적 절차 중 하나를 선택할 수 있다.[28]

소년재판은 19세 미만인 자에 대한 재판이다(소년법 제2조). 소년부에서 보호사건으로 심리하는 소년 유형은 ① 죄를 범한 소년(이하 '범죄소년'이라 한다), ② 형벌법령에 저촉되는 행위를 한 10세 이상 14세 미만의 소년(이하 '촉법소년'이라 한다), ③ 집단적으로 몰려다니며 주위 사람들에게 불안감을 조성하는 성벽이 있거나, 정당한 이유 없이 가출하거나 또는 술을 마시고 소란을 피우거나 유해환경에 접하는 성벽이 있는 것 중 하나에 해당하는 사유가 있고 그의 성격이나 환경에 비추어 앞으로 형벌 법령에 저촉되는 행위를 할 우려가 있는 10세 이상인 소년(이하 '우범소년'이라 한다)이다(소년법 제4조 제1항). 범죄 관련 통계 보고서에서는 이 중 범죄소년과 촉법소

---

27) 사법정책연구원, 소년 형사사법절차의 개선에 관한 연구 -통합적 운용가능성을 중심으로-, 사법정책연구원 연구총서 (2019. 3.), 4.

28) 이와 반대되는 개념으로 법원선의주의(法院先議主義)가 있다. 법원선의주의는 검사가 소년범죄 모두를 가정법원 소년부로 송치하면, 가정법원 소년부에서 소년에 대한 처리절차를 선택하는 제도를 의미한다. 아동권리위원회(The Committee on the Rights of the Child)는 2003년 우리 정부에 검사선의주의를 철폐하는 내용의 법률 개정을 권고하는 견해를 발표한바 있다. (사법정책연구원, 앞의 책, 6, 8.).

년을 '소년 범죄자'로 통칭하고 있다.

〈표 2〉 소년법상 소년의 개념[29]

구 분	정 의	비 고
범죄소년	죄를 범한 14세 이상 19세 미만의 소년	형사사건 또는 보호사건 대상
촉법소년	형벌 법령에 저촉되는 행위를 한 10세 이상 14세 미만 소년	보호사건 대상 (형사 미성년자)
우범소년	성격 또는 환경에 비추어 형벌 법령에 저촉되는 행위를 할 우려가 있는 10세 이상 19세 미만 소년	

촉법소년과 우범소년은 형사처벌 대상이 아니므로 경찰서장이 직접 관할 소년부에 송치하는 반면, 범죄소년은 경찰이 사건을 수사하여 검사에게 송치한다. 검사는 직접 인지하거나 경찰로부터 송치받은 범죄소년에 대한 피의사건을 조사한 결과 보호처분에 해당하는 사유가 있다고 인정하면 그 사건을 관할 소년부에 송치하여야 한다. 보호처분에 해당하는 사유가 있는 경우가 아니라면 관할 법원에 기소하여 일반 형사사건의 예에 따라 형사사건으로 처리한다.[30]

소년형사절차에서 형사법원에 기소되어 유죄를 선고받은 범죄소년은 징역 또는 금고형을 받는 경우 소년교도소에서 형을 집행하게 되며, 소년보호절차에 따라 법원소년부가 보호처분을 하는 경우 소년법 제32조 제1항 제1호 내지 제10호의 처분을 내리게 된다. 특히 제4호·제5호 처분을 받은 '소년 보호관찰 대상자'와 제7호부터 제10호까지에 해당하는 소년원 송치 처분을 받은 '보호소년'은 교정 및 교화의 주요 대상이다.[31]

---

29) 감사원, 감사보고서, 보호대상 청소년 지원 및 교화 실태 (2018. 10.), 7.
30) 사법정책연구원, 앞의 책, 15.

나. 소년사법절차에서 아동의 교육받을 권리 보호를 위한 규정

(1) 소년사법절차 관련 규정

소년사법 관련 주요 법령[32]은 아래와 같다.

〈표 3〉 소년사법 관련 주요법령

법령명	주요 내용
대한민국헌법	인간존엄권 등
형사소송법	형벌 법령 위반 사건의 절차와 재판에 관한 규정
소년법	소년이 형벌 법령을 위반하는 등 행위를 한 경우에 관한 규정
소년심판규칙 (2016.11.29. 일부개정 대법원규칙 제2696호)	소년법에 따른 소년보호사건 및 형사사건의 처리에 관한 규정
범죄수사규칙 (2015. 8. 28. 경찰청훈령 제774호)	범죄수사에 있어 경찰이 지켜야 할 내부규정이자 처리지침
소년업무규칙 (2016. 2. 29. 경찰청예규 제507호)	소년사건의 수사에 있어 경찰이 지켜야 할 내부규정이자 처리지침
형의 집행 및 수용자의 처우에 관한 법률 및 시행령, 시행규칙	형사사건에서 수사 시 구속되거나 재판 시 징역형 등을 선고받아 구치소, 교도소 등에 수용되는 수용자들의 처우에 관한 규정
소년교도소 운영지침 (2018. 9. 1. 시행 법무부예규 제1195호)	형의 집행 및 수용자의 처우에 관한 법률, 시행령 및 시행규칙에서 위임한 사항 중, "소년수형자 등"에 대한 소년교도소의 운영에 필요한 사항을 규정
보호소년 등의 처우에 관한 법률 및 시행령, 시행규칙	소년보호사건에서 조사 시 임시조치로 수용되거나 최종적으로 소년원 수용과 같은 보호처

---

31) 감사원, 앞의 보고서, 7.
32) 오동석, "아동권리적 관점에서 사법구조 검토", 아동친화적 사법체계 구축을 위한 심포지엄, 유니세프한국위원회 (2018. 12. 7.), 32-33.

	분을 받아 소년분류심사원, 소년원 등에 수용되는 아동들의 처우에 관한 규정
보호소년처우지침 (2017. 5. 12. 시행, 법무부훈령 제1105호)	보호소년 등의 처우에 관한 법률 및 시행령, 시행규칙의 위임에 따라 보호소년 등의 처우에 관한 세부사항을 규정
소년보호기관 급식관리지침 (2017. 5. 12. 시행, 법무부예규 1151호)	소년원, 소년분류심사원 및 청소년비행예방센터의 급식관리 기준에 관한 규정
소년원·소년분류심사원 감호업무지침 (2017. 5. 12. 시행, 법무부훈령 제1106호)	소년원 및 소년분류심사원, 청소년비행예방센터에서 수행하는 감호업무에 관한 기본적인 사항을 규정

　소년사법절차를 규율하는 법령 및 행정규칙 중에서도 아동의 발달의 권리, 특히 교육받을 권리에 관하여 직접적으로 규정하는 것들은 ① 소년교도소에 수감된 아동에 관하여는 '소년교도소 운영지침'이 있고, ② 보호처분을 받아 소년원에 수감된 아동에 관하여는 '보호소년 등의 처우에 관한 법률 및 시행령, 시행규칙', '보호소년 교육지침' 및 '보호소년처우지침'이 있다.

　한편 2017년 기준 소년교도소 소년수형자는 130명[33]이고 소년원에 송치된 보호소년은 2,660명[34]에 달한다. 소년원에 송치된 보호소년의 수가 소년수형자의 수보다 약 20배나 많은 것이다. 이하에서는 검토의 효율성을 위하여 소년보호절차상 소년원 교육과정을 중심으로 아동의 교육받을 권리에 대한 논의를 이어나가도록 한다.

---

33) 과거에는 김천소년교도소와 천안소년교도소 두 곳의 소년교도소가 있었으나, 2010년 천안소년교도소가 외국인전담교도소로 기능이 전환되어 현재는 김천소년교도소가 유일한 소년전담교도소로 역할을 하고 있다[법무부 교정본부, 2018 교정통계연보, 법무부 (2018), 71].

34) 감사원, 앞의 보고서, 13.

(2) 소년원의 보호소년 교육 관련 규정

(가) 청소년기본법상 원칙

소년사법절차 내의 아동들에 대해서도 청소년기본법이 적용되는
바(청소년기본법 제4조 제1항), 이에 따라 소년사법절차 내의 아동
들에게도 다음의 권리가 인정된다(청소년기본법 제5조).

제5조(청소년의 권리와 책임)

① 청소년의 기본적 인권은 청소년활동·청소년복지·청소년보호 등 청소년육성
　의 모든 영역에서 존중되어야 한다.

② 청소년은 인종·종교·성별·나이·학력·신체조건 등에 따른 어떠한 종류의 차
　별도 받지 아니한다.

③ 청소년은 외부적 영향에 구애받지 아니하면서 자기 의사를 자유롭게 밝히고
　스스로 결정할 권리를 가진다.

④ 청소년은 안전하고 쾌적한 환경에서 자기발전을 추구하고 정신적·신체적 건
　강을 해치거나 해칠 우려가 있는 모든 형태의 환경으로부터 보호받을 권리
　를 가진다.

⑤ 청소년은 자신의 능력을 개발하고 건전한 가치관을 확립하며 가정·사회 및
　국가의 구성원으로서의 책임을 다하도록 노력하여야 한다.

이와 관련하여 가정이 1차적으로 아동[35] 육성의 책임을 지며, 가
정은 따뜻한 사랑과 관심을 통하여 아동이 개성과 자질을 바탕으로
자기발전을 실현하고 국가와 사회의 구성원으로서의 책임을 다하는
다음 세대로 성장할 수 있도록 노력하여야 한다(청소년기본법 제6
조 제1항). 더하여 모든 국민은 청소년의 사고와 행동양식의 특성을
인식하고 사랑과 대화를 통하여 청소년을 이해하고 지도하여야 하
고, 청소년의 비행을 바로잡는 등 그 선도에 최선을 다하여야 하며
청소년을 대상으로 하거나 청소년이 쉽게 접할 수 있는 장소에서

---

35) 청소년기본법에서는 청소년이라는 용어를 사용하나, 편의상 아동이라고 표
　현한다.

청소년의 정신적·신체적 건강에 해를 끼치는 행위를 하여서는 아니
되고, 청소년에게 유해한 환경을 정화하고 유익한 환경이 조성되도
록 노력하여야 한다(청소년기본법 제7조). 또한 국가와 지방자치단
체는 청소년육성에 필요한 법적, 제도적 장치를 마련하고 시행하여
야 한다(청소년기본법 제8조 제1항).

(나) 보호소년법상 아동 교육의 목적

법무부는 '보호소년 등의 처우에 관한 법률'(이하 '보호소년법'이
라고 한다) 제1조 내지 제3조에 따라 보호소년을 수용하여 교정 교
육을 실시하기 위해 소년원 10곳을 초·중등교육, 직업능력개발훈련,
의료재활 등 기능별로 분류하여 운영하고 있다.[36] 9개 소년원(대전
소년원 제외)은 직업훈련 과정을 운영하고 서울, 전주, 청주 소년원
등 3개 소년원은 '소년원학교'로서 교과과정을 운영하고 있다.[37]

〈표 4〉 소년원 및 소년분류심사원 운영 현황

기관명	대상	교육과정	1일 평균 수용인원 (2017년)
서울소년원 (○○중고등학교)	9호, 10호	•중고등학교 교과교육 •직업능력개발훈련(제과제빵, 사진 영상, 한식조리, 헤어디자인) •인성교육	246
안양소년원 (-정보산업학교)	9호, 10호 (여자)	•직업능력개발훈련(헤어디자인, 피부 미용, 제과제빵, 서비스마케팅) •인성교육	127
대전소년원 (-학교)	7호~10호 위탁, 조사	•의료·재활교육 •8호 처분자교육 •위탁소년 인성교육 등	161 (보호: 122, 위탁: 39)
청주소년원	8호, 10호	•중학교 교과교육	45

36) 감사원, 앞의 보고서 14.
37) 감사원, 앞의 보고서, 50.

(□□학교)	(여자)	• 8호 처분자교육 • 직업능력개발훈련(예술분장, 바리스타) • 인성교육	
광주소년원 (-정보산업학교)	9호, 10호, 위탁	• 직업능력개발훈련(자동차정비, 용접, 소형건설기계조종면허, 건축, 환경설비, 자동차외장관리, 전기) • 인성교육, 위탁소년 인성교육 등	188 (보호: 135, 위탁: 53)
전주소년원 (△△정보통신학교)	9호, 10호, 위탁, 조사	• 중학교 교과교육 • 직업능력개발훈련(헤어디자인, 공간디자인) • 인성교육, 위탁소년 교육 등	81
부산소년원 (-정보산업학교)	10호, 위탁	• 직업능력개발훈련(자동차정비, 용접, 제과제빵, 헤어디자인) • 인성교육, 위탁소년 교육 등	213 (보호: 125, 위탁: 88)
대구소년원 (-정보통신학교)	9호, 10호 위탁, 조사	• 직업능력개발훈련(제과제빵) • 인성교육, 위탁소년 교육 등	174 (보호: 137, 위탁: 37)
춘천소년원 (-정보통신학교)	9호, 10호 위탁, 조사	• 직업능력개발훈련(헤어디자인, 가발전문, 스포츠마사지) • 인성교육, 위탁소년 인성교육 등	124 (보호: 107, 위탁: 17)
제주소년원 (-정보통신학교)	8호~10호, 위탁, 조사	• 직업능력개발훈련(제과제빵, 골프매니지먼트) • 8호 처분자교육 • 인성교육, 위탁소년 교육 • 집중처우과정(특수인성교육)	46 (보호: 43, 위탁: 3)
서울소년 분류심사원	위탁, 조사	소년의 분류심사, 상담, 소년 품행·환경 등 조사	207 (위탁)
계			1,612 (보호: 1,168, 위탁: 444)

주: 1. 위탁=「소년법」 제18조 제1항 제3호 규정에 따라 법원(소년부)으로부터 위탁된 소년, 조사=「소년법」 제49조의2 규정에 따라 소년 피의사전에 대하여 검사가 조사를 의뢰한 소년 등
2. 수용인원은 보호소년의 입교, 이송 및 임시퇴원 등 인원의 변동요인이 자주 있어 특정기간(연, 월) 동안의 인원을 합산하여 특정기간(연도) 일수로 나눈 수치인 '1일 평균 수용인원'을 일반적으로 활용
자료: 법무부 제출자료, 「2017 범죄백서」 재구성

소년법 제1조, 보호소년법 제28조, 제39조 등의 규정에 따르면 소년원 송치 등 보호처분은 죄에 대한 처벌이 아닌 교화를 통해 소년의 건전한 성장을 도모하는 것을 목적으로 한다.[38] 소년사법절차 중 보호처분은 '처벌이 아닌 교화'를 통해 아동의 발달을 도모한다고 정한 것은 우리 소년사법절차의 정신은 아동의 발달의 권리를 보장하고자 한다는 점을 보여준다.

보호소년법 제5조 제1항은 소년원장 또는 소년분류심사원장(이하 "원장"이라 한다)은 보호소년,[39] 위탁소년[40] 또는 유치소년[41](이하 "보호소년 등"이라 한다)을 처우할 때에 인권보호를 우선적으로 고려하여야 하고, 그들의 심신 발달 과정에 알맞은 환경을 조성하며 안정되고 규율 있는 생활 속에서 보호소년 등의 성장 가능성을 최대한으로 신장시킴으로써 사회적응력을 길러 건전한 청소년으로서 사회에 복귀할 수 있도록 하여야 한다라고 규정하여 보호소년 등의 인권보호를 고려하며 그들의 성장 가능성을 최대한으로 신장시킬 수 있도록 하여야 한다는 보호소년 처우의 기본원칙을 규정하였다. 이는 아동의 발달의 권리 보장 취지와 부합하는 규정으로 생각된다.

보호소년법은 제4장에서 교정교육에 관하여 규정하고 있다. 보호소년법 제28조 또한 교정교육은 규율 있는 생활 속에서 초·중등교육, 직업능력개발훈련, 인성교육, 심신의 보호·지도 등을 통하여 보호소년이 전인적인 성장·발달을 이루고 사회생활에 원만하게 적응할 수 있도록 하여야 한다라고 정하여 교정교육으로서 아동의 발달

---

38) 감사원, 앞의 보고서, 39.
39) 보호소년이란 소년법 제32조 제1항 제7호부터 제10호까지의 규정에 따라 가정법원소년부 또는 지방법원소년부로부터 위탁되거나 송치된 소년을 말한다.
40) 위탁소년이란 소년법 제18조 제1항 제3호에 따라 법원소년부로부터 위탁된 소년을 의미한다.
41) 유치소년이란 보호관찰 등에 관한 법률 제42조 제1항에 따라 유치된 소년을 말한다.

의 권리를 보장하고자 하고 있다.

(다) 소년원과 학교교육의 연계

보호소년법 제5조 제1항과 제28조의 규정을 살펴보면 소년원에서 실시하는 교육은 보호소년의 재비행 방지와 사회 복귀에 주안점을 두고 있다. 이러한 목적을 달성하기 위해서는 보호소년에게 같은 연령대의 아동이 받는 수준의 교육을 제공하고, 소년원에서 교육받은 사정이 사회에 복귀할 때 방해 사유가 되지 않도록 하는 제도적 장치가 필요하다.

이에 보호소년법은 제29조에서 소년원에 초·중등교육법 제2조 제1호부터 제4호까지의 학교(이하 소년원학교라 한다)를 설치·운영할 수 있다고 규정하여 소년원에 학교를 설치하여 보호소년들이 동년배 아동이 받는 교육을 이수할 수 있도록 하였다. 이에 따라 국내 소년원 10개소는 모두 '○○ 학교' 등의 이름으로 운영되고 있다.

나아가 보호소년법 제31조 내지 제34조는 보호소년이 최종적으로 재학했던 학교(이하 전적학교라 한다)와 소년원학교를 연계하여 보호소년이 퇴원 시 전적학교의 학적으로 배움을 이어갈 수 있도록 배려하고 있다. 보호소년이 소년원학교에 입교하면 초·중등교육법에 따라 입학·전학 또는 편입학한 것으로 보며(제31조 제1항), 보호소년이 퇴원하면서 전적학교 등 다른 학교에 전학이나 편입학을 신청하는 경우 전적학교 등 다른 학교의 장은 정당한 사유 없이는 신청을 허가하여야 하며(제32조), 보호소년이 소년원학교에서 교육과정을 마치는 경우 전적학교의 졸업장을 취득할 수 있도록 하였다(제34조).

〈표 5〉 졸업장을 취득하거나 학적을 연계한 보호소년 현황(2013~2017년)[42]

(단위: 명)

구분	서울소년원		전주소년원		안양소년원	
	졸업장취득	학적연계	졸업장취득	학적연계	졸업장취득	학적연계
2013년	48	147	37	49	4	7
2014년	44	44	19	35	6	12
2015년	30	30	30	16	5	7
2016년	37	37	10	14	10	16
2017년	46	46	15	20	11	11
합계	205	205	111	134	36	53

주: 서울·전주소년원은 중·고등학교, 안양소년원(2018. 1. 1.부터 청주소년원으로 교과과정 이관)은 중학교
    졸업장 및 학적연계 실적임
자료: 법무부 제출자료 구성

(라) 소년원학교의 교원

보호소년법 제30조에 따라 소년원학교에는 초·중등교육법 제21
조 제2항에 따른 정교사(1급, 2급) 등의 자격을 갖춘 교원이 수업 등
의 업무를 수행하도록 되어 있다. 같은 법 시행령 제61조 제2항에
따라 소년원학교장은 소년원학교 교육을 원활하게 하기 위하여 필
요하다고 판단되면 법무부장관의 승인을 받아 관련 학과 학사학위
이상 소지자, 청소년상담사, 청소년지도사, 정보통신·어학 관련 국
가공인 자격 소지자 등 정해진 자격요건을 갖춘 소속 공무원에게
제1항에 따른 직무를 담당하도록 할 수 있다. 소년원학교 교원은 같
은 법 시행령 제62조에 따라 각급학교의 교육연수원에서 연수하게
하여야 한다.

소년원학교에서 원활한 교과과정을 운영하기 위해 필요한 교과
목은 국어 등 13개이고, 필요한 교사인력은 최소 39명이다.

---

42) 감사원, 앞의 보고서, 51.

〈표 6〉 소년원학교의 교과목별 교사 필요인력[43]

(단위: 명)

기관(학교명)	교사필요인력
서울소년원	13
전주소년원	13
청주소년원	13
계	39

자료: 법무부 제출자료 구성

(마) 소년원학교의 교육 내용

보호소년법 시행령 제56조에 따라 교정교육은 보호소년이 소년원에 입원할 때부터 퇴원할 때까지 전 과정을 '신입자교육', '기본교육', '사회복귀교육' 3단계로 구분하여 순차적으로 실시한다. 기본교육은 초·중등교육, 직업능력개발훈련, 재활·의료교육, 특수인성교육을 의미한다. 그 외에도 소년원은 검정고시반을 운영할 수 있고(보호소년 교육지침 제9조), 같은 법 시행령 제69조에 따라 소년원학교에 재학 중인 보호소년 중 일정 요건을 충족하는 보호소년은 학력인정 검정고시에 응시할 수 있다.

〈표 7〉 소년원 처우 진행 절차[44]

신입단계(10일)	기본과정(1~23개월)	사회복귀준비(10일)	퇴원
•처우심사 및 개별처우계획 (소년원 지정, 반 배정 등) 수립·실시	•교과교육, 직업 훈련, 인성교육 •의료처우 제공 등	사회복귀 준비 (10일)	•퇴원+사후지도(희망 도우미) •임시퇴원+보호관찰+사후지도 •사회정착지원(자립생활관) 등

자료: 법무연수원 「2017년 범죄백서」 재구성

---

43) 감사원, 앞의 보고서, 53.

신입자교육은 보호소년이 입원한 날로부터 10일 이내에 소년원 생활 제반에 관한 기본적인 권리 및 의무(국가 인권위원회 진정 및 청원절차, 면회 및 편지 절차 등)에 대한 교육 등을 실시한다(보호소년 교육지침 제5, 6조). 사회복귀 교육은 출원을 앞둔 보호소년에게 취업, 진학 등에 필요한 정보를 제공하고 사회적응력을 배양하는 교육이다. 출원 예정일 이전 10일 이내에 진로상담 및 취업교육 등을 실시한다. 교사들이 직접 대면하여 교육하는 시간을 8일 이상 확보하도록 하였다(보호소년 교육지침 제7, 8조).

기본교육 중 교과교육은 서울·전주·안양소년원에서 운영된다 (2019년 기준). 교육대상은 소년법 제32조 제1항의 보호처분(9호·10호)[45]을 받은 보호소년 중 일반학교 및 소년원학교에 재학 중인 중·고등학생이다. 수업시수는 중학교 1,122시간, 고등학교 1,1196시간 이상으로 편성되어 운영되고, 보통교과와 특성화교과로 편성되어 운영되며, 보통교과는 국어·수학·영어·사회·체육 등 일반학교에서 운영되는 교과과정으로 생각하면 되고, 특성화교과에는 인성교과와 컴퓨터교과로 구성된다. 그 외 자율활동, 동아리활동, 봉사활동, 진로활동 또한 학교장의 재량으로 활동 영역을 선택하여 운영된다. 2019년 기관별 교과교육 관련 목표는 아래와 같다.[46]

---

44) 감사원, 앞의 보고서, 23.
45) 소년법 제32조 제1항 제7호 처분을 받은 보호소년: 의료·재활 보호소년
    소년법 제32조 제1항 제8호 처분을 받은 보호소년: 특수단기 보호소년
    소년법 제32조 제1항 제9호 처분을 받은 보호소년: 단기 보호소년
    소년법 제32조 제1항 제10호 처분을 받은 보호소년: 장기 보호소년
46) 법무부, 2019학년도 소년보호기관 교육계획, 법무부 (2019), 7-11.

〈표 8〉 2019년 소년원 교과교육 관련 목표

기관＼구분	외부 경시대회 입상	자격취득 (컴퓨터, 한자 등)	진 학	검정 고시	학적 회복	전·편 입 학	졸업장 취득
계	27	1,904	57	372	117	120	46
서울	3	295	20	60	75	95	32
부산	4	190	4	50	−	−	−
대구	3	280	4	40	−	−	−
광주	4	217	4	50	−	−	−
전주	2	260	10	20	30	20	10
대전	1	70	−	10	−	−	−
청주	3	142	6	40	−	−	4
안양	3	180	4	40	12	5	−
춘천	3	210	4	50	−	−	−
제주	1	60	1	12	−	−	−

기본교육 중 직업능력개발훈련은 서울·부산·대구·광주·전주·청주·안양·춘천·제주소년원 등 총 9개 소년원에서 보호처분(9호·10호)을 받은 보호소년 중 교과교육, 의료·재활교육 대상자를 제외한 전원을 대상으로 실시된다. 직업능력개발훈련을 통해 보호소년의 산업현장 적응력을 높이고 현장 실무형 전문 인력으로 양성하는 것을 목표로 한다. 산업수요와 연계한 맞춤형 교육과정을 운영하고, 보호소년의 출원 후 사회정착을 지원한다. 소년원별로 제과제빵, 자동차 정비, 바리스타, 헤어디자인, 피부미용, 스포츠마사지 등 직업능력개발 과정을 제공한다.[47]

---

47) 법무부, 앞의 계획, 12-15.

〈표 9〉 2019년 직업개발훈련 과정 운영 목표

구분\기관	과정 수	직종(과정)	훈련인원	현장훈련	자격취득	기능대회
계	32	−	611	269	525	11
서울	4	·제과제빵 ·사진영상 ·한식조리 ·헤어디자인	105	49	80	1
부산	4	·자동차정비 ·용접 ·제과제빵 ·헤어디자인	102	54	90	2
대구	4	·제과제빵 ·바리스타(9호) ·케이크디자인(9호)	52	18	60	1
광주	6	·자동차정비 ·용접 ·건축환경설비 ·소형건설기계 ·조종사면허(9호)	102	40	90	2
전주	2	·헤어디자인 ·공간디자인	32	10	35	1
청주	4	·헤어디자인 ·제과제빵 ·예술분장(9호) ·바리스타(9호)	71	23	50	1
안양	3	·피부미용 ·제과제빵 ·서비스마케팅	75	43	65	2
춘천	3	·헤어디자인 ·가발전문(9호) ·스포츠마사지(9호)	52	22	40	1
제주	2	·제과제빵 ·골프매니지먼트	20	10	15	−

인성교육은 소년원 전체 학생을 대상으로 실시된다. 집단상담과 집단지도, 기타 활동으로 교육이 구성된다. 집단상담은 비행유형별 예방교육(강·절도예방, 폭력예방, 약물오남용예방, 성비행예방 등)과 보호소년의 자기성장, 가족관계 회복, 대인관계능력향상, 진로교육 등 일반 과목으로 구성된다. 집단지도 교육은 법교육, 생활예절, 인터넷중독예방, 교통안전, 인문학교육 등을 소년원교사 1인이 1개 또는 2개의 과목을 담당하여 운영된다. 이외 기타 활동으로 예체능 교육, 사회봉사활동, 종교활동 등이 실시된다.[48]

그 외에도 소년원은 약물중독이나 장애를 가진 보호소년을 대상으로 실시하는 의료·재활 교육,[49] 8호 보호처분[50]을 받은 특수단기 보호소년을 대상으로 4주간 실시되는 8호 처분 교육, 보호소년의 검정고시를 지원하는 검정고시 특별반, 보호소년 보호자 등을 대상으로 자녀지도 및 보호 역량 강화를 위한 보호자 교육 등을 제공하고 있다.

(바) 정규 교육을 받지 못하는 아동에 대한 취급

소년사법절차에 있는 아동 중에는 정규 교육을 받지 못하는 경우가 있을 수 있다. 소년사법절차에 편입되기 이전에 이미 정규 교육 과정을 수행하지 않는 경우도 상정해 볼 수 있고, 소년사법절차에 편입된 이후 소년원학교[51]에서 교육을 받다가 사회로 복귀한 이후에 다시 정규 교육 과정을 수행하지 않는 경우도 상정해볼 수 있다. 학교 밖 청소년 지원에 관한 법률에서는 이러한 아동을 '학교 밖 청소년'이라고 구분한다(학교 밖 청소년 지원에 관한 법률 제2조 제2

---

48) 법무부, 앞의 계획, 19-22.
49) 법무부, 앞의 계획, 16-19.
50) 1개월 이내의 소년원 보호처분
51) 소년원학교는 초·중등교육법에서 정하는 학교에 해당한다.

호52)). 학교 밖 청소년 지원에 관한 법률에서는 이처럼 정규 교육 시스템에서 탈락한 아동에 대하여 교육지원, 직업체험 및 취업지원, 자립지원 등 다양한 지원을 제공하여 사회에 복귀할 수 있도록 도움을 주는 제도적 절차를 마련하고 있다.

제9조(교육지원)
① 국가와 지방자치단체는 학교 밖 청소년이 학업에 복귀하고 자립할 수 있도록 다음 각 호의 사항을 지원할 수 있다.
1. 「초·중등교육법」 제2조의 초등학교·중학교로의 재취학 또는 고등학교로의 재입학
2. 「초·중등교육법」 제60조의3의 대안학교로의 진학
3. 「초·중등교육법」 제27조의2에 따라 초등학교·중학교 또는 고등학교를 졸업한 사람과 동등한 학력이 인정되는 시험의 준비
4. 그 밖에 학교 밖 청소년의 교육지원을 위하여 필요한 사항
② 제1항에 따른 교육지원의 방법 및 절차 등에 필요한 사항은 여성가족부령으로 정한다.

제10조(직업체험 및 취업지원)
① 국가와 지방자치단체는 학교 밖 청소년이 자신의 적성과 능력에 맞는 직업의 체험과 훈련을 할 수 있도록 다음 각 호의 사항을 지원할 수 있다.
1. 직업적성 검사 및 진로상담프로그램
2. 직업체험 및 훈련프로그램

---

52) 학교 밖 청소년 지원에 관한 법률 제2조 제2호
    2. "학교 밖 청소년"이란 다음 각 목의 어느 하나에 해당하는 청소년을 말한다.
    가. 「초·중등교육법」 제2조의 초등학교·중학교 또는 이와 동일한 과정을 교육하는 학교에 입학한 후 3개월 이상 결석하거나 같은 법 제14조제1항에 따라 취학의무를 유예한 청소년
    나. 「초·중등교육법」 제2조의 고등학교 또는 이와 동일한 과정을 교육하는 학교에서 같은 법 제18조에 따른 제적·퇴학처분을 받거나 자퇴한 청소년
    다. 「초·중등교육법」 제2조의 고등학교 또는 이와 동일한 과정을 교육하는 학교에 진학하지 아니한 청소년

3. 직업소개 및 관리
4. 그 밖에 학교 밖 청소년의 직업체험 및 훈련에 필요한 사항
② 국가와 지방자치단체는 학교 밖 청소년을 대상으로 취업 및 직무수행에 필요한 지식·기술 및 태도를 습득·향상시키기 위하여 직업교육 훈련을 실시할 수 있다.
③ 제1항에 따른 지원과 제2항의 직업교육 훈련 내용 및 방법에 필요한 사항은 여성가족부령으로 정한다.

제11조(자립지원)
① 국가와 지방자치단체는 대통령령으로 정하는 바에 따라 학교 밖 청소년의 자립에 필요한 생활지원, 문화공간지원, 의료지원(「청소년복지 지원법」 제6조제1항에 따라 건강진단을 받은 후 확진을 위한 검사에 사용된 의료비의 지원을 포함한다), 정서지원 등을 제공할 수 있다.
② 국가와 지방자치단체는 경제교육, 법률교육, 문화교육 등 학교 밖 청소년의 자립에 필요한 교육을 지원할 수 있다.
③ 국가와 지방자치단체는 제1항에 따른 지원이 필요한 학교 밖 청소년에게 「청소년복지 지원법」 제14조에 따른 위기청소년 특별지원을 우선적으로 제공할 수 있다.

다. 보론: 외국의 입법 경향

(1) 미국

미국은 1899년 시카고에 세계 최초의 소년법원을 설립하였다. 미국에서는 소년은 완전한 법적 능력을 갖추지 못하였기 때문에 부모의 보호와 감독을 받지 못하는 소년에 대해서는 국가가 보호와 감독을 하여야 한다는 입장을 견지하였다. 그러나 최근에는 엄벌주의로 변화가 이루어지고 있다. 미국에서는 1974년 소년사법 및 비행방지법(Juvenile Justice and Delinquency Prevention Act)를 제정하였고 위 법에 근거하여 '소년사법과 비행예방사무국'이라는 기관을 설치하여 종합전략을 수립하도록 하였다.

특기할만한 점은 미국의 경우 소년사법과 관련된 부분은 사법부가 관장하지만, 가출소년 등에 대한 부분은 교육 및 보건복지부가 관장하도록 하고 있다는 점이다. 즉 소년범죄 및 비행관련 법제는 일원화되어 있지만 관할기관은 이원화하여 사법과 복지의 분야를 구분하여 처리하고 있다는 점이다.[53]

(2) 독일

독일은 소년사법제도에 관하여 정하고 있는 소년법원법(Jugendgerichtsgesetz)과 아동의 복지에 관하여 정하고 있는 아동소년원조법(Kinder und Jugendhilfegesetz)이 있다. 소년법원법은 소년범죄에 대한 처리 절차를 정하고 있는데 형법 및 형사소송법의 특별법으로서의 성격을 가진다. 아동소년원조법에서는 사회교육적 보호공동체에 대해 정하고 있고 위 공동체에서 아동과 소년이 성장하는 데 필요하고 적절한 교육에 대한 원조가 보장되도록 정하고 있다.[54]

V. 소년사법절차상 보호소년 교육 과정 운영의 문제점

1. 총론적 검토

소년사법 절차에서 보호소년 교육과정이 UN아동권리협약의 정신을 반영하여 UN아동권리협약 상 아동의 발달 권리가 보장될 수

---

53) 원혜욱, "소년비행 예방을 위한 입법정책 -우범소년에 대한 규정을 중심으로-", 한국형사정책학회 형사정책 제18권 제2호 (2006), 384.
54) 원혜욱, 앞의 글, 387.

있도록 세심하게 그 절차나 운영을 정하고 있지는 않다. 물론 소년 사법 체제가 잡힌 이후에 비로소 UN아동권리협약을 비준하여 UN 아동권리협약의 내용이 충실히 반영되기 어려운 측면도 부정할 수 없다.

그리고 이에 더하여 아동의 발달의 권리에 대하여 현행법률이 명확히 정의하고 있지 아니한 점, 각 법령별로 그 규정 내용이 일관되지 않고 차이가 있다는 점, 아동의 발달의 권리와 관련된 규정이 단일한 법령에 체계적으로 망라된 것이 아니라, 각 법령에 산재되어 있고 각 법령 사이의 관계도 명확하지 않다는 점으로 인하여 소년 사법절차상 보호소년 교육 과정에 대한 명확한 가이드라인이 없다는 점도 하나의 원인인 것으로 보인다.

아동의 발달의 권리에 대한 근거 법률이 미비한 점과 더불어 현재 우리나라는 소년범죄를 총괄하는 조직을 두고 있지 아니하며, 소년사법체계 안에서 아동의 발달의 권리를 보장하려는 정책적 노력 또한 부족한 것으로 보인다. 2020. 4. 27. 법무·검찰개혁위원회는 '소년범죄 처리절차 개선 및 소년피해지 지원 강화'에 대하여 심의·의결하면서 법무부에 범죄소년(피해자 포함) 문제를 총괄하는 '소년사법국'을 신설할 것을 권고하였다.[55] 우리 정부가 소년사법체계를 포괄적으로 관리하는 하나의 컨트롤타워를 설립하여 아동의 발달의 권리를 상당 부분 보장받고 있지 못한 아이들을 구제해주기를 희망한다. 이러한 컨트롤타워에서는 법체계 하에서 소년들을 어떻게 바라보고 규율하여야 할지에 대하여 뚜렷한 방향을 먼저 정립해야 할 것이다. 보호소년이 향유하는 아동의 발달의 권리를 보장하여야 한다는 측면에서 관련 정책이 수립되다가도, 중대한 소년범죄가 발생하여 보호소년에 대해서 성인과 마찬가지로 처벌하여야 한다는 여

---

55) 법무·검찰개혁위 17차 권고, 소년범죄 처리절차 개선 및 소년피해자 지원 강화, 법무·검찰개혁위원회(2020. 4. 27.)

론이 대두되면 이러한 정책은 곧바로 폐기되기 때문이다. 따라서 컨트롤타워에서는 먼저 소년범죄의 원인과 추이를 분석하고, 보호소년에 대한 여러 정책을 장기적인 관점에서 수립하여야 할 것이다.

소년사법절차상 보호소년도 아동으로서 당연히 발달의 권리를 향유한다. 앞서 말한 살펴본 바와 같이 이들은 아동의 발달의 권리를 제대로 향유하지 못하고 있는 것이 현실인데, 이들은 국가기관의 관리를 받고 있기 때문에 법률과 제도가 제대로 정비되고 시행이 되면 아동의 발달의 권리에 대한 주의를 환기시키고 그 보장을 촉구하는 계기가 될 수 있을 것으로 보인다.

2. 각론적 검토

가. 미흡한 보호소년 교화 노력—재입원자 관리 미흡

앞서 살펴본 바와 같이 소년사법절차는 보호소년의 처벌보다는 교화에 중점을 두고, 보호소년이 보호처분을 이행하는 중에도 아동 발달의 권리를 보장하여 아동의 건전한 성장 및 원활한 사회복귀를 꾀하고 있다.

그러나 국내 소년사법절차는 보호소년의 '교화'에 미흡하다고 지적받고 있다. UN아동권리위원회는 우리나라에게 '아동에게 친화적인 사법체계를 구축하라'는 권고를 3차례에 걸쳐 지속해서 하였다. 위원회는 2011년 제3·4차 권고에서 '대한민국 내 청소년 비행률이 계속하여 증가하고 있고 높은 수준의 재범률 등 청소년 범죄율이 높다는 점'에 대하여 우려를 표하면서, '비행아동'이 이러한 상황에 처하게 된 근본원인을 다루기보다 성인 구금시설에 비행아동을 구금하는 등, 아동 범죄자를 사회가 효과적으로 복귀하도록 하는 조치 대신 징계를 늘리는 식으로만 청소년 범죄 대책이 이루어졌다는 사

실을 우려와 함께 주목한다'고 지적했다.56)

감사원이 소년사법절차의 성과를 분석한 결과 또한 위와 같은 우려를 보여주고 있다. 2007년부터 2016년까지 소년 범죄자 중 '전과 있음' 비율이 꾸준히 증가하여 범죄의 상습화가 진행되고 있으며, 2012년부터 2016년까지 소년원 퇴원자의 재입원율도 개선되지 않고 있다.57) 이러한 현실에 비추어 감사원은 소년원에 반복하여 입원한 아동을 잠정적인 부적응·고위험군으로 설정하고 그 발생 실태 및 특성을 분석하였다.

감사원의 분석에 따르면 소년원 재입원자는 징계받는 비율이 높고, 교정성적 점수가 낮으며, 소년원 입원 횟수가 증가할수록 내면의 긍정적 변화가 감소하는 것으로 나타났다. 부적응·고위험군 보호소년은 소년원 교육 프로그램에 대한 불성실한 태도와 다른 보호소년에 대한 폭력과 괴롭힘 등으로 다른 보호소년의 교화에 악영향을 미칠 수 있고, 교사의 지도에 불응하여 수용 관리 부담이 높다. 또한 현행 상·벌점 및 징계 등은 이들의 교화·지도에 충분하거나 효율적인 수단이 되지 못하고 있는 것으로 파악되었다.58)

반면 부적응·고위험군에 대한 특수 교화 과정은 법령상 직접적으로 근거가 마련되어 있지 않다. 부적응·고위험군에 대한 개념 및 기준이 마련되어 있지 않고, 단지 보호소년 처우지침 제33조, 보호소년 교육지침(훈령) 제61조부터 제67조까지의 규정에 따라 '3회 이상 징계를 받은 자' 등에 대한 인성교육 위주의 집중처우과정을 운영할 수 있을 뿐이다. 전국 10개 소년원 중 제주소년원이 유일하게 집중처우과정을 운영하고 있으나, 이마저도 지리적 한계와 작은 시설 규

---

56) 유엔아동권리협약 제3·4차 국가보고서 심의결과 유엔아동권리위원회 권고사항, 유엔아동권리위원회, CRC/C/KOR/CO/3-4, 58차, 19.
57) 감사원, 앞의 보고서, 25.
58) 감사원, 앞의 보고서, 28-29.

모 등으로 2013년부터 2017년 동안 연간 16~39명만 실시하는 등 과정 실시 여력이 제한적이다.[59]

소년사법절차에서 아동의 발달의 권리를 보장하기 위해서는 각 아동에게 필요한 교육환경을 제공하여야 할 것이다. UN아동권리위원회와 감사원이 지적한 바와 같이 우리나라 소년원 교육이 아동을 교화하는데 미흡한 이유 중 하나는 상대적으로 인성교육에 집중하여 특수한 관리를 받아야 할 부적응·고위험군 보호소년과 다른 보호소년에게 그들의 교화에 필요한 교육을 각각 제공하려는 노력이 부족하기 때문인 것으로 보인다.

나. 아동들에 대한 지속적인 관심과 지도의 필요성

앞서 논의한 바와 같이 소년범의 재범률은 높아지고 있으며 소년원 퇴원자의 재입원율도 개선되지 않고 있다. 소년원 교육 자체의 미흡함에 더하여, 소년원 퇴원 후 관리 미흡이 이러한 현상에 기여하고 있는 것으로 보인다. 우리나라에서는 소년원을 퇴원하거나 보호관찰 기간이 끝난 소년들에 대한 지속적인 관리가 제대로 이루어지지 않고 있는 형편이다. 소년원에서 퇴원 후 소년들은 입원 전과 같은 생활환경에 다시 부딪히게 되고, 소년범이라는 낙인을 가지고 살아가게 된다. 그리고 그 과정에서 소년들은 다시 범죄에 노출되기 쉬운 것이다. 이 소년들에게 소년사법절차에서 미흡하나마 제공되었던 지지 기반(Support Structure)이 사라진다면, 그들은 끈 떨어진 연처럼 될 것이다. 이러한 퇴원 후 지원제도의 미비 또한 소년사법제도가 소년범을 교화하여 사회로 나아갈 수 있도록 지원하고 응원하기보다는 이들을 처벌의 대상으로 보고 '죄를 받게' 하는 데 중점을 두고 있기 때문으로 생각된다. 결국 소년원 퇴원자들에 대해서

---

59) 감사원, 앞의 보고서, 34.

사회에 안정적으로 복귀할 수 있는 지지 기반을 제공하는 측면에서의 관리를 할 필요가 있고, 이와 관련된 프로그램의 개발, 제도의 구축이 필요할 것으로 보인다.

다. 종사인력의 전문성 및 인원 부족

UN아동권리위원회의 2003년 2차 권고에서는 소년사법에 관하여 '소년사법집행에 관한 아동권리위원회의 1995년 토론의 날'에 비추어, 특히 아동권리협약 제37, 39, 40조, '소년사법집행에 관한 유엔최저기준규칙(베이징 규칙)', '소년비행예방을 위한 유엔지침(라야드지침)' 등 소년사법기준의 완전한 이행을 보장하고 소년사법제도 종사인력에 대한 전문훈련을 실시하도록 권고하였다.[60] 그러나 소년원학교가 개설된 1990년 3월부터 2018년 3월까지 소년원 학교에서 교과과정 수업을 담당한 직원은 한 차례도 교육공무원법 및 교원 등의 연수에 관한 규정에 따른 교육연수를 받지 않았다.[61]

소년원 교육을 담당할 교사인력 또한 부족하다. 2018년 기준 전국 소년원에 근무하는 직원 중 교원 자격증을 소지하고 수업이 가능한 직원은 16명에 불과하여 최소한의 필요인원(39명)에 비해 23명이 부족한 실정이며, 위 16명 중에서도 3명만이 교과과정이 있는 3개의 소년원 학교에 배치되어 교과과정 수업을 담당하고 나머지 13명은 교과과정이 없는 소년원에 배치되어 교과과정과 관계없는 업무를 담당하고 있는 것으로 파악되었다. 나아가, 소년원 학교에서 수업을 담당하고 있는 직원 45명 중 교원 자격증이 없는 직원이 42명인데, 이 중 4명은 학사학위를 아예 소지하지 않았고, 28명은 대학 전공학과 또는 보유 자격증과 관계없는 수업을 하는 실정이다.[62]

---

60) 유엔아동권리협약 제3·4차 국가보고서 심의결과 유엔아동권리위원회 권고사항, 유엔아동권리위원회, CRC/C/KOR/CO/3-4, 58차, 19.
61) 감사원, 앞의 보고서, 54.

현행 법령은 소년사법제도와 소년복지제도를 구분하고 있지만, 일관되고 통일적인 아동관련 정책을 수립하기 위하여서는 전문담당 기구 설치가 필요한 것으로 보인다. 소년복지제도를 통하여 소년사법제도에 노출되는 아동의 숫자를 감소시킬 수 있고, 소년사법제도에 소년복지제도의 프로그램을 활용할 수 있다는 점을 감안할 때에 관련자들이 모두 참여할 수 있는 기구를 설치하고, 해당 기구에서 종합적인 계획을 수립한 후 그에 맞는 전문가를 양성할 필요가 있다.

라. 우범소년 규정 개선

소년법 제4조 제1항 3호에서는 우범소년을 다음과 같이 정의하고 있다.

다음 각 목에 해당하는 사유가 있고 그의 성격이나 환경에 비추어 앞으로 형벌법령에 저촉되는 행위를 할 우려가 있는 10세 이상인 소년
가. 집단적으로 몰려다니며 주위 사람들에게 불안감을 조성하는 성벽(性癖)이 있는 것
나. 정당한 이유 없이 가출하는 것
다. 술을 마시고 소란을 피우거나 유해환경에 접하는 성벽이 있는 것

이와 관련하여 우범소년에 대한 정의는 범죄소년이나 촉법소년과 달리 규정 자체가 추상적이고 모호하다는 지적이 있다. 또한 우범소년의 행위 태양으로 정하고 있는 각 항목이 형벌 법령에 저촉되는 행위를 할 우려가 있는 판단 기준이 될 수 있는지에 대해서도 의문이 제기된다. 우범소년에 대하여 이처럼 모호하게 규정이 된 것은 일본 소년법상 우범소년에 대한 정의를 차용했기 때문이라는 지적이 있다.[63] 일본 소년법 제3조는 '보호자의 정당한 감독에 복종하

---

62) 감사원, 앞의 보고서, 54.
63) 김두상, "소년법상 우범소년 규정의 개선과 우범소년에 대한 법교육에 관한

지 않는 성벽이 있거나', '정당한 이유 없이 가출을 하거나', '범죄성
이 있는 사람 등과 교제하거나 유해한 장소에 출입하거나 자기 또
는 타인의 덕성을 해할 행위를 하는 습성이 있는 자'를 우범소년으
로 정하고 있다.

　실무상으로는 우범소년의 정의에 대한 모호성으로 인하여 소년
사법과 관련된 교육은 대체로 범죄소년이나 촉법소년에 맞추어 이
루어지고 있는데, 소년범죄의 증가율을 감소시키기 위해서는 범죄
소년이나 촉법소년에 대한 교육뿐만이 아니라 아직 범죄에 이르지
아니한 우범소년에 대한 교육도 중요하다. 특히 범죄소년, 촉법소년
과 우범소년에 대해서는 교육 내용 등을 차별화하여 제공할 필요가
있다. 따라서 우범소년에 대한 규정을 개선하여 우범소년에 대한 실
질적인 교육이 이루어질 필요가 있다.

　이와 관련하여 우범소년에 관한 규율을 소년사법체계에 포함시
켜 둔 현행 법체계를 유지하되 다만 우범소년의 정의를 보다 명확
히 하고, 우범소년에 대한 규율과 교육을 새로이 마련하자는 의견과
현행법 체계가 소년사법제도와 소년복지제도를 구분하고 있는 만큼
소년법에서 우범소년 관련 규정은 삭제하고, 청소년기본법 등에 우
범소년에 관한 사항을 규율하도록 해야 한다는 의견이 대립한다.

　앞서 언급한 바와 같이 현행 법령이 소년사법제도와 소년복지제
도를 구분하고 있지만 각 법령마다 관련 규정이 분산되어 있어서
체계적이지 못한 측면이 있는 만큼 위 문제는 단순히 우범소년에
한정된 사항은 아닌 것으로 보인다. 소년사법제도와 소년복지제도
를 아울러 아동, 소년의 개념 및 발달의 권리 등의 개념을 통일할 필
요가 있고, 각각의 경우에 적용되는 법령을 명확히 할 필요가 있다.

고찰", 경상대학교 법학연구 제25권 제3호 (2017. 7.), 7.

마. 여자 보호소년을 위한 고등학교 과정 미개설

법무부는 남자 보호소년을 위한 소년원 중에서 고등학교 과정을 운영하고 있지만, 여자 보호소년을 위한 소년원 중 청주소년원에서 중학교 과정만 운영하고 있을 뿐 고등학교 과정은 개설·운영하지 않고 있다. 고등학생 신분으로 입원한 여자 보호소년은 고등학교 과정을 이수할 수 없는 것이다. 2016년부터 2018년까지 총 51명의 여자 보호소년이 소년원에서 고등학교 교과과정을 운영하지 않아 학업을 지속하지 못하고 기존에 다니던 고등학교를 자퇴하였다.64)

바. 다문화사회에 대한 고려 부족

우리나라는 1990년대 후반부터 급격한 다문화사회로 진입하였다. 우리나라의 출산율이 감소하는 가운데, 다문화 가정의 출산율은 유지되고 있는 측면을 고려하면 다문화가정의 아동이 차지하는 비중이 시간이 지남에 따라 더 증가할 것으로 보인다.

UN아동권리협약 전문에서는 모든 사람은 인종, 피부색, 성별, 언어, 종교, 정치적 의견, 민족적·사회적 출신, 재산, 태생, 신분 등의 차별 없이 이 선언과 협약에 규정된 모든 권리와 자유를 누릴 수 있다고 정하고 있고, 제34조에서는 인종적, 종교적, 언어적 소수자나 원주민 아동은 본인이 속한 공동체의 구성원들과 함께 고유의 문화를 향유하고, 고유의 종교를 믿고 실천하며, 고유의 언어를 쓸 권리를 보호받아야 한다고 정하고 있다.

그러나 현실에서는 다문화가정 출신 아동에게 이러한 교육과정을 제공할 전문 인력의 부족, 다문화가정에 대한 이해 부족 등으로 소년사법절차상 보호소년 교육과정에서 이러한 부분까지 고려하지는 못하고 있는 것으로 보인다.

---

64) 감사원, 앞의 보고서 51-52.

사. 교육의 다양성 부재

상기한 바와 같이 소년원은 '학교'로 운영되고 있다. 그러나 소년원 교육은 대부분 제과·제빵, 헤어디자인 등 직업교육에 치중되어 있다. 서울, 전주, 청주의 3개 소년원만 '소년원 학교'로서 중학교, 또는 고등학교 교과과정을 제공하고 있으며, 그 중 서울소년원만이 고등학교 교과과정을 제공한다. 소년원에서 제공하는 기술 교육을 사회의 변화에 맞추어 다변화할 필요가 있다. 즉 제과, 제빵, 헤어디자인 등 전통적인 기술 교육에 국한할 것이 아니라, 컴퓨터 프로그래밍 교육, 데이터 정보 기술 등 가장 진일보한 부문의 기술 교육도 이루어져야 할 필요가 있다. 또한 퇴원 후 소년들의 취직을 돕기 위하여 기술 교육에 방점을 두는 것도 효용이 있겠지만, 소년원이 '학교'로 운영되는 목적에 부합하게, 보호소년들의 발전의 권리와 교육받을 권리를 보장해주기 위해서는 이들이 학업을 이어갈 수 있도록 중·고등학교 교과과정이 더욱 널리 제공되어야 할 필요가 있다.

VI. 결론

이상에서 UN아동권리협약에서 정하는 아동의 발달의 권리, 이에 대한 현행 법령 체계에서의 보장 내용 등에 대하여 살펴보았다. 현행 법령에는 UN아동권리협약에서 정하는 아동의 발달의 권리의 취지와 정신을 담은 규정들이 일부 포함되어 있다. 그렇지만 연혁적으로 기존 법령 체계 수립 이후 UN아동권리협약에서 정하는 아동의 발달의 권리와 관련된 내용을 맞추어 넣다 보니 체계적이지 못한 측면이 있다. 일례로 각 법령별로 아동을 지칭하는 용어도 다르고, 아동의 범위도 다르게 정하여져 있다. 또한 발달의 권리는 현행 법령상으로는 그 정의가 불분명하다. 체계적이지 못하고 모호한 법령으로 인한 가장 큰 문제점은 아동의 발달의 권리가 제대로 보장되지 못한다는 점이다. 아동의 발달의 권리에 대한 원칙 자체가 모호하다 보니 운영상으로도 여러 문제점이 있을 수밖에 없는 것이다. 그리고 이러한 문제점은 아동의 범죄가 증가하고, 재범률도 증가하는 결과로 이어진다. 물론 현행 법령 체계를 정비하고 일부 드러난 문제점을 개정한다고 하여 아동의 범죄율이나 범죄노출빈도가 비약적으로 감소할 것으로 기대되지는 않는다. 그렇지만 법령은 아동이 최소한의 발달의 권리조차 보장받지 못하여 온전한 인격체로 성장할 수 없게 되는 절벽으로 떨어지지 않게 하는 호밀밭의 마지막 파수꾼으로서 기능하여야 한다. 아동은 현행 법령의 문제점이 개선될 때까지 성장을 멈추고 기다려주지 않는다. 하루빨리 현행 법령 체계가 정비되어야 하는 이유이다.

참고문헌

감사원, 감사보고서, 보호대상 청소년 지원 및 교화 실태 (2018. 10.)

국가인권위원회, 사이버인권교육 보조교재「유엔아동권리협약」의 이해 (2018)

권혜령, 헌법에 열거되지 아니한 권리, 한국학술정보 (2010)

김두상, "소년법상 우범소년 규정의 개선과 우범소년에 대한 법교육에 관한 고찰", 경상대학교 법학연구 제25권 제3호 (2017. 7.)

김선택, "아동·청소년보호의 헌법적 기초", 헌법재판소 헌법논총 8집 (1997)

김선택, "'행복추구권'과 '헌법에 열거되지 아니한 권리'의 기본권체계적 해석", 고려대 안암법학 창간호 (1993)

김태천, "아동권리협약", 국제인권법 제1호 (1996)

문선화, "한국사회에서의 아동의 발달권", 초록우산 어린이재단 동광 제110호 (2015)

법무부, 2019학년도 소년보호기관 교육계획, 법무부 (2019)

사법정책연구원, 소년 형사사법절차의 개선에 관한 연구 -통합적 운용가능성을 중심으로-, 사법정책연구원 연구총서 (2019. 3.)

오동석, "아동권리적 관점에서 사법구조 검토", 아동친화적 사법체계 구축을 위한 심포지엄, 유니세프한국위원회 (2018. 12. 7.)

원혜욱, "소년비행 예방을 위한 입법정책 -우범소년에 대한 규정을 중심으로-", 한국형사정책학회 형사정책 제18권 제2호 (2006)

유엔아동권리협약 제3·4차 국가보고서 심의결과 유엔아동권리위원회 권고사항, 유엔아동권리위원회, CRC/C/KOR/CO/3-4, 58차

윤진수·현소혜, 2013년 개정민법해설, 법무부 (2013)

이노홍, UN아동권리협약 및 선택의정서에 따른 권리보호의 국제적 동향, 한국법제연구원 (2013)

정인섭, "주요 인권조약의 국내적 실천", 인권과 정의 제221호 (1995)

정혜영, "아동의 기본권에 관한 연구 -'아동'관련 조항의 신설과 그 헌법적
　　　모델 검토-", 공법학연구 제10권 제4호 (2019)

최미영, "아동의 권리주체성", 인권판례평석, 박영사 (2017)

최종찬, "학생의 교육기본권과 부모의 교육권: 협력과 상충", 교육법학연구
　　　제27권 제2호 (2015. 8.)

청소년 주거정책의 문제점 및 대안 마련을 위한 법제 연구

권영실*·마한얼**·송지은***
유원선****·이호연*****·정제형*

I. 서론

"청소년 주거권, 그게 도대체 뭐예요?", "어른도 집이 없어서 고생인데 부모랑 같이 살면 되지 청소년이 무슨 집이 필요해요?", "지금 청소년 가출을 조장하는 거예요?" 청소년 주거권이라는 단어를 들은 비청소년인 어른들이 주로 하는 말이다. 대한민국에서 사는 많은 사람들이 주거에 대한 불안과 고통을 겪는다. 하지만 주거권과 청소년이 만나야 하는 현실과 필요성에 대해서는 무지하거나 의문을 제기한다. 아직 한국사회에서 청소년 주거권은 사회적 담론으로 만들어지지 않았다. 주거권 논의에서 청소년은 누락되고 비가시화된 존재이다. 보편적 권리로서의 주거권을 말하기 어려운 한국 사회 현실에서 청소년 주거권은 낯설기만 한 권리이다. 탈가정 청소년에게 주거문제는 매일 부딪히는 어려운 현실임에도 불구하고 주거권

  * 재단법인 동천 변호사
  ** 사단법인 두루 변호사
  *** 청소년성소수자위기지원센터 띵동 변호사
  **** 사회복지법인 함께걷는아이들 사무국장
  ***** 서교인문사회연구실 연구원

은 사회적으로 의미화되지 않았다.

집을 나온 청소년을 부르는 말들이 있다. 가장 익숙하고 알려진 단어는 '가출청소년'이다. 한국사회에서 '가출 청소년'은 비행 또는 문제 청소년과 동의어로 해석되는 경향이 있다. '어린 나이'에 집을 나오는 것 자체가 문제가 있거나 문제를 일으키는 위험한 행동으로 간주된다. 이들의 삶에 대한 관심은 생략된 채 '문제' 행동에 집중하고 금지된 행동을 한 사람으로 비난의 대상이 된다. 한국사회에서 청소년은 '감히' 집을 나올 생각을 해서는 안 되고 청소년에게 '가출'을 할 만큼 큰 일이 있을 리가 없으며 '가출'은 고생인 줄도 모르고 부모 속 썩이는 '철없는' 행동일 뿐이다. 집을 나와서는 안 되는 사람이 대책 없이 행동한 것이기 때문에 집 나온 이유에 대해 비청소년을 납득시켜야 한다는 주문은 비청소년과 이 사회가 인정한 사유가 아니면 '가출'을 인정할 수 없다는 전제가 깔려 있다. 그래서 청소년이 집을 나올 만한 이유로 인정되는 사유는 부모의 폭력과 방임으로 제한된다. '가출'이라는 말이 가진 부정적인 이미지에도 불구하고 주로 청소년 관련 법과 정책, 정부 통계에서 이 개념을 사용한다.

'가출 청소년'을 '가정 밖 청소년'이라는 용어로 대체해야 한다는 제안도 있다. '가출'이라는 행위보다는 '가정 밖'이라는 상황에 주목하기 위한 용어로 설명된다. 이 글에서는 '탈가정 청소년'이라는 용어를 사용한다. 탈가정은 비청소년 입장에서 해석하는 '가출'을 청소년 입장에서 다시 읽은 단어이다. '가출'이 당사자인 청소년에겐 탈출일 수도 있다는 것, '집 나오면 개고생'이라는 걸 모르지 않는 이들이 오죽했으면 집을 나왔겠냐는 항변이기도 하다.[1]

기존 청소년 주거권 논의와 법·정책은 주거빈곤계층 가족에 대한

---

1) 박희정 외 공저, 나는 숨지 않는다, 한겨레출판 (2020), 212-213.

주거지원과 청소년 당사자에 대한 주거지원에 차이를 두지 않고 동일한 것으로 규정한다. 청소년이 부모와 같이 살아야 한다는, 살고 있다는 전제에서 출발하기 때문이다. 부모와 같이 살지 않거나 집을 나온 청소년은 문제적이거나 불쌍한 예외적 존재들로 간주된다. 청소년 주거권 논의는 이 전제를 깨는 것부터 시작해야 한다.

한국에서 탈가정 청소년에 대한 정확한 통계는 없다. 2018년 여성가족부는 연간 '가출 청소년' 수를 약 27만 명 정도로 추산했다.[2] 이 중 쉼터 이용 청소년은 3만 2천명 이라고 한다. 어쩔 수 없이 집을 나왔다면 청소년은 스스로를 보호하기 어려우니 비청소년의 보호를 다시 받아야 한다고 이 사회는 말한다. 보호시설로 갈 수 있고 가야 한다는 것이 국가가 정한 청소년 보호 방법이다. 2017년 더불어민주당 박경미 의원이 여성가족부에서 제출받아 발표한 '청소년 쉼터 유형별, 퇴소사유별 인원 현황'에 따르면[3] 2016년 한 해 동안 청소년 쉼터를 찾은 29,256명의 청소년 중 55.9%인 16,352명이 무단이탈, 자의 퇴소, 무단 퇴소 등 제 발로 쉼터를 나간 것으로 나타났다. 청소년이 보호시설로 가고 싶지 않다면 거주문제는 개인이 알아서 해결할 문제가 된다.

통계청에서 나온 청소년 통계[4]에 따르면 2018년 청소년의 가출 원인은 부모 등 가족과의 갈등이 70.0%로 가장 많고 기타 11.1%, 자유롭게 살고 싶어서 7.1%, 공부에 대한 부담감이 3.9%였다. 이 사회는 '가족갈등'이라는 단어에 숨은 청소년들의 삶의 결을 세세히 헤아릴 만큼 이들의 삶을 잘 이해하고 있을까? 이들의 목소리를 제대로 듣고 있을까? 어쩌면 많은 사람들이 청소년의 가정사를 들어도

---

2) 이투데이, "여가부, 가출청소년 27만명 추산, 청소년 쉼터로 연간 3만명 자립 돕는다", http://www.etoday.co.kr/news/view/1552600 (2017. 10. 23. 11:02).

3) 여성신문, "쉼터 위기청소년 절반이 자진퇴소, 안정 등 우려", https://www.womennews.co.kr/news/articleView.html?idxno=117887 (2017. 11. 03. 09:34).

4) 여성가족부, "2019 청소년 통계", 보도자료 (2019), 31-32.

자신의 고정관념과 경험의 한계를 넘지 못해 무슨 말인지 이해 못할 수도 있다. '갈등'이라는 말은 뭔가 청소년이 일상생활에서 겪는 가족과의 어려움을 너무 가볍게 느끼게 만드는 단어로 들린다.

청소년 주거권 논의의 출발은 '집을 나온 이유' 보다는 '집을 나온 상태'에 주목한다. 만약 집을 나온 이유를 궁금해 한다면 그것은 탈가정 이후 청소년에게 필요한 구체적인 지원을 살펴보기 위한 것이지 집을 나온 이유의 적합성을 비청소년이 판단하고 결정하기 위한 것이 아니다. 초점이 바뀌면 그 다음 질문은 지금 필요한 것이 무엇이고 어디에서 살고 싶은지를 묻는 일이다. 하지만 현재 이 질문은 할 수 없는 질문이다. 왜냐하면 보호시설 외에 청소년이 안정적으로 거주할 수 있는 곳이 없기 때문이다. 다른 선택지가 없기 때문에 제안할 내용도 없다. 우리에겐 다른 질문이 필요하다. 다른 질문을 하면 해결방안이나 대책도 달라진다.

이 글에서는 두 가지 방법으로 청소년 주거권의 현실과 필요성을 논할 것이다. 첫 번째로 청소년 보호시설의 실무자 인터뷰를 통해 청소년 주거의 현실과 고민을 분석한다. 참고한 인터뷰는 2020.2 청소년주거권네트워크에서 발표한 '청소년과 주거권의 만남 : 청소년 주거지원 정책의 현재와 대안 탐색'에 담긴 내용이다.5) 인터뷰는 일시쉼터, 청소년지원시설, 그룹홈, 그리고 아동양육시설의 실무자가 참여했고 2019년 11월부터 2020년 1월까지 진행했다. '청소년주거권 네트워크'는 2019년, 청소년의 시선과 입장에서 주거권의 현실을 면밀히 진단하고 실질적인 변화를 이끌어낼 수 있는 움직임을 만들어 내고자 청소년 지원현장기관의 실무자 및 활동가, 법률전문가들이 모인 연대체이다. 이러한 현장의 문제제기를 바탕으로 두 번째로는 국내외 청소년 주거정책과 법 정책을 검토하면서 문제점과 한계를

---

5) 청소년주거권네트워크, "청소년과 주거권의 만남: 청소년 주거지원 정책의 현재와 대안 탐색" (2020), 85-122.

짚고자 한다. 이를 통해 청소년 주거권의 현실화를 위한 몇 가지 제
언을 하고자 한다.

Ⅱ. 현장을 통해 본 청소년 주거권의 현실과 필요성

1. 변화된 환경과 청소년의 욕구

청소년 현장의 변화를 가장 많이 오래 제기한 집단은 아마도 탈
가정 청소년 당사자들일 것이다. 이들의 목소리가 집단적으로 가시
화되지 않았다고 해도 청소년들은 오늘 머문 시설에서 문제를 제기
하면서 남아 있거나 다른 곳으로 이동을 반복해 왔다. 청소년 현장
중에는 변화된 환경에 민감하게 반응하고, 청소년의 문제제기를 함
께 고민해 온 곳들이 있다. 이런 현장들은 청소년이 시설에 적응해
야 한다고 생각하기보다 시설이 청소년의 욕구와 목소리에 적응하
면서 예민하게 응답해야 한다고 말한다. 사회복지서비스에서 욕구
파악은 모든 서비스의 조건이자 내용이지만 누구의 위치에서 어떤
관점으로 욕구파악을 하는지에 따라 내용은 확연히 달라진다. 인터
뷰에 참여한 실무자들은 보호시설에서 청소년을 만나면서 이들의
삶을 보고 느끼고 사유한 것을 바탕으로 문제를 진단하고 질문을
던진다. 청소년 주거권을 얘기할 때 우리는 청소년의 어떤 욕구에
주목하고 이를 해석해야 할까? 탈가정 청소년이 시설에서 겪는 어
려움과 문제를 주거권의 관점에서 어떻게 새롭게 읽어야 할까?

가. 살고 싶은 곳, 살고 싶은 사람에 대한 자기결정권을 주장하는 청소년

탈가정 청소년은 왜 쉼터에 자리가 있는데도 가지 않을까? 사실 쉼터에 가고 싶지 않은 청소년의 존재는 어제오늘의 일이 아니다. 청소년 현장에서도 줄곧 해 온, 지금도 하고 있는 고민이다. 하지만 여전히 지금처럼 세팅된 쉼터에 '적응'한 청소년은 쉼터에 남지만, '적응'하지 못한 청소년은 갈 곳이 없다. 청소년이 갈 수 있고, 살 수 있는 구체적인 대안적 장소가 우리에게 필요하지만 적극적인 해결이 아니라 문제 인식에만 머물러 있는 것이 현실이다.

일시쉼터 실무자 A[6]는 청소년 쉼터의 문제 중 하나로 개별성에 대한 존중이 어렵다는 점을 얘기한다. A는 탈가정 청소년이 각자 다른 삶의 경험을 이미 가지고 있고 욕구도 다양한데 선택권이 없다는 점을 강조한다. 선택은 선택 가능한 목록이 있어야 실현할 수 있는데 청소년의 선택에는 후보군이 존재하지 않는다. 실무자 A는 탈가정 청소년에게 살 수 있는 공간과 살고 싶은 사람을 선택할 수 있는 "여러 가지 형태의 선택지가 있어야 한다"고 강조한다. 청소년 지원시설 실무자 B[7]는 탈가정 청소년이 '시설에 살기 힘들거나 살 곳이 생겨서 시설을 나가는 경우'가 있다고 말한다. 하지만 문제는 시설을 나가는 많은 청소년들이 '안정적인 거처' 없이 일단 지낼 수 있다고 판단하면, 위험한 관계에 손을 내미는 현실이다. 청소년들은 시설을 나가고 싶지만 살 곳이 없기 때문에 자신을 위험하게 만들 수 있는 사람들을 만나 당장 필요한 현실의 문제를 해결하려고 하는 것이다.

---

6) 일시쉼터 실무자 A와의 면담 (2019. 11. 6.).
7) 청소년 지원시설 실무자 B와의 면담 (2019. 11. 12.).

나. 쉼터에서 거부당한 청소년

청소년에 대한 강제 퇴소가 여전할 뿐만 아니라, 특정 청소년의 입소를 받지 않는 보호시설이 있다고 실무자들은 말한다. 입소거부는 직접적이지는 않다. 자리가 없다는 식으로 얘기를 하지만 사실은 '문제를 일으킬 소지가 있는' 청소년이라 쉼터에서 받지 않는 것이다. 범죄 경력이 있거나 들어와서 다른 청소년에게 부정적인 영향을 끼칠 수 있다고 '판단'되는 청소년, 조울증 등 정신적으로 어려움을 겪는 청소년이 이에 해당된다.

청소년 현장에서 특정 청소년에 대한 입소 거부가 암암리에 이루어지고 있고 쉼터에 입소조차 안 되는 청소년은 당장 갈 곳이 없는 문제가 발생하고 있다. 시설 종사자 인력의 부족과 소진 등 현실적인 어려움과 문제를 무시하는 것이 아니다. 초점은 우리가 청소년 주거권을 얘기할 때 지금의 시설로는 도저히 해결할 수 없는 점이 분명히 있고 이제는 다른 틀로 고민해야 한다는 점이다. 중요한 것은 시설이 있지만 가고 싶지 않거나 갈 수 없는 청소년들이 존재하는 현실이다.

2. 시설의 물리적 공간과 관계의 특성

주거권은 살만한 집에서 살 권리이다. 살만한 집은 바람과 햇빛, 넓이, 사생활 보호와 접근성 등 살기에 적합한 공간 특성을 의미한다. 집은 물리적 공간이자 관계의 장소이다. 누구와 어떻게 사는가의 문제가 '집 같은 집'의 의미를 구성한다. 그렇다면 보호시설은 청소년에게 집일까? 집이 되려면 어떤 조건이 있어야 할까? 함께 사는 사람들은 어떤 관계여야 할까? 공동생활에 규칙이 필요하다면 그것은 어떻게 만들어지고 조율되어야 할까? 물리적 공간의 특성과 관

316 아동·청소년의 권리에 관한 연구

계의 거리는 밀접하게 연결되어 있다. 시설의 물리적 공간의 한계는 사는 사람들의 삶에 어떤 어려움과 문제를 만들까?

가. 공동생활의 어려움

쉼터 실무자 인원이 늘어나는 것은 청소년 지원에 필요한 중요한 조건일 수 있다. 그러나 인력이 늘어난다고 탈가정 청소년의 거주 불안정이 사라지는 것은 아니다. 주거라고 얘기하기 어려운 쉼터라는 공간의 특성이 상수로 존재한다. 시설은 공동생활 공간이다. 모든 공동생활이 동일한 어려움을 겪는 것은 아닐 것이다. 하지만 누가 어떤 환경에서 어떤 방식으로 공동생활을 하느냐에 따라 문제의 출발과 내용이 다를 수 있다. 이런 차이가 이 공간에 계속 남을 것인지 아닌지를 판단하는데 중요한 영향을 미친다.

일시쉼터 실무자 A는 공동생활의 문제로 두 가지를 말한다. 첫 번째는 탈가정 청소년이 겪는 경험에서 나온 특성이다. 가족이 힘들어서 집을 나왔는데 낯선 누군가와 새로운 공간에서 사는 것은 두려운 일이다. 청소년만이 가진 두려움은 아닐 것이다. 이런 상황에 놓인 누구라도 느낄 수 있다. 청소년 보호시설 실무자 B는 청소년이 쉼터에 가지 않으려는 이유로 '낯선 공간과 사람에 대한 적응 문제'를 얘기한다. 청소년이 느끼는 낯섦은 '혼자 던져진 기분'이기도 하고 모르는 사람들과 갑자기 함께 살아야 하는 문제이기도 하다. 탈가정 청소년은 집을 나오는 과정에서, 갈 곳이 없어 머물렀던 거리에서 이미 지치고 피곤한 상태로 지냈고 경계심 높은 상태로 쉼터에 들어오기 때문에 이것은 사소한 문제가 아니다.

두 번째는 시설의 규모 문제이다. 실무자 A는 열 명이 넘으면 집이 아니라고 말한다. 첫 번째와 연결해서 생각해 보면 이 열 명은 안정적인 삶을 누리다 쉼터에 들어온 사람들이 아니다. 사는 사람들이 많기 때문에 시설은 "개별성을 인정하기 어렵다." 이런 상황에서

'문제'를 만들지 않기 위해 쉼터에서 할 수 있는 선택은 몇 가지가 안 된다. 특히 일시쉼터처럼 잦은 이동이 있는 청소년들이 다수 포함되어 있는 공간이라면 더 복잡해진다. 가능한 선택으로 대표적인 것이 강제된 규칙이다. 위계적 관계를 통해 통제하는 방식도 연결해서 등장한다.

(1) 시설 운영 규칙의 문제와 청소년의 탈시설 욕구

시설은 핸드폰 제한과 담배 규제, 식사와 취침시간, 외박과 통금 시간 규제 등 일상을 제한하는 세세한 규칙이 있다. 중 3때 탈가정해 단기 쉼터 여러 곳을 돌아다녔던 C는 2012년 지방에 있던 쉼터에서 겪은 일을 말한다. 그녀는 "입소를 하면 일주일 동안 밖을 못나가고 허락이 떨어져야 외출할 수 있어서 유치장에 있는 느낌"이었다고 말했다. 거실과 복도엔 CCTV도 있어서 "감시 받는 느낌이었다"는 것이다.[8] 청소년 지원시설 실무자 B는 자신이 근무하는 기관만 하더라도 5년 전까지 생활동의서 같은 형태로 청소년이 지켜야 할 규칙 문항이 20개 정도 있었다고 말한다. 인터뷰에 참여한 청소년 현장들은 규칙의 최소화와 변동가능성을 전제로 끊임없이 청소년과 얘기하면서 규칙을 없애고 만들고 조정하는 기관들이다. 연구 목적 때문에 일부러 이런 기관을 섭외했지만 실무자들은 유연하거나 최소한의 운영규칙을 가진 청소년 시설은 드물다고 말한다.

일상을 보내는 공간에서 작동하는 규칙은 청소년의 행동, 시간, 장소의 범위를 규정하고 몸을 훈육한다. 이 규칙은 청소년의 동의 없이 이미 정해져 따라야 하는 것들이다. 만약 거부하면 더 이상 시설에서 지낼 수 없다. 규칙에 '부적응'한 청소년은 문제 청소년이 된다.

규칙이 개인과 집단에 적용되는 기준점이라면 누가 어떤 관점으

---

8) 박희정 외 공저, 앞의 글, 193.

로 그 기준점을 제시하고 결정할 권리를 갖는지가 중요해진다. 청소
년들은 비청소년들에게 끊임없이 이 문제를 제기하면서 위치를 바
꾸기 위한 시도들을 했다. 규칙이 구성원들의 행위 가능성을 상호적
으로 규정하는 약속이라면 이것은 일방적일 수 없다. 일방적인 것은
강제적인 성격을 띤다. 타자를 통제하기 위한 수단이 된다. 이런 규
칙은 관계를 만들지 못하고 파괴한다. 거기에는 개인의 주체성이 설
자리가 없기 때문이다.

　일시쉼터 실무자 A는 쉼터 규칙의 변화로 입소 청소년 수가 늘
었다고 말한다. 그녀는 시설의 규칙이 누구의 입장에서 만들어진 것
인지를 얘기한다. 주로 비청소년 입장에서 만들어진 것이기 때문에
규칙이 고정되면 문제가 된다. 청소년 지원시설 실무자 B는 이곳 시
설에 오는 청소년의 특징이 달라졌고 이것은 사회변화와 연관되어
있다고 말한다. 환경과 주체의 변화는 시설 운영규칙의 변화를 요구
한다고 그녀는 말한다.

　청소년 지원시설에서 같이 일하고 있는 D[9]는 기관에서 규칙의
기능과 의미를 생각할 때 청소년의 존재를 어떻게 보고 있는지가
중요한 관점으로 작용한다고 말한다. 또한 이것이 큰 차이를 만들
수 있는 핵심 내용이 된다는 것을 지적한다. 청소년을 어떤 존재로
볼 것인지에 따라 이들을 만나는 방식도, 이들을 만나는 사람의 역
할도 달라질 수 있다. 이들은 인권의 관점에서 존재를 바라보는 것
이 얼마나 중요한 문제인지를 얘기한다.

(2) 물리적 공간과 관계의 거리

　인터뷰에 참여한 일시쉼터와 청소년 지원시설 실무자들은 공동
생활에서 개인의 독립공간이 없을 때, 공간이라는 한계에 막혀 자신

---

9) 청소년 지원 시설 실무자 D와의 면담 (2019. 11. 12.).

의 욕구를 해소하기 어려운 상황이 된다고 말한다. 같이 방을 쓰기 때문에 음악을 조금 크게 들을 수도 없고 낮잠을 편하게 자기도 어렵다. "현재의 물리적 공간 구조에서는 쉼터가 선택할 수 있는 방법이 별로 없다"는 것이다.

분리되지 않는 공간은 개인의 자유를 제한할 뿐 아니라 독립 공간이 있다면 해소될 수도 있는 관계의 어려움을 만들기도 한다. 청소년 지원시설 실무자 B는 같이 사는 사람끼리 부딪치면서 갈등이 생길 수 있지만 청소년들은 더욱 힘들어한다는 점을 얘기한다. 그녀는 탈가정의 과정에서 사람 때문에 힘든 경험을 많이 한 청소년들에게 관계의 짐을 다시 지우는 것에 부담을 느낀다고 말한다. 시설 공간의 물리적 특성은 '힘듦에 힘듦을 계속 보태는 상황'을 만들어 관계의 어려움으로 이어진다. 문제로 감정을 터뜨리고 싶어도 공간이 필요하고, 관계의 거리를 유지하고 싶어도 공간의 거리가 필요하다. 하지만 이것은 지금의 시설 공간 구조에서 어려운 일이다.

일시쉼터 실무자 A도 청소년 간에 정서적 안정에 필요한 관계의 거리를 확보하기 위해서는 물리적 공간의 거리를 확보하는 것이 중요하다고 말한다. 이것은 청소년 사이뿐만 아니라 청소년과 실무자 사이도 마찬가지다. 쉼터는 개방된 공간이기 때문에 마음에 안 드는 청소년의 모습이 실무자의 눈에 띄면 실무자는 지적하는 말을 하게 된다. 독립된 공간이 보장되어서 실무자의 눈에 청소년이 보이지 않으면 실무자는 덜 간섭하게 되고 기다리면서 버틸 수 있다. 실무자 A는 공간이 관계에 얼마나 큰 영향을 줄 수 있는 문제인지를 지적한다. 친밀한 관계를 유지하는 것이 단지 개인의 마음이나 노력의 문제만은 아니라는 점을 알 수 있다.

나. 불안정한 거주

일시쉼터에는 단기쉼터에서 입소 거부 되었거나 강제 퇴소를 당한 청소년, 단기쉼터에 가고 싶지 않은 청소년, 폭력 및 방임 피해 청소년 등 다양한 삶의 결을 가진 청소년이 온다. 일시쉼터는 예전엔 찾아온 청소년에 대해 3일을 보호한 뒤 행정상 퇴소처리를 하고 다시 입소 처리를 해왔다고 한다. 하지만 이후 일시쉼터는 기관 재량으로 청소년 보호기간을 1주일로 늘렸다. 퇴소 후 갈 곳 없는 청소년들의 어려움을 고려한 조치였다. 일주일 있다가 다른 일시쉼터로 이동해서 지내다가 다시 입소하는 것은 가능하다. 일시쉼터는 단기쉼터에 들어가지 못하거나 강제 퇴소당한 청소년도 많이 온다고 한다.

장기적으로 머물 수 있는 곳이 없어 일시쉼터에 온 청소년들은 일주일이 지나면 다른 시설로 이동한다. 일시쉼터를 돌아다니는 청소년 '유랑자들'은 일시쉼터 정보에 대한 구체적인 지도를 가지고 있다고 한다. 유랑자들은 거주 불안정을 겪지만 자신들이 처한 상황에서 선택의 가능성을 스스로 만들어간다. 이들의 유랑은 생존을 위한 것이자 처한 조건에서 선택의 폭을 넓히는 전략적 행위이다. 일시쉼터뿐 아니라 청소년지원시설에 가는 십대 여성들도 자기들끼리 통용되는 정보에 근거해 시설을 선택한다고 한다. 아마도 탈가정한 청소년의 눈으로 보고 몸으로 겪은 정보이기에 신뢰도가 높을 수밖에 없을 것이다. 일시쉼터에서 만난 청소년들은 서로 다른 일시쉼터에 대한 정보뿐만 아니라 거리 생활에 대한 노하우를 전하고 함께 할 수도 있는 관계가 되기도 한다.

불안정한 거주의 경험은 불안정한 삶의 연속을 의미한다. 거주든 주거든 사는 곳이 안정되지 않으면 정서적으로도 불안할 수밖에 없다. 불안정성이 높아 예측하기 어려운 삶이기 때문에 계획을 세우기도 어렵다. 하루하루 버티는 것에 집중하기에도 벅차다. 주거 문제는 오늘 당장 잘 곳이 없는 버거운 현실일 뿐 아니라 정착할 수 없는 삶을 의미한다.

다. 시설에 대한 사회적 낙인의 문제

이 사회는 그룹홈에 사는 사람들에게 '부모가 없다'는 낙인을 찍는다. 그룹홈 거주 자체를 친구들에게 말하지 못하는 경우도 있다. 이점은 그룹홈만 해당하는 것이 아닐 것이다. 청소년지원시설의 경우도 '어떤' 청소년이 올 수 있는 곳인지 정해져 있기 때문에 사회적 낙인에서 자유롭지 않다. 청소년 당사자도 '불쌍한 애'라는 불편한 시선을 내면화한다. 시설 거주를 집에서 사는 것처럼 자연스럽게 말하기 어려운 현실이 있다. 낙인 때문에 주위 사람들에게 살고 있는 집이라고 소개하기 어려운 현실이 있다. 시설에 사는 청소년은 낙인으로 인해 "자신을 가리고, 오픈하지 않고" 살게 된다. 특수성의 규정은 특별한 지원이 필요하다는 요청을 하기에는 용이하지만 사회적 낙인 또한 동반한다. 지금 필요한 것은 시설의 특수성을 넘어 "일상적인 형태의 대안 주거 공간"이라고 청소년지원시설의 실무자는 말한다.

3. 주거와 청소년 자립

지금까지 살펴본 것처럼 탈가정 이후 쉼터에 가고 싶지 않거나 못 가는 청소년이 있다. 비청소년과 같이 살고 싶지 않은 청소년이 있다. 그러나 갈 곳도 방법도 없다. 비청소년과 함께 살고 싶거나 한동안 살아야 하는 청소년이 있다. 삶의 불안정성이 "청소년마다 다르기 때문에" 그 과정에서 받은 상처를 회복하기 위한 시간이 필요한 청소년이 있다. 자해나 각자가 처한 사건과 상황이 청소년을 해할 수 있는 위험 요소나 걸림돌이 되는 경우에 청소년은 한동안 비청소년과 살아야 할 수도 있다. 또는 청소년이 비청소년과 같이 살고 싶어 하는 경우도 있을 수 있다. 하지만 정해진 관계와 공간으로 들어가고 싶지 않다. '아무나'가 아니라 나와 맞는 사람과 살고 싶다고 생각하는 청소년이 있다. 어디에서 누구와 어떻게 함께 살 것인지를 결정하는 과정은 탈가정 청소년이 삶의 안정성을 만드는 과정이다.

불안정한 삶을 살던 사람이 힘을 충전해 삶을 이어나가기 위해서는 시간과 장소, 곁이 필요하다. 주거 불안정으로 생기는 불안정한 삶의 기간이 짧아질수록 이들에게 필요한 충전 시간이 짧아질 수 있기에 집은 중요하다. 집은 해 보고 싶은 것들을 여유를 가지고 생각해 볼 수 있는 시간을 갖기 위해서도 필요한 장소이다. 삶의 안정성과 주거는 상관관계를 갖는다. 안정적인 주거는 청소년 자립을 생각할 때도 중요한 문제이다. 주거가 있다고 자립이 되는 것은 아니지만 주거는 자립을 위한 중요한 기반이자 출발점이다. 계속 시설에 살 수 있는 것이 아니기 때문에 정해진 나이가 되면 시설을 떠나야 한다. 시설을 떠나기 위해서는 집이 필요하다. 하지만 시설에서 생활하다가 집이 주어진다고 자립이 되는 것일까? 지금의 시설 경험은 자립에 어떤 한계를 만들고 있을까?

E 아동양육시설은 정원이 70명 정도 되는 시설이다.[10] 10년 전까지만 해도 70명이 있었다고 하는데 2019년에는 아동 37명이 살고 있다. 유아부터 고등학생까지 살고 있고 한방에 두 명씩 지내고 있다. 대학을 진학하지 않는 사람은 고등학교 졸업과 함께, 즉 만 18세에 퇴소를 한다. 퇴소와 동시에 LH 공사에서 전세금을 빌려준다. 인터뷰에서 아동양육시설의 실무자는 퇴소 이후 자립한 사람이 어떤 어려움을 겪을 수 있는지에 대해 몇 가지를 얘기한다. 첫 번째는 퇴소 청소년이 집을 관리하지 못해 생기는 문제가 있다. 시설을 나간 퇴소자 중에는 "공과금이나 관리비를 미납하거나 기물을 파손하고 지

---

10) 아동양육시설 E 실무자와의 면담 (2020. 1. 17.)

원된 주거에서 나가버리는" 경우가 있다. 이것은 단지 집 관리만의 문제는 아닐 수 있다. 두 번째는 돈 관리 문제이다. "자립정착금과 CDA(아동발달지원계좌) 등으로 목돈이 생기는데 관리가 안 되고 돈에 대한 개념이 없는" 경우가 있다는 것이다.

퇴소 청소년의 자립에 대한 실무자의 고민은 퇴소 전에 청소년이 시설 밖 경험이 없기 때문에 자립에 어려움이 생기는 경우가 있다는 것이다. 시설에서는 생활에 대한 거의 모든 지원이 이루어지기 때문에 청소년이 직접 하지 않아도 되는 것들이 많지만, 시설을 나가면 청소년이 생활에 필요한 것을 직접 해야 하기 때문에 경험부족으로 인한 힘든 상황에 놓이게 된다. 실무자는 청소년이 시설이 아닌 곳에서 '직접 부딪쳐보고 실패해 보는 경험'이 중요하다는 점을 말한다. 따라서 퇴소 전에 청소년이 자립 역량을 키울 수 있는 시설 밖 경험이 청소년 자립에 도움이 될 수 있다고 그녀는 말한다. 현재는 퇴소 후에 청소년에게 전세금이 지원되지만 퇴소 전에 청소년이 시설 밖 경험을 할 수 있도록 바꾸려면 지금의 지원 방식에도 변화가 있어야 할 것이다.

4. 시설이 아닌 청소년 주거권

인터뷰에 참여한 청소년 시설 실무자들은 "시설은 집이 아니라고" 말한다. 이것은 집을 나온 청소년이 겪고 있는 주거문제의 심각성과 삶의 현실을 가까이에서 지켜본 사람들의 말이다. 탈가정 청소년들은 시설이 아닌 '집 같은 집'에서 살고 싶다는 얘기를 많이 한다. 사회적 낙인 때문에 살고 있는 곳을 말할 수 없을 때, 살고 싶은 곳이 아닐 때, 선택할 수 없을 때, 원하지 않는 사람과 같이 살아야 할 때 그곳이 시설이라는 이름으로 불리든 아니든 간에 '집 같은 집' 이 아닐 수 있다. 탈가정 청소년의 삶과 주거 현실을 드러내는 것은 청소년도 '집 같은 집'에서 살 권리가 있음을 얘기하려는 것이다. 그 것은 집이 살만한 물리적 공간의 특성을 가지고 있는가의 문제를 비롯해 같이 사는 사람과 어떤 관계를 맺으며 살 수 있는가의 문제 와 연결된다. 왜냐하면 집은 물리적 공간이자 관계의 장소이기 때문 이다.

청소년이 폭력 가정에 오래 머물러 있을수록, 거리에 오래 있을 수록 삶의 안정을 찾는 기간은 더 길어질 수밖에 없다. 일상을 만들 고 정서적으로 안정되고 삶의 계획과 실행을 하는 삶을 만드는 과 정은 집만으로 되는 것은 아니지만 집이 그 출발일 수밖에 없다. 청 소년들이 하루라도 빨리 힘든 집에서 탈출해 몸과 마음을 지키기 위해, 거리에 오래 있지 않도록 하기 위해 청소년들이 선택할 수 있 는 안정적인 주거 공간이 필요하다. 함께 살든 살지 않든 어떻게 청 소년에게 주거를 지원할 것인지에 대한 다양한 시도와 대안이 필요 하다.

아직 한국 사회에서 청소년 주거권은 낯선 단어이다. 하지만 탈 가정을 한 청소년과 탈가정을 원하는 청소년에게 이것은 마냥 기다 릴 수만은 없는 삶의 현실이다. 문제는 시설에 '적응' 못하는 청소년 에 있는 것이 아니라 선택지를 주지 않으면서 부적응만을 문제 삼 는 사회적 기준과 조건에 있다. 시설 외에 청소년이 살 수 있는 다 양한 선택지를 만들면 청소년의 다양한 선택은 살고 싶은 집과 함 께 살고 싶은 사람을 찾아가는 과정으로 해석된다. 변화된 환경과 청소년의 다양한 욕구는 청소년 주거권에 대한 더 많은 시도와 상 상력을 요청하고 있다. 이를 위해 탈가정 청소년이 처한 현실을 이 해하면서 기존의 주거정책과 법제를 꼼꼼히 살피고 청소년의 입장 에서 새롭게 검토하고 빈 부분을 채우는 작업이 중요하다. 이 과정 은 청소년 주거지원의 구체적인 내용과 방식을 설계할 때 꼭 필요 하다. 청소년이 기꺼이 가고 싶은 다양한 주거 공간이 이들의 선택지가 되고, 살만한 집에서 살 권리가 실현되기 위해서는 구체적인 주거정책과 법 제도에 대한 비판적 담론이 필요하다.

Ⅲ. 한국의 청소년[11] 주거지원정책

1. 한국의 주거지원정책 및 청소년의 주거권 보장 대책으로서의 한계

주거기본법은 "주거복지 등 주거정책의 수립·추진 등에 관한 사항을 정하고 주거권을 보장함으로써 국민의 주거안정과 주거수준의 향상에 이바지하는 것을 목적으로" 하고 있으며(제1조), 주거정책의 기본원칙이 저소득층 등 주거취약계층의 주거수준이 향상되도록 "임대주택의 우선공급 및 주거비의 우선지원"을 하는 것임을 명시하고 있다(제3조 제2호). 따라서 한국의 주거취약계층에 대한 주거정책은 '주거급여'와 '공공임대주택'으로 크게 구분할 수 있으며, 지원의 근거가 되는 법령으로는 주거급여법, 공공주택 특별법, 국민기초생활 보장법 등이 있다. 그 외에 긴급하게 지원이 필요한 상황에 놓인 취약계층을 위하여 '긴급복지지원'이나 기타 대출지원 사업이 마련되어 있다.

아래에서는 현재 시행되고 있는 주거취약계층에 대한 주거정책을 간략히 살펴보고, 이러한 정책에서 청소년은 어떤 범주로 포섭되

---

11) 본 연구에서 언급하는 "청소년"은 청소년 기본법 제3조에서 정의하는 "9세 이상 24세 이하의 사람"을 아우르는 개념으로 사용하며, "후기청소년"은 만 19세 이상 24세 이하로 정의함. 본 장에서는 이에 해당하는 정책을 중심으로 살펴보았으나 각 정책별로 적용 연령이 상이한 부분은 별도로 표기하였음.

는지 혹은 포섭되지 않는 한계를 짚어보고자 한다.

가. 주거급여

주거급여는 국민기초생활 보장법과 주거급여법에 근거하여 시행되는 제도로, 생활이 어려운 사람에게 주거급여를 실시하여 국민의 주거안정과 주거수준 향상에 이바지함을 목적으로 한다(주거급여법 제1조). 기존에는 최저생계비 이하 가구에 대해 통합급여 체계로 지원되었으나, 2015년 7월 기초생활보장제도의 급여개편으로 개별 급여로 변경되었다. 주거급여는 수급자의 가구원수, 거주 형태, 부담수준, 지역 여건 등을 감안하여 임차수급자에게 지급하는 임차급여와 자가수급자에게 지급하는 수선유지급여로 나뉜다. 주거급여법 개정에 따라 2018. 10. 1. 부터 부양의무자 요건이 폐지되어, 부양의무자의 소득 및 재산 유무와 상관없이 신청가구의 소득과 재산만으로 주거급여 수급자로 선정 가능하다. 2020년 주거급여 선정기준 및 최저보장수준은 기준 중위소득의 100분의 45 이하이다(국토교통부 고시 제2019-427호).

국민기초생활보장제도는 보장의 단위를 '개별가구'로 하고 있다(국민기초생활 보장법 제2조 제8호 및 제4조 제3항). 주거급여에서도 가구를 수급자 선정, 급여액 결정 및 지급의 기본단위로 보고 있다. 이에 따라 주민등록등본 세대원 및 가족관계등록부 구성원을 기준으로 보장가구의 범위를 결정하게 되는데, 보장가구에는 세대별 주민등록표에 등재된 사람으로서 생계나 주거를 같이 하는 사람 및 그 배우자 외에도 "30세 미만의 미혼자녀"가 포함된다. 30세 미만의 미혼자녀는 사회복지시설과 같은 보장시설에서 급여를 받고 있거나[12] 가출, 행방불명, 또는 해당 가구와 생계 및 주거를 달리한다고

---

12) 아동복지시설이나 청소년복지시설에 입소한 사람 및 가정위탁보호 중인 아

시장·군수·구청장이 확인한 경우에 한하여 보장가구에서 제외된다(동법 시행령 제2조). 따라서 청소년의 경우 위 경우에 해당하지 않는 한 주민등록에 등재된 세대의 세대원으로 속하게 되고, 청소년은 원칙적으로 별도가구로 주거급여를 보장받을 수 없다.13)

청소년이 보장가구에서 제외되어 별도로 주거급여를 지급받기 위해서는 임대차계약 등을 통해 원가족과 다른 주소지에 전입신고를 하고, 실질적으로 가족관계 해체상태임을 인정받아야 한다. 그러나 현재 미성년자의 법률행위는 친권자인 부모가 취소할 수 있어서(민법 제5조) 임대인들이 미성년자와의 임대차계약을 기피하게 된다. 전입신고의 경우에도 만 17세 미만의 주민등록 미발급 청소년은 전입신고서상의 '전세대주 또는 본인'임을 직접 확인하는 것은 불가하고, 본인의 전 세대주 또는 전 세대의 세대원인 법정대리인(친권자 또는 후견인)의 확인을 받아야 한다는 것이 관계 부처의 해석14)이기 때문에 실질적으로 별도의 거주지에 전입신고하기에 어려움이 따른다. 또한 만약 원가정이 수급가구인 청소년이 별도 가구로 인정받게 된다면, 그동안 원가정이 해당 청소년을 포함하여 지급받아온 급여 부분에 대해 부정수급으로 판단받을 가능성이 있어 이에 대한 부담으로 별도 가구로 주거급여를 신청하지 않는 경우도 있다.

한편 주거급여 수급가구에 속하지만 학업 등으로 다른 가구원과

동은 주거급여 대상이 아니지만, 국가·지방자치단체·공공기관 등이 제공하는 공동생활가정 등 거주시설 중에서 임차료가 발생하는 시설에 입소한 사람은 임차급여 특례에 따라 기준임대료의 60%는 받을 수 있다[국토교통부 고시 제2019-1020호, "주거급여 실시에 관한 고시", 주거복지정책과 (2019. 12. 31.), 제9조]

13) 단 30세 미만의 미혼자녀가 주거를 달리하면서 기준 중위소득 50% 이상의 소득활동을 하고 있거나, 30세 미만의 미혼부·모인 경우 생계를 달리하는 것으로 보장기관이 판단하면 수급자 가구에서 분리 가능하다[보건복지부 지침, "2020년 국민기초생활보장사업안내", 기초생활보장과 (2020. 1. 1.)]

14) 행정안전부, "2018 주민등록 질의·회신 사례집", 주민과 (2018), 115-119.

분리되어 사는 20대 미혼 청년의 경우, 개별가구로 분리되지 않아 별도의 주거급여를 지원받을 수 없어 열악한 주거환경을 선택하게 되거나 이주를 포기하게 된다는 문제제기에 따라, 제58차 중앙생활보장위원회에서 주거급여 수급가구 내 20대 청년에 대해서도 실제 원가족과 따로 사는 경우 주거급여를 분리하여 지급하는 안을 제2차 기초생활보장 종합계획(2021~2023년)에 담아 2021년부터 시행하기로 결정하였다.[15] 현행 주거급여 체계를 완화하여, 미혼자녀 중 19세 이상 30세 미만인 청년이 수급가구인 원가정과 독립하여 별도의 가구를 구성하는 경우 원가정과 별도의 주거급여를 받을 수 있게 하겠다는 것이다. 이에 만 19세 이상 만 24세 이하의 후기 청소년에 해당하는 이들 중 원가구가 수급가구인 경우에 한하여, 원가정과 분리되어서도 주거급여를 받을 수 있을 것으로 보인다. 그러나 여전히 만 19세 미만의 탈가정 청소년은 개선된 제도의 혜택을 전혀 받을 수 없다. 부모 등의 주거급여 수급가구와 함께 거주할 수 없고 빈곤한 상황은 만 19세 이상 30세 미만의 청년과 동일함에도 불구하고, 합리적인 근거 없이 만 19세 미만 청소년에 대하여는 주거급여의 보장을 제한하는 것이다. 개선안이 적용되는 후기청소년의 경우도 원가정이 수급가구에 해당하여야만 주거급여를 분리하여 받을 수 있다는 점에서도 지극히 제한적인 개선안이다.

나. 공공임대주택

공공기관에서 공급하는 공공임대주택은 종류 및 유형이 매우 다양한데, 국가 또는 지자체의 재정으로 건설·임대하는 주택, 국민주택기금의 자금을 지원받아 건설·임대하는 주택, 공공사업에 의하여

---

15) 한겨레, "2021년부터 기초생활수급 20대 청년에 주거급여 지원", http://www.hani.co.kr/arti/society/society_general/903997.html (2019. 7. 31. 15:57).

조성된 택지에 건설·임대하는 '공공건설임대주택'과 임대사업자가 매매 등에 의하여 소유권을 취득하여 임대하면서 임대의무기간을 두는 '매입임대주택' 등이 있다. 대표적으로 영구임대주택, 국민임대주택, 매입임대주택, 전세임대주택, 행복주택 등으로 나눌 수 있다(공공주택 특별법 제2조 및 동법 시행령 제2조). 공통적인 공급신청자격은 무주택 구성원으로, 공급신청자가 속해 있는 세대별 주민등록표상의 공급신청자격자 전원이 주택 또는 분양권 등을 소유하고 있지 않은 경우를 말한다. 각 공공주택 유형별로 일정한 소득 및 재산 기준을 두고 있으며, 국가 또는 공공기관이 보유한 공적 소득자료를 근거로 세대구성원 전원의 소득을 합산하여 산정하고, 총자산, 부동산 및 자동차 등의 기준액을 두고 있다.

민법상 미성년자인 만 19세 미만의 자는 원칙적으로 공공임대주택 신청이 불가하다. 그러나 「주택공급에 관한 규칙」에서 ① 미성년자가 자녀를 양육하고 동일 세대 주민등록표에 등재한 경우, ② 직계존속이 사망, 실종신고 및 행방불명되어 형제자매를 부양하고 동일한 세대별 주민등록표상에 형제자매가 등재된 미성년 세대주의 경우에는 '성년자'로 보고 있으며(제2조 2의2호), ③ 부 또는 모가 외국인인 한부모 가족으로서 내국인인 미성년 자녀가 세대주인 경우에는 신청 가능하다. 이 경우에도 임대차계약을 체결할 때에는 법정대리인의 동의 또는 대리를 요한다. 또한 아동복지시설에서 퇴소하는 자로서 아동복지시설의 장이 추천하는 자는 세대주 및 세대원 요건을 제외하고 입주자격을 얻을 수 있다.

청소년이 대상에 포함되어 있는 대표적인 임대주택 지원 사업은 다음과 같다. 영구임대주택의 경우 아동복지시설에서 퇴소한 청소년16)이 무주택자이고, 전년도 도시근로자 가구당 월평균소득 70%

---

16) 아동복지법 제16조(보호대상아동의 퇴소조치 등) ① 제15조 제1항 제3호부터 제5호까지의 보호조치 중인 보호대상아동의 연령이 18세에 달하였거나,

이하인 경우 대상자가 될 수 있다. 국민임대주택은 청소년 중에서도 가정폭력피해자, 성폭력피해자, 소년소녀가정, 가정위탁 아동을 보호하는 중인 조부모 또는 친인척에 해당하는 경우에 신청할 수 있다. 매입임대주택도 아동복지시설 퇴소자 중 5년이 지나지 않고 소득요건을 만족하는 자 또는 긴급주거지원대상자로 선정된 자 중 시장 등의 재량17)에 따라 지원의 필요성이 인정되는 자에 한하여 공급받을 수 있다. 기존주택을 전세계약 체결하여 저렴하게 재임대하는 전세임대주택의 경우, 청소년 중 소년소녀가정이나 교통사고유자녀가정, 대리양육가정, 아동복지시설 퇴소 아동으로 구성된 세대가 무주택이고 가구당 월평균소득이 전년도 도시근로자 가구당 월평균소득 이하인 경우 신청이 가능하다. 아동복지시설 퇴소 아동이 보호 종결 이후 5년 이내에 전세주택지원을 신청한 경우에는 임대료 50%를 감면한다. 임대 가능한 전용면적은 1인 가구 기준 60㎡ 이하로 제한되어 있고, 지원하는 전세금은 수도권 9,000만 원, 광역시 7,000만 원, 그 밖의 지역은 6,000만 원으로, 만 20세까지 무이자로 지원하고 만 20세 이후에는 지원금액에 대한 이자(1~2%)를 부담한다. 단, 대학입학 등으로 보호기간이 연장된 경우18)에는 만 20세를

보호 목적이 달성되었다고 인정되면 해당 시·도지사, 시장·군수·구청장은 대통령령으로 정하는 절차와 방법에 따라 그 보호 중인 아동의 보호조치를 종료하거나 해당 시설에서 퇴소시켜야 한다.
17) 기존주택 매입임대주택 업무처리지침 제9조(일반 매입임대주택의 입주자 선정) ③ 공공주택사업자 또는 시장 등은 제1항 및 제2항에도 불구하고 다음 각 호의 어느 하나에 해당하는 사람을 우선 입주자로 선정할 수 있다. 이 경우 제1호, 제5호, 제6호에 해당하는 사람을 공급물량의 5% 범위에서 우선 입주자로 선정할 수 있다. (중략)
  5. 「긴급복지지원법」에 따라 긴급지원대상자로 선정된 사람 중 시장 등이 주거지원이 필요하다고 인정하여 공공주택사업자에게 통보한 경우
18) 아동복지법 제16조 (보호대상아동의 퇴소조치 등) ④ 제1항에도 불구하고 제15조에 따라 보호조치 중인 아동이 다음 각 호의 어느 하나에 해당하면 시·도지사, 시장·군수·구청장은 해당 아동의 보호기간을 연장할 수 있다.

초과하더라도 무이자로 지원한다. 19세 이상 39세 이하의 청년 중
대학생과 취업준비생은 청년 전세임대주택을 신청할 수 있다. 공급
면적 60m² 이하 주택에 대하여 수도권은 8,000만원, 광역시는 6,000
만원, 그 외 지역은 5,000만원까지 지원을 한다. 2019년 7월 기존주
택 전세임대 업무처리지침이 개정된 이후 청년 전세임대주택에 아
동복지시설 퇴소자와 가정위탁이 종료된 보호종료아동뿐만 아니라
청소년쉼터 퇴소청소년도 1순위 지원 대상으로 추가되었다.19) 개정

---

1. 「고등교육법」 제2조에 따른 대학 이하의 학교(대학원은 제외한다)에 재
   학 중인 경우
2. 제52조제1항제1호의 아동양육시설 또는 「근로자직업능력 개발법」 제2조
   제3호에 따른 직업능력개발훈련시설에서 직업 관련 교육·훈련을 받고
   있는 경우
3. 그 밖에 위탁가정 및 각종 아동복지시설에서 해당 아동을 계속하여 보
   호·양육할 필요가 있다고 대통령령으로 정하는 경우
19) 기존주택 전세임대 업무처리지침 제7조의3(청년 전세임대 입주자 선정) ①
   공공주택사업자는 전세임대 주택의 일부를 무주택자인 청년에게 공급할
   수 있다. 이 경우 혼인 중인 자는 제외하여야 하며, 1호에 2인 이상 거주(이
   하 이 조에서 "공동거주"라 한다)를 희망하는 청년에게 전세임대 주택의 일
   부를 따로 공급할 수 있다.
   ② 제1항의 전세임대 입주대상자는 다음 각 호의 순위에 따라 입주자를 선
   정하여 공급한다.
   1. 제1순위는 다음 각 목의 사람으로 한다.
   가. 「국민기초생활 보장법」 제7조제1항제1호에 따른 생계급여 수급자, 같
      은 항 제2호에 따른 주거급여 수급자, 같은 항 제3호에 따른 의료급여
      수급자, 「한부모가족지원법 시행규칙」 제3조에 따라 여성가족부장관
      이 정하여 고시하는 한부모가족 및 「국민기초생활 보장법」제2조제10
      호에 따른 차상위계층 중 어느 하나에 해당하는 가구의 청년
   나. 「아동복지법」에 따른 가정위탁이 종료되거나 아동복지시설에서 퇴소
      (퇴소 예정자 포함)한지 5년 이내인 사람(제2조제7호의 자격을 갖춘
      자로 제한하지 않는다. 이하 "보호종료아동"이라 한다)
   다. 「청소년복지 지원법」제31조에 따른 청소년쉼터를 2년 이상 이용한 자
      로서 퇴소(퇴소 예정자 포함)한지 5년 이내인 사람 중 여성가족부장관
      이 주거지원이 필요하다고 인정한 사람(제2조제7호의 자격을 갖춘 자
      로 제한하지 않는다. 이하 "청소년쉼터 퇴소청소년"이라 한다)

된 업무처리지침에는 나이 제한 요건을 두고 있지 않아서, 가정위탁
이 종료되거나 아동복지시설에서 퇴소한 청소년, 청소년쉼터를 2년
이상 이용하고 퇴소한 청소년들이 퇴소 시로부터 5년 이내에만 신
청한다면 19세 미만의 청소년일지라도 청년 전세임대 제도를 이용
할 수 있다.

만 19세 이상 만 24세 미만의 후기 청소년의 경우, 일정 요건을
충족한다면 다양한 공공임대주택의 대상자가 될 수 있다. 특별히 청
년층을 대상으로 하는 임대주택사업으로는 행복주택, 청년매입임대
주택, 청년전세임대 등이 있다. 행복주택은 대학생, 청년, 신혼부부
등을 위해 직장과 학교가 가까운 곳이나 대중교통이 편리한 곳에
짓는 임대료가 저렴한 공공임대주택으로 행복주택이 건설되는 구·
군에 위치한 대학교에 재학 중이거나 직장에 취업 후 5년 이내의 사
회초년생들이 공급대상이 된다. 전용면적 45m² 이하의 주택은 최대
6년의 임대기간과, 시세의 60~80%에 해당하는 임대료로 공급된다.
청년매입임대주택은 청년(19세~39세), 대학생, 취업준비생 등 젊은
계층의 주거안정을 위해 국가 재정과 주택도시기금을 지원받아 LH
에서 매입한 주택을 개·보수 또는 재건축 후 주변시세보다 저렴하
게 공급하는 공공임대주택이다. 전용 면적 85m² 이하이고 청년층의
수요가 많고 교통이 편리한 지역의 주택을 시세 대비 30~50%의 임
대료로 대상자에게 공급한다. 대상자는 입주자모집공고일 기준 대
상지역에 위치한 대학에 재학 중인 대학생 및 취업준비생인 자이다.
부모가 모두 사망한 신청자나, 미혼인 아동복지시설 퇴소자의 경우
엔 타 시, 군 출신을 불문하고 신청 가능하다.

공공임대주택의 경우 주거 빈곤 상태에 놓여 있는 광범위한 청소

---

④ 공공주택사업자는 제2항 및 제3항 등에도 불구하고 청년전세임대주택
공급물량의 범위에서 보호종료아동 및 청소년쉼터 퇴소청소년에게 우선적
으로 주택을 공급하여야 한다.

〈표 1〉 청소년 대상 공공임대주택

19세 미만 청소년	영구임대주택	무주택자이고, 전년도 도시근로자 가구당 월평균소득 70% 이하인 아동복지시설 퇴소 청소년
	국민임대주택	가정폭력피해자, 성폭력피해자, 소년소녀가정, 가정위탁 아동을 보호하는 중인 조부모 또는 친인척
	매입임대주택	아동복지시설 퇴소자 중 5년이 지나지 않고 소득요건을 만족하는 자, 긴급주거지원대상자로 선정된 자 중 시장 등의 재량에 따라 지원의 필요성이 인정되는 자
	전세임대주택	소년소녀가정이나 교통사고유자녀가정, 대리양육가정, 아동복지시설 퇴소 아동으로 구성된 세대 중 무주택 및 가구당 월평균소득이 전년도 도시근로자 가구당 월평균소득 이하인 경우
	청년전세임대	가정위탁이 종료되거나 아동복지시설에서 퇴소한 청소년, 청소년쉼터를 2년 이상 이용하고 퇴소한 청소년
후기청소년	행복주택	대학생, 직장에 취업 후 5년 이내의 사회초년생, 신혼부부 등
	청년 매입임대주택	19세~39세 청년, 대학생, 취업준비생 등. 부모가 모두 사망한 신청자나, 미혼인 아동복지시설 퇴소자의 경우엔 타 시, 군 출신 불문 신청 가능
	청년 전세임대	만 19세 이상 39세 이하의 청년 중 대학생과 취업준비생

년들을 포괄하기에는 역부족이다. 사업의 종류는 다양하지만 그 대상자를 아동복지시설 퇴소자, 가정폭력피해자, 성폭력피해자, 소년소녀가정, 긴급지원 대상자로만 한정하고 있기 때문이다. 최근 기존 주택 전세임대에 청소년쉼터 퇴소청소년도 포함된 점은 고무적이나, 아직 다른 공공임대주택에 확산되지 못한 한계가 있다. 또한 임대주택제도가 주거 빈곤 상태 외에 복지시설 퇴소, 폭력피해 등 추가적인 요건들을 요구하고 있어서 시설이 아닌 거리에서 생활하는 청소년들, 고시원 등 비적정주거에 머무르거나 다른 주거형태로 생활을 영위해 온 청소년들은 공공임대주택 제도를 이용하는 것이 원

천적으로 불가능하다. 임대주택 우선 입주 자격이 주어진다 하더라
도, 보증금과 임대료를 감당하기 어려운 조건에 놓인 사람들은 입주
신청을 하기도 어렵다는 점 또한 경제적 기반을 구축하기 어려운
청소년 시기를 고려할 때 진입 문턱을 높이는 요인으로 작용한다.
후기 청소년들이 이용 가능한 청년 대상 임대주택 사업들도 역시
다양하게 시행되고 있으나, 청년매입주택 등에서 그 주된 대상을 대
학생 및 취업준비생 등으로 한정하고 있어서 다양한 형태로 삶을
영위하는 후기 청소년들이 모두 실질적으로 이용가능한 공공임대주
택으로 보기에는 한계가 있다.

다. 긴급주거지원

긴급지원은 갑작스러운 위기사유가 발생하여 생계유지 등이 곤
란한 가구를 대상으로 신속하게 지원함으로써 이들이 위기상황에서
벗어나게 하기 위하여 생계, 주거 등의 위기상황급여를 제공하는 제
도이다(긴급복지지원법 제1조). 위기사유로는 가구구성원으로부터
방임 또는 유기되거나 학대 등을 당한 경우, 가정폭력 또는 가구구
성원으로부터 성폭력을 당한 경우, 생계곤란 등으로 노숙을 하는 경
우 등이 해당한다(동법 제2조).[20] 지원대상이 되기 위해서는 일정한

---

20) 긴급복지지원법 제2조 이 법에서 "위기상황"이란 본인 또는 본인과 생계
   및 주거를 같이 하고 있는 가구구성원이 다음 각 호의 어느 하나에 해당하
   는 사유로 인하여 생계유지 등이 어렵게 된 것을 말한다.
   1. 주소득자(主所得者)가 사망, 가출, 행방불명, 구금시설에 수용되는 등의
      사유로 소득을 상실한 경우
   2. 중한 질병 또는 부상을 당한 경우
   3. 가구구성원으로부터 방임(放任) 또는 유기(遺棄)되거나 학대 등을 당한
      경우
   4. 가정폭력을 당하여 가구구성원과 함께 원만한 가정생활을 하기 곤란하
      거나 가구구성원으로부터 성폭력을 당한 경우
   5. 화재 또는 자연재해 등으로 인하여 거주하는 주택 또는 건물에서 생활

소득 및 재산 기준 이하여야 하며, 부양의무자기준을 적용하지 않는다. 긴급복지급여 중 긴급주거지원의 경우, 국가나 지자체가 소유한 임시거소를 제공하거나 타인 소유의 임시거소를 제공하고 제공자에게 거소사용 비용을 지원받을 수 있다(동법 시행령 제4조). 임시거소를 확보하여 제공하기 곤란한 경우 예외적으로 주거에 소요되는 비용을 긴급지원대상자에게 직접 지급할 수 있다. 지원기간은 1개월의 선지원을 원칙으로 2개월 범위 내에서 연장지원할 수 있으며, 이후 3개월의 지원에도 불구하고 위기상황이 계속되는 경우 긴급지원심의위원회의 심의를 거쳐 9개월 범위에서 추가지원 가능하다. 주거와 관련된 위기상황으로는 월세 등 임차료를 3개월 이상 연체하여 강제로 거주지에서 나가게 된 경우, 임대인으로부터 임대차 해지 통고 내용증명 등이 도달되어 강제로 거주지에서 나가게 될 것이 사실상 확정된 경우도 포함된다.[21]

긴급지원 역시 가구단위로 산정하여 지원하는 것을 원칙으로 한다. 따라서 세대별 주민등록표에 기재된 사람으로서 생계 및 주거를 같이하는 자들을 하나의 보장단위로 한다. 다만, 가정폭력·성폭력 또는 학대 등으로 인하여 위기상황에 처한 자에 대하여는 폭력 또는 학대를 당한 자 및 그와 함께 보호를 받아야 하는 자를 하나의 가구로 보기 때문에 청소년이 보호자에 의하여 유기와 방임, 학대 등을 사유로 위기상황에 처하게 되었다면 지원 가능하다.

　　　　하기 곤란하게 된 경우
　　6. 주소득자 또는 부소득자(副所得者)의 휴업, 폐업 또는 사업장의 화재 등
　　　으로 인하여 실질적인 영업이 곤란하게 된 경우
　　7. 주소득자 또는 부소득자의 실직으로 소득을 상실한 경우
　　8. 보건복지부령으로 정하는 기준에 따라 지방자치단체의 조례로 정한 사
　　　유가 발생한 경우
　　9. 그 밖에 보건복지부장관이 정하여 고시하는 사유가 발생한 경우
21) 보건복지부 지침, "2020 긴급지원사업안내" 기초생활보장과 (2020. 1. 14),
　　49-50.

긴급복지지원법의 목적에 비추어볼 때 긴급주거지원이란 급작스러운 위기 상황으로 인해 기존 주거에 머무를 수 없는 사정이 생긴 누구에게라도 주어지는 형태여야 한다. 그러나 긴급주거지원의 요건인 '긴급한 상황'을 판단함에 있어서 청소년이 현재 놓인 '주거 상황의 긴급성'보다도 '가정으로부터의 방임·유기 또는 가정폭력 등이 있었다는 사실'을 선제적으로 살필 것을 요구하고 있어서, 실효적인 긴급복지제도로 기능하지 못하고 있다. 한편, 학대 또는 생계곤란으로 노숙을 하는 경우로 하여 긴급주거지원을 신청하고자 하는 청소년의 경우에도 가족으로부터 방임·유기 또는 생계유지의 곤란 등으로 노숙을 하는 경우에는 노숙을 한 기간이 6개월 미만이며 노숙인 시설 및 노숙인 종합지원센터에서 노숙인을 사정하여 시·군·구청장에 긴급지원대상자로 신청한 경우여야 한다. 그런데 현행 노숙인 등의 복지 및 자립지원에 관한 법률은 노숙인의 정의를 만 18세 이상인 사람으로 하여 청소년을 대상으로 포함하고 있지 않으므로, 노숙의 상태에 놓인 청소년이 긴급주거지원을 신청하는 데 현실적인 어려움이 있을 것으로 예상된다(동법 시행규칙 제2조).

라. 기타 주거취약계층 주거 관련 대출 지원사업

청년 임차보증금 융자지원은 만 19~39세 이하의 청년 중 부모와 따로 거주하는 자 또는 독립하려고 하는 자이면서 무소득자이며 부모 연소득 6천만 원 이하인 자 혹은 부부합산 연소득 5천만 원 이하인 취업준비생(단, 단기근로를 하는 자는 본인 연소득 3천만 원 이하인 자)을 포함하여 사회초년생이나 대학(원)생에 해당하는 사람의 주거비용 부담경감을 위해 임대보증금 대출을 지원하는 제도이다. 청년전용 버팀목 전세자금 대출은 만 19세 이상 만 25세 미만의 청년 단독세대주로서 대출 대상주택 임차보증금 3천만 원 이하의 임대차계약을 체결하고 임차보증금의 5% 이상을 지불할 자를 대상으로 하는 전세자금 대출이다. 무주택자이자, 연소득 합산 5천만 원 이하인 자를 대상으로 하며, 연소득에 따라 금리에 차이를 두고 있다.

후기 청소년을 대상으로 이러한 다양한 형태의 주거지원사업이 늘어나는 것은 바람직하다. 그러나 만 18세 미만 청소년의 경우는 원가정이나 시설 보호를 중심으로 복지제도가 설계되어 있어 독자적인 '주거취약계층'으로 인정받기가 쉽지 않다. 청년 빈곤의 문제에 대한 사회적 관심 속에 도입된 주거비지원 사업들은 만 19세 이상의 후기 청소년 또는 청년을 중심으로 설계되어 있어 그 미만의 청소년들이 배제되어 있다는 점에서 한계가 있다.

2. 요보호아동 주거지원정책

'보호가 필요한 아동'에 대한 정부의 지원정책은 보건복지부 소관하에 진행되고 있으며, 여성가족부 소관의 '위기청소년 정책'과는 다소 정책의 목적과 내용이 구분되어 진행되고 있다. 요보호아동과 관련된 내용은 아동복지법에서 주로 다루고 있다. 보호자가 없거나 보호자로부터 보호를 받지 못하는 아동을 시설보호, 가정위탁, 입양, 소년소녀가정의 방식으로 만 18세 미만까지 보호하였다가 만 18세 이후 자립하도록 하고 있다.

본 장에서는 만 18세를 기준으로 만 18세 미만의 아동[22]에 대한 주거 관련 정책과 만 18세 이상의 보호종료아동에 대한 주거 관련 정책으로 구분하여 살펴보고자 한다.

가. 만 18세 미만 요보호 아동

보건복지부 지침[23]에 따르면 보호가 필요한 아동이 발생했을 경

---

22) 관련 법률과 정부 정책상의 표현에 따라 '청소년'이 아닌 '아동'으로 표기

우, 원가정 복귀 혹은 연고자 대리양육, 가정 위탁을 우선적으로 실시하고 이것이 어려울 경우 입양, 아동복지시설 입소로 연결하고 있다. 입양특례법에 의한 입양, 아동복지법에 의한 가정위탁은 일정 자격을 갖춘 가정이 입양 혹은 위탁받기를 원할 경우 이를 통해 아동이 가정적인 환경에서 성장할 수 있도록 하는 것이다. 아동복지법 제52조 아동복지시설의 종류 중 이용시설이나 일시적인 보호시설을 제외하고 주거를 제공하는 시설을 살펴보면, 아동양육시설, 공동생활가정(그룹홈), 자립지원시설(자립생활관)이 있다. 보건복지부 통계에 의하면, 2017년 가정위탁 11,983명, 아동양육시설 11,665명, 공동생활가정 2,811명으로 총 26,459명의 아동이 아동복지시설에서 보호받고 있다.[24] 지침상으로는 요보호아동이 발생했을 경우 연고자 대리양육이나 가정위탁을 우선적으로 배치하도록 하고 있으나 전체 요보호아동의 약 55%가 시설보호를 받고 있는 실정이다. 시설 보호 중에서도 가정과 유사한 형태의 소규모(5인 미만) 시설인 공동생활가정 거주아동은 2,811명 뿐인 것에 비해 대규모 시설인 아동양육시설은 11,665명으로 상당수의 아동들이 대규모 집단 시설에서 거주하고 있다.[25]

그 외 '소년소녀가정'은 국민기초생활 보장법에 의한 수급자 중 만 18세 미만의 아동이 실질적으로 가정을 이끌어 가고 있는 세대를 의미한다. 소년소녀가정은 가정위탁이나 시설보호에 비해 외부 위험에 노출되어 있는 보호형태로 판단하여, 추가 지정은 원칙적으로 금지하고 있으며, 만 15세 이상으로 아동복지법 제19조에 의해 후견인을 선임하는 경우에 한해 추가 지정 가능하다.[26] 2017. 12. 31.

---

23) 보건복지부 지침, "2019년 아동분야 사업안내", 아동권리과 (2019. 3. 28.), 3-4.
24) 보건복지부, "2018년 보건복지통계연보" (2018. 12.), 336.
25) 보건복지부, 위의 글, 329-334.
26) 보건복지부 지침, "2018년 아동분야 사업안내", 아동복지정책과 (2018. 3. 15.), 97.

현재 전국에 59명의 '소년소녀가정'이 있으며 생계급여, 교육급여, 의료급여, 부가급여, 전세자금 지원이 제공되고 있다. 1984년부터 시작된 '소년소녀가정'에 대한 정부의 지원은, 보호자 없이 아동을 방임한다는 우려로 만 15세 이상인 경우 극히 일부만을 지정하고 있다. 하지만 만 15세 이상 아동 가정의 경우라 하더라도 생활을 위한 다양한 지원이 충분히 제공된다면 단독세대를 구성할 수 있다. 대리양육이나 가정위탁이 어렵거나 청소년 당사자가 이를 원하지 않는 경우, 아동복지시설 이외에 당사자의 주거 선택권을 존중하는 방안도 열어놓고 고민해볼 필요가 있다.

나. 만 18세~24세 보호 종료 아동

아동복지시설은 만 18세가 되면 보호가 종료되는데, 특정사유가 있을 경우 일정기간 보호를 연장할 수 있다.[27] 보호종료아동을 위한 정책 중 임대주택에 대한 내용은 앞에서 살펴보았기 때문에 여기에서는 제외하고 본 장에서는 자립지원시설, 자립정착금과 디딤씨앗통장, 주거지원통합서비스, 아동자립수당에 대해서 살펴보고자 한다.

먼저 자립지원시설(자립생활관)은 아동복지시설 등의 보호종료 아동에게 일정기간 숙소를 제공하여 안정된 자립을 지원하기 위한 목적으로 전국에 12개의 시설을 운영하고 있다. 만 24세까지 이용할 수 있으며, 상담지원, 자립지원, 정서지원, 생활지원 등을 제공한

---

27) 대학 이하의 학교에 재학중인 경우, 직업능력개발 훈련시설에서 직업관련 교육 훈련을 받고 있는 경우, 만 20세 미만인 사람으로서 「학원의 설립 운영 및 과외교습에 관한 법률」에 따라 등록된 학원에서 교육을 받고 있는 경우, 시도지사 또는 시장 군수 구청장이 보호대상아동의 장애 질병 등을 이유로 보호기간 연장을 요청하는 경우, 만 25세 미만이고 지능지수가 71 이상 84 이하인 사람으로서 자립 능력이 부족한 경우, 취업이나 취업준비 등 그 밖의 사유를 이유로 보호 대상 아동이 보호기간 연장을 요청하여 1년 이내 범위에서 보호기간을 연장하는 경우

다.[28] 이러한 자립지원시설의 경우 기존의 보호형태인 '시설'의 형태를 넘어서지 못하고 있어 시설 퇴소 아동에게 시설의 연장선이라는 인식으로 기피되기도 하며,[29] 입소 자격 등을 취업이나 진학을 한 경우로 제한하고 있어 진로를 탐색하거나 다양한 문제상황에 처한 후기청소년을 배제하고 있다.

현금지원사업인 자립정착금은 보호종료 후 안정적인 자립기반을 마련할 수 있도록 지원하는 정부지원금으로서 1인당 500만원의 지원금을 지급하여[30] 초기자립에 필요한 비용으로 사용하도록 하고 있다.[31] 그 외 디딤씨앗통장은 아동 혹은 후원자가 매월 일정 금액을 저축하면 1:1로 지원해주는 정부매칭기금[32]으로 시설보호, 가정위탁, 소년소녀가정, 공동생활가정(그룹홈) 등의 아동 자립을 도와주는 자산형성지원사업이다.[33] 하지만 자립지원금 500만원과 디딤씨앗통장만으로 자립한다는 것은 현실적으로 불가능에 가깝다. 만 18세에 자립해야 한다는 기준은 1961년 아동복리법에서 규정된 이후 2020년인 현재까지 그대로 유지되고 있다. 대학진학율이 6% 수준이었던 1960년대에 만 18세는 대부분 취업을 통해 경제적 자립을 시작하는 나이였던 반면, 2016년 현재 대학진학율이 69.8%인 사회적 상황을 고려[34]하면 동일한 연령 기준을 적용하여 자립을 '강제'하는 것은 문제가 있다.

---

28) 보건복지부, "2019년 아동분야 사업안내" (2019), 225.
29) "하루빨리 고아 꼬리표를 떼고 싶었는데", 한겨레21, http://h21.hani.co.kr/arti/cover/cover_general/46797.html (2019. 3. 22.).
30) 지자체 예산에 따라 300만 원 지급인 경우도 있음
31) 보건복지부 지침, 앞의 글, 212.
32) 월 4만 원까지 같은 금액을 적립해 줌
33) 디딤씨앗통장, "디딤씨앗통장 소개", https://www.adongcda.or.kr/?goPage=107 (2020. 2. 25. 확인).
34) 교육부, "연도별 대학진학율" (2017) https://kess.kedi.re.kr/mobile/search?searchTxt=연도별대학진학률

2019년 들어 이러한 문제점이 대두되면서 보호종료아동 통합서비스나 자립수당이 신설되었다. '보호종료아동 주거지원 통합서비스'의 경우, 아동양육시설, 공동생활가정, 가정위탁 보호종료 5년 이내인 자 중 LH(한국토지주택공사) 매입임대주택, 전세임대주택에 거주 중이면서 계약 잔여기간이 최소 1년 이상인 자를 대상으로 하고 있다.[35] 지원내용은 주거지원으로 한국토지주택공사(LH) 매입임대주택 및 전세임대주택의 월 임대료(매월 15만원 상당) 지원, 주거환경조성으로 물품 유지 관리, 물품지원 등 1호당 50만원을 지원하고 있다. 맞춤형 사례관리로는 통합사례관리사가 주기적 상담을 통해 자립 정보 제공, 진학·직업훈련·생활·의료 등 개별 아동 특성을 고려한 복지급여 자원을 발굴 및 연계하며, 통합사례관리사에게 매월 20만원 상당의 사례관리비를 지원할 수 있도록 하고 있다.

2019년부터 신설된 또 다른 정책인 '아동자립수당'은 아동복지법 제38조에 근거하여 보호종료 3년 이내인 아동 중 2년 이상 연속하여 보호를 받고 만 18세 이후 보호 종료된 아동에게 월 30만원의 자립수당을 제공하고 있다.[36] 그러나 이러한 정책들은 서비스 대상이 제한적이고, 자립수당의 경우에도 보건복지부 관할의 보호가 종료된 아동만을 대상으로 하고 있어 여성가족부 관할의 쉼터 등을 퇴소한 이들은 배제하고 있다. 이러한 정책들의 서비스 대상을 확대, 강화하여 좀 더 현실성 있는 지원정책을 마련할 필요가 있다.

보호종료아동의 규모는 매년 약 4천 명 정도이며, 그 중 아동양육시설 퇴소자가 2,279명(2017년)[37]이다. 아동복지시설을 퇴소한 이후 앞에서 살펴본 주거관련 정부지원을 받은 아동은 29.1%로 조사

---

[35] 아동권리보장원 홈페이지, http://www.ncrc.or.kr/jarip/business/livingSupport.do (2020. 4. 7. 확인).

[36] 복지로 홈페이지. https://www.bokjiro.go.kr/nwel/welfareinfo/livwelnews/news/retirevelssueDetail.do?dataSid=6652900 (2020. 4. 7. 확인).

[37] 보건복지부, "2018년 보건복지통계연보" (2018), 329.

되어[38] 70% 이상의 아동이 퇴소이후 정부 지원 정책을 이용하지 않고 있는 것으로 나타났다. 더욱이 심각한 것은 시설 중간퇴소자들의 경우이다. 모든 정책적 지원은 시설이나 가정 보호를 '졸업'(종료)한 경우로만 제한하고 있어 중도퇴소한 아동의 경우 기존 시설을 이용하기 어려웠던 사정(예: 성소수자 청소년인 경우)이나, 퇴소 이후 더욱 열악해진 주거상황(예: 가출팸, 비적정주거 등)으로 인해 더욱 어려운 상황에 처해있을 가능성이 높음에도 불구하고 이들을 위한 어떠한 지원이나 대책이 없는 실정이다.

3. 탈가정 위기청소년 주거지원정책

정부는 특이하게도 현실상에서는 구분의 경계가 명확하지 않은 '보호대상아동'과 '위기청소년'을 구분하여 각기 다른 부처(보건복지부/여성가족부), 다른 법(아동복지법/청소년 복지지원법)에 의한 정책을 펼치고 있다. 이 두 대상을 굳이 구분하여 보자면, 부모의 문제(빈곤, 방임, 학대 등)로 더 이상 부모가 보호할 수 없다고 판단된 아동의 경우는 '요보호아동'으로 구분하여 정부가 이를 대신하여 성인이 될 때까지 보호하여 자립시키는 정책을 펼치고 있는 반면, 동일한 부모의 문제가 핵심적 또는 복합적 요인으로 작용하여 스스로 탈가정하거나 범죄 등에 노출될 경우에는 '위기청소년'으로 구분하여 정책의 목표를 주로 가정복귀, 사회적응으로만 두고 있다.[39] 청

---

38) 이정현·이택호, "2016년 보호종결아동 주거지원제도 개선을 위한 주거권 실태조사", 아름다운재단 (2017), 8.

39) 아동복지법 제3조 제4호.. "보호대상아동"이란 보호자가 없거나 보호자로부터 이탈된 아동 또는 보호자가 아동을 학대하는 경우 등 그 보호자가 아동을 양육하기에 적당하지 아니하거나 양육할 능력이 없는 경우의 아동을 말한다.
청소년 복지지원법 제2조 제4호. "위기청소년"이란 가정 문제가 있거나 학

소년의 '가출'(탈가정)을 일시적인 비행 문제로만 바라보는 왜곡된 인식과 청소년의 삶에 스며든 다양한 '위기'에 대한 몰이해가 '위기청소년' 정책에 고스란히 담겨 있는 셈이다.

본 장에서는 이러한 상이한 정책 목표에 따라서 "위기청소년"으로 구분된 여성가족부의 주거 관련 정책에 대해서 청소년쉼터, 청소년자립지원관, 위기청소년특별지원 등을 살펴보고자 한다.

여성가족부 사업안내에 따르면,[40] "가출청소년 조기발견을 통한 범죄 및 비행예방, 생활보호, 정서적 지지 및 심리상담, 의료지원, 학업복귀, 취업지원 등 맞춤형 자립지원서비스 제공을 통해 신속한 가정복귀와 사회진출을 지원"하기 위하여 청소년쉼터를 운영하고 있다. 청소년쉼터는 청소년 기본법, 청소년복지 지원법 제16조, 제31조 제1호 및 제32조에 근거하여 2019년 현재 129개소[41]가 운영되고 있으며 만 9~24세의 가출청소년을 그 사업대상으로 하고 있다. 청소년쉼터는 일시, 단기, 중장기 쉼터로 구분되며 일시쉼터의 경우 가출한 청소년을 조기에 개입하여 위기의 극복을 지원하는 목적으로 운영되고, 단기, 중장기쉼터의 경우 머물 수 있는 시기에 따라 구분하여 운영되고 있으나 그 기능이 중복되고 구분이 명확하지 않은 실정이다.

청소년자립지원관은 청소년쉼터 퇴소 후 청소년의 주거 및 자립지원을 위해 2018년부터 새롭게 시작된 정책이다. 만 19~24세 청소년을 대상으로 하며 2019년 현재 전국에 6개소가 운영되고 있다. 청소년자립지원관은 청소년 기본법, 청소년복지 지원법 제16조, 제31조 제2호에 근거하여 운영되고 있으나, 신설된 정책으로 지침이나

업 수행 또는 사회 적응에 어려움을 겪는 등 조화롭고 건강한 성장과 생활에 필요한 여건을 갖추지 못한 청소년을 말한다.

40) 여성가족부, "2019년 청소년사업 안내" (2019), 511.

41) 유보시설 9개소 포함하면 138개소.

운영규정이 상세히 제시되어 있지 않다. 인천광역시 청소년자립지
원관42)의 운영사례를 살펴보면, 취업 및 대학진학 등 사회적 독립생
활을 시작할 수 있는 여건을 갖춘 청소년에게 일정기간 기본적 생
활환경과 다양하고 실질적인 자립훈련프로그램을 제공함으로써 심
리·사회·경제적 자립기반을 조성하고, 건강한 사회구성원으로서의
통합을 지원함을 목적으로 하고 있다. 만 18세 이상 만 24세 이하
청소년이 이용할 수 있으며, 구체적으로는 중장기쉼터를 비롯한 청
소년보호시설 퇴소(예정) 청소년 중 기본적인 경제적 자립여건을 갖
춘 청소년, 대학진학의 경우 월 80시간 이상 아르바이트를 병행할
수 있는 청소년, 자활작업장 근무 및 직업기술훈련에 참여하고 있는
청소년을 그 대상으로 하고 있다. 청소년자립지원관의 경우, 위탁운
영하는 기관에 따라 다소 상이하나 주거지원을 중심으로 하여 만
19~24세 청소년의 자립지원이 중심이 되고 있다.

위기청소년 특별지원사업은 청소년 기본법, 청소년복지 지원법
제14조, 제15조 및 동법 시행령 제7조, 제8조에 근거하여 만 9세 이
상 만 18세 이하 청소년 중 비행·일탈 예방을 위하여 지원이 필요한
청소년, 학교 밖 청소년, 보호자가 없거나 실질적으로 보호자의 보
호를 받지 못하는 청소년에 대한 지원을 말한다. 선정기준은 대상자
가구 소득이 중위소득 72% 이하(단, 생활·건강지원은 중위소득 65%
이하)로 생활, 건강, 학업, 자립, 상담, 법률, 활동지원을 할 수 있다.

앞에서 살펴본 바와 같이 '위기청소년'으로 명명되어 청소년쉼터
를 이용한 청소년의 경우, 아동복지시설이나 위탁가정의 보호를 이
용한 아동들이 만 18세가 되었을 때 받는 자립지원금과 디딤씨앗통
장, 자립수당의 혜택을 받지 못하고 있고, 임대주택, 매입임대주택의
지원대상에서도 제외되어 있어 지원의 사각지대에 놓여 있다. 부모

---

42) 위기아동청소년을 위한 자립지원시스템, http://www.icyouthself.org (2020. 2.
25.확인).

가 아동을 양육할 수 없다고 판단되었을 경우에는 사회에서 책임지고 양육한다는 전제가 있는 반면, 아동 스스로 가정에서 살 수 없다고 판단하여 탈가정하는 경우에는 정책의 목표 자체가 '가정복귀'가 되면서 자립을 위한 지원이 매우 열악한 실정이다.

이는 현 사회의 현실을 반영하지 못한 구시대적 발상으로 현재 '요보호아동'은 점차 줄어들고 있으나 '위기청소년'은 늘어나고 있는 현황43)을 봐도 알 수 있다. 부모에게 문제가 생겨서 부모 스스로 혹은 외부의 신고 등에 의해서 아동을 아동복지시설로 보내는 사례보다 아동이 스스로 방임이나 학대를 피해 가정을 나오는 경우가 더 증가하는 추세인 것이다. 이들을 단순히 '비행, 위기청소년'으로 문제시하여 가정으로 다시 복귀시켜야 한다는 정책적 목표가 수정되어야 하며 이들에 대한 사회적 지원을 좀 더 적극적으로 검토하여야 한다.

결국 탈가정 위기청소년이 활용할 수 있는 주거지원은 시설 입소를 제외하고는 국민기초생활 보장법의 수급자가 되어 주거급여나 임대주택을 신청하는 방법, 긴급지원서비스를 받는 방법, 위기청소년 특별지원을 받는 방법 등이 있다. 하지만 이러한 현존하는 정책도 실질적으로 매우 활용하기 어려움을 알 수 있었는데, '위기청소년 특별지원' 정책의 경우에도 수급자 지원과 긴급지원과는 중복해서 받을 수 없고, 본인이 처한 위기상황을 증명해야 하며 담당자들이 이 정책의 존재 자체를 모르는 등 결국에는 가정에 복귀하거나 시설에 입소해야 한다는 대안만을 제시하는 것을 알 수 있다.

---

43) 보건복지부 보호대상아동 현황보고에 따르면, 2013년 6,020명에서 2017년 4,121명으로 감소하였으나, 여성가족부 청소년쉼터 설치운영현황에 따른 쉼터 이용 청소년은 2013년 14,095명에서 2018년 32,109명으로 증가하였음.

4. 성범죄피해 청소년 주거지원정책44)

정부는 성매매, 성폭력 피해 청소년(만 19세 미만)에 대해서 성폭력방지 및 피해자보호 등에 관한 법률, 아동·청소년성보호에 관한 법률, 성매매방지 및 피해자보호 등에 관한 법률 등에 근거한 주거지원을 제공하고 있다.

성매매 피해 여성의 보호 및 자립·자활을 지원하여 성매매 재유입을 방지하고 건전한 사회인으로 복귀를 도모하는 성매매 피해여성 지원 정책이 있다. 이 대상 중 만 19세 미만의 청소년을 위해서는 "청소년 지원시설"을 전국 15개소를 설치하여 청소년 성매매피해자에게 숙식, 보호, 상담을 제공하고 있다. 숙식 지원 외에 의료, 법률지원 및 자활을 위한 직업훈련, 진학교육 등을 지원하고 있다.

또한 성폭력방지 및 피해자보호 등에 관한 법률 제12조에 근거하여 성폭력 피해자에게 숙식 및 맞춤형 서비스 등을 제공하여 피해자의 심신을 안정시키고, 조기 사회복귀 기반을 마련하고자 한다. 동법 제12조 제3항 제3호에 의하여 특별지원 보호시설을 두도록 하고 있으며 이는 만 19세 미만 친족 성폭력 피해자를 위한 시설로 설치하도록 하고 있다. 만 19세 미만의 친족 성폭력 피해자 보호시설은 전국 4개소가 운영되고 있으며, 성폭력 피해 회복을 위해 피해자 보호, 숙식, 상담, 치료 등 회복 및 자립지원을 제공하고 있다. 동법 제3조에 근거하여 아동청소년 성폭력 피해자 혹은 그 피해자를 보호하는 가족은 임대주택 입주권을 부여하는 제도를 실행하고 있다.

성폭력뿐 아니라 살인, 강도, 상해, 방화 등의 범죄피해자 주거지원으로 임대주택 우선 입주자격을 주고 있는데, 이를 지원하는 범죄피해자지원센터가 전국 59개소가 있으며, 경찰이나 검찰에 사건이

---

44) 여성가족부, "2019년 여성 아동 권익증진사업 운영지침" (2019) 내용 참고.

접수되어 있고 해바라기센터 등을 거칠 경우 심사를 거쳐 주거를 지원하고 있다. 그 외에도 보호시설이나 친족성폭력 특별지원 보호시설 퇴소자들에게 공동생활시설을 제공하고 있다.

성범죄 피해 아동·청소년의 경우 다른 경우와 마찬가지로 쉼터나 자립지원관 같은 공동생활시설 이외에는 주거지원이 거의 이루어지지 않고 있다. 여성가족부 지침상으로는 폭력피해여성 주거지원시설에 피해 아동·청소년이 입주할 수 있다고 되어있으나 실제로는 아동·청소년의 경우 입주를 거절하는 경우가 많다. 시설에 입소한다고 해도 미성년자의 은행통장 발행, 휴대폰 개통 등은 법정대리인만 가능하게 되어 있다. 보호시설장도 후견인으로 지정받을 수 있으나 입·퇴소가 잦은 시설 특성상 시설장들이 후견인 신청을 하는 경우는 드물다.

시설 퇴소 후 성폭력피해자는 국민임대주택 우선공급 대상자가 될 수 있지만 보호시설에 일정 거주 기간이 있어야 신청이 가능하다. 6개월 이상(특별지원 보호시설의 경우 1년) 입소한 피해자, 다만 퇴소하였을 경우 그 퇴소일로부터 2년이 지나지 아니한 사람(법 제17조 제2항 제3호에 따라 퇴소한 사람은 제외)으로 한정된다.

5. 소년보호 종료 후의 주거지원정책

소년원을 퇴원하거나 보호관찰 등을 받은 청소년(만 12~22세)을 대상으로 비행예방, 사회적응과 자립을 지원하기 위하여 법무부 정책으로 시행되고 있는 주거지원 정책은 "청소년자립생활관"운영이 대표적이며, 그 외에도 청소년회복지원시설, 예스센터, 법무보호복지공단의 숙식제공 등의 지원을 살펴보고자 한다.

소년보호처분이 종료된 청소년을 위해 보호소년 등의 처우에 관한 법률에 근거하여 법무부장관이 감독하는 재단법인 한국소년보호

협회가 자립지원시설을 운영하도록 하고 있다. 재단법인 한국소년
보호협회는 "불우위기청소년들의 사회적응에 필요한 교육과 정착지
원을 해주는 소년보호 전문재단"45)으로 소년원에서 퇴원한 청소년
들을 주요 대상으로 하고 있다. 청소년자립생활관은 만 12~22세의
청소년 중 소년보호 관련기관 추천(의뢰) 청소년이 주로 이용하고
있으며 무료 숙식, 청소년 전문 심리상담, 학업 연계 지원, 취업 활
동 지원, 현장 체험 지원, 재능기부자 연계 지원을 제공하고 있다.
입주기간은 최하 6개월부터 자립의지 평가 후 2년까지 연장 가능하
다. 아래와 같이 전국에 8개소가 운영되고 있다.46)

청소년회복지원시설은 소년법 제32조 제1항 제1호에 따른 감호
위탁처분을 받은 청소년에 대하여 보호자를 대신하여 그 청소년을
보호할 수 있는 자가 상담·주거·학업·자립 등 서비스를 제공하는 시
설이다. '감호위탁처분'이란 법원 소년부 판사가 약 6개월간 보호자
에게 아동을 보살피도록 하는 처분이지만, 보호자가 없거나 현실적
으로 보호자가 보호하기에 적절하지 않은 경우에는 청소년회복지원
시설이 보호자의 역할을 대신하는 것이다. 청소년회복지원시설은
법무정책의 일환이기는 하나, 청소년복지 지원법 제31조, 제32조의
청소년 복지지원시설의 하나로 분류되어 여성가족부 소관으로 운영
되고 있다. 2018. 12. 31. 현재 전국 16개소가 있고 최소 5인 최대 10
인이 함께 생활할 수 있는 규모이다.47)

청소년창업비전센터(Youth Education Service Center, 이하 "Y.E.S.
센터")는 소년원 출원생, 시설거주 청소년, 기초생활수급자, 차상위
계층, 다문화 가정 청소년 등을 위한 숙박형 직업훈련과 상담·교육

---

45) 재단법인 한국소년보호협회, "한국소년보호협회", http://www.kjpa.or.kr/sub.asp?
  cate1=1&cate2=1 (2020. 1. 21.)
46) 위 홈페이지.
47) 여성가족부, "2019년 청소년사업안내", 청소년정책과 (2019), 669.

을 진행하고 있다. Y.E.S. 센터는 재단법인 한국소년보호협회에 의해 운영되고 있으며, 2020년에는 40명을 선발하여 1년간 골프매니지먼트, 용접, 자동차정비, 제과제빵, 커피바리스타와 같은 직업교육을 하고, 체육, 봉사활동, 상담, 동아리 등의 프로그램을 진행하고 있다.48) 주거 지원이 함께 이루어지고 있기는 하나, 숙박형 직업학교에 가깝다.

한국법무보호복지공단은 형사처분·보호처분을 받은 사람 중 자립을 위해 보호의 필요성이 인정되는 사람에게 숙식 서비스를 제공하고 있다. 구체적으로는 연고지가 없거나, 연고지가 있어도 여러 사유로 함께 생활할 수 없거나, 공단에서 운영하는 기술교육을 받고 싶지만 거리가 멀어서 통학하기 어려운 사람들을 대상으로 한다. 최소 6개월에서 최대 2년까지 생활할 수 있으며, 연장 시에는 생활과 자립활동을 측정한 성과분류심사표를 기초로 심사를 받는다. 외박 중 소재 불명이 되면 보호가 정지되고, 절도나 폭력 등으로 소내의 질서유지를 위반하는 경우 징계퇴소가 되기도 한다.49) 시도마다 지부가 존재하며 서울의 경우 서부지소와 북부지소가 있다. 서울 서부지소와 전남동부지소(순천)는 남성 청소년을 대상으로 운영되고 있고, 광주남부지소는 여성 청소년을 대상으로 운영되고 있다. 2018. 12. 현재 1,846명이 생활하고 있고, 만 14~16세가 13명, 만 17~19세가 126명, 만 20~25세가 138명이다.50)

소년원 송치, 보호관찰 등의 소년보호처분을 받은 청소년이나 형사사건으로 처벌을 받은 청소년의 출원 또는 출소 이후의 주거권 논의에서는 가정 밖에서 자립과 동시에 사회구성원으로 복귀라는

---

48) Y.E.S.센터 홈페이지, http://yescenter2014.org/page/?pid=c01 (2020. 2. 25. 확인).
49) 한국법무보호복지공단 홈페이지 https://www.koreha.or.kr/sub/02_01.do;jsessionid=855313571C09ADBCCE60EB7F5C569C20?MN1=3&MN2=16&MN3=207&MN=207 (2020. 2. 25. 확인).
50) 한국법무보호복지공단, "2018년도 12월분 보호실적 현황" (2019)

점이 특별하게 고려되어야 한다. 위에서 언급한 시설들의 경우 생활공간 제공과 동시에 교육, 직업훈련, 취업알선, 상담 등의 사회복귀 지원이 동시에 이루어지고 있는 것도 이와 무관하지 않다. 그러나 교육, 직업훈련 등의 서비스 전달이 중심이 되고 실제 청소년들의 적정한 생활공간에 대한 고려는 부차적으로 여겨져, 대부분 중규모 이상의 단체시설 형태로 제공된다는 점에서 한계가 있다. 중규모 이상 단체시설의 경우 생활규칙이 엄격하며, 일부 시설은 '질서위반'을 퇴소사유로 삼고 있다. 시설의 지리적 위치, 엄격한 규율, 사회적 낙인 등의 문제로 입소를 꺼리는 이들도 많다. 무엇 보다 교육이나 직업훈련이 완료되고 취업을 하게 되면 생활공간을 유지할 수 없다는 점에서 사회 복귀 지원 서비스 전달을 중심으로 구성된 생활공간은 사실상 주거 지원 정책으로 분류하기 어렵다. 궁극적으로는 단체 생활공간이 아닌 지속적인 주거공간을 제공하고, 주거 안정성을 기반으로 사회복귀나 학습 등을 지원하는 체계로의 전환이 필요하다.

IV. 해외 사례

1. 미국

가. 관련 법령

미국의 관련법과 자료를 찾아보면 청소년의 탈가정 상태를 '가출'과 더불어 '홈리스(Homeless)'로 인식·표현하는 경우를 자주 찾아볼 수 있다. 이후에 설명할 영국이나 유럽의 사례에서는 탈가정 상태를 '홈리스'로만 설명하기도 한다. 한국이나 일본의 '가출청소년'

이나 '요보호아동', '위기청소년'과 같은 용어는 청소년이 있어야 할 곳이나 바람직한 상태를 전제로 하고 있는 반면, '홈리스'는 집이 없는 상태만 가리키는 표현으로 볼 수 있다. 이러한 인식은 청소년에게 가정 복귀 지원이나 시설 보호와 함께 주거의 제공과 이를 바탕으로 한 자립지원을 제공하는 정책의 토대가 되었다. 그렇다고 이들 국가가 원가정에 대한 지원을 소홀히 하는 것은 아니다. 청소년이 함께 살고 있는 집이나 따로 살고 싶은 집 어느 곳이든 국가의 책임을 다하고 있다.

미국 복지부의 가족 청소년 복지국이 실시하는 가출 및 홈리스 청소년 프로그램은 가출 및 홈리스 청소년법(Runaway and Homeless Youth Act)을 근거로 제공되고 있다. 이 법은 '홈리스 청소년'을 "친족 등과 함께 안전한 환경에서 살 수 없고, 다른 안전한 대안 생활환경이 없는 일정 연령 미만의 청소년"으로 정의하고 있다. 이 법을 바탕으로 가족 청소년 복지국은 '지역 기초 센터(Basic Centre)'와 '전환 생활 프로그램(Transitional Living Program)'에 보조금을 지급한다.[51] 전환 생활 프로그램에는 이후에 살필 '관리 수반 아파트(Supervised Apartment Living)'와 같은 주거 제공도 포함되어 있다.

맥킨니-벤토 홈리스 지원법은 홈리스 청소년을 위한 기관에 기금을 지원하도록 하는 연방법이다. 이 법에 근거하여 미국 주택도시개발부(HUD)에서는 '홈리스와 주택 프로그램(Homeless and Housing Program)'을 지원하고, 교육부는 홈리스 청소년에게 교육기회를 제공하고 있다.[52] 이 법은 '홈리스 어린이·청소년'을 "고정적이고 규칙적이며 적절한 야간 거주지가 없는 개인"으로 정의하면서, 그 범

---

51) 34 U.S.C. §11279(3), (4), §11211, §11222.
52) National Center for Homeless Education, "The McKinney-Vento Homeless Assistance Act", National Center for Homeless Education 홈페이지, https://nche.ed.gov/mckinney-vento/ (2020. 2. 25. 확인).

위에 모텔, 호텔, 트레일러 파크, 캠핑장 뿐 아니라 쉼터와 전환쉼터
에서 머무는 경우도 포함한다.[53] 미네소타주의 주법(州法)인 홈리스
청소년법(Homeless Youth Act)은 임시거주시설, 임시생활시설, 전환
주택 등은 고정적이고 규칙적이며 적절한 야간 주거지가 아니라고
밝히고 있다.[54] 이 법률들은 '홈리스' 상태를 거리에서 노숙하는 것
뿐만 아니라, 고정적이고 규칙적이며 적절한 주거가 없는 모든 경우
로 확장하여 해석하고 있다. 또한 쉼터나 기한이 있는 숙소를 고정적
이고 규칙적이며 적절한 주거지로 보지 않는다는 공통점이 있다.

나. 독립(Emancipation) 결정과 행위능력 확장

미국의 대부분 주에서는 만 18세 이후에 계약을 할 수 있다. 다
만, 판사의 독립(Emancipation) 결정을 받은 18세 미만의 일부 청소
년은 행위능력을 포괄적으로 얻게 된다. 뉴욕주에서는 만 16세 이상
이고, 집으로 돌아갈 의사 없이 부모나 후견인과 떨어져 살고 있으
며, 스스로 자급자족할 수 있고, 대안양육을 받지 않고, 생계유지 가
능한 직업이 있다면 독립을 신청할 수 있다. 독립한 청소년은 혼자
살 수 있고, 학교를 등록할 수 있으며, 재산을 스스로 관리하고, 사
회보장을 수급하며, 부모에게 양육비를 청구할 수도 있고, 의료결정
도 할 수 있다.[55] 캘리포니아주에서는 14세부터 판사에게 독립을 신
청할 수 있고, 부모의 동의를 받아 법률상 혼인하거나 군에 입대하
는 경우에도 독립할 수 있다. 후자는 한국의 '성년의제'와 유사하다.
그 외의 요건과 권한은 뉴욕주와 크게 다르지 않다.[56]

---

53) 40 U.S.C. §11434a(2).

54) M.N. Homeless Youth Act §1a(c). https://www.revisor.mn.gov/statutes/cite/256K.45
    (2020. 2. 25. 확인).

55) Homeless Youth Handbook, "New york, How do I become and emancipated minor"
    https://www.homelessyouth.org/us/new-york/options-for-safety-and-stability/?wordcl
    oudid=da8a7a09edeb457ebc54d6f48c93ea49&scroll=1190 (2020. 2. 25. 확인).

개별 청소년을 위한 독립결정과는 별도로 홈리스 청소년의 행위 능력을 전반적으로 확장한 곳도 있다. 아칸소주는 홈리스 청소년이 진료에 동의할 수 있도록 관련 법률을 개정하였다. 켄터키주에서는 홈리스 청소년에게 정신 건강 전문가가 부모나 보호자의 동의 없이 상담을 제공할 수 있도록 하였다. 유타주는 홈리스 청소년들이 임시 거처를 관리하고, 관련 서비스에 동의할 수 있는 능력을 갖도록 했고, 홈리스 청소년에게 임시 거처를 제공하는 사람이 형사처벌을 받지 않도록 관련 법령을 개정했다.[57]

다. 관리 수반 아파트(Supervised Apartment Living)

전환 생활 프로그램은 홈리스 청소년 중 가정복귀가 불가능하고 아직 자립이 어려운 만 16~22세 청소년을 대상으로 안전한 숙소와 사회정서적 지원을 제공하는 프로그램이다. 주거 형태로는 그룹홈, 위탁가정(host family home), 양육 그룹홈(maternity group home), 관리 수반 아파트가 있다.[58] 이 중 관리 수반 아파트에 입주하게 되면 독립생활에 필요한 상담과 지원 서비스, 생활기술에 대한 교육을 받을 수 있다. 한국에 최근 도입되고 있는 지원주택과 유사한 형태이다. 종사자는 정기적으로 청소년의 주거를 방문하는데 초기에는 매일 또는 일주일에 여러 차례 방문하지만, 청소년의 자립준비 정도에 따라 일주일이나 한 달에 한 번으로 점차 방문횟수를 줄여나가게 된다. 프로그램이 끝난 후 해당 주거에서 그대로 살도록 허용하는 경우도 있다.[59]

---

56) Legal Service for Children, "Emancipation Manual"(2014. 4.) 9-12.

57) National Conference of state legislatures. "State Legislative Activity" https://www.ncsl.org/research/human-services/homeless-and-runaway-youth.aspx (2020. 2. 25. 확인).

58) Family and Youth Service Bureau, "Transitional Living Program Fact Sheet" https://www.acf.hhs.gov/fysb/resource/tlp-fact-sheet (2020. 2. 25. 확인).

라. 가족결합 바우처 프로그램 (Family Unification Program, FUP)

가족결합 바우처 프로그램은 위탁보육의 상황에 처한 아동이 원가족과 결합할 수 있도록 가족결합을 위한 바우처를 제공하는 사업으로 본래는 자녀를 둔 주거취약계층을 대상으로 한 프로그램이었다. 그러나 공공법(Public Law) 개정으로 2000년부터 만 18~21세에 해당하는 보호 종료 청소년도 18개월 간 주거비용을 지원받을 수 있게 되었다. 다만 이 경우에도 고정소득의 30% 범위에서 월세를 직접 지불하도록 하고 있다. 그리고 주택개혁법이 2016년 시행되면서 가족결합 바우처 사용연령이 만 21세에서 만 24세로 확대되었고, 기간도 18개월부터 36개월까지 연장하여 사용할 수 있게 되었다.[60]

2. 영국

가. 관련법령

영국은 홈리스 감소법 2017(The Homeless Reduction Act 2017)에 따라, ①아동법 1989(Children Act 1989)상 지방정부의 보호를 받는 만 16~17세 무연고 청소년, ② 만 16~18세 사이에 시설 보호를 받았으나 지금은 보호가 종결된 만 21세 이하 청소년, ③ 만 16~18세 사이에 시설 보호를 받았으나 지금은 보호가 종결되어 취약한 상황에 놓이게 된 만 21세 이상인 자, ④ 폭력 피해 등으로 거주지가 취약한

---

59) Youth Home of Mid America, "Transitional & Independent Living Programs" https://www.yhma.org/programs/independent-living/ (2020. 2. 25. 확인).
    Parents' Foundation for Transitional Living, Inc. "The Supervised Apartment Program" https://www.parentsfoundation.com/supervised.htm (2020. 2. 25. 확인).
60) 허민숙, 보호종료 청소년 자립지원 방안, 국회입법조사처 입법정책보고 제8호 (2018. 9.). 51.

상황에 놓이게 된 자, ⑤ 기타 특별한 이유로 취약한 자에게 거주지를 우선 배정하고 있다.[61] 이 법은 홈리스를 위한 주거권 보장 제도를 정한 법인데, 그 중에서 만 16~17세의 청소년을 특히 취약한 지위 중 하나로 정하여 지원하고 있다. 잉글랜드에서는 홈리스령(the Homelessness order 2002)에 따라 지방자치단체가 숙소를 제공할 의무를 진다.[62]

나. 행위능력 인정

영국은 미국과 달리 법원을 통해 독립결정을 받는 제도가 없다. 그러나 만 16세부터 행위능력을 제한받지 않고 행사할 수 있는 영역이 미국보다 넓게 인정된다. 만 16~18세 청소년은 학업 중에 수급자격(Qualifying young people)을 얻을 수 있고, 고아, 보호 종료, 학대피해, 부모의 수용, 입원치료 등의 상황에서 직접 아동급여(Children Benefit)를 수령할 수 있다.[63]

영국에서도 만 18세 미만의 아동은 부모의 의사에 반하여 집을 떠날 수 없다.[64] 부모는 본인의 의사에 반하여 아동이 따로 거주하게 되는 경우 법원에 청구하여 아동이 귀가하도록 결정을 받을 수 있다. 그러나 만 16세가 넘으면 부모가 청소년의 귀가를 법원에 청구하더라도 법원이 대체로 이를 인용하지 않는다.[65] 또한 지방자치

---

61) 김희진 외 공저, "가정 밖 청소년의 실태와 자립지원 방안 연구", 한국청소년정책연구원 (2018), 103.

62) The Homelessness (Priority Need for Accommodation) (England) order 2002, SI 2002/2051 S3(2).

63) Laura Abreu, "Constituency Casework: A guide to age related legislation", House of Commons, (2015. 2. 12.), 4-5.
https://researchbriefings.parliament.uk/ResearchBriefing/Summary/SN07032#fullreport (2020. 2. 25. 확인).

64) Children Act 1989, S1(3).

65) Laura Abreu, "Constituency Casework: A guide to age related legislation", House

단체는 홈리스 청소년에게 주거를 제공할 의무가 있는데, 만 16세가
지나면 부모나 부모의 권한을 가진 자의 의사와 상관없이 주거를
제공할 수 있다.66) 단, 스코틀랜드에서는 만 16세가 넘으면 부모의
동의 없이도 집을 떠날 수 있다.67)

다. 홈리스 청소년 지원 단체

센터포인트(Centrepoint)는 홈리스 청소년을 위한 민간단체로 9,200
명 이상의 홈리스 청소년을 지원하고 있다. 입소자들은 만 16~25세
사이의 홈리스 청소년들로 6개월에서 2년까지 머물 수 있다.68) 포이
어 연합(Foyer Federation)은 만 16~25세 홈리스 청소년에게 주거지원
을 기반으로 전환프로그램을 제공하고 있다.69)

3. 그 외의 국가

가. 청소년의 행위능력

핀란드는 영국과 비슷하게 청소년의 행위능력 범위를 확장하고
있다. 또한 연령별로 인정되는 행위능력을 차등하여 정해 놓은 것이
특징이다. 만 12세가 되면 가족 문제가 있는 경우 스스로 위탁가정
을 신청할 수 있다. 위탁가정을 선택한다는 것은 아동이 부모와 떨
어져 살 수 있다는 의미이다. 만 15세가 되면 스스로 계좌를 만들어

---

of Commons, (2015. 2. 12.), 8.
https://researchbriefings.parliament.uk/ResearchBriefing/Summary/SN07032#fullrepo
rt (2020. 2. 25. 확인).
66) Children Act 1989, S20(11).
67) Children (Scotland) Act 1995, S57-62.
68) 김희진 외, 앞의 글, 104-108.
69) Foyer Federation, "About Us" https://foyer.net/about-us/ (2015. 2. 25. 확인).

자기 수입을 관리할 수 있다. 만 16세가 되면 개별 건강보험증을 가질 수 있다. 이때부터 노령, 실업, 장애에 대한 보험에 가입되며, 보험금은 부모가 아닌 아동에게 직접 지급된다.[70]

나. 하우징 퍼스트

'하우징 퍼스트'는 홈리스 상태를 끝내기 위한 효과적인 정책으로서 홈리스의 감소를 위해 적극적으로 도입되고 있다. 이 정책은 홈리스 상태의 사람들이 안정적인 주거를 바탕으로 자립을 위한 교육이나 훈련, 취업활동에 성실하게 참여하도록 지원한다. 하우징 퍼스트의 주요 원칙은 1) 독립적인 생활이 가능한 주거 2) 선택의 존중 3) 주거의 자립과 강화 4) 지역과 사회로의 통합이다.[71]

핀란드는 유럽에서 홈리스의 숫자가 유일하게 줄어드는 나라로 하우징 퍼스트의 모범적인 사례로 꼽힌다.[72] 스코틀랜드와 아일랜드에서는 락트러스트(Rock Trust, 스코틀랜드)와 포커스 아일랜드(Focus Ireland, 아일랜드) 등이 청소년을 위한 하우징 퍼스트를 시범적으로 시행하고 있다.[73] 캐나다에서는 캐나다 홈리스 관측소(Canadian Observatory on Homelessness)와 같은 연구·운동단체가 정부의 지원을 받아 청소년을 위한 하우징 퍼스트 정책 연구를 진행

70) City of Helsinki, "Children's and youths' rights and obligations" infoFinland.fi, https://www.infofinland.fi/en/living-in-finland/family/children/children-s-and-youths-rights-and-obligations (2020. 2. 25. 확인).
71) Y-Foundation, "A Home of your own-housing first and ending homelessness in Finland" (2017), 10-15.
72) Ministry of the Environment Finland, "Action Plan for Preventing Homelessness in Finland 2016-2019" Decision of the Finnish Government (2016. 6. 9.).
73) FEANTSA, "Preventing and Ending Youth Homelessness in Scotland", Homeless in Europe, (2016 Spring), 11.
FEANTSA, "Aftercare plans - a strong example from Ireland", Homeless in Europe, (2016 Spring) 15.

하고 있다.[74] 비엔나에서는 탈시설화 이후 청소년을 위한 하우징 퍼스트 정책을 시행한 경험이 있다. 이들 단체와 지역에서는 충분한 주택을 확보하는 것을 정책 성공의 우선 과제로 꼽았다. 특히 대도시에 집중된 주택 수요와 가파르게 상승하는 주택가격 때문에 청소년을 위해 접근성이 좋고 적정한 가격의 주거를 찾기는 점점 어려워지고 있다.[75]

V. 제언

1. 청소년의 행위능력에 대한 논의의 필요성

한국의 주거지원 제도는 '주거급여'를 통한 지원과 '공공임대주택'을 통한 지원이 대표적인데, 양 제도 모두 계약을 독자적으로 체결할 수 있는 행위능력을 전제로 하고 있다. 그러나 만 19세 미만인 청소년은 법률행위를 할 때 법정대리인의 동의를 얻어야 하며, 동의가 없는 법률행위는 취소될 수 있다(민법 제5조). 그 결과 만 19세 미만 탈가정 청소년은 주거취약계층이 받을 수 있는 주거지원에서 소외되고 있으며, 이들을 위한 주거정책은 청소년 쉼터와 같은 시설 수용의 방식으로 이루어진다. 따라서 청소년에게 독자적인 주거권을 보장하기 위해서는 청소년의 행위능력 제한에 대한 논의가 필수

---

74) Stephen Gaets, "This is housing first for youth - A program Model Guide", Canadian Observatory on Homelessness (2017).
https://www.homelesshub.ca/sites/default/files/attachments/COH-AWH-HF4Y.pdf (2020. 2. 25. 확인).

75) FEANTSA, "Preventing Youth Homelessness through Housing First? Experiences and Perspectives in Vienna", Homeless in Europe, (2016 Spring), 19-20.

적이다.

이러한 논의의 출발점으로 주거와 관련된 청소년의 행위능력을 확장한 해외의 사례들을 참고해 볼 수 있다. 우선 미국처럼 요건을 갖춘 개인에게 행위능력을 포괄적으로 확장하는 방식(Emancipation)이 있다. 정부의 판단을 통해 개별적으로 행위능력을 갖는다는 점에서 한국에서 15세 미만의 청소년이 고용노동부장관으로부터 취직인허증을 발급받으면 일할 수 있는 것을 유사한 입법례로 볼 수 있다(근로기준법 제64조 제1항). 한편 영국이나 핀란드처럼 신상의 결정과 관련된 행위능력을 연령에 따라 점진적으로 확장하는 방식도 있다. 한국에서는 만 14세 이상의 청소년이 개인정보 수집·이용·제공 동의를 할 수 있는 것(정보통신망 이용촉진 및 정보보호 등에 관한 법률 제31조 제1항)이 연령별로 가능한 일반적인 행위를 정한 입법례라고 볼 수 있다.

위의 '개별적이고 포괄적인 확장'이나 '일반적이고 점진적인 확장'이 아니더라도 현행 민법은 '권리만을 얻거나 의무만을 면하는 행위'는 법정대리인의 동의 없이 할 수 있도록 예외를 두고 있다. 구체적으로는 2019. 7. 25. 윤후덕 의원이 대표발의한 자립지원대상 아동·청소년 지원에 관한 특별법안에서 자립지원대상이 되는 아동·청소년이 법으로 정한 지원의 신청과 수령, 수령한 급여의 처분 등을 위한 행위능력을 제한받지 않도록 제안한 바 있다. 나아가 이 법안은 이들을 지원하는 개별 지원자의 대리권을 인정하면서도 의사능력이 있는 아동·청소년이 이를 명시적으로 거부할 때에는 대리하지 못하도록 하는 규정도 전향적으로 삽입하였다(안 제23조).[76]

---

76) 윤후덕 의원 발의, "자립지원대상 아동·청소년 지원에 관한 특별법안", 21662, (2019. 7. 25.) [임기 만료 폐기], 19.

2. 청소년의 주거 빈곤 상태를 고려한 보편적인 주거 지원 필요성

현행 청소년 주거지원정책은 만 18세라는 나이를 기준으로 이전과 이후가 완전히 달라지는 체계로 구성되어 있다. 만 18세(성폭력 범죄 피해자의 경우엔 만 19세 이후) 이후엔 자립정착금이나 자립수당과 같은 현금 지원 수령, 임대주택이나 자립지원관과 같은 주거공간 입주 등이 가능해지는 반면, 그 이전의 연령대에는 오직 거주시설 보호만이 제공된다. '소년소녀가정'이라는 형태가 존재하기는 하나 추가지정을 원칙적으로 금지하고 있어 보편적인 정책이라고 보기는 어렵다. 청소년 주거 지원에 있어 단순히 나이만을 기준으로 접근하는 것이 아니라, 각 청소년들이 처한 상황과 욕구에 맞는 주거의 선택권을 보장해야 할 것이다.

가족환경, 보호자와의 관계, 학대 경험, 주거 상태 등이 거의 유사하더라도 보건복지부 관할 아동복지시설을 퇴소한 청소년에게 제공되는 생활·주거 등의 지원이 여성가족부 관할 청소년복지시설인 쉼터를 퇴소한 이들에게는 주어지지 않는다. 게다가 보호기간이 종료되기 전에 시설을 떠난 청소년은 완전한 사각지대에 놓여 있다. 2020년 주거복지계획에서도 시설퇴소청소년에 대한 같은 유형의 정착지원임에도 복지부가 주관하는 보호종료아동의 경우 임대료를 전액지원받고, 여성가족부가 관할하는 청소년쉼터 퇴소 아동은 보증금만을 무상지원받고, 법무부가 주관하는 청소년자립생활관 보호종료아동은 보증금과 월세 모두를 지원받는 등 그 지원의 내용이 상이하다.77) 이처럼 같은 주거 위기를 경험하고 있더라도 해당 청소년의 나이, 정책의 관할 부처 등에 따라 차등적으로 주거 지원이 제공

---

77) 국토교통부, "아동 주거권 보장 등 주거지원 강화 대책", 관계부처합동, (2019. 10. 24.), 11.

되는 것은 심각한 차별이 아닐 수 없다.

위에서 언급한 윤후덕 의원의 발의안에서는 관할부처에 상관없이 '쉼터 등 청소년복지시설 퇴소 청소년, 중도에 시설에서 나온 청소년, 만 15세 이상 청소년'도 주거지원, 생활지원금 지급 등의 자립대상에 포괄된다. 현행법의 개정이나 특별법 제정을 통해 현행 법률의 차등적 효과를 바로잡고 각 청소년이 겪고 있는 주거 빈곤 상태를 적절히 고려한 보편적인 주거 지원이 이뤄질 수 있도록 해야 한다.

3. 청소년에게 거주시설 외 다양한 주거대안을 마련할 필요성

한국에서 시행되고 있는 주거 빈곤층을 위한 주거정책들, 요보호아동·위기청소년 등을 위한 청소년 주거지원정책들은 몇 가지 예외적인 경우를 제외하면 청소년을 주거권의 주체 또는 단독적인 주거지원의 대상으로 인정하지 않고 있다. 심히 부족한 청소년 주거지원정책으로 인해, 원가정 복귀가 어렵거나 그것을 원치 않는 청소년들에게 남겨진 유일한 대안은 쉼터, 그룹홈, 아동복지시설 등의 거주시설 입소다.

거주시설은 주거 이외의 복합적 서비스가 제공된다는 장점이 있지만, 설령 청소년 친화적으로 운영된다고 하더라도, 몇 가지 측면에서 근본적 한계를 갖는다. 거주시설은 생활자가 아닌 관리자의 편의가 우선되고, 생활자가 낯선(또는 원치 않는) 사람들과 공동생활을 감수하며 사적 공간을 확보하기 힘들고 엄격한 규율을 따라야한다. 거주시설은 주거를 중심으로 다른 서비스를 결합, 지원하는방식보다는 보호·치료·비행예방·훈련 등을 위한 프로그램을 중심으로 거처를 부가적으로 제공하는 공간에 가깝기도 하다. 한마디로'거주시설'은 인권으로서의 주거권이 요청하는 '주거 또는 집'이 아니다. 미국의 홈리스 청소년 정의에서 쉼터나 기한이 있는 거주를 고정적이고 규칙적이며 적절한 야간 거주지로 보지 않는 것도 비슷한 맥락으로 보인다. 거주시설 중심의 청소년 주거지원정책은 사실상 청소년을 위한 주거정책이라고 볼 수 없는 셈이다.

2009. 11. 20. 유엔총회에서 결의된 〈아동 대안양육에 관한 지침〉(A/RES/64/142)은 "거주시설보호는 불가피한 경우에 한하여" 이루어져야 하고, 궁극적으로는 "탈시설화"를 지향해야 한다고 규정하고 있다.[78] 2019. 9. 27. 유엔아동권리위원회 역시 〈대한민국 5.6차 국가보고서에 대한 최종견해〉(CRC/C/KOR/CO/5-6)를 통해 "구체적인 탈시설계획을 통해 단계적으로 시설보호를 폐지하기 위한 적절한 인적, 재정적, 기술적 자원을 할당할 것"을 한국정부에 요구한 바 있다.[79] 쉼터, 양육시설 등 거주시설은 궁극적인 주거지원정책이 될 수 없음을 인정하고, 자립주택 제공 등 탈시설을 위한 다양한 주거정책이 설계되어야 한다.

4. 현행 주거지원제도에 대한 구체적 제언

청소년 주거권을 온전히 보장하기 위한 주거지원제도의 개선에 있어서 어떠한 가치에 중점을 두고 어떤 부분이 논의되어야 하는지 살펴보았다. 이를 실현하기 위해 먼저, 탈가정 청소년들의 상태를 고려하여 이들을 '홈리스(Homeless) 청소년'으로 파악하고 홈리스 주거지원정책의 일환으로 지원하는 방법을 고민해볼 수 있다. 주거권이 모든 사람에게 보장되어야 할 기본적 인권이라는 측면에서, 나

---

78) UN General Assembly, Guidelines for the Alternative Care of Children: resolution adopted by the General Assembly, 24 February 2010, A/RES/64/142, para. 23.
79) UN Committee on the Rights of the Child(CRC), Concluding observations on the combined fifth and sixth periodic reports of Republic of Korea, 27 September 2019, CRC/C/KOR/CO/5-6, para. 32(a).

이를 불문하고 어떤 존재가 '홈리스(Homeless)' 상태에 놓여 있다면 긴급한 주거지원의 대상이 되어야 마땅하다. 홈리스란 단지 거리에서 잠을 자는 사람이 아니라, 경제적·물리적·정서적 주거 불안을 겪고 있거나 비적정 주거에서 생활하는 상태에 놓인 모든 이들을 포괄하는 개념이다. 원가정과 시설을 떠나 끊임없이 거처를 이동해야 하는 청소년들도 당연히 '홈리스(Homeless)'이다. 보호자의 부양 능력이나 자녀 양육태도, 자녀와의 관계 등 '보호자 중심'으로 청소년에 대한 주거지원 여부를 판단할 것이 아니라 청소년의 홈리스 상태가 불러오는 다양한 위기 또는 그들의 주거에 대한 의사를 중심으로 새롭게 주거지원정책을 설계할 필요가 있다.

해외에서는 많은 국가에서 이미 주거지원제도를 홈리스 상태를 중심으로 구성하고 있다. 영국에서는 홈리스를 위한 포괄적 주거정책으로 홈리스 감소법 2017(The Homeless Reduction Act 2017)을 제정하면서 '홈리스(Homeless)' 중 특히나 취약한 계층으로 16~17세의 청소년을 꼽아, 이들에게 우선순위를 부여하였다. 핀란드의 하우징 퍼스트도 청소년을 위한 별도의 정책이 아니고, 모든 홈리스를 위한 정책으로 설계되었다. 이는 주거정책의 중심이 무주택자를 포함한 홈리스에 있고, 탈가정 청소년을 가장 취약한 홈리스로 인식하고 있기 때문에 가능한 주거정책이다.

기존에 시행되고 있는 주거지원제도를 정비하고, 지원 대상을 확장시켜 다양한 유형의 위기청소년들도 주거지원을 받을 수 있도록 하는 개선안도 우선적으로 고려해봄직하다. 즉, 현행 주거지원정책에서 매우 제한적이긴 하지만 요보호아동·위기청소년 등을 위한 공공임대주택지원 등 지원정책을 시행하고 있으므로, 이를 탈가정 청소년 전반을 대상으로 지원할 수 있도록 개편하는 방안을 생각해볼 수 있다.

예를 들어 공공임대주택의 경우에 아동복지시설 퇴소자, 가정폭력피해자, 성폭력피해자, 소년소녀가정, 긴급지원 대상자로만 한정하여 지원하기보다 지원대상을 확장할 필요가 있다. 선제적으로는 전세임대주택 외에 기타 공공임대주택에 대하여도 청소년 쉼터에서 퇴소한 청소년들도 지원할 수 있도록 하는 개선안을 생각해볼 수 있을 것이다. 장기적으로는, 거리나 고시원 등 비적정주거에 머무를 수밖에 없는 청소년들에 대해서도 이들의 주거빈곤 상태에 주목하여 적절한 주거공간을 공공에서 지원할 수 있는 체계를 갖춰야 한다. 최근 국토교통부에서는 주거환경이 열악하고 지원이 시급한 비주택거주가구 등 주거 취약계층에 대하여 전수조사를 통해 공공임대주택으로 보증금 없이 이주할 수 있도록 하는 주거지원정책을 발표한바,[80] 이러한 정책을 참고하여 이를 탈가정 청소년들에 대해서도 확대 적용하는 방안을 고려해볼 수 있다.

긴급주거지원 역시 탈가정 청소년들에게 실효적인 긴급복지제도로 기능하기 위해서 긴급한 상황에 대하여 유기나 방임, 가정폭력 등을 엄격하게 증명하도록 하기보다, 노숙이나 비적정 주거에 머무르고 있는 상태를 선제적으로 판단하여 필요한 주거지원을 할 수 있도록 그 요건을 완화할 필요가 있다.

임시방편이긴 하지만, 위기청소년의 유형에 따라 지원정책을 주관하는 관할 부처가 달라서 발생하는 차등 지원의 문제 역시 관계 부처의 협력을 통해 지원 내용을 통합하는 방식으로 해결을 도모해볼 수 있다.

탈가정 청소년에게는 단순한 주거 공간의 제공뿐만 아니라, 안정적인 주거 생활을 지속하기 위해서 보호·치료·교육·직업훈련 등 필요한 서비스를 결합하여 지원할 필요성도 크다. 대상자에게 주거와 동시에 주거를 유지할 수 있는 서비스를 제공하는 지원주택제도 역

---

80) 국토교통부, "주거복지 지난 2년의 성과와 더 나은 미래를 위한 발전 방안 -주거복지로드맵 2.0-", (2020), 19.

시 탈가정 청소년을 위한 주거지원정책의 대안으로 검토해볼 가치
가 있다. 대상자가 복지서비스를 이행하는 조건으로 거처를 제공하
는 시설과는 다르게, 지원주택은 대상자에게 주거를 먼저 제공하고
필요한 복지서비스를 제공한다는 점에서 자율성에 대한 욕구가 큰
십대 중후반의 청소년들에게 보다 적절한 형태의 주거 및 서비스지
원정책이 될 수 있다. 한국에서도 서울특별시가 서울특별시 지원주
택 공급 및 지원에 관한 조례를 제정하고 홈리스 상태에 놓인 취약
계층의 필요와 상태를 고려하여 일상·의료·복지서비스 등과 함께
주택을 공급하는 실험적인 정책을 시도하고 있는바, 이러한 정책 시
도에 있어서 '홈리스 청소년'의 취약성을 고려하여 청소년들도 그
대상으로 포함시키는 것이 바람직할 것이다.

참고문헌

교육통계서비스, "연도별 대학진학률", https://kess.kedi.re.kr/mobile/search? searchTxt=
　　　연도별대학진학률 (2020. 2. 25 확인)

국토교통부, "아동 주거권 보장 등 주거지원 강화 대책", 관계부처합동, (2019.
　　　10. 24.)

국토교통부, "주거복지 지난 2년의 성과와 더 나은 미래를 위한 발전 방안
　　　-주거복지로드맵 2.0-", (2020. 3.)

김희진 외, "가정 밖 청소년의 실태와 자립지원 방안 연구", 한국청소년정책
　　　연구원 (2018. 12.)

디딤씨앗통장, "디딤씨앗통장 소개", https://www.adongcda.or.kr/?goPage=107
　　　(2020. 2. 25. 확인)

박희정·유해정·이호연, 나는 숨지 않는다, 한겨레출판 (2020)

보건복지부, "2018년 보건복지통계연보" (2018. 12.)

보건복지부 지침, "2018년 아동분야 사업안내", 아동복지정책과 (2018. 3. 15.)

보건복지부 지침, "2019년 아동분야 사업안내", 아동권리과 (2019. 3. 28.)

보건복지부 지침, "2020 긴급지원사업안내", 기초생활보장과 (2020. 1. 14.)

보건복지부 지침, "2020년 국민기초생활보장사업안내", 기초생활보장과 (2020.
　　　1. 1.)

복지로, https://www.bokjiro.go.kr/nwel/welfareinfo/livwelnews/news/retirevelssue/Detail.
　　　do?dataSid=6652900 (2020. 4. 7. 확인)

아동권리보장원, http://www.ncrc.or.kr/jarip/business/livingSupport.do (2020. 4. 7.
　　　확인)

여성가족부 지침, "2019년 여성 아동 권익증진사업 운영지침", 권익정책과
　　　(2019. 1.)

여성가족부 지침, "2019년 청소년사업 안내", 청소년정책과 (2019. 1.)

여성신문, "쉼터 위기청소년 절반이 자진퇴소, 안정 등 우려", https://www.
  womennews.co.kr/news/articleView.html?idxno=117887 (2017. 11. 03. 09: 34)

위기아동청소년을위한자립지원시스템, http://www.icyouthself.org (2020. 2. 25.
  확인)

이정현·이택호, "2016년 보호종결아동 주거지원제도 개선을 위한 주거권 실
  태조사", 아름다운재단 (2017), 8

이투데이, "여가부, 가출청소년 27만명 추산, 청소년 쉼터로 연간 3만명 자립
  돕는다", http://www.etoday.co.kr/news/view/1552600 (2017. 10. 23. 11 : 02)

재단법인 한국소년보호협회, "한국소년보호협회", http://www.kjpa.or.kr/sub.asp?
  cate1=1&cate2=1 (2020. 1. 21. 확인)

청소년주거권네트워크, "청소년과 주거권의 만남 : 청소년 주거지원 정책의
  현재와 대안 탐색" (2020)

한겨레, "2021년부터 기초생활수급 20대 청년에 주거급여 지원", http://www.hani.
  co.kr/arti/society/society_general/903997.html (2019. 7. 31. 15:57)

한겨레21, "하루빨리 고아 꼬리표를 떼고 싶었는데", http://www.hani.co.kr/arti/
  society/society_general/903997.html (2019. 3. 22.)

한국법무보호복지공단, "2018년도 12월분 보호실적 현황", 한국법무보호복
  지공단 (2019)

한국법무보호복지공단, "숙식제공", https://www.koreha.or.kr/sub/02_01.do; jsessionid
  =855313571C09ADBCCE60EB7F5C569C20?MN1=3&MN2=16&MN3=207&
  MN=207 (2020. 2. 25. 확인)

행정안전부 사례집, "2018 주민등록 질의·회신 사례집", 주민과 (2018. 2.)

허민숙, 보호종료 청소년 자립지원 방향, 국회입법조사처 입법정책보고서
  제8호 (2018. 9.)

Y.E.S.센터, "모집과정", http://yescenter2014.org/page/?pid=c01 (2020. 2. 25. 확인)

Alex Bate·Laura Abreu, "Constituency Casework: A guide to age related legislation", House of Commons (2015. 2. 12.)

City of Helsinki, "Children's and youths' rights and obligations" infoFinland.fi, https://www.infofinland.fi/en/living-in-finland/family/children/children-s-and -youths-rights-and-obligations (2020. 2. 25. 확인)

Family and Youth Service Bureau, "Transitional Living Program Fact Sheet", https://www.acf.hhs.gov/fysb/resource/tlp-fact-sheet (2020. 2. 25. 확인)

FEANTSA, "Preventing and Ending Youth Homelessness in Scotland", Homeless in Europe, (2016 Spring), 11. FEANTSA, "Aftercare plans – a strong example from Ireland", Homeless in Europe, (2016 Spring)

FEANTSA, "Preventing Youth Homelessness through Housing First? Experiences and Perspectives in Vienna", Homeless in Europe, (2016 Spring)

Foyer Federation, "About Us" https://foyer.net/about-us (2015. 2. 25. 확인)

Homeless Youth Handbook, "New york, How do I become and emancipated minor", https://www.homelessyouth.org/us/new-york/options-for-safety-and-stability/?wordcloudid=da8a7a09edeb457ebc54d6f48c93ea49&scroll=1190 (2020. 2. 25. 확인)

Legal Service for Children, "Emancipation Manual", (2014. 4.)

Ministry of the Environment Finland, "Action Plan for Preventing Homelessness in Finland 2016-2019" Decision of the Finnish Government (2016. 6. 9.)

National Center for Homeless Education, "The McKinney-Vento Homeless Assistance Act", https://nche.ed.gov/mckinney-vento/ (2020. 2. 25. 확인)

National Conference of State Legislatures, "State Legislative Activity", https://www.ncsl.org/research/human-services/homeless-and-runaway-youth.aspx (2020. 2. 25. 확인)

Parents' Foundation for Transitional Living, Inc, "The Supervised Apartment Program", https://www.parentsfoundation.com/supervised.htm (2020. 2. 25.

확인)

Stephen Gaets, "This is housing first for youth - A program Model Guide", Canadian Observatory on Homelessness (2017). https://www.homelesshub. ca/sites/default/files/attachments/COH-AWH-HF4Y.pdf (2020. 2. 25. 확인)

UN General Assembly, Guidelines for the Alternative Care of Children: resolution adopted by the General Assembly, 24 February 2010, A/RES/64/142, para. 23

UN Committee on the Rights of the Child(CRC), Concluding observations on the combined fifth and sixth periodic reports of Republic of Korea, 27 September 2019, CRC/C/KOR/CO/5-6, para. 32(a)

Y-Foundation, "A Home of your own-housing first and ending homelessness in Finland" (2017)

Youth Home of Mid America, "Transitional & Independent Living Programs", https://www.yhma.org/programs/independent-living/ (2020. 2. 25. 확인)

"청소년의 존재를 지우지 않는 정치"를 위하여
- 청소년 참정권의 현황과 법적 과제

공현*·배경내**

Ⅰ. 18세 선거권 시대를 맞이하며

2018년 3월 22일 국회 앞에서는 한국사회에서 아주 낯설고도 주목할 만한 사건이 일어났다. 세 명의 청소년이 선거권 연령 하향을 촉구하며 삭발에 나선 것이다. 바리깡이 움직일 때마다 만으로 열다섯, 열여섯, 열일곱의 앳된 얼굴을 한 청소년들의 머리카락이 한 움큼씩 바닥으로 떨어져 내렸다. 그로부터 43일간, 청소년들과 '촛불청소년인권법제정연대'의 국회 앞 노숙농성이 이어졌다. 목전의 생존이 달린 문제도 아니고 선거권 하나로 청소년들이 삭발을 단행하고 농성에 들어간다는 것은 당시의 일반적 상식으로는 헤아리기 힘든 풍경이었다. 하지만 이날의 '사건'은 한국사회에서 오래도록 변방에 머물렀던 청소년 참정권 운동을 폭발적으로 끌어올리는 정치적 계기가 되었다. 그 후 청소년 참정권, 특히 18세 선거권은 정치권을 비롯한 사회 각계에서 중요한 사회의 의제와 논쟁의 대상이 되었다. 그리고 마침내 2019년 12월 27일, 국회의원 156인의 찬성으로 공직선거법 개정안이 국회 본회의를 통과하여 선거권 연령이 기존

* 청소년인권운동연대 지음(준) / 촛불청소년인권법제정연대
** 인권교육센터 들 / 촛불청소년인권법제정연대

19세에서 18세로 하향 조정되기에 이른다.

선거권을 비롯한 청소년 참정권의 보장을 촉구하는 목소리는 한국사회에서 길게는 30년 가까이 이어져 왔지만, 정작 청소년 참정권의 의미와 역사에 대한 학술 연구나 법률적 검토는 상대적으로 미흡한 편이다. 이 글에서는 한국사회에서 전개된 청소년 참정권 운동의 역사와 현황, 청소년 참정권을 둘러싼 주요 법적 쟁점을 검토함으로써 청소년 참정권 확대를 위한 과제를 제시하고자 한다. 청소년의 정의는 법률마다 달리 규정되어 있는데, 이 글에서는 최근까지 연령 제한에 묶여 참정권을 포괄적으로 제한당해온 '19세 미만의 청소년'을 의미하는 개념으로 사용하였다.

II. 한국 청소년 참정권 운동의 역사적 전개

한국사회에서 청소년 참정권 운동은 주로 선거권에 초점을 맞추어 전개되어 왔다. 이는 중요한 역사의 변곡점마다 정치에 활발히 참여해온 청소년 당사자들이 참정권 보장의 필요성을 절감한 반면, 정작 정기적으로 돌아오는 선거에서는 '주권자' 또는 '시민'의 자리를 박탈당해야만 하는 현실이 거듭 확인되었던 것과 무관하지 않다.

1. 청소년 참정권 운동의 태동

일제 강점기 대한민국 임시정부가 규정한 선거권 연령이 이미 18세였다는 사실은 그리 널리 알려져 있지 않다. 그런데 1948년 정부 수립 당시에는 선거권 연령이 오히려 21세로 상향됐고, 1960년 4·19 혁명 이후에서야 20세로 하향되었다.[1] 선거권 연령 하향의 주장은

이후 꾸준히 이어져 왔는데2), 1987년 개헌 당시에도 18세 선거권이
쟁점으로 논의된 바 있다.3) 중요한 역사의 변곡점마다 선거와 정치
에 참여할 권리의 확대 필요성이 제기되었음을 알 수 있는 대목이
다. 그러나 20세라는 선거권 제한 장벽은 1960년 이래 무려 45년이
나 굳건히 유지되었다.

선거권 연령 하향에 관한 논의나 사회운동의 역사에서 고등학생
연령대인 '청소년의' 참정권 보장 필요성이 본격 제기된 것은 1990
년대 이후의 일이다. 이전까지만 해도 선거권 연령 하향 요구는 주
로 대학생단체4)나 진보정당5), 시민단체의 정치개혁 차원의 요구에
포함되어 있었다. 그런데 1990년대에 들어서면서 청소년 또는 고등
학생들의 권리 향상을 위한 차원에서 18세 선거권이 주장되기 시작
한다. 그 최초의 예로 1990년대 초반, 군사 독재를 계승한 노태우 정
권에 반대하는 민주화운동의 과정에서 18세 선거권 보장을 함께 외
친 '고등학생정치활동쟁취공동실천위원회'라는 단체를 들 수 있다.6)

---

1) 1948년 제헌국회의 선거법은 선거권을 21세로 규정했고, 1960년 헌법 3차
   개정에서는 '모든 국민은 20세에 달하면 법률이 정하는 바에 의해 공무원을
   선거할 권리가 있다'는 헌법 조항을 두었다.
2) 예컨대 김영삼 전 대통령도 신민당 총재 시절이었던 1980년 4월, 기자들에
   게 18세 선거권으로 선거연령을 낮추겠다는 의견을 피력했던 적이 있다.
   "〈황천우의 시사펀치〉 18세가 봉이냐!", 일요시사, http://www.ilyosisa.co.kr/news/
   articleView.html?idxno=144339, (2018. 4. 23)
3) 1987년 헌법 9차 개정에서는 '모든 국민은 법률이 정하는 바에 의해 선거권
   을 가진다'고 하여 선거권 행사 범위를 법률에 위임하여 정하도록 하였으
   나, 20세 선거권은 그대로 유지되었다.
4) 당시의 만 20세라는 제한 기준은 대학생 중 상당수에게도 선거권을 제한하
   고 있었다. 구체적 예로 1996년 3월 충북지구대학총학생회연합에서 진행한
   '낭랑 18세 운동'을 들 수 있다.
5) 1995년 6월 진보정당추진위원회는 당시 20세 선거권에 대한 위헌심판을 청
   구하였다.
6) 양돌규, "민주주의 이행기 고등학생운동의 전개 과정과 성격에 관한 연구",
   석사학위 논문, 성공회대학교 (2006), 115.

2. 청소년 참정권 운동의 확산

18세 선거권 운동이 본격적인 캠페인과 입법운동으로까지 확산되기 시작한 시기는 2000년대 초반이다. 당시 한국사회에서 두발자유화 운동을 비롯한 청소년인권운동이 본격화되면서 청소년 인권 보장을 위한 참정권 확보의 필요성이 제기되었다. 2002년 대선을 앞두고 결성된 '낮추자'7)에 참여했던 활동가는 "낮추자 운동은 청소년이 사회의 당당한 일원으로 자신을 긍정하게 하는 운동"이라고 그 취지를 밝혔다.8) 2004년 총선에서도 '18세선거권낮추기청소년연대'가 결성되어 모의투표나 거리행동 등을 통한 입법운동을 벌였다. 이 연대체는 17대 국회에 18세 선거권 법안을 제1호 국민 청원으로 제출하고 과반수 의원들의 찬성 서명을 받아내기도 했다. 이들이 제시한 18세 선거권 보장의 논거에는 청소년에게 의무를 부과하는 법률 또는 사실상 성인으로 보는 법률(병역법, 근로기준법, 혼인 관련 민법 조항, 공무원 임용, 운전면허 등)이 18세임에 반해 선거권 허용 연령은 더 높아 형평성에 어긋난다는 점, 국제적으로 18세 선거권이 대다수인 점, 청소년의 정치 참여 확대가 필요하다는 점 등이 포함됐다.9)10) 이와 같은 운동의 노력으로 2005년 선거권 연령이 19세로 하향 조정되었다.

당시 선거권 연령이 19세로 정해진 주요 이유는 만 18세에 청소년/고등학생의 일부가 포함되기 때문이었다. 당시 한나라당은 '청소년 보호'를 참정권 제한의 주요 근거로 내세웠다. 반면 국회 과반을

---

7) '낮추자'에는 웹연대 위드, 문화연대, 학벌없는사회, 사회당 청소년위원회 등이 함께 참여했고, 토론회, 청소년 모의투표 활동을 이어갔다.

8) 공현·둠코, 인물로 만나는 청소년운동사, 교육공동체 벗 (2016), 60-64.

9) 공현·둠코, 앞의 책, 109-126.

10) 기획포럼, "18세선거권과 청소년정치참여, 청소년에게 정치란 금기인가" 자료집, 18세선거권낮추기공동연대 (2004. 9. 18. 발표).

차지한 열린우리당은 18세 선거권을 당론으로 채택했으나, 청소년
의 참정권 보장 필요성에 대해 그리 확고한 입장을 가진 것은 아니
었던 것으로 보인다. 열린우리당은 선거권 연령 하향의 논거로 주로
국제적 추세나 고령화 시대에 대한 대처, '젊은 정치'의 필요성 등을
들었고, 청소년의 참정권을 옹호하기보다 만 18세 중에는 고교 졸업
자나 대학생도 포함된다는 것을 중심적으로 주장을 펼쳤다.[11] '청소
년은 정치를 해서는 안 된다', '고등학생에게는 선거권을 주어서는
안 된다'는 굳건한 편견의 장벽을 넘지 못한 채 18세 선거권 운동은
아쉽게도 막을 내렸다.

　　2005년 이후 몇 년간은 선거권 연령 하향 운동이 활발하지는 않
았다. 그렇다고 해서 청소년 참정권 운동이 중단되었던 것은 아니
다. 이 시기 청소년인권운동은 두발자유를 비롯한 학생인권 보장과
학생회 법제화, 학생의 학교운영위원회 참여 등 초·중·고 학교에서
의 광의의 참정권 보장을 요구하는 활동을 중심으로 전개되었다. 청
소년 참정권 보장과 선거권 연령 하향의 필요성이 다시 제기된 주
요한 계기로 2008년 광우병 위험 소고기 수입에 반대하는 촛불집회
와 교육감 직선제[12]의 시행을 꼽을 수 있다. 당시 촛불집회에는 광
범위한 청소년들이 참여함으로써 청소년도 정치적 주체임을 사회적
으로 각인시켰다. 또한 교육감 직선제는 교육감이 누구냐에 따라 가
장 큰 영향을 받을 수밖에 없는 초·중·고 학생들이 정작 선거에는
참여할 수 없는 부정의한 현실을 직관적으로 파악하도록 만들었다.

---

11) 당시 열린우리당의 한 의원은 국회에서 18세로 선거권 연령을 낮추되 고등
　　학교 재학생은 제외하자는 제안을 내놓기도 했다. 18세 선거권을 가로막는
　　가장 큰 장벽이 '청소년은 정치를 해서는 안 된다'는 편견이었는데, 18세 선
　　거권을 찬성하는 정당에서도 이러한 편견에서 크게 벗어나지 못했음을 보
　　여주는 한 장면이다(공현·둠코, 앞의 책, 122-124).
12) 2006년 지방교육자치에 관한 법률이 개정되어 교육감 직선제가 이듬해부터
　　시행되기 시작했다.

그 결과, 2008년과 2010년, 2018년에 '기호 0번 청소년 교육감 후보' 출마 캠페인을 중심으로 청소년이 배제된 선거의 문제를 부각시키는 청소년운동이 이어졌다. 2010년에서 2011년까지 서울에서 이어진 서울학생인권조례 주민발의 운동에서도 정작 당사자인 학생청소년들은 조례청구권이 없어 어렵게 주민발의가 성사되는 경험을 했다. 이 과정은 청소년인권운동의 주체들이 지방정부 차원에서의 청소년 참정권 보장의 필요성도 절감하는 계기가 되었다.

특히 총선과 대선이 같이 치러졌던 2012년 결성된 '청소년의 정치적 기본권 내놔라 운동본부'는 선거권·피선거권, 정당 가입, 언론·표현·집회·결사의 자유, 학생 자치 및 학교 운영 참여권, 주민 발의 등 지방자치 참여권이라는 5대 권리의 보장을 요구하며 활발한 활동을 전개했다. YMCA를 비롯하여 모의투표 형식을 통해 청소년의 선거 참여 보장을 촉구하는 활동도 선거 때마다 꾸준히 이어졌고, 2014년에는 '1618 선거권을 위한 시민 연대'가 온라인을 통해 더 폭넓은 모의투표 캠페인을 진행하기도 했다. 2016년 총선 때도 청소년 단체들이 청소년의 선거권과 선거운동의 자유를 보장하라는 선언을 발표했다.

3. 청소년 참정권 운동의 대전환 : '18세 선거권' 시대의 개막

선거권 연령을 낮추기 위한 운동은 2016년 하반기에 큰 전환점을 맞이했다. 박근혜 대통령 탄핵을 계기로 정치 개혁의 당위성이 커졌고, 탄핵 촛불집회에 활발하게 참여한 청소년들에게 참정권이 보장되어야 한다는 사회적 공감대도 확산됐다. 당시 제20대 국회 내에서도 18세 선거권을 찬성하는 정당의 의석이 과반에 이를 정도였다. 2005년과 비교하여 가장 큰 변화는 바로 청소년의 정치 참여를 긍정하고 청소년의 권리로서 참정권도 당연히 보장해야 한다는 주장이

18세 선거권의 주된 논거로 자리 잡았다는 데 있다. 끊임없이 목소리를 내고 정치에 참여해온 청소년들의 존재가 '19금 정치'의 벽을 허무는 바탕이 된 것이다. 전국 여러 지방자치단체 차원에서 청소년의회 등을 설치하면서 청소년 참여를 보장하려는 움직임이 활발해진 것도 이즈음이다. 그러나 박근혜 대통령 탄핵 이후 치러진 2017년 5월 대선에서도 청소년은 여전히 비(非)시민, 비(非)유권자의 위치에 놓여 있어야 했다.

2017년 9월 결성된 '촛불청소년인권법제정연대'는 청소년 참정권과 학생인권 보장을 통해 학교와 사회에서 청소년을 시민으로 인정하는 것이 '촛불'의 사회적 과제이자 정치 개혁의 핵심 의제라고 주장하면서 청소년 참정권 운동을 활발하게 전개해 나갔다. 촛불청소년인권법제정연대는 16세 선거권과 피선거권, 정당 가입 연령 폐지, 선거운동의 자유 등을 두루 요구하였지만, 선거권 연령 하향을 핵심요구로 삼았다. 2018년 지방선거를 앞둔 3월과 4월, 촛불청소년인권법제정연대 주최로 전개된 청소년들의 삭발 시위와 국회 앞 농성, 기자회견과 직접행동은 청소년 참정권에 대한 사회적 공감대를 확장시키는 기폭제였다. 점차 선거권 연령의 하향은 거스르기 힘든 시대적 과제로서의 위치를 획득해 나갔다. 국회 정치개혁특별위원회의 주요 의제 가운데 하나로 18세 선거권이 포함되고, 2018년 3월 청와대(대통령 문재인)에서 발의한 개헌안에도 18세 선거권이 포함된 것이 그 방증이다. 18세 선거권에 대한 찬성 여론(19세 이상)도 59%에 달했고[13], 고등학생 중 65.9%가 찬성한다는 조사 결과[14]도 이어졌다.

---

13) 리얼미터, "[CBS현안조사] '만18세이상' 선거연령 하향조정에 대한 국민여론", (2018. 4. 16.)
14) 이창호, "고등학생들의 정치참여욕구 및 실태 연구", 한국청소년정책연구원 (2017), 24.

그러나 반대 목소리도 만만치 않았다. 야당인 자유한국당은 '고등학생이 교복 입고 투표하는 사태는 막아야 한다'고 여전히 주장했고, '고3 교실이 정치판이 될 것'이라는 우려를 내세워 선거권 연령 하향에 반대했다. 자유한국당의 국회 보이콧이 이어지면서 각종 입법이 막혀 있던 가운데, 2019년 4월 18세 선거권과 선거 제도에서 비례성을 높이는 개혁안을 담은 공직선거법 개정안이 '신속 처리 안건'으로 지정되기에 이른다. 그리고 마침내 2019년 12월 27일, 선거법 개정안이 국회 본회의를 통과하여 2020년 1월부터 시행되면서 '18세 선거권' 시대가 열렸다. 정당법상 정당에 가입할 수 있는 연령도 국회의원 선거권자로 규정되어 있어, 정당 가입 연령도 자연스럽게 18세로 낮아졌다. 청소년은 정치나 선거에 참여해선 안 된다는 오랜 사회적 금기에 파열이 가해진 순간이었다.

III. 왜 청소년 참정권인가

1. 참정권 보장의 의미

모든 인간에게는 자신이 속한 공동체의 의사 형성과 결정 과정에 참여할 권리가 있다. 광의의 참정권은 '집단적인 자기 결정권'으로서의 참여권 전반을 포괄하는 개념으로, 자기의 삶에 영향을 미치는 모든 문제에 대하여 집합적 의사 형성과 결정 과정에 참여할 권리를 뜻한다. 반면 일반적으로 이해되는 참정권은 협의의 개념으로서 국가, 즉 중앙정부나 지방정부의 정책 결정이나 입법, 행정 등에 참여할 권리를 뜻한다. 선거권, 공무담임권(피선거권과 공직취임권), 국민투표권, 법률 발안(발의)권, 청원권은 물론, 정당의 설립과 활동

의 자유, 정치적 의사를 표현할 자유, 선거운동의 자유 등이 여기에
포함된다.

 정치적 의사 표현, 그 의사를 결집해나가는 정치적 언론·출판·집
회·결사의 자유, 정당 가입과 활동의 자유는 일상적으로 주권을 행
사한다는 의미에서 참정권의 기본이자 시민으로서 자기 존재를 드
러낼 권리라고 볼 수 있다. 반면, 정기적 선거를 통해 대표자를 선출
함으로써 정부와 의회를 구성하고 권력의 정당성을 창출하는 정치
체제에서는 선거와 관련된 권리가 더욱 중요한 비중을 차지하게 된
다. 선거권과 피선거권은 정치공동체의 구성원으로서의 주권을 직
접적으로 행사할 수 있고, 그 공동체의 집합적 의사를 구체적으로
확인할 수 있는 계기가 되기 때문이다. 같은 의미로 선거 과정에서
자기 의사를 표현하고 다른 시민들의 의사를 결집시켜 선거 결과에
영향을 미치고자 하는 선거운동의 자유도 중요해진다. 결국 참정권
을 보장받는다는 것은 한 정치공동체 안에서 실질적 주권자이자 시
민으로 인정받는 동시에, 자기 삶을 규정짓는 정치적 조건을 스스로
결정할 권리를 확보한다는 의미를 지닌다. 참정권은 그 자체로 권리
이면서, 다른 권리들의 실현을 위한 권리인 셈이다.

 역사적으로 참정권이 모든 정치공동체의 구성원에게 보편적으로
보장된 적은 없었다. 근대시민혁명 이후 민주정을 정치구조로 채택
한 국가에서 참정권은 일정 이상의 재산을 가진 이들이나 남성, 혹
은 백인만이 전유하던 '특권'으로 출발했다. 참정권은 처음부터 다
른 이들을 배제함으로써 기득권 집단의 배타적 이득을 유지시키는
구조를 취하고 있었던 셈이다. 인권과 민주주의의 역사는 일부의 특
권이었던 참정권을 누구나 태어나면서부터 갖는 '생래적 권리'로 전
환시켜온 역사였다. 신분, 재산, 성별, 인종, 장애와 같은 장벽들이
차례로 허물어지면서 오늘날 '보통선거의 원칙'이 자리잡았다. 참정
권의 내용도 확대됐다. '국회의원을 뽑을 동안만 잠시 자유로울 뿐,

선거가 끝나자마자 아무것도 아닌 존재로 돌아간다'는 장 자크 루소의 지적과 같이, 대의제 민주주의가 갖는 한계를 넘기 위해 국민발안권, 국민소환권, 국민투표권과 같은 직접 민주주의 제도가 도입되고 정치표현의 자유나 정당 활동의 자유와 같은 일상적 참정권의 확대 중요성이 강조됐다.

결국 참정권이 없다는 것은 대표될 이유도, 목소리를 낼 권리도 없는 집단에 속한다는 뜻이며, 한 사회의 성원으로서 입장할 권리도, 그 사회 안에서 정당한 자기 장소를 가질 수도 없는 유령과 같은 존재가 된다는 뜻이다. 그런데 한국사회에서 청소년은 협의의 참정권은커녕 학교운영위원회에 참여할 권리조차 없다. 대다수 국가가 참정권과 관련하여 연령의 장벽을 부분적으로 유지하고 있지만, 한국사회처럼 모든 영역에서 청소년의 참정권을 전면적으로 배제하는 경우는 보기 힘들다. 청소년의 처지에서 보자면 한국의 참정권 제도는 청소년 집단을 전면 배제한 '연령 신분제'인 셈이다.

2. 청소년, 유령에서 시민이 되고자 하는 자

청소년 참정권의 보장을 요구해온 청소년들의 목소리는 그들의 삶에서 참정권이 가진 의미가 무엇인지를 좀 더 선명하게 보여준다. 2017년 결성된 이래 활발한 활동을 펼쳐 '18세 선거권' 시대를 앞당긴 촛불청소년인권법제정연대와 이 연대체의 각종 기자회견과 직접행동에 참여해온 청소년들의 발언을 분석해보면, 구체적 결은 다를지라도 반복적으로 등장하는 말들을 만나게 된다. "민주주의", "동등한 국민/시민", "우리의 존재를 지우지 않는", "들리지 않는 목소리", "자격이 아닌 권리", "청소년과 비청소년의 권력 차이", "바꿀 수 있는 힘"과 같은 말들이 대표적이다. 이 말들은 서로를 끌어당기면서 청소년 참정권의 의미망을 두텁게 만들어내고 있다.[15]

가. 민주주의 실현을 위해

청소년 참정권은 우리 사회가 가진 시민과 비(非)시민의 기준에 대해, 그 기준을 정하는 권력을 향해 중대한 질문을 던진다. 특정 집단을 전면적으로 배제한 정치를 민주정치라 말할 수 있느냐는 질문이 바로 그것이다. '배제되는 사람이 없어야 민주주의'라는 주장은 주권자 또는 시민의 자리로부터 추방된 이들이 존재하는 한, 민주주의는 여전히 미완성이라는 과제를 환기시킨다. 나아가 청소년에게 참정권이 인정되지 않는 현실은 정치에 대한 무관심이나 혐오를 유지시키고, 한 사회의 민주주의에 대한 감수성과 역량을 증진시키는 데도 악영향을 미친다. 청소년 참정권을 어떻게 대접하느냐는 그 사회가 어떤 민주주의를 꿈꾸느냐, 어떤 가치로 청소년을 대우할 것인가를 둘러싼 선택이기도 하다.

> "청소년의 존재를, 청소년의 목소리를, 청소년의 고통을 외면한 사회를 민주사회라 부를 수 있는가? (…) 배제되는 사람이 없어야 민주주의다. 선거연령을 얼마나 낮출 수 있느냐는 그 나라 민주주의 역량을 가늠하는 중요한 척도다".
>
> - 촛불청소년인권법제정연대[16]

> "민주주의는 결코 오지 않는다. 우리가 침묵하는 한. 주권자의 경계를 나이에 따라 나누는 차별에 순응하는 한. 주권자인 청소년을 배제하는 법과 제도를 용인하는 한."
>
> - 촛불청소년인권법제정연대&6.13집회 참가자 일동[17]

---

15) 아래 직접 인용된 개인들의 발언은 모두 청소년 당사자의 목소리다.

16) 2017년 9월 26일, 촛불청소년인권법제정연대 출범 선언문

17) 2018년 6월 13일 지방선거가 열린 날, 촛불청소년인권법제정연대는 〈"다시, 이것은 민주주의가 아니다"- 선거연령 하향과 청소년 참정권 보장 촉구 행

나. '청소년의 존재를 지우지 않는 정치'를 위해

한편, 청소년들은 민주주의의 원칙을 언급하기보다 한 사회에서 '의미 있는 존재로 인정받고 싶다'거나 '정치가 청소년의 존재와 삶을 고려하도록' 만들기 위해 참정권이 필요하다는 점을 좀 더 강조하는 경향이 있다. 이는 유권자가 아닌 청소년의 존재는 정치에서 제대로 고려되지 않고, 이 때문에 청소년을 위한 정책을 발견하기 힘들다는 각성에 기초해 있다.

> "참정권이 없기에 청소년의 목소리에 무관심합니다. 유권자가 아니기 때문에 우리에겐 절실한 문제가 그들에겐 우선순위로 다루어지지 않습니다. 우리가 당사자인 기후변화 문제를 기성세대의 권한에만 맡겨두는 것은 부당합니다. 청소년이 참여하고 청소년이 정치인이 될 수 있어야 합니다."
>
> - 김유진/김서경/김도연[18]

> "나는 분명 존재했지만 아무도 봐주지 않았고 목소리를 냈지만 아무도 들어주지 않았다. 내가 받는 교육에는 나의 의견이 반영되지 않았고 내가 다니는 학교에서조차 나는 의사결정에 참여할 수 없었다. 나는 청소년의 존재를 인정해주는 정치인을, 수능이 끝나도 자살하는 사람 없는 세상을 만들어줄 정치인을 뽑고 싶다."
>
> - 서한울[19]

동의 날〉 집회를 열어 청소년 참정권 보장을 촉구했다. 이날 발표된 선언문이다.

18) 2019년 7월 31일, 〈우리의 목소리에 권리를 부여하라 - 정치/지역사회/학교 운영에서 청소년 참여권을 보장하라〉라는 제목으로 청소년 청와대 직접 청원 기자회견이 열렸다. 청소년기후소송단에서 활동하는 청소년 세 명이 함께 낭독했다.

19) 2019년 11월 19일 국회 정론관에서 열린 〈만18세 선거권 연령 하향 패스트

"여성청소년이 투표할 수 없는 국회는 여성청소년의 평등하고 안
전한 일상을 고민하지 않습니다."

- 최유경[20]

다. "같은 크기"의 목소리로 들리기 위해

청소년들이 참정권을 요구하는 기저에는 독립적인 인격체로 인
정받지 못한, 말했으나 들리지 못한, 들렸으나 고려해야 할 비중 있
는 목소리로 취급받지 못한 차별 경험이 아로새겨져 있다. 교육청과
도의회가 유권자인 교사나 학부모, 특정 정치세력의 의중을 우선시
함으로써 두 번이나 좌절된 적 있는 경남학생인권조례 제정 운동의
경우가 대표적 사례다. 학교사회에서 상대적 약자인 학생의 인권을
보호할 최소한의 조치로서 학생인권조례가 제정된 지역은 경기, 광
주, 서울, 전북으로 전국에서 단 네 개 지역뿐이다. 청소년에게 참정
권은 자신들의 요구를 '말하고 들리기 위한' 기본 조건으로서 요청
되고 있다.

"누군가들은 청소년이 삭발을 하고 농성을 하는 것도 어른들에 의
해 선동당하고 조종당한 결과라고 매도할 거라고 예상됩니다. 저를 보
세요. 제 눈을 똑바로 보세요. 저는 감정이 있고 생각을 하는 독립된
인격체입니다. 나중이 아닌 지금 존중받고자 요구합니다. 독립된 인격
체로서 참정권을 요구합니다."

- 김정민[21]

트랙 본회의 통과 촉구 기자회견〉에 참여한 만18세 청소년 당사자의 목소
리다.
20) 위와 같은 기자회견에 참여한 청소년의 목소리다. 최유경은 '청소년페미니
스트네트워크 위티'의 소속으로 학교내 성폭력 문제 해결을 위한 '스쿨 미
투' 운동에 참여하고 있다.
21) 2018년 3월 22일 국회 앞에서 열린 선거연령 하향 촉구 삭발 농성 돌입 기

"청소년의 삶을 가장 잘 알고 있는 것은 청소년 본인입니다. 그런 데 청소년은 말할 수 없고 사람들은 들으려 하지도 않습니다. 우리는 누구에게 이야기해야 하나요? 청소년 스스로 사회 변화를 만드는 일 의 시작은 내 이야기를 대변해줄 사람을 내가 직접 뽑는 것부터 시작 됩니다."

- 곰곰[22]

"우리의 목소리는 항상 누군가에게 선동당한 것이나 어린 시절의 방황 정도로 여겨집니다. 이제는 제발 같은 시민으로 인정받고 싶습니 다. 같은 목소리로, 같은 크기로 인정받고 싶습니다. 아무도 우리의 목 소리에 귀 기울여 주지 않는다는 무력감에, 너희의 목소리는 중요하지 않다고 선언하는 큰 목소리에 더 이상 좌절하고 싶지 않습니다."

- 귀홍[23]

라. 청소년에 대한 폭력을 묵인하는 사회를 바꾸기 위해

정치가 밀어낸 존재들이 다른 사회 영역에서 제 대접을 받을 리 없다. 최근 '스쿨 미투' 운동을 통해 여학생들이 유례없는 용기를 보 여주고 있지만, 대개 학교에서 일어나는 교사의 폭력이나 혐오발언 에 대해 학생이 공개적으로 이의를 제기하기란 쉽지 않다. 가정이나

자회견에서 삭발에 참여한 청소년 당사자의 목소리다.

22) 2018년 4월 25일, 〈선거연령 하향, 청소년의 자립과 존엄의 기본이다〉라는 제목으로 열린 기자회견 발언이다. 곰곰은 탈가정 청소년 당사자로서, 청소 년 자립을 지원하는 정책이 제대로 수립되지 않은 이유로 청소년을 배제한 정치를 꼽았다.

23) 2019년 7월 31일 〈우리의 목소리에 권리를 부여하라 - 정치/지역사회/학교 운영에서 청소년 참여권을 보장하라〉라는 청소년 청와대 직접 청원행동에 참여한 당사자의 목소리다. 귀홍은 경남학생인권조례 제정운동을 활발히 전개했던 '조례만드는청소년'에 참여했다.

쉼터 같은 소위 '보호'를 위한 공간 안에서 일어나는 학대는 청소년
의 삶에서 보면 강력범죄나 다름없는 수준이지만, 제대로 된 대책이
수립되어 있지 않다. 청소년들은 청소년과 비청소년(성인) 사이의
권력 차이를 좁히지 않는 한 청소년들이 일상적으로 경험하는 폭력
으로부터 안전한 사회가 불가능하다고 말한다. 누군가에게 종속된
위치에 놓여 있다는 것은 그만큼 '보호'를 제공하는 가까운 이들에
의한 폭력에 취약한 위치를 만들어낸다. 이를 해결하기 위해서는 청
소년의 의사가 비청소년에 의해 대변될 수 있다는 착각에서 벗어나
'청소년의 정치'를 만들어내는 일이 필수적이다. 나아가 청소년들은
폭력으로부터 보호해달라고 '부탁'해야 하는 사회가 아니라, 청소년
이 피해자로만 남아야 하는 사회가 아니라, 청소년 스스로 요구하고
변화를 만들기 위해 참정권이 필수적이라고 주장한다.

> "참정권은 투표소 가서 도장 하나 찍고 나오는 게 전부가 아닙니
> 다. 참정권이 없다는 것은 단순히 정치뿐만 아닌 일터, 학교, 가정 모
> 든 사회 구성에서 배제되고 있다는 것을 의미합니다. 청소년에게는 참
> 정권이 없고 비청소년들에게만 참정권이 있는 지금의 이 법은, 청소년
> 과 비청소년을 계속해서 분리시키고 권력 차이가 더욱 커지게 만들고
> 있습니다. 그리고 그 권력 차이가 청소년에 대한 수많은 폭력을 낳고
> 있고 다시 은폐하고 있습니다."
>
> - 김윤송[24]

> "청소년들이 가족에 속해 있고 부모의 보호 아래 있는 존재라는 인
> 식 때문에 단독으로 존재할 수 없습니다. 누군가에게 종속되어 있는
> 존재, 누군가에게 부수적으로 딸려있는 존재가 되는 건 매우 위험하고

---

24) 2018년 3월 22일, 선거연령 하향을 촉구하며 삭발에 나선 당사자의 기자회
   견 발언이다.

폭력적인 위치라고 생각합니다. 그래서 참정권이 더더욱 필요합니다."

- 피아[25]

"청소년의 일상 속에는 무수한 차별과 폭력이 존재합니다. 우리 모두가 경험하거나 목격했을 학교폭력부터 작년 한 해를 뒤덮었던 스쿨미투, '어리다는 이유만으로' 겪어야 하는 멸시와 시혜까지. 청소년을 향한 폭력은 보호라는 이름 하에 묵인되고 때로는 사회적으로 용인되기까지 합니다. 청소년들에게 구시대적이고 차별적인 사회의 대우를 주체적으로 바꿔낼 수 있는 힘이 필요합니다. 우리의 하루와 일상을 바꾸기 위해, 바로 지금 우리를 위한 공약을 만들고, 우리를 위해 말할 정치인을 뽑을 권리, 무엇보다 우리의 정치적인 말하기를 시작할 수 있는 권리가 필요합니다."

- 최유경[26]

마. 자격이 아닌 기본적 인권이기에

흔히 18세 선거권을 주장하는 근거로 '만 18세면 결혼도 할 수 있고 군대도 갈 수 있고 공무원 시험도 볼 수 있고, 세금도 내고 있다'는 사실이 거론되곤 했다. 그러나 최근에는 이와 같은 자격 논리나 의무의 대가로서의 권리 논리를 거부하고, 기본적 인권으로서 참정권이 보장되어야 한다는 주장이 커지고 있다. 청소년이 자격이나 능력을 갖추었고 병역이나 납세의 의무를 다하고 있기에 그 대가로서 참정권을 시혜적으로 부과하는 것이 아니라, 당연한 권리로서 보

---

25) 2018년 4월 24일, 〈선거연령 하향, 6월 투표를 위한 마지막 국회를 열어라! - 청소년투표 가로막는 자유한국당 규탄 1박2일 국회앞 집중행동〉에 참여한 청소년의 발언이다.
26) 2019년 11월 23일, 국회 앞에서는 열린 〈정치개혁 촉구 여의도 촛불집회〉에 참여한 청소년의 발언이다.

장해야 한다는 것이다. 이는 그동안 한국사회가 참정권을 이해해온 관습적 인식으로부터의 획기적 전환을 요구하고 있다. 성숙하지 않은 사람에게도 보장되어야 하는 것이 인권이고, 청소년과 비청소년 (성인) 누구에게나 성숙과 미성숙이 공존하는 만큼, 참정권이 선택적으로 주어져서는 안된다는 주장이다.

> "청소년 참정권은 '당신들에게도 있으니 우리도 달라'는 단순한 부탁이 아닙니다. 청소년 또한 시민이기에 시민으로서 당연히 보장받아야 할 권리를 보장하라는 요구입니다."
>
>   - 권리모[27]

> "'청소년 참정권 외치지 말고 공부나 해!' 저는 그들의 이야기가 제게 인간다운 삶을 포기하라는 이야기로밖에 들리지 않습니다. (...)당신이 어떤 집단에 속해 있다는 이유로 선거권을 빼앗긴다면 어떨까요? 이것은 심각한 권리 침해이자 기본권 탄압입니다. 청소년에게 가만히 있지 않을 권리를 보장해주십시오. 청소년도 스스로의 삶을 정치적으로 대변할 권리를 보장받아야 합니다."
>
>   - 이은선[28]

> "민주주의 국가에서 국민의 가장 기본적인 권리인 참정권을 누가, 어떤 이유로 빼앗을 수 있습니까? 미성숙하든 그렇지 않든, 청소년 역시 국민입니다. 우리 역시 민주주의를 함께 만들었으며, 그것을 위해 함께 싸워왔습니다. 참정권은 능력이 아닌 국민의 주권으로서 주어져

---

27) 2018년 3월 22일, 선거연령 하향을 촉구하며 삭발에 나선 청소년 당사자의 목소리다.
28) 2018년 4월 24일, 〈선거연령 하향, 6월 투표를 위한 마지막 국회를 열어라! - 청소년투표 가로막는 자유한국당 규탄 1박2일 국회앞 집중행동〉 돌입 기자회견에 참여한 청소년의 발언이다.

야 합니다."

- 최유경29)

결국 청소년에게 참정권은 한 사회에서 동등한 시민의 위치와 목소리를 얻는 '존재 증명'이자, 청소년들이 경험하는 폭력과 불평등을 변화시키기 위한 '힘'이자, 민주주의 사회에서 누구에게나 주어져야 마땅한 기본적 '인권'으로서의 의미를 지닌다.

IV. 청소년 참정권, 입법 재량에서 기본적 인권으로

1. 헌법재판소가 바라본 청소년 참정권

가. 헌법재판소의 결정례

청소년들의 간절한 요구와는 달리 청소년 참정권을 부정하고 참정권 확대에 반대하는 의견도 만만치 않다. 이와 관련하여 가장 보수적인 판단을 고수해온 대표적인 기관 중 하나가 바로 헌법재판소다. 지금까지 청소년의 선거권, 피선거권, 선거운동의 자유, 정당 가입 연령 제한 등에 대한 위헌소송이 여러 차례 제기되었으나, 헌법재판소는 모두 비슷한 논리로 기각 결정을 내린 바 있다.

헌법재판소가 18세 선거권 등 청소년 참정권 문제에 대해 기각 결정을 내린 것은 1997년부터 2014년까지 총 6차례로 거의 유사한 논리를 반복하고 있다.30) 2003년까지는 재판부 전원 일치로 기각 결

---

29) 2019년 11월 23일, 국회 앞에서 열린 〈정치개혁 촉구 여의도 촛불집회〉에 참여한 청소년의 발언이다.
30) 헌법재판소 1997. 6. 26. 선고 96헌마89 전원재판부 결정, 헌법재판소 2001.

정을 내렸지만 2013년과 2014년의 결정에서는 헌법재판관 중 3인이 소수의견으로 위헌 의견을 제시한 점만 달라진 지점이다.

1997년 헌재 결정(96헌마89 결정)은 기본적으로 선거권 제한 연령 기준 설정이 입법자의 "입법 목적 달성을 위한 선택의 문제", 곧 입법자의 재량에 속한다고 보았다. 그리고 20세인 선거권 제한 연령 기준이 합리적인 재량의 범위를 벗어나지 않았다고 판단했다. 입법자가 "20세 이상으로 선거권 연령을 합의한 것은 미성년자의 정신적·신체적 자율성의 불충분 외에도 교육적 측면에서 예견되는 부작용과 일상생활 여건상 독자적으로 정치적인 판단을 할 수 있는 능력에 대한 의문 등을 고려한 것"이라고 입법자의 근거를 제시한다. 이때 이영모 재판관은 '연령에 따른 차별은 헌법이 열거한 사회적 신분에 따른 차별로 볼 수 없다'면서 "선거권 연령 제한이 위헌이라고 주장하는 청구인들이 합리성이 결여된 차별 취급이라는 점을 논증할 책임이 있는 것이다"라며 18-19세 국민들의 의식 수준이나 판단능력에 대한 근거를 제시하라고 청구인들에게 오히려 입증 책임이 있다는 보충 의견을 남겼다. 반면 김문희, 황도연, 이재화, 조승형 4인의 재판관은 비록 위헌 의견을 내지는 않았으나, 18세로 선거권 연령을 하향할 필요성을 인정하는 의견을 제시한 점이 눈에 띈다. 이 4인은 입법자가 이 문제를 인식하고 충분한 경험과 인식을 축적하여 법을 개정할 여유를 가지지 못했다는 점을 들어 위헌에 이르지는 않았다고 판단하였지만, 동시에 입법자가 이후 합리적인 해결책을 찾을 것을 요청했다.[31] 이어진 2001년, 2002년, 2003년의

---

6. 28. 선고 2000헌마111 전원재판부 결정, 헌법재판소 2002. 4. 25. 선고 2001헌마851, 2002헌마102 (병합) 전원재판부 결정, 헌법재판소 2003. 11. 27. 선고 2002헌마787, 2003헌마516 (병합) 전원재판부 결정, 헌법재판소 2013. 7. 25. 선고 2012헌마174 전원재판부 결정, 헌법재판소 2014. 4. 24. 선고 2012헌마287 전원재판부 결정.
31) 헌법재판소 1997. 6. 26. 선고 96헌마89 전원재판부 결정.

헌재 결정 역시 96헌마89 결정의 이유가 여전히 타당하고 달리 판단할 이유가 없다는 이유로 기각 결정을 내놓았다.

2013년과 2014년의 헌재 결정은 3인의 재판관이 지속적으로 위헌 의견을 내놓는 변화가 있었다. 헌법재판관의 구성이 다양해지고 청소년 참정권에 대한 사회 인식이 높아진 결과로 보인다. 위헌을 주장하는 재판관의 등장 때문인지 합헌 입장의 재판관들은 입법자의 재량 사항이라는 핵심 논리에 더해 좀 더 적극적으로 청소년의 '판단 능력의 미성숙'의 근거를 더 구체적으로 설명하고 있다.

"현실적으로는 19세 미만인 미성년자의 경우 부모나 보호자로부터 물질적이나 정신적인 면에서 충분히 자유롭지 못하여 아직 자기 정체성이 확립되어 있지 않은 경우가 많고, 경험이나 적응능력의 부족 등으로 인하여 중요한 판단을 그르칠 가능성도 크기 때문에 19세 미만인 미성년자는 아직 정신적·신체적 자율성이 충분하지 않은 것으로 볼 수 있다"[32]는 것이다. 또한 함께 헌법재판이 청구된 정당법상 정당 가입 연령 제한 등에 대해서도 "정치적 판단 능력이 미약한 사람이 정당을 설립하고 가입하는 경우에는 정당이 (……) 기능을 제대로 수행할 수 없게 된다"[33]라며 정당 보호를 위해 청소년의 참여 제한이 필요하다는 놀라운 논리를 제시하고 있다.

위헌 의견을 내놓은 박한철, 김이수, 이진성 재판관은 선거권과 선거운동의 자유에 대해 18세부터 보장되는 것이 타당하다고 봤다. 정당 가입과 정당 활동 문제에 대해 김이수, 이진성 재판관은 정당의 구성원 자격은 정당이 스스로 결정할 문제이며 "정당의 구성원에게 요구되는 정치적 판단능력은 선거권 행사를 위하여 필요한 정치적 판단능력보다는 낮은 정도라도 정당의 활동에 아무런 지장이 없다"고 보았다. 한편 박한철 재판관은 18세부터 정당 활동을 보장

---

32) 헌법재판소 2013. 7. 25. 선고 2012헌마174 전원재판부 결정.
33) 헌법재판소 2014. 4. 24. 선고 2012헌바287 전원재판부 결정.

해야 한다고 봐서 위헌 입장을 냈다.[34]

나. 헌법재판소 결정의 문제점

이상의 헌법재판소 결정을 요약하면 두 가지로 압축된다. 선거권 등 참정권 제한의 연령 기준을 어떻게 정하느냐는 입법자의 재량 사항이라는 것, 그리고 청소년의 정치적 판단 능력 부족을 이유로 참정권을 제한한 것은 타당하다는 것이다. 이는 세 가지 측면에서 큰 문제를 갖고 있다.

첫째, 역사적으로 흑인, 여성, 장애인 등의 참정권을 부정해온 논거를 그대로 반복하는 차별적 관점에 기초해 있다. 헌법재판소의 이같은 논거에 대해 오동석은 "인격 모독에 가까울 정도로 아동·청소년의 존엄성을 훼손하고 있다"고 평한다.[35] 헌법재판소가 별다른 논증도 거치지 않은 채 특정 연령대 사람들의 미성숙을 포괄적으로 '추정'하고 무능력 집단으로 낙인찍는 것이야말로 주관성에 기댄 사법적 폭력이라 볼 수 있다. 김지혜 역시 헌법재판소가 엄격한 논증 없이 '일반화된 미성숙 추정'을 채택함으로써 구체적 기본권 제한을 포괄적으로 승인하고 있음을 비판하고 있다.[36] 이에 비추어볼 때, 앞서 살펴본 헌법재판소 결정례에서 위헌 의견을 낸 헌법재판관들조차도 '적어도 18세는 정치적 판단 능력을 갖추었다'는 식으로 연령 기준만을 제시한 것은 매우 문제적이라고 볼 수 있다.

둘째, 헌법재판소의 결정은 청소년의 참정권을 생래적 권리(인

---

34) 위의 결정.

35) 오동석, "주민투표와 아동·청소년 참정권 : 헌재 2014. 4. 24. 선고 2012헌마 287 전원재판부 결정 관련", 서울특별시의회 입법&정책=Legislation & policy 제15호 (2016. 9.), 161.

36) 김지혜, "미성숙 전제와 청소년의 기본권 제한: 헌법재판소 선거연령 사건 과 섯다운제 사건을 중심으로", 공법연구 제43집 제1호 (2014. 10.), 113-130 참조.

권)가 아니라 입법자에 의해 부여되는 자격 또는 법에 의해 창설되는 권리로 바라보고 있다. 재판관이 오히려 기본권 침해를 주장하는 청구인들에게 판단능력을 참정권의 기준으로 삼아 판단능력이 있음을 입증하라고 요구한 것도, 참정권의 확대 보장보다는 정당의 기능 침해 우려를 우선하여 판단한 것도 이 때문이다. 헌법재판소가 다른 사안과 달리 국민주권주의, 보통·평등선거의 원칙, 기본권으로서의 참정권을 기준으로 엄격하게 심사하지 않은 이유는 바로 참정권 제한을 다투는 주체가 청소년이라는 사실과 무관하지 않다. 헌법재판소는 청소년이 미성숙하다는 성인(비청소년)중심주의적 편견에 기대어 입법자의 재량에 청소년의 참정권을 내던지고 있는 셈이다.

셋째, 헌법재판소의 결정에는 '민주주의'와 '평등'에 대한 인식이 부재하다. 헌법재판소는 인구 5분의 1에 달하는 청소년들[37]이 '과소대표'도 아닌 '극소대표'되고 있는 현실, 청소년이 아닌 입법자들이 청소년이라는 한 집단의 권리를 박탈하는 기준을 독점하고 있는 현실, 그에 따라 청소년이 경험하는 사회적 불평등을 해소할 기본적인 기회조차 갖지 못하는 부정의를 외면하고 있다.

이와 같은 헌법재판소의 판단은 청소년을 '교육의 대상', '보호받는 자', '복지의 수혜자'로만 등장시키고 있는 현행 헌법의 한계와 무관하지 않다.[38] 1987년 6월 항쟁의 결과로 개정된 현행 헌법은 무려 30년 전의 시대 인식에 갇혀 있는 것이어서 그 개정 필요성이 수

---

37) 2016년 통계청 조사에 따르면 총인구 51,635천명 가운데 18세 이하 청소년은 8,874천명으로 전체 인구의 17.2%를 차지한다{통계청, "장래인구추계", (2016)}. 그 가운데 2020년 4월 국회의원 선거에서 선거권을 행사한 만18세 유권자의 수는 행정안전부 집계에 따르면 548,986명이다.

38) 대한민국 헌법 제31조 ②모든 국민은 그 보호하는 자녀에게 적어도 초등교육과 법률이 정하는 교육을 받게 할 의무를 진다. 제32조 ⑤연소자의 근로는 특별한 보호를 받는다. 제34조 ④국가는 노인과 청소년의 복지 향상을 위한 정책을 실시할 의무를 진다.

차례 언급되어 왔다. 청소년의 기본권을 구체적 조항으로 명시한 타국의 헌법과 달리 한국의 헌법에는 청소년의 기본권 조항이 없고, 참정권을 비롯한 청소년의 기본권 확대를 위해 노력해야 할 국가의 책무를 규정한 조항도 없다. 청소년으로 하여금 "사회적, 경제적, 문화적, 정치적 발전에 참여를 확장하고 일반화하기 위해" 노력해야 할 국가의 책무를 구체적으로 규정한 튀니지의 헌법이 한국사회에 시사하는 바는 매우 크다.

〈표 1〉 외국 헌법의 아동·청소년 권리 조항[39]

국 가	주 요 규 정
핀란드	○ 헌법 "아동은 동등하게 그리고 개인으로서 취급되어야 하며, 자신의 발달 단계에 상응하는 정도에 따라 자기 자신에 관한 사안들에 영향을 미치도록 허용되어야 한다."
스위스	○ 헌법 제11조 아동과 청소년은 그들의 불가침성에 대한 특별한 보호 및 그들의 발전에 대한 지원을 요구할 권리를 가지며, 그들은 판단능력의 범위에서 권리를 행사함. ○ "아동 및 청소년은 온전하게 보호받고 그 성장 발달을 지원받을 권리를 가진다. 아동 및 청소년은 판단 능력의 범위 내에서 권리를 행사한다." "아동·청소년이 자립적이고 사회적 책임을 담당할 수 있도록 성장하기 위하여 장려하고, 사회적·문화적·정치적 통합을 위하여 지원한다."
포르투갈	○ 헌법 제69조[아동(Childhood)] 아동은 그들의 충분한 성장을 위한 견지에서 사회와 국가의 보호를 받을 권리를 가짐. 제70조[청소년(Young People)] 청소년, 특히 근로청소년은, 그들의 경제적, 사회적, 문화적 권리의 효과적인 향유를 위하여 교육, 직업훈련, 사회보장 등의 측면에서 보호 받음.
벨기에	○ 헌법 제22조의2 모든 어린이는 자신의 도덕적, 신체적, 정신적 및

---

39) 김효연, 시민의 확장, 스리체어스 (2017), 40-44; "아동·청소년인권법안(김상희 의원 대표발의, 의안번호 4411) 검토보고서", 국회 여성가족위원회 (2013. 6.), 11-12.

	성적 완전성에 대한 권리를 가지며, 모든 어린이는 자신에게 영향을 미치는 모든 문제에 대하여 자신의 견해를 피력할 권리를 가짐. ○ "모든 어린이는 자신의 도덕적, 신체적, 정신적 및 성적 완전성에 대한 권리를 가진다. 모든 어린이는 자신에게 영향을 미치는 모든 문제에 대해 자신의 견해를 피력할 권리를 가진다. 단, 그와 같은 견해는 연령 및 성숙도에 따라 그 어린이에게 당연히 중시되는 견해를 가리킨다. 모든 어린이는 자신의 발달을 촉진하는 조치 및 시설의 혜택을 받을 권리를 가진다. 어린이에 관한 모든 결정에서 어린이의 이익이 가장 우선된다. 법률, 연방 법률 또는 제134조의 규정은 어린이의 이러한 권리를 보장한다."
튀니지	○ 헌법 1장 일반원칙 "청소년은 국가 건설에 능동적인 힘이다. 국가는 청소년의 능력을 개발하고 자신의 잠재력을 실현하기 위해 필요한 환경을 제공하기 위해 노력하고, 그들이 책임을 지지하도록 지원하며, 그들의 사회적, 경제적, 문화적, 정치적 발전에 참여를 확장하고 일반화하기 위해 노력한다." 제2장 권리와 자유 제47조 "아동의 존엄성, 건강, 의료 및 교육의 권리는 부모와 국가에 의해 보장받는다. 국가는 모든 아동에게 그들의 최선의 이익에 따라서 차별 없이 보호의 모든 유형을 제공해야 한다."
남아프리카 공화국	○ 헌법 제2장 권리장전 제28조 "아동은 다음의 권리를 가진다"고 하여 이름과 국적을 가질 권리 등 세부적 권리들을 명시. "아동에 관한 모든 사안에 있어서는 아동의 최선의 이익이 최우선적으로 중요하다"는 원칙 규정
스페인	○ 헌법 제27조 교원, 부모, 그리고 경우에 따라서 학생은 법률의 정하는 바에 의하여 정부가 지원하는 시설의 통제와 관리에 개입할 수 있음. 제39조 아동은 권리 향유를 목적으로 하는 국제조약상의 보호를 받음.

2. 청소년 참정권을 인권으로 보장한다는 것

헌법에 별도의 조항이 없다고 하더라도 청소년도 기본적 인권의 주체라는 사실이 달라지지는 않는다. 청소년도 자기에게 영향을 미치는 모든 문제에 대해 자신의 견해를 자유롭게 표현하고 그 견해가 충분히 반영되어야 한다는 것이 국제인권기준이다. 정치와 무관한 문제란 존재하지 않은 만큼, 일상의 영역뿐 아니라 정치 영역에 대해서도 청소년이 참여할 수 있어야 함은 당연하다.

한국정부가 1991년 12월 20일 비준한 유엔아동권리협약40) 제12조 제1항은 "당사국은 자신의 견해를 형성할 능력이 있는 아동에 대하여 본인에게 영향을 미치는 모든 문제에 있어서 자신의 견해를 자유스럽게 표시할 권리를 보장하며, 아동의 견해에 대하여는 아동의 연령과 성숙도에 따라 정당한 비중이 부여되어야 한다."고 하여 아동의 참여를 핵심 원칙으로 규정하고 있다. 의견을 표현할 자유와 기회는 연령에 상관없이 누구에게나 보장되어야 하며, 표시된 의견에는 정당한 비중이 부여되어야 하며, 이를 위해서는 진지한 경청이 뒤따라야 한다는 것이다. 유엔아동권리위원회는 「아동의 피청취권에 관한 일반논평 12호」(2009)를 통하여 협약 제12조 제1항의 의미를 구체화하고 있는데, "아동의 이해 수준이 아동의 생물학적 연령에 반드시 상응하는 것은 아니"며 "연령뿐만 아니라 정보, 경험, 사회적·문화적 기대치, 제공받는 지원의 수준 등이 아동의 견해 형성 능력을 발전시키는 데 기여한다. 이러한 이유로, 아동의 견해는 사례별로 검토하여 평가해야 한다"고 밝히고 있다.41)

이에 비추어보면, 연령만을 기준으로 청소년의 참정권을 포괄적으로 금지하고 일반적 참여권도 제대로 보장하고 있지 않은 한국의 법질서는 그 자체로 유엔아동권리협약을 위반하고 있다. 유엔아동권리위원회가 2019년 9월, 한국에 대해 "여전히 아동의 참여는 선택적이고, 특정 주제에 제한되며, 학업 성적을 조건으로 한다는 점, 그리고 아동의 견해가 고려되는 경우는 거의 없다는 사실을 유감스럽

---

40) 유엔아동권리협약은 18세 미만 모든 어린이와 청소년의 권리에 관한 국제 기준을 담고 있다.
41) 아동의 피청취권에 관한 일반논평 12호(UN. CRC/C/GC/12)의 29.

게 생각한다"고 지적한 것도 같은 맥락이다. 유엔아동권리위원회는
이어 "아동의 견해가 그들과 관련된 가정, 학교, 법원 및 관련 행정
절차와 기타 절차에서 정당하게 고려될 수 있도록 보장할 것", "모
든 아동이 학업 성적과 상관없이, 그리고 보복에 대한 두려움 없이,
표현의 자유를 온전히 행사할 수 있도록 법률 및 학교 규정을 개정
할 것", "현재 만 19세로 규정된 선거권 연령 및 정당 가입 연령의
하향을 고려할 것"을 권고했다.

청소년 참정권을 주제로 보기 드물게 박사학위 논문을 집필한 김
효연 역시 "아동·청소년을 정치적 의사 결정 과정에서 획일적으로
배제하는 특정 연령 기준은 기준 설정의 주관성, 임의성 등으로 권
리 배분의 공정성과 형평성을 확보하기 어렵다"고 본다. 연령과 함
께 '성숙도'를 함께 고려하도록 한 유엔아동권리협약의 기준에 비추
어 연령만을 기준으로 특정 연령대의 미성숙을 포괄적으로 판단해
서는 안 되며, 아동이 자신의 견해를 표명할 능력을 먼저 증명해야
하는 것이 아니라 국가가 먼저 사정해야 할 의무를 져야 한다는 것
이다.42)

헌법재판연구원인 이석민43)도 일반적인 표현의 자유와 선거권과
같은 정치영역에서 행사하는 참정권은 다르게 취급할 필요가 있음
을 전제하면서도, 헌법재판소가 정치적 자유의 생래적 권리로서의
성격을 최대한 보장하는 방향으로 접근을 전환할 필요성을 제안하
고 있다.44) 국민주권주의와 보통·평등 선거라는 헌법상 가치와 민주

---

42) 김효연, 시민의 확장, 스리체어스 (2017), 98-99.
43) 이석민, "아동.청소년의 정치적 기본권 - 정당가입 연령제한을 중심으로",
    헌법재판소 헌법재판연구원 헌법이론과 실무 (2018-A-4).
44) 46명의 독일 연방의회 의원들은 2003년 9월 11일 〈생래적 선거권을 통한 보
    다 많은 민주주의 시도〉라는 제목 아래에서, 기본법의 선거권/피선거권 연
    령 제한 조항을 아예 삭제하고 아동.청소년을 포함한 모든 국민에게 선거권
    을 허용하는 법률안을 연방의회에 제출한 바 있다(이석민, 앞의 글).

주의 원리, 아동의 성숙도(발달단계), 해당 기본권의 개별적 성격 등
을 종합적으로 고려하여 참정권을 최대한 확대하는 방향으로 청소
년 참정권에 대해 해석할 필요가 있다는 것이다. 이를테면 선거권과
정당 가입과 활동에 요구되는 정치적 판단의 수위와 요구되는 책임
성이 다르고, 기본권의 행사 주체에게 위험이 초래되거나 타인의 법
익을 침해할 경우에만 기본권 행사가 제한될 수 있는데 참정권은
어떤 경우에도 해당하지 않는 만큼, '보장과 확대'를 원칙으로 해당
권리의 성격에 따라 제한의 근거가 엄격히 입증되어야 한다.

결국 청소년 참정권을 인권으로서 보장하기 위해서는 '몇 살부터
가능하냐'가 아니라 '어떻게 하면 참정권을 더욱 확대 보장할 수 있
느냐'로 접근할 필요가 있다. 연령만을 잣대로 참정권을 포괄적으로
제한해서는 안 되며, 청소년을 정치로부터 제한할 것이 아니라 청소
년의 참여를 제한하는 정치의 조건을 변화시키려는 노력이 우선되
어야 한다.

V. 청소년 참정권의 법적 한계와 개선 과제

1. 청소년 참정권의 제한 현황

18세 선거권이 실현됨으로써 그동안 '청소년 출입 금지 구역'이
었던 선거와 정치 참여의 길을 연 것은 한국사회의 중대한 진전이
다. 그러나 18세 이하 청소년 중 일부만이 선거와 정당 참여의 권리
를 보장받게 되었을 뿐, 청소년의 참정권 전반은 여전히 높은 장벽
에 가로막혀 있다. 전체 인구의 약 5분의 1에 해당하는 18세 이하
청소년은 실질적인 주권의 행사인 참정권 행사가 유예된 집단으로

여전히 대우받고 있다. 18세 선거권이 청소년 참정권 보장을 위한
첫걸음일 뿐이라고 평가되는 것도 이 때문이다.

⟨표 2⟩ 청소년 참정권 제한 현황

항목	제한 현황	관련 주요 법령
선거권	18세 미만 제한	공직선거법 제15조(선거권) 1항 : "18세 이상의 국민"
피선거권	25세 미만 제한 (대통령 40세 미만)	공직선거법 제16조(피선거권) - 대통령 : "선거일 현재 5년 이상 국내에 거주하고 있는 40세 이상의 국민" - 국회의원/지방의회의원/지방자치단체장 : "25세 이상의 국민" 헌법 제67조 4항(대통령 피선거권) "국회의원의 피선거권이 있고 선거일 현재 40세"
선거운동의 자유	18세 미만 제한	공직선거법 제60조(선거운동을 할 수 없는 자) 1항의 2. "미성년자(18세 미만의 자를 말한다)"
정당활동의 자유	18세 미만 제한	정당법 제22조(발기인 및 당원의 자격) 1항 : "국회의원 선거권이 있는 자"
주민발안 (발의)	19세 미만 제한	지방자치법 제15조(조례의 제정과 개폐 청구) 1항 : "19세 이상의 주민"
주민투표	19세 미만 제한	주민투표법 제5조(주민투표권) 1항 : "19세 이상의 주민"
국민투표	19세 미만 제한	국민투표법 제7조(투표권) "19세 이상의 국민"
정책 참여/ 청소년 참여 기구	대표성 부족 및 실질적 권한 없음	청소년기본법 제12조(청소년특별회의의 개최) 청소년기본법 제5조의2(청소년의 자치권 확대) : 청소년 의견 수렴 및 청소년참여위원회 운영 등 청소년활동진흥법 제4조(청소년운영위원회) : 청소년수련시설의 청소년운영위원회 설치 등
학교 내 시민적· 정치적 권리	다수 학교에서 교칙이나 관행에 따라 제한. 구체적 보장 법률 부재.	초·중등교육법 제18조의4(학생의 인권보장) : "학교의 설립자·경영자와 학교의 장은 헌법과 국제인권조약에 명시된 학생의 인권을 보장하여야 한다."

| 학생회 자율성 | 다수 학교에서 형식적 운영. 구체적 보장 법률 부재 | 초·중등교육법 제17조(학생자치활동) "학생의 자치활동은 권장·보호되며, 그 조직과 운영에 관한 기본적인 사항은 학칙으로 정한다." |
| 학교 운영 참여 | 학교운영위원회 당연직 위원에서 학생 배제. 의견 수렴의 경우 임의조항. 현실적 불가능 또는 학교 재량에 맡겨짐. | 초·중등교육법 제31조(학교운영위원회의 설치) 2항 : "국립·공립 학교에 두는 학교운영위원회는 그 학교의 교원 대표, 학부모 대표 및 지역사회 인사로 구성한다"

초·중등교육법 시행령 제59조의4(의견 수렴 등) 2항 : "국·공립 학교에 두는 운영위원회는 다음 각 호의 어느 하나에 해당하는 사항을 심의하기 위하여 필요하다고 인정하는 경우 학생 대표 등을 회의에 참석하게 하여 의견을 들을 수 있다. (…)" 3항 : "국·공립학교에 두는 운영위원회는 국립학교의 경우에는 학칙으로, 공립학교의 경우에는 시·도의 조례로 정하는 바에 따라 학생 대표가 학생의 학교생활에 관련된 사항에 관하여 학생들의 의견을 수렴하여 운영위원회에 제안하게 할 수 있다." |

2. 청소년 참정권 확대를 위한 법적 과제

가. 선거권 – 과소대표가 만들어내는 불의 시정

선거권은 대의제 민주주의를 채택한 나라에서는 주권의 가장 기본적이고 중요한 행사 방법 가운데 하나다. 따라서 선거권 연령 하향은 주권의 행사 범위를 확대하여 민주주의를 보다 실질화한다는 의미가 있다. 더불어 선거권 연령 하향은 청소년 인구의 '과소대표'로 인해 그들의 삶을 대변하는 정치가 부재한 불의한 현실을 바로잡기 위해서도 필수적이다. OECD 국가 가운데 어린이·청소년의 행복지수가 가장 낮은 국가라는 오명은 수년째 사라지지 않고 있으며, 청소년과 관련된 각종 정책을 추진하는 과정에서도 청소년들의 집합적 의사를 수렴하는 과정은 생략되기 일쑤다. 18세 선거권만으로는 부족하고, 선거권 연령의 추가 하향이 필요한 이유다.

한국은 2019년 말까지 OECD 35개 국가 중 유일하게 선거권 연령을 19세로 고수해 왔다. 이미 1960~70년대에 이미 선거권 연령을

18세로 정한 미국과 유럽의 국가들에서는 선거권 연령을 16세로 하향하려는 시도가 지속적으로 이루어져 왔다. 오스트리아는 중앙정부 차원에서, 그리고 미국과 유럽의 일부 주에서는 지방선거 연령을 16세로 이미 규정하고 있다.45)

나. 피선거권 - 대표할 권리 보장

선거권과 피선거권은 민주주의 정치에서 동전의 양면과 같은 관계이다. 주권자로서의 권리 행사는 '대표자를 뽑을 권리'(대변될 권리)에 머무르지 않고, 자기가 속한 집단의 목소리를, 스스로를 '대표할 권리'를 포함하는 것이다. 국회나 정부 구성에서 여성할당제나 소수자 다원성의 보장을 촉구하는 이유도 한 사회의 권력 불평등을 시정하기 위해 대표할 권리가 요청되기 때문이다. 따라서 피선거권이 제대로 보장되지 않는 상황에서 선거권 행사 역시 그 의미가 퇴색될 수밖에 없다.

'공직선거법'상 선거권 연령은 시대의 흐름에 따라 조금씩 하향되었지만, 피선거권 연령은 1948년 3월 17일 미군정이 제정한 '국회의원선거법'에서 만 25세로 정한 이래 지금까지 단 한 차례도 개정되지 않았다. 대통령 피선거권 역시 마찬가지로 1948년 제헌의회에서 만 40세로 규정된 이래 단 한 차례도 개정된 바 없다. 선거권 연령의 하향을 통해 청년 내지 청소년의 정치 참여가 확대되어 왔음에도 불구하고 정작 이들이 자신들과 동일한 세대인 대표자를 선출하고 대표자로 선출될 기회는 70년 넘게 주어지지 않은 셈이다. 실제 영국 21세, 캐나다 18세, 독일 18세, 스웨덴 18세, 호주 18세 등의 피선거권 기준과 비교해 보면 한국의 25세라는 기준은 미국·일본과

---

45) 영국이 18세 선거권을 보장한 해는 1969년이다. 오스트리아는 선거권 연령의 추가 하향 움직임을 가장 먼저 제도적으로 받아들인 나라다. 오스트리아에서 16세 선거권이 보장된 해는 2007년이다.

함께 매우 높은 편에 속한다. 지나치게 높은 피선거권 연령 기준은 청소년·청년이 정치적 대표자나 결정권자가 될 수 없다는 편견을 담고 있는 것이기에 청소년·청년 집단의 사회적 지위 향상을 위해서도 개정되어야 마땅하다.

다. 선거운동의 자유 – 선거권 행사의 토대

선거권을 보장한다는 것은 단지 선거일에 투표용지 한 장을 나누어준다는 의미가 아니다. 선거권이 제대로 행사되기 위해서는 후보자에 대한 자유로운 정보와 의사 교환이 필수적으로 요청된다. 나아가 다른 시민들이 후보자를 선택하는 의사 결정에 영향을 미치는 적극적인 행위 역시 선거권의 행사를 돕는다. 이와 같은 선거운동의 자유에 대해 헌법재판소 역시 '선거권 행사의 전제 내지 선거권의 중요한 내용을 이룬다'고 밝히고 있다.[46] 선거운동의 자유는 선거 과정에서 자유로이 의사를 표현할 자유인 만큼, 표현의 자유라는 기본적 인권의 일환이기도 하다. 선거운동의 자유는 헌법에 정한 언론·출판·집회·결사의 자유 보장 규정에 의해서도 특히 두터운 보호를 받아야 한다.[47]

현행 공직선거법은 선거권 연령과 선거운동의 자유 연령을 동일하게 규정하고 있다. 18세 선거권 시대가 열리면서 선거운동을 할 수 있는 자의 연령도 18세로 하향되었다. 그러나 '미성년자'(만18세 미만)의 선거운동은 여전히 전면 금지[48]되어 있다는 뜻이기도 하다.

---

46) 헌법재판소 1994. 7. 29. 선고 93헌가4,6 (병합) 전원재판부 결정, 헌법재판소 1995. 4. 20. 선고 92헌바29 전원재판부 결정, 헌법재판소 2004. 4. 29. 선고 2002헌마467 전원재판부 결정, 헌법재판소 2018. 2. 22. 선고 2015헌바124 전원재판부 결정 등 참조.

47) 헌법재판소 2009. 3. 26. 선고 2006헌마526 전원재판부 결정, 헌법재판소 2016. 6. 30. 선고 2013헌가1 전원재판부 결정, 헌법재판소 2018. 2. 22. 선고 2015헌바124 전원재판부 결정 참조.

이 조항에 따라 청소년들은 선거운동 기간에 후보에 대한 지지나 반대 의견조차 밝힐 수 없고 여론 조성에 참여할 길도 막혀 있다. 2018년 지방선거 당시, 한 청소년이 SNS에 특정 정당과 후보를 지지한다는 글을 게시했다가 선거관리위원회로부터 경고를 받고 경찰에 소환 조사를 받은 일도 있었다. 비유권자인 청소년들이 후보자나 정당을 초대하여 정책이나 공약에 대해 묻는 행사를 여는 것도 선거법상 금지되어 있다. 이에 따라 18세 유권자가 속해 있는 학생회, 동아리 등에서도 구성원의 과반수가 '미성년자'인 경우 후보자를 초청하여 정책을 듣는 대담·토론을 개최할 수 없는 제약에 묶이게 된다. 더구나 중앙선거관리위원회의 과거 유권해석에 따르면, 선거일에 선거권을 갖게 되더라도 선거운동 기간에 생일이 지나지 않아 미성년자인 경우에는 선거운동을 할 수 없는 불합리한 일도 일어나고 있다.

이러한 이유로 실제 외국의 경우 선거운동 연령을 법으로 정하고 있는 예를 찾아보기 어렵다. 미국의 경우, 선거운동에 관한 규제가 거의 없고 별도의 선거운동기간이나 선거운동 연령 등도 따로 규정하지 않는다. 독일의 경우에도 연방선거법이나 정당법 등에서 선거운동 방법이나 기간, 운동원 등과 관련된 별도의 규제 조항이 없어서 청소년도 선거운동이 가능하다. 독일은 당일 투표소에서의 선거운동과 투표결과에 대한 여론조사 공표와 관련된 내용만 따로 규정

---

48) 공직선거법 제60조(선거운동을 할 수 없는 자) ① 다음 각 호의 어느 하나에 해당하는 사람은 선거운동을 할 수 없다. 다만, 제1호에 해당하는 사람이 예비후보자·후보자의 배우자인 경우와 제4호부터 제8호까지의 규정에 해당하는 사람이 예비후보자·후보자의 배우자이거나 후보자의 직계존비속인 경우에는 그러하지 아니하다.
  1. 대한민국 국민이 아닌 자. 다만, 제15조제2항제3호에 따른 외국인이 해당 선거에서 선거운동을 하는 경우에는 그러하지 아니하다.
  2. 미성년자(18세 미만의 자를 말한다. 이하 같다.)

하고 있을 뿐이다.[49] 따라서 청소년의 자유로운 의견 표현과 토론, 정치 참여를 가로막는 공직선거법상 선거운동 연령 제한 규정 역시 폐지 또는 개정되어야 한다.

라. 정당 활동의 자유 – 정치적 결사의 자유 보장

선거에 참여하고 대표자를 만드는 정치적 활동을 하는 집단이 정당이기에, 정당 활동에 참여할 권리 또한 중요한 참정권에 해당한다. 정당 활동의 자유는 정치적 결사의 자유라는 기본적 인권이면서 동시에 정당정치를 근간으로 삼는 한국의 정치구조를 고려할 때 더더욱 두터운 보장이 요구되는 자유로 이해되고 있다. 정당과 관련된 참정권에는 정당 발기인이 될 자유, 정당 가입의 자유, 정당 내 활동(의사 표현)의 자유, 정당 내의 대의기관이나 지도자에 대한 선거권/피선거권 등이 포함된다.

그런데 현행 정당법은 정당의 당원 및 발기인의 자격을 '국회의원 선거권이 있는 자'로 정하고 있어 18세 미만 청소년들의 정당 활동을 원천 금지하고 있다. 전 세계적으로 이렇게 정당 가입 연령을 법으로 제한한 예는 거의 없다. 각 정당들이 정당의 구성원으로서 누구를 정할 것인가는 정당이 스스로 결정할 몫이다. 따라서 현행 정당법은 청소년의 참정권뿐 아니라 정당의 결사의 자유 또한 침해하는 조항을 두고 있다고 볼 수 있다.

마. 주민발의, 주민투표, 국민투표 – 직접 민주주의를 위한 권리

현대 민주주의는 대의제의 한계를 보완하기 위한 방안으로 국민/주민발안(발의), 국민/주민투표 등 다양한 직접민주주의 제도를 강

---

49) 이정진, "청소년의 정치참여 현황과 개선과제" 국회입법조사처 이슈와 논점 제1466호 (2018) 참조.

화하고 있다. 한국의 경우에도 지방자치의 강화라는 시대적 요청에 따라 지방정부 차원의 참정권 보장 확대를 위한 방안 등이 활발하게 논의되고 있다.

선거권 연령이 18세로 하향되었으나 주민발안(발의), 주민투표, 국민투표 등에 참여 가능한 연령은 여전히 19세를 기준으로 두고 있다(지방자치법 제15조 제1항, 주민투표법 제5조 제1항, 국민투표법 제7조). 이는 본래 공직선거법상의 선거권 연령 기준을 가져온 것이어서 선거법 개정의 취지를 고려하면 이들 법률에서의 연령 제한 기준 역시 시급히 하향되어야 한다. 현재 19세 미만의 청소년들은 지방자치에서의 직접 참여 제도인 주민 발안에 청구인으로 참여할 수 없으며, 주민투표에도 참여할 수 없다. 2010년대 초반, 초·중·고등학교에서의 학생 인권 보장을 위해 학생인권조례를 주민발의로 제정하려는 시도들이 서울과 경남, 충북 등에서 이루어졌던 경우에도 정작 당사자인 청소년들은 조례 제정 청구인 명단에 이름을 올릴 수 없었다. 2011년 서울시에서 무상 급식에 관한 주민투표가 실시됐을 때도 당사자인 청소년들은 투표에 참여할 수 없었다. 2018년 문재인 정부와 국회에 의해 개헌 논의가 촉발되고 청와대가 발의한 개헌안이 나온 바가 있는데, 만약 국회 동의를 얻어 개헌이 추진되었다면 국민투표가 실시되었을 것이다. 그러나 정작 개정된 헌법의 영향 아래 더 오랜 시간 살아야 하는 청소년들은 개헌 국민투표에 참여조차 못하는 상황이었다.

외국의 입법례를 검토했을 때 주민발안의 경우는 15세(핀란드)부터 참여하게 한 사례도 있다. 국가인권위원회 역시 선거권의 범위를 최대한 확대해야 한다는 원칙을 제시한 바 있고[50] 선거 및 투표에 따라 연령을 다르게 규정할 수 있다는 의견도 밝힌 만큼[51] 주민발

---

50) 국가인권위원회 보도자료, "선거권 연령기준 하향 촉구 위원장 성명", 조사국 아동청소년인권과 (2018. 2. 7.)

안, 주민투표, 국민투표 등에서 18세보다 더 낮은 기준을 고려하는 것도 가능하다. 2018년 11월, 행정안전부가 발의한 주민조례발안에 관한 법률안의 경우, 당시 선거권 연령(19세)보다 한 살 낮은 18세 이상의 주민에게 조례의 제정이나 개정, 폐지에 관한 청구권, 곧 주민발안권을 인정한 사례도 있다.

바. 정책 참여권 – 정책을 형성할 권리 보장

선거권·피선거권에 대한 연령 제한과 별개로, 청소년들의 정책 참여를 보장하고 청소년의 의견을 반영하기 위한 제도로 청소년 참여 기구가 존재한다. 한국의 경우는 청소년기본법에 따라 설치·운영되는 청소년특별회의와 청소년참여위원회, 지방자치단체의 조례 등에 따라 설치된 청소년의회나 각종 청소년위원회 등이 이에 해당한다. 그러나 한국의 청소년 참여 기구는 청소년에 대한 대표성이 부족하고 활동의 자율성과 권한이 제한적이라서 정책 결정에 유의미한 영향을 미치지는 못하고 있다. 청소년 참여기구의 실질적 권한을 보장하는 방향으로 법률을 강화할 필요가 있다. 나아가 정부의 종합적 정책으로 청소년 참정권을 확대 보장할 방안을 마련하기 위해서는 '어린이·청소년인권기본법'의 별도 제정을 적극 고려할 필요가 있다.

사. 학교 안에서의 참정권 – 학생을 시민으로

초·중·고 취학률이 90%를 넘어 대부분의 청소년들이 학교에 재학 중이다. 그래서 학교 안에서도 학생들의 정치적 권리를 보장하고 학교 운영 참여가 가능케 하는 것이 청소년 참정권의 중요한 이슈

---

51) 국가인권위원회 보도자료, "선거권 등의 연령기준 하향 검토 필요", 정책교육국 인권정책과 (2013. 2. 26.)

로 제기되어 왔다. 그 주요 내용은 학교 안에서 언론·표현·집회·결사의 자유를 보장하고 정치 활동 제한 학칙을 폐지하며 학생회의 자율적인 자치 활동 보장하고 나아가 학교 운영에 학생 대표가 참여할 수 있게 하는 것이다. 이는 학생을 단지 교육받아야 할 대상으로만 한정 짓지 않고 학교 안 '시민'으로서 그 주체적 권리를 폭넓게 보장해야 한다는 취지다.

학교에서 학생들이 두려움 없이 말하고 학생의 집합적 의사를 학교 운영에 반영하도록 하며 불이익에 대한 우려 없이 인권침해의 시정을 요구할 수 있어야 한다. 특히 현재 교사 대표 및 학부모 대표, 지역위원이 참여하는 학교운영위원회(공립 학교는 심의 기구, 사립 학교는 자문 기구)에 학생 대표도 동등하게 참여하여 의결권을 행사할 수 있도록 하고, 학교생활규정 제·개정에 학생들의 의견이 반영되도록 하는 것도 주요한 과제다. 현행 초·중등교육법 시행령에서는 학교 규칙을 정할 때 학교장이 학생들의 의견을 청취하도록 규정하고 있기는 하다. 그러나 실질적으로 의견이 반영되도록 보장하는 장치는 없고 학교장이 의견을 청취하는 방식도 구체적으로 정해져 있지 않아서 형식적 절차가 될 때가 많다. 초중등교육법과 시행령을 개정하여 학생의 실질적 참여권을 확대 보장할 필요가 있다.

VI. 18세 선거권, 더 많은 청소년 참정권의 마중물

18세 선거권이 통과되었지만, 청소년은 정치적 판단력이 부족하다거나 청소년에게 정치는 해롭다거나 청소년에게 정치보다는 공부가 우선이다와 같은 오랜 인식의 장벽이 단번에 사라지지는 않았다. 18세 선거권을 환영하며 학교규칙 중 학생의 정치적 권리 행사를 제한하는 내용을 삭제하는 등 추가적인 참정권 보장을 요구하는 흐름이 있는가 하면,52) 또 다른 한편에서는 18세 선거권의 여파를 막기 위해 학교 안팎에서 선거운동을 금지할 것을 요구하거나 모의투표와 같은 정치 교육을 규제하려는 움직임도 나타나고 있다.53) 청소년(고등학생) 중 일부가 유권자가 되었으니, 청소년의 선거법 위반 소지를 예방하기 위해서 한층 더 강하게 정치 활동을 규제해야 한다는 논리도 나오곤 한다. 대표적으로 중앙선거관리위원회는 선거 교육의 일환으로서 학교에서 '모의투표'를 실시하는 것에 대해 18세 유권자가 포함되어 있고 교원의 정치 중립성 의무 위반의 소지가 있다는 이유로 금지한다는 결정을 내리기도 했다.54) '교육의 정치화'에 대한 우려가 선거권 연령 하향을 반대해온 주된 논거였을 뿐 아니라, 18세 선거권 시대에도 여전히 청소년 참정권을 제한하는 큰 걸림돌로 작용하고 있는 셈이다.

'교육의 정치화' 우려는 청소년은 학교에서 교육만 받아야 하는 존재이며, 정치적으로 중립적이어야 할 교육 영역에 정치가 들어와서는 안 된다는 전제를 깔고 있는 것으로 두 가지 측면에서 문제가 있다. 첫째, 청소년에 대한 편협한 존재 인식이다. 청소년의 다양한 정체성, 시민으로서의 위치, 청소년의 삶이 가진 복합성과 입체성은 망각한 채 오직 학생이라는 신분과 교육의 대상으로만 한정하여 판단하고 있다. 청소년이 본인의 교육권 실현을 위해 교육정책에 정치적 목소리를 낼 수 있다는 상상 자체가 없는 것이다. 노동자의 참정권에 대해서는 '직장의 정치화'를 걱정하지 않으면서, 청소년의 참정권에 대해서만 유독 '교육의 정치화'를 거론하는 것도 청소년에

52) 광주방송, "고3 투표권 행사.. 학교규정은 금지?" (2020. 1. 17.)
53) 연합뉴스, "교총 "학교 내 선거운동·정치활동 전면 금지해야"", https://www. yna. co.kr/view/AKR20200103056000004 (2020. 1. 3.).
54) 한겨레, "'18살 유권자'만 모의투표 안 된다더니, 초중고 다 막은 선관위" (2020. 2. 7.)

대한 편견에 따른 결과다. 둘째, 교육을 정치와 무관한 것이라고 간주하고 있는 것도 허상에 가깝다. 교육정책도, 교육과정도, 교과서의 내용도 모두 정치와 무관하지 않다. 민주주의 사회에서 살아갈 시민의 역량을 강화해야 하는 것이 교육의 소명인 만큼,[55] 교육은 오히려 적극적으로 사회 현실과 정치적 이슈를 다루어야만 한다. 시민으로서의 역량은 권한을 적극적으로 행사하는 과정에서 더 잘 길러지는 것이기에 청소년의 자유로운 정치 활동과 토론은 더욱 장려되어야 한다.

18세 선거권은 청소년들 가운데 극히 일부가 선거권과 선거운동의 자유를 가지게 된 것에 불과하다. 18세 선거권의 통과 과정과 그 이후 빚어지고 있는 '교육의 정치화' 논란은 여전히 한국사회에서 청소년을 사회 구성원 또는 시민으로 인정하지 않고 청소년의 정치 활동을 부정적으로 바라보는 인식이 작지 않음을 방증한다. 청소년의 참정권은 끊임없이 의심의 대상이 되고, 청소년들이 미성숙하지는 않은지, 무언가 문제를 발생시키지는 않는지 시험대에 올려진다. 청소년 참정권을 둘러싼 견고한 인식의 장벽을 단번에 허무는 것은 불가능하다. 그럼에도 18세 선거권은 '청소년/(초·중·고)학생은 정치를 해선 안 된다'라는 사회문화적 편견과 질서에 균열을 내고 있다. 그러한 균열을 통해 18세뿐만 아니라 모든 청소년의 정치 참여가 확대되고 당연한 권리의 행사로 받아들여질 수 있는 길이 열리고 있다.

"우리들이 정치를 하지 못하는 것은 당신들이 막아서 그런 것이고, 우리들이 정치를 잘 하지 못하는 것은 당신들이 가르치지 않아서 그런 것이고, 우리들이 고통받는 이유는 우리들의 정치를 하지 못해서

---

55) 교육기본법 제2조는 교육의 목표 중 하나로 "민주시민으로서 필요한 자질을 갖추게 함"을 제시하고 있다.

이다."[56]

한 청소년의 발언은 청소년 참정권의 확대 보장의 필요성과 교육
의 나아갈 길을 비추고 있다. 18세 선거권을 마중물 삼아 청소년의
사회적 지위를 향상하고 청소년을 시민으로 존중하는 문화와 질서
를 만드는 것이 청소년 참정권 운동의 향후 과제다.

---

56) 2019년 12월 1일 국회 앞에서 열린 〈내나라 선거권, 들어라 목소리 - 만18세
   선거연령 하향 패스트트랙 본회의 통과 촉구 행동〉에 참여한 중학교 재학
   중인 청소년 김태우의 발언이다.

참고문헌

공현, "촛불 이후의 과제로서의 청소년 참정권", 오늘의교육 통권 제42호
　　(2018. 1. 2.)

공현·둠코, 인물로 만나는 청소년운동사, 교육공동체 벗 (2016)

권민지 외, "공직선거법상 연령에 따른 선거권 제한에 대한 비판 : 헌법재판소
　　결정을 중심으로", 서울대학교 공익과 인권 통권 제14호 (2014. 10.)

기획포럼, "18세선거권과 청소년정치참여, 청소년에게 정치란 금기인가" 자
　　료집, 18세선거권낮추기공동연대 (2004. 9. 18. 발표)

김윤나·문성호, "청소년 선거권 관련 문제의 원인 분석 및 실천방안 모색 -
　　Thompson의 반차별 관점을 중심으로", 한국청소년시설환경학회지
　　제5권 제2호 (2007. 5.)

김지혜, "미성숙 전제와 청소년의 기본권 제한: 헌법재판소 선거연령 사건과
　　섯다운제 사건을 중심으로", 공법연구 제43집 제1호 (2014. 10.)

김효연, "아동·청소년의 정치적 참여와 선거권연령", 박사학위 논문, 고려대
　　학교 (2015)

김효연, 시민의 확장, 스리체어스 (2017)

배경내, "청소년 참정권, 너무 오래 지연된 정의", 릿터 제12호 (2018. 6. 7.)

양돌규, "민주주의 이행기 고등학생운동의 전개 과정과 성격에 관한 연구",
　　석사학위 논문, 성공회대학교 (2006)

이석민, "아동·청소년의 정치적 기본권 - 정당가입 연령제한을 중심으로",
　　헌법재판소 헌법재판연구원 헌법이론과 실무 (2018-A-4)

이정진, "청소년의 정치참여 현황과 개선과제" 국회입법조사처 이슈와 논점
　　제1466호 (2018)

이창호, 이창호, "고등학생들의 정치참여욕구 및 실태 연구", 한국청소년정

책연구원 (2017)

최원기, "청소년 시민권에 대한 일연구", 한국청소년복지학회, 청소년복지연구 제6권 제1호 (2004)

한도희, "청소년 참정권에 관한 연구 : 청소년 참정권의 역사적 전개과정과 획득방안을 중심으로", 석사학위 논문, 중앙대학교 (2000)

홍일선, "어린이선거권에 대한 헌법적 논의 - 선거권은 생래적 권리인가?", 공법연구 제13권 제4호 (2012. 11.)

아동권리협약 일반이행조치가
한국 법제에 미친 영향

김희진*·김상원**

Ⅰ. 서론

2019년 9월 18-19일, 한국의 아동의 권리에 관한 협약(Convention on the Rights of the Child, 이하 '아동권리협약' 또는 '협약'이라 함)[1] 이행에 대한 유엔 아동권리위원회(UN Committee on the Rights of the Child, 이하 '아동권리위원회' 또는 '위원회'라 함) 제5-6차 본심의가 진행되었다. 이번 심의는 한국이 협약을 비준한 이후 진행된 4번째 심의로, 입양허가제에 관한 협약 유보조항 철회, 아동정책기본계획 수립, 아동수당 및 아동영향평가 제도 도입, 아동권리보장원 설립 등 보편적 아동권리 증진을 위한 성과가 다양하게 논의되었으며, 가습기살균제와 석면, 미세먼지를 포함한 환경보건 문제, 기업운영과 관련한 아동권리 프레임워크, 베이비박스 등 새롭게 등장한 의제도 다수 있었다.[2]

---

　* 국제아동인권센터 변호사
** 국제아동인권센터 연구원
1) 아동의 권리에 관한 협약, 1989.11.20. 채택.
2) "Concluding observations on the combined fifth and sixth periodic reports of the Republic of Korea", UN Committee on the Rights of the Child, UN문서 CRC/C/KOR/CO/5-6 (2019).

1989년 유엔총회에서 만장일치로 채택된 아동권리협약은 국제사회가 처음으로 아동을 '18세 미만의 모든 사람'으로 정의하며, 아동 또한 성인과 동등한 권리의 주체자로 인정했다는 데에 그 중요성이 있다. 최초로 시민적·정치적 권리와 경제적·사회적·문화적 권리를 포괄적으로 포함한 인권조약(Human Rights Treaty)[3]이며, 인권의 불가분성 및 상호의존성을 함께 명시하였다는 점도 주요한 특징이다. 이러한 아동권리협약은 국제적으로 합의된 아동권리의 기준을 제시하였다는 의의를 찾을 수 있으며, 인권조약 중 가장 많은 196개의 비준국을 보유함으로써 범세계적인 규범으로 기능할 수 있다는 점, 나아가 협약 제4조에 근거하여 필요한 경우 국제협력을 통해 아동권리 실현을 도모할 수 있다는 점에서 그 의미가 배가된다. 인간의 삶 전반에 아동 또한 당사자로 현존하고 있음을 확인하며, 각각의 사회적 의제가 아동에게 미치는 직·간접적인 영향을 인식하는 계기가 된다는 점에서 아동권리협약 비준(ratification)과 이행(implementation)에 따른 심의과정은 아동의 권리보장에 특별한 의미가 있다.

한국은 1991년 협약을 비준하며 당사국(State Party)[4]이 되었다. 당사국은 협약 이행에 따른 아동의 권리 실현을 위해 채택한 조치, 그 성과와 어려움을 담은 국가보고서(State Party's Report)를 아동권리위원회에 정기적으로 제출할 의무가 있으며,[5] 위원회는 국가보고서와 함께 아동, 시민사회단체, 전문기구, 유니세프 및 기타 권한 있

---

3) 아동권리협약을 포함해 시민적·정치적 권리에 관한 국제규약, 경제적·사회적·문화적 권리에 관한 국제규약, 인종차별철폐협약, 여성차별철폐협약, 고문방지협약, 장애인권리협약, 이주노동자 권리협약, 강제실종협약 총 9개의 인권조약이 있다. 우리나라는 이주노동자 권리협약, 강제실종협약을 제외한 나머지 7개 인권조약에 비준하였다.

4) 당사국은 조약에 대한 기속적 동의를 하거나 해당 조약이 발효하고 있는 국가를 말한다.

5) 당사국은 협약이 발효된 이후 2년 이내에 최초 정기보고서를 제출해야 하며, 그 이후는 5년마다 제출하게 된다.

는 기구가 제출한 보고서도 함께 검토하여 당사국의 협약 이행수준
을 판단한다. 이러한 보고절차(Reporting process)를 위해, 아동권리위
원회는 국가보고서 작성 지침에 따라 다음의 9개 클러스터로 보고
서를 작성할 것을 권하고 있다: 일반이행조치; 아동의 정의; 일반원
칙; 시민적 권리와 자유; 아동에 대한 폭력; 가정환경과 대안양육;
장애, 기초보건 및 복지; 교육, 여가 및 문화; 특별보호조치.6)

이 중 일반이행조치는 당사국이 자국 관할권 내에 있는 18세 미만
의 모든 사람을 대상으로 협약의 원칙과 규정을 이행하는 방안으로
이해할 수 있다. 일반이행조치는 협약을 이행하는 포괄적인 방향성
을 제시한다는 점에서 중요하며, 이것이 잘 작동되기 위해서는 모든
국내법이 협약과 완벽하게 양립되고 협약의 원칙과 규정이 국내법·
제도에 직접 적용될 수 있으며, 실질적으로 적용되어야 한다. 법률
은 제도의 지속적·안정적 시행을 위한 출발점으로, 적절한 국내법
체계는 일반이행조치 이행에 필수적이다.

이에 본 원고는 협약 이행에 대한 국가심의를 바탕으로 아동권리
협약이 한국의 아동권리에 미친 영향을 살펴보되, 변화과정 전반을
아우를 수 있도록 아동권리위원회가 제시한 9개의 클러스터 중 입
법적 측면에서의 일반이행조치를 중점적으로 다루었다. 이하에서는
협약 이행을 위한 지침으로 아동권리위원회가 설명한 일반이행조치
의 의미를 간략하게 제시하며, 한국의 협약 이행 심의과정에 나타난
아동 관련 법제 변화의 내용과 성과, 한계를 검토하고자 한다.

---

6) 1991년 처음 아동권리위원회가 발간한 지침에서는 '아동에 대한 폭력' 클러
스터가 '가정환경과 대안환경' 클러스터에 포함되어 8개의 클러스터로 구
성되었으나, 2015년에 분리되어 총 9개의 클러스터가 되었다("Treaty-specific
guidelines regarding the form and content of periodic reports to be submitted by
States parties under article 44, paragraph 1 (b), of the Convention on the Rights
of the Child", Committee on the Rights of the Child, UN문서 CRC/C/58/Rev.3,
(2015)).

Ⅱ. 일반이행조치7)

국가는 아동권리협약을 비준함과 동시에 협약 내에 명시된 아동권리를 이행할 의무를 부담하게 되며, 이를 위해 각종 조치를 취하게 된다. 일반이행조치의 세부 방안으로는 유보의 검토, 국제인권문서의 비준, 입법적 조치, 권리의 사법심사 가능성, 행정적 및 여타의 조치, 협약 보급과 인식 증진 등이 포함된다(Committee on the Rights of the Child, 2003). 이와 관련된 내용은 협약 제4조(권리 이행을 위한 국가의 의무), 제42조(협약을 널리 알릴 국가의 의무), 그리고 제44조 6항(국가의 아동권리이행 보고 의무)에 명시되어 있으며, 해당 조항은 유기적으로 관련되어 당사국의 이행을 도모한다.

구체적으로 협약 제4조는 "당사국은 이 협약이 명시한 권리를 실현하기 위하여 입법적, 행정적 조치를 비롯한 모든 적절한 이행조치를 취해야 한다"고 정한다. 이 중 입법적 조치란 협약의 완전한 준수를 보장할 수 있도록 국내법 및 관련 행정지침에 인권의 상호의존성과 불가분성을 고려할 것을 요청하며, 이 과정은 정부조직뿐 아니라 국회위원회, 공청회, 국가인권기구, 비정부 기구, 학계, 아동 당사자들에 의한 독립적인 검토 절차를 수반하는 것이 권장된다. 행정적 및 여타의 조치는 협약에 근거한 국가전략 개발, 아동권리 이행

---

7) 아동권리위원회는 협약에서 명시하는 특정 권리의 규범적 내용이나 협약과 관련된 특정 주제에 대해 명확히 하고 당사국의 협약 이행에 있어 실질적인 조치에 대한 지침을 담은 일반논평(General Comments)을 출판하는데 그 중 일반논평 제5호에서 아동권리협약 이행을 위한 일반 조치(General Measures of Implementation for the Convention on the Rights of the Child)를 다루고 있다. 본문의 일반이행조치 관련 내용은 일반논평 제5호를 바탕으로 서술하였다. "General comment no. 5 (2003): General measures of implementation of the Convention on the Rights of the Child", UN Committee on the Rights of the Child, CRC/GC/2003/5.

의 조정,8) 분권화, 위임, 또는 민영화 과정에서도 당사국이 협약을
따르도록 요구할 수 있는 권한을 갖는 것, 아동영향평가(assessment
& evaluation)를 통한 이행의 감독, 지표개발과 정보수집 및 분석, 아
동예산의 고려, 이행과 관련된 사람에 대한 훈련 및 역량강화, 시민
사회와의 협력, 국제협력, 그리고 독립적인 국가인권기구의 운영을
통해 이루어질 수 있다. 특히 협약은 입법적, 행정적 및 여타의 조치
에 "경제적, 사회적 및 문화적 권리에 관하여 당사국은 가용자원의
최대한도까지"라고 덧붙임으로써 점진적 실현(progressive realization)
의 개념을 도입하였다. 일부 국가의 재정적 측면 또는 기타 자원의
부족이 협약에서 명시하는 경제적·사회적·문화적 권리 이행에 제약
이 될 수 있음을 고려한 것이다. 또한 "필요한 경우에는 국제협력의
테두리 안에서 적절한 조치를 취할 것"을 규정하여 자원의 부족을
보완할 가능성을 모색하며 동시에 다른 국가의 협약 이행에 기여할
당사국의 의무도 확인하였다.

무엇보다 당사국이 협약 내에 명시된 아동권리를 존중·보호·실
현할 의무는 아동 당사자를 포함한 사회 모든 분야의 참여 없이는
가능하지 않다. 이는 협약의 내용을 아동과 성인 모두에게 널리 알
릴 의무(제42조)와 연결된다. 사회는 오랫동안 "성숙하고 이성적이
며 유능하고 사회적인, 그리고 자율적인" 성인의 반대개념으로 아동
을 규정하며,9) 성인과 동등한 권리의 주체자로 인정하지 않았다. 위

---

8) 중앙정부 부처 간 조정, 다른 지방 및 지역 간 조정, 중앙과 다른 단위의 정부
부처 사이 및 정부와 시민사회 사이의 조정 모두를 포함하며, 협약에 비준과
동시에 부여되는 의무는 아동에게 직접적으로 영향을 미치는 부서(교육, 보
건, 복지 등)뿐 아니라 재정, 기획, 고용, 국방 등 정부의 모든 부서에게 해
당되는 것임을 보장하는 것이 필요하다.
9) Philippe Aries, L'Enfant et la vie familiale sous l'Ancien Regime. Translated to
English by Robert Baldick as Centuries of Childhood: A Social History of Family
Life, A Vintage Giant (1962).

와 같은 측면에서 아동 당사자는 물론 아동 인권 증진의 책무를 지
닌 이들이 협약의 의미를 이해하지 못한다면, 협약이 명시한 권리가
실현될 가능성은 낮아질 수밖에 없다. 즉, 당사국은 협약에 대한 인
식 확산을 위해 포괄적인 전략을 마련해야 하며, 이러한 전략은 이
행과 모니터링에 관련한 정부 및 독립기구에 대한 정보, 그리고 접
근방법에 대한 안내를 포함해야 한다. 학교 교육과정 내 인권교육을
포함하고, 아동과 직·간접적으로 관련된 업무를 하는 사람들의 초기
교육과 연수교육에 아동권리와 협약에 관한 내용을 포괄하는 것도
인식개선을 위한 방안으로 활용할 수 있다. 이러한 과정이 단지 정
보전달에 그치지 않도록, 경험을 통해 아동권리를 내재화할 수 있는
환경 조성에 대한 것도 효과성과 실효성 측면에서 고려되어야 한다.
　　분명 초기에는 협약 이행에 따른 보고서 제출의무의 실효성에 대
한 우려가 있었다. 그러나 각 당사국이 아동권리협약이라는 국제적
준거에 맞추어 심의를 준비하고 진행하는 과정에서 아동인권이 개
선되는 변화가 확인되었으며, 그 긍정적인 영향도 증명되었다. 따라
서 이러한 과정은 당사국 내 아동과 성인 모두에게 알려질 필요가
있다(제44조 제6항). 아동 당사자는 물론 구성원들이 아동의 삶에
미치는 변화를 인지하고 변화에 참여할 때, 변화에 기반한 능동적인
변화가 촉진될 수 있기 때문이다.

Ⅲ. 협약 이행을 통한 한국의 아동 관련 법제의 변화

　　전술하였듯이, 본 장에서는 한국의 아동권리협약 이행에 따른 법
제 변화를 살펴보고자 한다. 구체적인 내용은 아동권리위원회에 제

출된 국가보고서 및 쟁점목록에 대한 답변서, 위원회의 최종견해를 중심으로 검토하였으며, 협약 이행을 위한 당사국의 일반이행조치 중 '입법적 조치' 측면의 유의미한 성과와 추가적인 과제를 확인하고자 하였다.

1. 제1차 국가보고서(1994년)10) 및 위원회의 최종견해(1996년)

제1차 국가보고서는 "아동의 면접교섭권(협약 제9조 제3항), 입양허가제(협약 제21조 가항), 상소권(협약 제40조 2항 나호(5))에 대한 유보가 한국 아동의 인권 현실에 큰 영향을 미치지 않는다"고 서술하였다.11) 인권의 상호의존성과 불가분성에 비추어, 아동의 인간적 삶 전체를 포괄하는 법제 마련의 필요성을 인식하지 못했다고 볼 수 있다. 위원회 또한 특정 조항을 유보한 결정 관련하여 "협약의 원칙과 규정들에 부합하는지에 의문을 제기한다"는 견해를 밝혔다.12)

이후, 제1차 국가보고서는 1981년 전부개정된 아동복지법을 언급하며, 협약을 비준하기 전부터 이미 아동권리 실현에 많은 노력을 기울여왔음을 언급하였다.13) 보호자로부터 유실, 유기 또는 이탈된

---

10) 한국의 아동권리협약 이행 제1차 국가보고서는 1993. 12. 19.로 예정된 제출 기한을 지나 1994. 11. 8.에 제출되었다("Consideration of Reports submitted by States Parties under Article 44 of The Convention : Periodic reports of States parties due in 1998 : Republic of Korea", Committee on the Rights of the Child, UN문서 CRC/C/70/Add.14, (2002), 제10항).

11) "Consideration of Reports submitted by States Parties under Article 44 of The Convention : Initial reports of States parties due in 1993 : Republic of Korea", Committee on the Rights of the Child, UN문서 CRC/C/8/Add.21, (1994), 제12항.

12) "Consideration of Reports submitted by States Parties under Article 44 of The Convention : Concluding observations: Republic of Korea", Committee on the Rights of the Child, UN문서 CRC/C/15/Add.51, 11차 회기 (1996), 제8항.

13) "Consideration of Reports submitted by States Parties under Article 44 of The Convention : Initial reports of States parties due in 1993 : Republic of Korea",

경우, 보호자가 아동을 양육하기에 부적당하거나 양육할 수 없는 경우 또는 아동의 건전한 출생을 기할 수 없는 등 보호가 필요한 아동에 대한 구호적 성격의 복지제공에 중점을 두고 있던 종전의 아동복리법14)을 개정하며, 일반아동을 포함한 모든 아동의 복지 보장 및 특히 유아기 아동의 기본적 인격 형성과 능력개발을 지원하는 여건 조성을 개정이유로 밝힌 법률이다.15)

그 외에 제1차 국가보고서의 일반이행조치는 주로 아동과 관련된 중앙행정기관(보건사회부, 문화체육부, 교육부, 법무부, 노동부, 가정법원), 국책연구기관(한국청소년연구원, 한국교육개발원, 한국보건사회연구원, 한국여성개발원) 등을 열거하며 그들의 역할을 안내하였고, 전반적으로 기존의 국내 법·제도가 협약에 부합한다는 점을 보고하였을 뿐, 협약 이행을 위한 입법적 변화는 특별히 제시되지 않았다. 입법적 사항은 단기간에 성취할 수 있는 변화가 아님을 고려할 때, 제1차 국가보고서의 한정적인 내용은 협약이 발효된 때부터 2년 이내에 최초 정기보고서를 제출해야 하는16) 시간적 한계에 따른 결과로 사료된다.

이러한 보고내용을 바탕으로 제1차 심의를 진행한 아동권리위원회는 차기 보고까지 법적 개선이 필요한 사항을 세부적으로 짚었다. "혼인최저연령에 대한 남녀평등, 장애아동의 권리보장, 혼외자에 대한 차별철폐, 모가 한국국적인 이주아동이 무국적자가 될 위험방지, 모든 형태의 체벌에 대한 명백한 금지, 고용최저연령을 의무교육연령과 같도록 올리는 일, 그리고 국내 및 해외입양이 협약의 원칙과 규정에 완전히 부합하도록 관련 법률을 개정하고, '해외입양에 있어

Committee on the Rights of the Child, UN문서 CRC/C/8/Add.21, (1994), 제14항.
14) 구 아동복리법(1981. 4. 13. 법률 제3438호 아동복지법으로 전부 개정되기 전의 것).
15) 구 아동복지법(1997. 12. 13. 법률 제5453호로 개정되기 전의 것).
16) 아동의 권리에 관한 협약 제44조 제1항.

아동보호와 협력에 관한 1993년 헤이그 협약' 비준을 고려할 것"이
해당 권고내용이다.[17] 제1차 보고 당시의 국내법이 협약의 표면적
문구에 반하지 않음은 별론으로, 협약이 진정으로 한국의 법제에 적
절히 반영되어 있다고 볼 수는 없음을 확인할 수 있다.

2. 제2차 국가보고서(2000년)[18] 및 위원회의 최종견해(2003년)

제2차 국가보고서는 아동권리위원회의 제1차 최종견해 채택 이
후 제2차 국가보고서 제출 시점까지 한국이 아동권리협약 이행을
위해 취한 다양한 법적, 제도적, 행정적 조치를 담았다. 이 중 협약
이행을 위한 일반적 조치로서 열거한 제·개정 법규는 〈표 1〉에 제시
한 바와 같다.[19]

---

17) "Consideration of Reports submitted by States Parties under Article 44 of The
   Convention : Concluding observations: Republic of Korea", Committee on the
   Rights of the Child, UN문서 CRC/C/15/Add.51, 11차 회기 (1996), 제22항.
18) 한국의 아동권리협약 이행 제2차 국가보고서는 1998. 12. 19.로 예정되었던
   제출기한을 지나 2000. 5. 1.에 제출되었다. 관련하여, 아동권리협약 이행 보
   고절차가 시작되던 초기에는 협약 제44조 제1항이 명시한 "당사국에서 협
   약이 발효된 후 2년 이내, 그 후 5년마다"의 기한에 맞춰 보고서 제출기한
   이 공표되었다. 즉, 한국은 협약의 효력이 발효된 1991. 12. 20.부터 2년 이
   내인 1993. 12. 19.이 제1차 국가보고서 제출기한이었고, 이후 5년이 되는
   1998. 12. 19.이 제2차 국가보고서 제출기한으로 안내된 것이다. 그러나 한
   국의 제1차 국가보고서 제출 이후 첫 번째 심의가 1996년에 이루어진 점에
   서 유추할 수 있듯이, 상당수 국가의 보고서 제출 지연, 아동권리위원회의
   심의 지연 등이 누적되며 전반적인 심의 일정이 늦어진 사정을 알 수 있다.
19) "Consideration of Reports submitted by States Parties under Article 44 of The
   Convention : Periodic reports of States parties due in 1998 : Republic of Korea",
   Committee on the Rights of the Child, UN문서 CRC/C/70/Add.14, (2002), 제
   14-18항.

〈표 1〉 일반이행조치 중 "협약의 규정과 국내법 및 정책의 조화방안" 일부

법령	제·개정 주요 내용
1991년 청소년 기본법	• 기존 청소년육성법을 대체하는 청소년 기본법을 제정하여 청소년의 균형 있는 성장을 위한 사회여건과 환경 조성에 법적 근거를 마련함20)
1997년 근로기준법	• 취업금지연령을 만 13세 미만에서 만 15세 미만자로 조정하여 아동보호를 강화함21)
1997년 교육기본법	• 기존 교육법을 대체하는 교육기본법을 제정하여, 학교교육과 사회교육을 포괄하는 교육에 관한 기본적인 사항을 규정하며, 자유민주주의 교육체제를 지향하는 헌법정신을 구현하고자 함22)
1997년 민법	• "부가 외국인인 때에는 모의 성과 본을 따를 수 있고 모가에 입적한다"는 제781조 제1항 단서 규정을 신설하여 출생아동의 국적취득과 호적등재를 가능하게 하는 조치를 강구함23)
1997년 국적법	• 제2조 제1항을 통해 종전의 부계혈통주의에서 부 또는 모 어느 한쪽이 한국 국민이면 그 자녀에게 우리 국적을 부여하는 부모양계혈통주의로 전환하고, 제10조 제2항에 본인의 의사에도 불구하고 원 국적을 상실할 수 없는 아동이 한국 국적을 상실하지 아니하도록 하는 예외규정을 신설함24)
1997년 형사소송법	• 구속이유 뿐만 아니라 범죄사실의 요지까지 통지하도록 함으로써 아동권리협약의 취지를 보다 충실히 이행함25)
1993년 출입국관리법	• 난민의지위에관한협약 및 동 의정서 가입(1992.12.3.)에 따라 아동을 포함한 난민보호를 위하여 필요한 난민관련규정을 신설하고 기타 현행 규정상의 미비점을 개선·보완함26)
1997년 가정폭력 처벌법	• 가정폭력의 심각성에 대응하고자 가정폭력범죄행위자에 대한 보호처분제도를 도입하고 가정폭력으로 입은 손해에 대한 민사처리특례를 규정하는 등 가정폭력으로부터 아동을 효과적으로 보호할 수 있도록 함27)
1997년 청소년 보호법	• 성장 과정에 있는 청소년을 각종 유해한 사회환경으로부터 보호·구제하고, 나아가 건전한 인격체로 성장할 수 있도록 청소년 보호법을 제정함28)
1997년 직업안정법	• 미성년자들이 유흥업소 등 유해업소에 유인 고용되는 사례를 방지하고자 18세 미만인 사람에 대한 직업소개제한규정(법 제21조의 3, 시행령 제26조의 2)을 신설함29)

---

20) 구 청소년 기본법(1993. 3. 6. 법률 제4541호로 개정되기 전의 것).

　유보조항의 근거가 된 국내법 규정이 아동의 인권실현에 일반적으로 큰 영향을 미치지 않는다거나,[30] 1981년 아동복지법 전부개정 등 협약을 비준하기 전부터 아동의 권리 실현을 위한 다양한 조치를 취해왔다는 등 제1차 보고와 반복되는 내용도 찾아볼 수 있지만, 협약 이행을 위해 취한 입법적 조치가 종전보다 세부적으로 검토되었다는 점에 주목할 수 있다.

　또한, 위원회는 국가보고서가 제출된 이후 시민사회단체, 국가인권기구를 비롯한 다양한 이해관계자가 제출하는 보고내용을 바탕으로 실제 심의가 진행되기까지 약 2년의 기간 동안 달라진 추가적인 개선 사항도 확인한다. 이를 쟁점목록(List of issues)이라고 하며, 한국은 제2차 쟁점목록에 따른 답변서(Written replies)[31]를 통해 2000년 아동복지법 전부개정,[32] 2000년 청소년 성보호에 관한 법률 제정[33]을 제시하였다. 구체적으로, 아동복지법 전부개정을 통해 아동학대의 정의와 금지유형을 명확히 규정하고(제2조 제4호), 긴급전화

---

21) 구 근로기준법(1997. 12. 24. 법률 제5473호로 개정되기 전의 것).

22) 구 교육기본법(2000. 1. 28. 법률 제6214호로 개정되기 전의 것).

23) 구 민법(2002. 1. 14. 법률 제6591호로 개정되기 전의 것).

24) 구 국적법(2001. 12. 19. 법률 제6523호로 개정되기 전의 것).

25) 구 형사소송법(1997. 12. 13. 법률 제5435호로 개정되기 전의 것).

26) 구 출입국관리법(1994. 12. 22. 법률 제4796호로 개정되기 전의 것).

27) 구 가정폭력범죄의 처벌 등에 관한 특례법(1999. 1. 21. 법률 제5676호로 개정되기 전의 것).

28) 구 청소년 보호법(1998. 2. 28. 법률 제5529호로 개정되기 전의 것).

29) 구 직업안정법(1998. 2. 20. 법률 제5521호로 개정되기 전의 것).

30) "Consideration of Reports submitted by States Parties under Article 44 of The Convention : Periodic reports of States parties due in 1998 : Republic of Korea", Committee on the Rights of the Child, UN문서 CRC/C/70/Add.14, (2002), 제12항.

31) CRC/C/RESP/26.

32) 구 아동복지법(2002. 12. 18. 법률 제6801호로 개정되기 전의 것).

33) 청소년의 성보호에 관한 법률(법률 제6261호, 2000. 2. 3. 제정, 2000. 7. 1. 시행). 구「청소년성보호법」은 아동도 해당 법에 따른 보호대상임을 명확히 하고자 2009. 6. 9.「아동·청소년의 성보호에 관한 법률」로 제명을 변경하였다.

(제23조) 및 아동보호전문기관 설치(제24조), 아동학대 신고 의무화 (제26조) 등 학대피해아동 보호를 위한 제도적 지원체계를 보완하였 으며, 청소년 성보호에 관한 법률을 제정하며 청소년을 대상으로 하 는 다양한 형태의 성매수범죄, 성폭력 범죄를 강력하게 처벌하며 성 매매·성폭행 범죄의 대상이 된 청소년을 보호·구제하는 장치를 마 련함으로써 청소년의 인권을 보장하고 사회복귀를 지원하고자 하였 음을 보고하였다.

이러한 제2차 국가보고를 바탕으로 2003년 1월 15일 제838-839차 회기에서 한국에 대한 심의가 진행되었으며, 위원회의 최종견해는 2003년 1월 31일 제862차 회기에서 채택되었다.[34] 위원회는 1997년 가정폭력범죄의 처벌 등에 관한 특례법 제정,[35] 2000년 청소년의 성 보호에 관한 법률 제정, 1999년 ILO 협약 138호와 2001년 ILO 협약 182호 비준, 그리고 1차 심의에 따른 권고대로 취업최저연령을 15세 로 높인 1997년 근로기준법 제정을 협약 이행에 따른 진전사항으로 평가했다.[36] 특히 국제사회가 합의한 다양한 인권조약 비준은 인권

---

34) "Consideration of Reports submitted by States Parties under Article 44 of The Convention : Periodic reports of States parties due in 1998 : Republic of Korea", Committee on the Rights of the Child, UN문서 CRC/C/70/Add.14, (2002), 제1항.

35) 다만, 위원회의 제2차 최종견해는 "특히 아동학대에 대한 조사와 보고를 규 정한 1997년 가정폭력범죄의 처벌 등에 관한 특례법 제정을 환영한다"고 되어 있는데(CRC/C/70/Add.14, 제3항), 해당 내용은 2000년 전부개정된 아동 복지법에 대한 언급으로 보이며, 위원회의 제2차 쟁점목록에 대해 한국 정 부가 "가정폭력범죄의 처벌 등에 관한 특례법(the Special Act for Punishment of Domestic Violence)과 가정폭력방지 및 피해자보호 등에 관한 법률(the Act on the Prevention of Domestic Violence and Protection of Victims)에 더하여 최 근에 개정된 아동복지법(the newly amended Act)에 따라, 아동학대 사례를 보고할 수 있는 24시간 긴급전화 설치, 학대피해아동에게 보호서비스를 제 공하는 아동보호전문기관 설치 등 아동학대에 대응할 수 있는 법체계가 마 련되었다"고 보고한 쟁점목록 답변서에 근거한 결과로 추측된다.

36) "Consideration of Reports submitted by States Parties under Article 44 of The Convention : Periodic reports of States parties due in 1998 : Republic of Korea",

보장을 위한 최소한의 기준선을 끌어올린다는 측면에서 의미가 있으며, 이러한 국제법은 국내법과 동일한 효력으로 법적 판단에 적용된다는 점37)에서 중요한 입법적 조치로 볼 수 있다. 최종견해의 일부 내용이 쟁점목록에 대한 답변서에 기초한 점에 비추어, 국가보고서 제출을 비롯해 당사국 고위정부 대표단이 위원회를 만나는 본심의(Plenary Session)에 이르는 과정 전반이 당사국의 법제 개선을 촉구하는 원동력이 될 수 있다는 점도 알 수 있다.

그러나 제1차 심의와 비교하여 진전된 성과에도 불구하고 여전히 한국의 국내법이 협약의 원칙과 조항에 완전히 부합하지 않음을 우려하며, 협약 이행을 위해 모든 필요한 조치를 마련할 것에 대한 위원회의 권고는 반복되었다.38) 전반적으로 아동학대와 청소년 성매매·성폭력 예방, 취업제한 연령과 직업소개 제한 등 안전과 보호적 측면 또는 가족관계의 측면에서 법제 개선이 이루어진 경향은 있지만, 그 밖의 일반법 개선 사항도 아동의 연령과 발달적 특성을 고려한 내용은 없어 존재론적 관점에서 아동의 권리보장을 위한 개선조치가 취해졌다고 평가하기는 어려운 한계도 있다.

Committee on the Rights of the Child, UN문서 CRC/C/70/Add.14, (2002), 제3-5항.

37) 대한민국헌법 제6조 제1항.

38) "Consideration of Reports submitted by States Parties under Article 44 of The Convention : Periodic reports of States parties due in 1998 : Republic of Korea", Committee on the Rights of the Child, UN문서 CRC/C/70/Add.14, (2002), 제11-12항.

3. 제3-4차 국가보고서(2009년)[39] 및 위원회의 최종견해 (2012년)

제3-4차 국가보고서는 "한국은 아동의 권리 실현을 위하여 관련 법률을 정비하고 제도를 개선하는 등 아동권리협약의 이행수준을 높이기 위하여 다양한 노력을 전개하고 있다"[40]로 시작된다. 그에 따라 협약 비준 당시 유보하였던 세 가지 유보조항 중 아동의 부모에 대한 면접교섭권은 2007년 민법 개정을 통해 유보를 철회하였으며, 입양허가제 도입도 단계적으로 도입방안을 검토할 예정이라고 보고하였다. 상소권 제한 규정을 둔 군사법원법 제534조만 분단 상황이라는 특수성을 고려하여 현행 규정대로 유지할 계획임을 밝혔다.[41] 국내법과 상충된다는 이유로 유보했던 협약 조항을 이행하기 위한 점진적인 변화를 확인할 수 있다.

이후, 입법적 사항에 대한 위원회의 제2차 최종견해 이행을 위한 성과로, 2003년 이후 제·개정된 법령 현황을 매우 상세하게 열거하였다. 개정 법령 14개, 제정 법령 15개로 제시된 관련 아동 관련 법령은 다음의 〈표 2〉와 같다.[42]

---

39) 한국의 아동권리협약 이행 제3-4차 국가보고서는 2008. 12. 19.로 예정된 제출기한을 지나 2009. 5. 22.에 제출되었다.

40) "Combined fifth and sixth periodic reports submitted by the Republic of Korea under article 44 of the Convention, due in 2017 : Republic of Korea", Committee on the Rights of the Child, UN문서 CRC/C/KOR/5-6, (2018), 제1항.

41) "Combined fifth and sixth periodic reports submitted by the Republic of Korea under article 44 of the Convention, due in 2017 : Republic of Korea", Committee on the Rights of the Child, UN문서 CRC/C/KOR/5-6, (2018), 제14-23항.

42) 이하의 표는 제3-4차 국가보고서 제24항(CRC/C/KOR/3-4, 제24항)에 제시된 〈주요 아동 관련 법령 제·개정 현황〉 표를 보완하여 정리한 내용이다.

〈표 2〉 협약 이행을 위한 일반조치 중 "입법"의 일부

법령	제·개정 주요 내용
2003~2006년 성폭력 범죄의처벌 및 피해자 보호등에 관한법률43)	• 13세 미만 아동 및 장애인 성폭력피해자에 대한 진술녹화제도를 도입하고, 조사 시 신뢰관계 있는 자를 동석하도록 하며, 피해자가 13세 미만이거나 장애인인 경우 공판기일에 출석하여 진술하는 것이 현저히 곤란한 사정이 있는 것으로 보아 증거보전 청구를 검사에게 요청할 수 있도록 함44) • 13세 미만의 사람에 대한 유사강간행위도 처벌할 수 있도록 하고, 성폭력범죄 전담검사 또는 전담 사법경찰관이 피해자 조사를 담당하도록 하며, 의무적 진술녹화 대상자 연령을 13세 미만에서 16세 미만으로 상향조정하고, 모든 성폭력범죄 피해자에 대한 수사·재판에 있어 신청이 있는 때에는 부득이한 경우를 제외하고는 의무적으로 피해자와 신뢰관계에 있는 자를 동석하도록 함45)
2004년 소년원법46)	• 비정규학교로 운영되어 온 소년원학교를 초·중등교육법에 의한 정규학교로 그 성격을 명확히 하고, 소년원을 퇴원하는 보호소년에 대한 사후지도를 강화하는 등 수요자 중심 교육을 통하여 보호소년의 인권신장과 완전한 사회복귀를 도모함47)
2004~2006년 아동복지법	• 종합적인 아동정책 수립 및 정책이행을 위하여 국무총리 산하에 아동정책조정위원회를 두도록 함48) • 가정위탁의 개념 및 보호를 필요로 하는 아동에 대한 가정위탁보호를 활성화할 수 있도록 가정위탁지원센터의 근거규정을 마련하고, 아동학대 신고의무자로 규정된 교원, 의료인, 아동복지시설 종사자 등의 자격취득 교육과정에 아동학대 예방 및 신고와 관련된 교육을 포함하도록 함49) • 아동학대 신고의무자의 범위에 유치원·학원·교습소의 운영자·교직원·종사자 등과 구급대의 대원을 추가하는 등 아동학대 신고의무자를 확대함50)
2004년 영유아 보육법	• 보육시설 종사자 자격기준을 강화하고, 영유아 보육시설 설치·운영을 신고제에서 인가제로 전환하며, 표준보육과정을 개발·보급하기 위한 근거규정을 마련하는 등 영유아 보육에 대한 공공성을 강화함51)
2004년 유아교육법	• 유아교육에 대한 공교육체제를 마련함으로써 유아의 균형적이고 조화로운 발달을 지원하며, 유아 보호자의 사회경제적 활동이 원활하게 이루어질 수 있도록 지원함52)
2004~2008년 학교폭력 예방법	• 학교폭력문제에 효과적으로 대처하기 위한 전담기구 설치, 정기적인 학교폭력 예방교육 실시, 학교폭력 피해자의 보호와 가해자에 대한 선도·교육 등 학교폭력의 예방 및 대책을 위한 제도적 틀을

	마련함53) •학생폭력의 개념 속에 성폭력을 포함시키도록 하되 다른 법률에 특별한 규정이 있는 경우에는 이 법을 적용하지 않도록 하여 성폭력 피해자의 프라이버시 보호를 강화하고, 피해자 치료비용에 대한 구상권을 신설하며, 가해학생의 보호자도 함께 특별교육을 받게 할 수 있도록 하는 등 피해학생에 대한 보호와 치료 및 가해학생에 대한 선도를 강화함54)
2004~2005년 청소년 기본법	•범정부 차원의 청소년특별회의를 매년 개최하도록 하여 청소년의 참여기회를 확대함55) •국무총리 소속의 청소년위원회가 설치됨에 따라 청소년정책에 관한 관계기관 간 연계·조정과 상호협력을 위한 청소년정책관계기관 협의회를 마련함56)
2004년 청소년 복지법	•청소년의 삶의 질 향상과 최적의 성장·발달을 도모할 수 있도록 청소년의 복지 향상에 대한 가정·사회 및 국가의 책임과 의무, 아동권리협약에 따른 청소년의 권리와 관련된 내용을 널리 홍보할 국가 및 지방자치단체의 책무 등 필요한 사항을 규정함57)
2004년 청소년 활동법	•청소년이 자신의 기량과 품성을 함양하고 꿈과 희망을 마음껏 펼칠 수 있도록 수련활동을 비롯한 문화 활동, 교류활동 등 다양한 활동 기회를 보장하고 지원하기 위한 제도적 기반을 마련함58)
2004년 성매매 피해자 보호법	•성매매피해자 및 성을 파는 행위를 한 사람의 보호와 자립을 위하여 지원시설 및 상담소의 설치 및 운영을 활성화하고, 이용자의 의사에 따라 지원시설과 상담소에서 제공하는 의료·법률지원, 취업교육 등을 자유롭게 이용할 수 있도록 하여 원활한 사회복귀를 지원하며 성매매행위의 재발을 방지하도록 함59)
2004년 성매매 처벌법	•성매매, 성매매알선 등 행위 및 성매매 목적의 인신매매를 근절하고, 성매매피해자의 인권을 보호하기 위한 제도적 장치를 마련함60)
2004년 정보 통신망법	•청소년유해매체물에 대한 광고 및 전시행위 금지 대상을 모든 사람으로 확대하고, 정보통신서비스제공자의 자율구제를 도모하며 청소년유해정보의 확산을 방지하기 위하여 청소년보호책임자 지정제도를 도입함61)
2005년 학교보건법	•정기적인 건강검진에 따라 학생건강증진계획을 수립·시행하도록 하고, 극장(3월 개정)62)과 납골시설(12월 개정)63) 등 유치원 및 초·중등학교의 학교환경위생정화구역 내 유해환경 설치 금지를 강화함
2005~2007년 민법	•양성평등이라는 헌법이념에 부합하게 호주제를 폐지하고, 양자의 복리 증진을 위한 친양자제도를 도입하며, 부모 등 친권자가 친권을 행사함에 있어서는 자의 복리를 우선적으로 고려하여야 한다는

	의무규정을 신설함[64] • 남녀의 약혼연령 및 혼인적령을 모두 만 18세로 조정하여 양성평등 원칙을 구현하고, 협의이혼 시 양육자 결정 및 양육비용과 면접교섭권 행사에 대한 합의를 의무화하며, 부모에게만 면접교섭권을 인정하던 종전의 규정을 개정하여 자녀도 면접교섭권의 행사 주체로 인정함[65]
2005년 입양촉진 및 절차에 관한 특례법[66]	• 태어난 가정에서 양육이 곤란한 아동을 위하여, 양친이 될 자에게 입양 알선에 소요된 비용을 보조하는 등 입양 활성화 및 입양 후 가정생활의 원만한 적응을 지원하기 위한 정책을 수립·시행할 국가와 지방자치단체의 책무를 규정하고, 5월 11일을 입양의 날로 정함[67]
2005년 실종아동법	• 실종아동에 대한 신고의무 및 미신고보호행위 금지, 지체 없는 수색 또는 수사 결정, 유전자검사 실시 등 아동의 실종예방, 실종아동의 조속한 발견과 복귀 및 복귀 후 지원 등을 위하여 국가 차원의 체계적이고 효율적인 실종아동 관련 시스템을 마련함[68]
2005~2007년 청소년 성보호법	• 청소년 대상 성범죄자 취업제한, 정보등록 및 등록정보 열람에 관한 규정을 신설함[69] • 청소년 대상 성범죄자 신상정보 등록 및 열람을 강화하고, 취업제한을 확대하며, 청소년 대상 성범죄를 친고죄에서 반의사불벌죄로 변경하여 청소년 대상 성범죄자를 정당하게 처벌할 수 있도록 함[70]
2005년 12월 문화예술 교육법	• 학교문화예술교육진흥원 설립 등 문화예술교육의 지원에 필요한 사항을 정함[71]
2007년 장애인차별 금지법	• 모든 생활영역에서 장애를 이유로 한 차별을 금지하고 장애를 이유로 차별받은 사람의 권익을 효과적으로 구제함으로써 장애인의 완전한 사회참여와 평등권 실현을 통해 인간으로서의 존엄과 가치를 구현함[72]
2007년 전자장치 부착법[73]	• 아동성폭력 범죄자 등에 대한 위치추적 전자장치 부착명령을 정하여 성폭력범죄의 재발을 예방할 수 있도록 함[74]
2007년 가족관계 등록법	호적제도를 대체할 새로운 가족관계 등록제도를 마련하여 국민 개개인별로 출생·혼인·사망 등 가족관계의 발생 및 변동사항에 관한 등록과 그 증명에 관한 사항을 규정함[75]
2007년 외국인 처우법	재한외국인과 그 자녀에 대한 불합리한 차별을 방지하고 인권을 옹호하기 위하여 교육·홍보 그 밖에 필요한 조치를 하기 위하여 노력하도록 함[76]
2007년 특수교육법	국가 및 지방자치단체가 장애인 및 특별한 교육적 요구가 있는 사람에게 통합된 교육환경을 제공하고 생애주기에 따라 장애유형·장

	애정도의 특성을 고려한 교육을 실시하여 이들의 자아실현과 사회 통합에 기여함[77]
2007년 초·중등 교육법	헌법과 국제인권조약에 명시된 학생인권보장에 대한 규정을 신설함[78]
2007년 12월 가족 친화법[79]	가정생활과 직장생활을 조화롭게 병행할 수 있는 사회적 분위기나 제도적 장치를 마련하여, 사회 전반에 가족친화적인 환경의 정착 및 국민의 삶의 질 향상에 기여함
2007년 소년법	처벌 위주에서 교화·선도 중심으로 소년사법체계를 개선하고자, 비행 예방정책 기본 규정을 신설하고, 보호처분의 다양화·내실화, 국선보조인제도 및 검사의 결정 전 조사제도, 조건부 기소유예제도 등을 도입함[80]
2007년 형집행법	종전의 보호 장비 중 사실은 비인도적이므로 이를 보호 장비에서 제외하고, 수용자의 신체압박을 최소화하면서 필요한 신체부위에만 사용할 수 있는 현대적 보호 장비인 보호복·보호침대·보호대 등을 보호 장비에 추가하여, 구금자 보호 장비가 징벌의 수단이 되지 않도록 함[81]
2007년 형사 소송법[82]	13세 미만의 피해자에 대한 수사상 진술 및 재판상 증언 시 신뢰관계에 있는 자의 동석을 의무화함
2008년 다문화 가족법	다문화가족의 구성원이 우리 사회의 구성원으로 안정적인 가족생활을 영위할 수 있도록 가족상담·부부교육·부모교육 및 가족생활교육 등을 추진하고, 문화 차이 등을 고려한 언어통역, 법률상담 및 행정지원 등의 전문적인 서비스를 제공하는 등 다문화가족의 인권보장을 위한 지원정책의 제도적인 틀을 마련함[83]

43) 구「성폭력범죄의 처벌 및 피해자보호 등에 관한 법률」은 성폭력범죄의 처벌 등에 관한 특례와 성폭력범죄의 피해자 보호 등에 관한 사항을 함께 규정하고 있어 각 사항에 대한 효율적 대처에 한계가 있음을 이유로 2010. 4. 15. 각각의 사항을 분리하여 법무부 소관의「성폭력범죄의 처벌 등에 관한 특례법」과 여성가족부 소관의「성폭력방지 및 피해자보호 등에 관한 법률」을 제정하였다.

44) 구 성폭력범죄의 처벌 및 피해자보호 등에 관한 법률(2005. 3. 24. 법률 제7413호로 개정되기 전의 것).

45) 구 성폭력범죄의 처벌 및 피해자보호 등에 관한 법률(2008. 2. 29. 법률 제8852호로 개정되기 전의 것).

46) 구「소년원법」은 소년원·소년분류심사원의 다양한 임무와 기능을 포괄할

수 있도록 2007. 12. 21. 「보호소년 등의 처우에 관한 법률」로 제명을 변경하였다.

47) 구 소년원법(2007. 12. 21. 법률 제8723호 보호소년 등의 처우에 관한 법률로 개정되기 전의 것).

48) 구 아동복지법(2004. 3. 22. 법률 제7212호로 개정되기 전의 것).

49) 구 아동복지법(2006. 9. 27. 법률 제8006호로 개정되기 전의 것).

50) 구 아동복지법(2007. 10. 17. 법률 제8655호로 개정되기 전의 것).

51) 구 영유아보육법(2004. 12. 31. 법률 제7302호로 개정되기 전의 것).

52) 구 유아교육법(2005. 3. 24. 법률 제7413호로 개정되기 전의 것).

53) 구 학교폭력예방 및 대책에 관한 법률(2005. 3. 24. 법률 제7421호로 개정되기 전의 것).

54) 구 학교폭력예방 및 대책에 관한 법률(2009. 5. 8. 법률 제9642호로 개정되기 전의 것).

55) 구 청소년 기본법(2005. 3. 24. 법률 제7421호로 개정되기 전의 것).

56) 구 청소년 기본법(2005. 12. 29. 법률 제7799호로 개정되기 전의 것).

57) 구 청소년복지 지원법(2005. 3. 24. 법률 제7421호로 개정되기 전의 것).

58) 구 청소년활동 진흥법(2005. 3. 24. 법률 제7421호로 개정되기 전의 것).

59) 구 성매매방지 및 피해자보호 등에 관한 법률(2005. 3. 24. 법률 제7413호로 개정되기 전의 것).

60) 구 성매매알선 등 행위의 처벌에 관한 법률(2005. 3. 24. 법률 제7404호로 개정되기 전의 것).

61) 구 정보통신망 이용촉진 및 정보보호 등에 관한 법률(2005. 12. 30. 법률 제7812호로 개정되기 전의 것).

62) 구 학교보건법(2005. 12. 7. 법률 제7700호로 개정되기 전의 것).

63) 구 학교보건법(2005. 12. 29. 법률 제7799호로 개정되기 전의 것).

64) 구 민법(2005. 12. 29. 법률 제7765호로 개정되기 전의 것).

65) 구 민법(2009. 5. 8. 법률 제9650호로 개정되기 전의 것).

66) 구 「입양촉진 및 절차에 관한 특례법」은 아동입양의 절차가 아동의 복리를 중심으로 이루어질 수 있도록 국가의 관리·감독을 강화하고, 최선의 아동보호는 출신 가정과 출신 국가 내에서 양육되어야 한다는 것을 기본 패러다임으로 국가 입양 정책을 수립할 필요가 있다는 관점하에 2011. 8. 4. 「입양특례법」으로 법률의 제명을 변경하였다.

67) 구 입양촉진 및 절차에 관한 특례법(2007. 5. 17. 법률 제8435호로 개정되기 전의 것).

68) 구 실종아동등의 보호 및 지원에 관한 법률(2006. 2. 21. 법률 제7849호로 개정되기 전의 것).

69) 구 청소년의 성보호에 관한 법률(2007. 8. 3. 법률 제8634호로 개정되기 전

위원회의 제2차 최종견해에 기초한 제3-4차 국가보고서는 종전보다 확장된 범위에서 아동 관련 법률이 제시되었는데, 만 18세 미만의 아동 또는 특정 상황에 있는 아동을 대상으로 하는 법령뿐만 아니라, 아동을 직접 대상으로 하지 않는 때에도 해당 법에 따른 정책 추진과정에 아동의 삶이 관련된 상당수의 법이 다루어졌다. 정보통신망법은 대중매체와 디지털 환경에 관련된 아동보호 문제를 고려하며, 출생신고와 신분증명에 대한 가족관계등록법은 인권보장을

의 것).
70) 구 청소년의 성보호에 관한 법률(2007. 10. 17. 법률 제8655호로 개정되기 전의 것).
71) 구 문화예술교육 지원법(2008. 2. 29. 법률 제8852호로 개정되기 전의 것).
72) 구 장애인차별금지 및 권리구제 등에 관한 법률(2008. 3. 21. 법률 제8974호로 개정되기 전의 것).
73) 구 「특정 성폭력범죄자에 대한 위치추적 전자장치 부착에 관한 법률」은 2009. 5. 8. 「특정 범죄자에 대한 전자장치 부착 등에 관한 법률」로 제명을 변경하였고, 이후 특정 범죄자에 대한 형 종료 후 보호관찰제도를 추가적으로 신설하며 2012. 12. 18. 「특정 범죄자에 대한 보호관찰 및 전자장치 부착 등에 관한 법률」로 제명을 변경하였다.
74) 구 특정 성폭력범죄자에 대한 위치추적 전자장치 부착에 관한 법률(2009. 5. 8. 법률 제9654호 특정 범죄자에 대한 위치추적 전자장치 부착 등에 관한 법률로 개정되기 전의 것).
75) 구 가족관계의 등록 등에 관한 법률(2007. 7. 23. 법률 제8541호로 개정되기 전의 것).
76) 구 재한외국인 처우 기본법(2010. 7. 23. 법률 제10374호로 개정되기 전의 것).
77) 구 장애인 등에 대한 특수교육법(2008. 2. 29. 법률 제8852호로 개정되기 전의 것).
78) 구 초·중등교육법(2007. 12. 14. 법률 제8676호로 개정되기 전의 것).
79) 구 가족친화 사회환경의 조성 촉진에 관한 법률(2008. 2. 29. 법률 제8852호로 개정되기 전의 것).
80) 구 소년법(2011. 8. 4. 법률 제11005호로 개정되기 전의 것).
81) 구 형의 집행 및 수용자의 처우에 관한 법률(2008. 12. 11. 법률 제9136호로 개정되기 전의 것).
82) 구 형사소송법(2017. 12. 19. 법률 제15257호로 개정되기 전의 것).
83) 구 다문화가족지원법(2010. 1. 18. 법률 제9932호로 개정되기 전의 것).

위한 공적 기록의 중요성을 뒷받침한다. 형집행법의 대상이 만 14세 이상 아동을 포함하며, 장애인차별금지법이 장애아동의 차별금지를 포괄하는 법령이라는 관점도 확인할 수 있다. 더욱이 형사소송법 및 성폭력범죄처벌법 등에서 신뢰관계인 동석, 진술에 대한 영상녹화 등 아동의 특수성을 고려한 별도의 규정이 마련된 것은 사회 전반에서 아동 고유의 인격체를 존중하기 위한 고민이 반영된 결과로 볼 수 있다.

그러나 법률 본문은 물론 제·개정 이유에서 "미래의 주역이 될 청소년"이 반복하여 등장하는 등 청소년을 보호와 육성의 대상으로 바라보는 관점은 계속하여 찾아볼 수 있고, 특히 「소년법」 개정이유를 "청소년의 성숙 정도, 청소년 보호법 등 다른 법률과의 통일성, 만 19세는 대학생인 점 등에 비추어 이 법의 적용 상한 연령을 낮출 필요가 있고, 소년범 연령이 낮아질 뿐 아니라 범행내용도 사회적으로 문제가 되는 경우가 적지 아니하여 촉법소년 및 우범소년의 하한 연령을 낮출 필요"[84]가 있다고 밝히며 그 적용 연령을 종전의 20세 미만에서 19세 미만으로 낮추고, 촉법소년 및 우범소년의 연령도 12세 이상에서 10세 이상으로 낮추기도 하였다. 이에 대해 "범죄를 저질러도 아무런 법적 조치를 받지 않던 만 10세와 만 11세 소년에게 이 법을 적용할 수 있게 됨에 따라 교화와 선도 등이 가능하게 되었다"고 평가하는 등 협약에 명백히 반하는 변화를 성과로 제시한 아쉬움이 있다.

한편, 제3-4차 심의에서도 위원회의 쟁점목록에 대한 한국 정부의 답변서[85]가 제출되었다. 2009년 가사소송법 개정,[86] 2011년 3월

---

84) 법제처, 소년법(법률 제8722호, 2007.12.21. 일부개정, 2008.6.22. 시행) 개정 이유.

85) "Written replies by the Government of the Republic of Korea to the list of issues (CRC/C/KOR/Q/3-4) related to the consideration of the combined third and fourth periodic reports of the Republic of Korea (CRC/C/KOR/3-4)", Committee on the

초·중등교육법 시행령 개정, 2011년 3월 자살예방 및 생명존중문화
조성을 위한 법률 제정, 2011년 4월 다문화가족지원법 개정, 2011년
8월 입양특례법 전부개정, 2011년 8월 아동복지법 전부개정, 2011년
9월 민법 개정은 위원회가 쟁점목록 답변서를 바탕으로 협약 이행
을 위한 한국의 입법적 성과로 열거한 내용이다.[87] 그 밖에 국제인
권규범 중 장애인의 권리에 관한 협약,[88] 여성에 대한 모든 형태의
차별철폐에 관한 협약 선택의정서[89] 비준도 위원회가 환영의 의사
를 표명한 변화이다.[90]

〈표 3〉 위원회의 제3-4차 쟁점목록에 대한 한국 정부의 답변서 중 일부

법령	제·개정 주요 내용
2009년 가사소송법	• 보다 간편한 양육비 확보를 위하여 양육비 심판에서의 재산명시 절차 등과 양육비의 직접 지급명령제도, 담보제공 및 일시금 지급명령제도를 신설하고, 일시금 지급명령 불이행자에 대한 제재규정을 마련함[91]
2011년 초·중등 교육법 시행령	• 초·중등학교의 장이 학교의 학칙을 제·개정할 때 사전에 학생의 의견을 반영하도록 의무화하여 민주적 절차가 이루어질 수 있도록 하고, 도구, 신체 등을 이용하여 학생의 신체에 고통을 가하는 방식의 체벌을 전면 금지함[92]

Rights of the Child, UN문서 CRC/C/KOR/Q/3-4/Add.1 (2011).

86) 위원회 제3-4차 최종견해는 "2010년 3월 개정된 가사소송법"으로 언급하고
있으나, 한국의 제3-4차 쟁점목록 답변서 제47항과 함께 가사소송법 제·개
정 연혁과 이유를 살펴보면 2009. 5. 8. 개정된 가사소송법이 잘못 제시된
것으로 추측된다(2010. 3. 31. 개정 가사소송법은 법률의 한글화와 용어 순
화를 주된 내용으로 하고 있음).

87) "Consideration of Reports submitted by States Parties under Article 44 of The
Convention : Concluding observations: Republic of Korea", Committee on the
Rights of the Child, UN문서 CRC/C/KOR/CO/5-6 (2019), 제3항.

88) 장애인의 권리에 관한 협약(2006. 12. 13. 채택).

89) 여성에 대한 모든 형태의 차별철폐에 관한 협약 선택의정서(1999. 10. 6. 채택).

90) "Consideration of Reports submitted by States Parties under Article 44 of The
Convention : Concluding observations: Republic of Korea", Committee on the
Rights of the Child, UN문서 CRC/C/KOR/CO/5-6 (2019), 제4항.

2011년 자살예방법	•아동·청소년의 정신건강관리체계 강화 등 성별·연령별·계층별·동기별 등에 따라 다각적이고 범부처적인 차원의 사전예방 시책들과 생명존중문화 조성을 위한 대책들을 법률에 명문화함[93]
2011년 다문화 가족법	•출생에 따른 국적취득자뿐만 아니라 인지와 귀화에 따른 국적취득자도 포함하도록 다문화가족의 범위를 확대하고, 다문화가족정책위원회와 다문화가족지원정책기본계획의 수립 근거 등을 신설하여 다문화가족정책 추진을 위한 기관 간 협력이 한층 강화될 수 있도록 함[94]
2011년 민법	•부적격의 부 또는 모가 당연히 친권자가 되는 상황을 방지할 수 있도록, 이혼 등으로 단독 친권자로 정해진 부모의 일방이 사망하거나 친권을 상실하는 등 친권을 행사할 수 없는 경우에 가정법원의 심리를 거쳐 친권자로 정해지지 않았던 부모의 다른 일방을 친권자로 지정하거나 후견이 개시되도록 하고, 입양이 취소되거나 파양된 경우 또는 양부모가 사망한 경우에도 가정법원의 심리를 거쳐 친생부모 또는 그 일방을 친권자로 지정하거나 후견이 개시되도록 함[95]
2011년 입양특례법	•국내외 입양 모두 법원의 허가를 받도록 하며, 친생부모에게 양육에 관한 충분한 상담 및 양육정보를 제공하는 등 부모의 직접 양육을 지원하고, 아동이 출생일부터 1주일이 지나고 나서 입양동의가 이루어지도록 하는 한편, 양자가 된 사람에게 자신에 대한 입양정보 접근권을 부여하고, 국내입양의 우선 추진 의무화 등을 규정함으로써 아동의 권익과 복지를 증진하려 함[96]
2011년 아동복지법	•아동정책기본계획 수립, 아동종합실태조사 실시, 아동복지심의위원회 설치·운영, 적정한 위탁가정 선정절차 마련, 아동학대 예방 및 방지를 위한 금지행위 친권상실 선고 청구요청권자와 후견인 선임 청구권자 확대 아동학대, 신고의무자 범위 확대 및 위반 시 과태료 부과, 취약지역 통합서비스 지원 등 아동복지서비스의 안정적 추진을 위한 근거와 아동정책을 효과적으로 수행하기 위한 정책적 기반을 마련함[97]

91) 구 가사소송법(2010. 3. 31. 법률 제10212호로 개정되기 전의 것).
92) 구 초·중등교육법 시행령(2011. 6. 7. 대통령령 제22955호로 개정되기 전의 것).
93) 구 자살예방 및 생명존중문화 조성을 위한 법률(2016. 5. 29. 법률 제14224호로 개정되기 전의 것).
94) 구 다문화가족지원법(2012. 2. 1. 법률 제11284호로 개정되기 전의 것).
95) 구 민법(2012. 2. 10. 법률 제11300호로 개정되기 전의 것).
96) 구 입양특례법(2015. 5. 18. 법률 제13322호로 개정되기 전의 것).
97) 구 아동복지법(2012. 10. 22. 법률 제11520호로 개정되기 전의 것).

위와 같은 내용이 아울러 논의된 제3-4차 심의를 바탕으로, 위원회는 협약의 전반적인 조항을 이행하는 국내법규는 충분하지 않으며, 협약을 국내법에 직접 적용할 수 있도록 하는 헌법 규정에도 불구하고 한국 법원이 협약을 직접 적용하는 경우가 매우 드물다는 사실에 우려를 표했다. 관련 법 제·개정을 추가적으로 고려하고, 협약의 모든 조항이 사법판결에 적절히 적용될 수 있도록 조치를 취하라는 것은 이에 대한 위원회의 권고사항이다. 또한, 한정된 예외 상황 이외의 낙태를 법적으로 금지한 것은 임신한 청소년을 안전하지 않은 불법낙태, 학업중단 강요 및 입양 강요 등의 위험에 노출시켜 임신한 청소년이 처한 어려움을 악화시킬 수 있음을 적시하며, 청소년 미혼모가 안전하게 낙태할 수 있고, 불법낙태의 위험과 아이를 입양시키라는 강요에서 보호받을 수 있도록 낙태관련 법률을 아동 최상의 이익 원칙에 전면적으로 합치하도록 검토할 것을 구체적으로 권고하였다.[98] 협약 이행을 위해 고려하는 법률의 범위가 상당히 확장되었다 할 것임에도, 여전히 제한된 범위에서 아동의 삶이 고려되고 있으며, 이때에도 법적 규범에 근거한 사법판단으로 나아가지 못한 현실적 한계가 지적된 것이다. 아동권리 보장을 위한 입법적 조치가 일부 이루어지기는 하였지만, 여전히 권리기반 접근이 아닌 시혜적·복지적 관점에 치우쳐 아동의 온전한 주체성과 진화하는 역량(evolving capacity)을 고려하지 못하는 한국 법제의 제한점을 확인할 수 있다.

---

98) "Consideration of reports submitted by Stated parties under article 44 of the Convention : Consolidated third and fourth periodic reports of states parties due in 2008: Republic of Korea", Committee on the Rights of the Child, UN문서 CRC/C/KOR/3-4, (2011), 제10-11항.

4. 제5-6차 국가보고서(2017년)⁹⁹⁾ 및 위원회의 최종견해 (2019년)

제5-6차 국가보고서는 입양허가제 도입에 따른 유보 철회에 대한 보고로 시작되었다. 한국은 종전의 입양특례법 개정에 이어 2012년 2월 민법에 '미성년자의 입양에 관한 가정법원의 허가' 조항을 신설하고, 2013년 7월 가사소송법에 '입양허가 절차'를 도입하며 아동입양은 권한 있는 관계 당국의 허가에 따라 결정되어야 한다는 협약 제21조(a)항에 부합하는 법적 근거를 마련하였다.¹⁰⁰⁾

이어 입법적 조치로 협약 이행을 위해 수행한 아동 관련 법령 제·개정 작업을 열거하였는데, 관련 내용은 다음의 〈표 4〉와 같다. 이하의 내용은 제5-6차 국가보고서에 언급된 내용 중 중 제3-4차 심의과정에서 논의된 법령은 제외하며, 2011년 9월 21일 제3-4차 본심의 이후 변화된 입법적 조치를 제시한 것이다.¹⁰¹⁾

〈표 4〉 협약 이행을 위한 일반조치 중 "입법적인 조치" 일부

법령	제·개정 주요 내용
2011~2016년 아동복지법	• 아동보호구역에 영상정보처리기기 설치를 의무화함¹⁰²⁾ • 아동학대 관련 범죄전력자의 아동관련기관 취업제한을 10년으로 하고, 아동학대가 의심되는 경우 경찰관이 아동보호전문기관에 의무적으로 통보하도록 하는 등 아동학대 조기발견 체계를 구축함¹⁰³⁾ • 보호자의 아동에 대한 신체적 고통이나 폭언 등의 정신적 고통을 금지하는 규정을 신설함¹⁰⁴⁾

---

99) 한국의 아동권리협약 이행 제5-6차 국가보고서는 2017. 6. 19.로 예정된 제출기한을 지나 2017. 12. 27.에 제출되었다.

100) "Combined fifth and sixth periodic reports submitted by the Republic of Korea under article 44 of the Convention, due in 2017", Committee on the Rights of the Child, UN문서 CRC/C/KOR/5-6, (2018), 제1항.

101) 이하의 표는 제5-6차 국가보고서(CRC/C/KOR/5-6)의 부록 〈표 I-2. 아동 관련 법령 제·개정 현황〉을 보완하여 정리한 내용이다.

	• 아동이 원가정에서 성장하도록 지원하는 등 아동보호서비스의 원칙을 명시하고 보호대상아동에 대한 사전 조사, 상담 등 보호조치에 필요한 구체적인 내용을 정하여 보호대상아동에 대한 보호조치를 강화하며, 학대피해아동쉼터에 대한 법적 근거를 마련함[105) • 아동정책영향평가제도 시행을 위한 법적 근거를 마련함[106)
2011~2016년 청소년 보호법	• 청소년 유해업소의 범위를 확대하고, 청소년유해매체물의 판매나 대여 등을 할 때에는 본인 여부를 확인하도록 하며, 청소년유해매체물 제공자 등이 위법행위를 한 경우 그 내용 등을 공표하고, 16세 미만 청소년이 인터넷게임의 회원으로 가입할 때에는 친권자의 동의를 받도록 하며, 청소년에게 청소년유해약물등을 제공하는 것을 금지하는 등 청소년을 유해환경으로부터 보호하기 위한 다양한 시책을 도입함[107) • 치료보호 대상자의 개인정보가 외부로 유출되지 않도록 비밀엄수의 의무를 규정하고 그 비밀누설 위반에 대한 벌칙조항을 신설함[108)
2012~2016년 학교체육 진흥법	• 학교체육 진흥에 관한 기본시책 수립 등 일반학생들의 체육활동 참여를 실질적으로 보장하고 활성화시킬 수 있는 토대를 만들고 학교체육의 정상화 방안을 마련함[109) • 여학생 체육활동 활성화에 기여할 수 있도록 학교스포츠클럽 운영, 학교체육진흥위원회 구성, 학교체육진흥원의 사업 등에 실체적 규정을 정하고, 그 기준이 되는 지침을 제정하여 평가를 실시함[110)
2012년 난민법	• 난민신청자에 대한 생계비, 주거시설, 의료지원을 제공하고, 난민신청자 및 그 가족이 미성년자인 경우에는 국민과 같은 수준의 초·중등교육을 받을 수 있도록 하며, 난민인정자는 한국 국민과 같은 수준의 사회보장을 받을 수 있도록 하는 등 난민의 인권보장을 위한 근거규범을 마련함[111)
2012년 형법	• 다양화된 성범죄에 효과적으로 대처하기 위하여 유사강간죄를 신설하고, 성범죄의 객체를 "부녀"에서 "사람"으로 확대하며, 친고죄 및 혼인빙자간음죄를 폐지함[112)
2012~2016년 청소년 성보호법	• '아동·청소년대상 성범죄'의 범위를 확대하고, 13세 미만의 여자 및 신체적인 또는 정신적인 장애가 있는 여자에 대하여 강간·준강간의 죄를 범한 경우에는 공소시효의 적용을 배제하며, 반의사불벌죄로 규정하고 있던 '업무상 위력 등에 의한 추행'의 죄를 비친고죄로 정하는 등 아동·청소년 대상 성범죄자에 대한 처벌 및 제재를 강화함[113) • 아동·청소년에 대한 강간·강제추행 등의 죄의 법정형을 5년 이상의 유기징역에서 무기 또는 5년 이상의 유기징역으로 하는 등 상향조정하고, 아동·청소년이용음란물임을 알면서 이를 소지한 자는 1년 이하의 징역 또는 2천만원 이하의 벌금에 처하도록 하며, 공중 밀집 장소에서의 추행, 통신매체를 이용한 음란행위 등 반의사불벌죄로

	규정되어 있던 조항을 삭제하고, 음주 또는 약물로 인한 감경 배제 규정의 적용대상을 확대함[114]
2012~2016년 다문화 가족법	• 결혼이민자 등인 부 또는 모의 모국어 교육을 지원할 수 있도록 법적인 근거를 명확히 하여 다문화가족 자녀에 대한 모국어 교육 지원 사업을 활성화함[115] • 결혼이민자나 다문화가족이 전화로 필요한 서비스를 받을 수 있도록 다문화가족 종합정보 전화센터를 설치하고, 이혼 등의 사유로 해체된 다문화가족 자녀의 인권 보호 및 다문화가족 지원정책의 실효성 제고를 위해 자녀도 지원대상으로 규정함[116] • 교육기관의 장이 아동·청소년 보육·교육을 실시함에 있어 다문화가족 구성원인 아동·청소년이 차별을 받지 아니하도록 필요한 조치를 하도록 지원하고, 기존 "아동"에서 보호 범위를 넓혀 "청소년"을 포함함[117] • 결혼이민자 등에게 제공하는 정보의 내용을 구체화하여 '아동에 대한 학습 및 생활지도 관련 정보를 포함하여' 제공하도록 명시함[118]
2012~2016 한부모 가족법	• 법원이 이혼 판결 시 활용할 수 있도록 자녀양육비 산정을 위한 "자녀양육비 가이드라인"을 마련함[119] • 국가나 지방자치단체가 청소년 한부모의 자립에 필요한 자산을 형성할 수 있도록 재정적인 지원을 할 수 있는 근거를 마련함[120] • 한부모가족복지시설의 장은 한부모가족복지시설을 폐지하거나 그 시설의 운영을 일시적으로 중단하는 경우에는 해당 시설 입소자의 권익을 보호하기 위한 조치를 취하도록 하고, 지방자치단체의 장은 한부모가족복지시설의 폐지 또는 휴지의 신고를 받은 경우 한부모가족복지시설의 장이 입소자의 권익 보호 조치를 취하였는지 여부를 확인하도록 함[121]
2012~2014년 민법	• 미성년자를 입양할 때에는 가정법원의 허가를 받도록 하고, 미성년자에 대한 파양은 재판으로만 할 수 있도록 하며, 부모의 소재를 알수 없는 등의 경우에 부모의 동의 없이도 입양이 가능하게 하는 등 입양제도를 개선함[122] • 친권의 일시정지 및 일부제한 제도를 도입하여, 구체적인 사안별로 자녀의 생명 등을 보호하기 위하여 필요최소한도의 친권 제한 조치가 가능하도록 함[123]
2012~2016년 청소년 복지법	• 지역사회 청소년통합지원체계를 구축·운영하고, 가출청소년, 학업중단청소년, 이주배경청소년 등 위기청소년의 유형별로 다양한 지원방안을 마련하는 등 위기청소년에 대한 보호 및 지원을 강화함[124] • 「소년법」에 의한 제1호 보호처분을 받은 청소년에게 상담·주거·학업·자립 등을 지원하기 위한 청소년회복지원시설을 청소년복지시설로 규정하고, 청소년자립지원관을 청소년쉼터뿐만 아니라 청소년회

	복지원시설에서 퇴소한 후에도 복귀할 곳이 없을 때 지원하는 시설로 규정함[125)
2012~2016년 청소년 기본법	• 청소년에 대한 차별금지, 청소년의 자기의사 표명 및 결정권, 본인과 관련된 의사결정에의 참여 등 청소년의 기본적 권리에 관한 사항을 정함[126) • 근로 청소년의 권익보호를 위하여 「근로기준법」등에서 정하는 근로 청소년의 권리 등 필요한 교육 및 상담을 실시하도록 하며, 근로권익 보호정책을 적극적으로 홍보하도록 함[127) • 한국청소년상담복지개발원, 청소년상담복지센터 등 청소년 상담·복지 관련 기관의 장 및 그 종사자가 직무를 수행하면서 청소년의 근로와 관련하여 「근로기준법」 등 노동관계 법령의 위반 사실을 알게 된 경우에는 그 사실을 고용노동부장관이나 근로감독관에게 신고하도록 의무화함[128)
2012~2016년 유아교육법	• 무상유아교육을 초등학교 취학 직전 3년의 모든 유아로 확대하고, 유치원 운영의 자율성을 높이기 위하여 유치원운영위원회를 설치할 수 있도록 함[129) • 유아를 교육하거나 사무를 담당할 때 도구, 신체 등을 이용하여 유아의 신체에 고통을 가하는 행위를 금지함[130)
2012~2016년 초·중등교 육법	• 학력인정 각종학교의 이름에 초등학교·중학교 또는 고등학교라는 명칭을 사용할 수 있도록 하여 학력인정 각종학교 학생들이 학교이름에 따라 받게 되는 불평등한 사회적 차별을 해소함[131) • 성폭력 범죄 등의 처벌 경력이 있는 경우를 학교운영위원회의 결격 사유로 추가함[132)
2012~2016년 학교폭력 예방법	• 학교폭력의 범위를 학생 간에 발생한 사건에서 학생을 대상으로 발생한 사건으로 확대하여 학교 밖 청소년 등에 의한 학교폭력도 이 법에 따라 지원을 받을 수 있게 하고, 학교폭력에 대한 조사·상담·치유를 위한 전문기관을 설치·운영할 수 있는 근거를 마련하며, 피해학생의 신속한 치료를 위하여 학교의 장 또는 피해학생의 보호자가 원하는 경우 학교안전공제회 또는 시·도교육청이 비용을 부담한 후 구상권을 행사할 수 있도록 하고, 가해학생의 전학 및 퇴학조치에 한정되었던 재심청구를 피해학생에 대해서도 허용함[133) • 학교폭력 실태조사의 주기, 결과의 공표, 관계 기관의 정보제공 의무 및 실태조사의 방법 등에 관한 규정을 마련함[134)
2012~2016년 학교보건법	• 학교폭력에 대한 징후를 사전에 발견하여 예방할 수 있기 위하여 학생들의 정신건강상태 검사를 학부모의 동의절차 없이도 실시할 수 있는 법적 근거를 마련함[135) • 학교의 장이 학생에 대한 정신건강 상태 검사를 학부모의 동의 없이 실시하는 경우에도 지체 없이 검사 사실을 해당 학부모에게 통보하

	도록 함136)
2012~2016년 학교안전법	• 학교안전공제회의 공제사업 범위에 학교폭력 피해학생에 대한 치료비 등의 지급 및 구상권 행사 등의 업무를 추가함137) • 학교 밖 교육활동 중에 발생하는 안전사고 예방을 위하여, 학교장이 관련 기관 또는 단체 등에 위탁하여 교육활동을 실시하는 경우 안전점검 결과, 보험가입 여부, 「청소년활동 진흥법」에 따라 인증을 받은 프로그램인지의 여부 등을 점검·확인하도록 함138) • 학교시설의 안전점검에 학부모 등의 참여를 보장함139)
2013~2014년 가사소송법	• 미성년자 입양에 대한 가정법원의 허가제를 도입하는 「민법」 개정에 따라 입양허가의 절차 등을 정함140) • 친권의 일시 정지, 일부 제한 등 「민법」에 추가된 친권의 제한 제도에 대한 사항 및 그 실권 회복에 관한 선고를 가정법원의 전속관할 사항에 추가함141)
2013~2016년 가족관계 등록법	• 성년후견제도가 도입됨에 따라 출생·혼인 등의 각종 신고를 단독으로 할 수 없는 자를 미성년자 또는 피성년후견인으로 명확하게 정하고, 종전의 후견 관련 신고를 미성년후견에 관한 신고로 개편하며, 미성년후견감독인의 개시·경질·종료에 관한 신고제도를 도입함142) • 모의 인적사항을 알 수 없는 경우에는 가정법원의 확인을 받아 친생부가 출생신고를 할 수 있도록 하여 아동의 생명권을 보장함143)
2013~2016년 어린이 식생활법	• 시장·군수 또는 구청장이 지정·운영하는 어린이 기호식품 전담관리원의 운영비 일부를 국고로 보조할 수 있도록 근거를 마련함144) • 학교나 어린이 기호식품 우수판매업소에서 판매를 제한하거나 금지할 수 있는 고카페인 함유 식품의 범위를 확대하고, 어린이 기호식품 중 고열량·저영양 식품 및 고카페인 함유 식품에 한정하여 어린이의 구매를 부추길 수 있는 물건을 무료로 제공한다는 내용이 담긴 광고를 금지함145) • 어린이 기호식품을 조리·판매하는 업소로서 대통령령으로 정하는 영업자가 조리·판매하는 식품은 알레르기 물질을 포함하는 식품의 원재료에 대한 표시를 의무화함146)
2013~2016년 청소년 활동법	• 이동·숙박형 청소년활동에 대한 관할기관 신고를 의무화하고, 국가와 지방자치단체가 청소년이 대규모로 숙식을 하며 장시간에 걸쳐 수련활동을 하는 청소년수련시설에 대하여 종합 안전점검을 실시할 수 있도록 함147) • 청소년수련시설 운영대표자 및 종사자를 대상으로 안전교육을 실시할 수 있는 근거를 마련함148)
2013~2016년 영유아 보육법	• 무상보육의 근거를 마련함149) • 「아동복지법」 제17조에 따른 금지행위를 하여 금고 이상의 실형을 선고 받고 그 집행이 종료된 날부터 10년이 경과되지 아니한 경우에

	는 어린이집 설치·운영을 할 수 없도록 함150) • 보육교직원이 영유아를 보육함에 있어 신체적 고통이나 고성·폭언 등의 정신적 고통을 가해서는 안 된다는 점을 명시함151)
2013~2016년 보호소년법	• 보호소년 등의 처우 개선과 외부교통권 보장을 통한 사회적응 촉진을 위하여 보호소년의 외부 전화통화 허가에 대한 법적 근거를 명확히 함152) • 규율 위반행위를 한 보호소년 등에 대한 징계의 종류를 다양화하는 등 보호소년 등에 대한 인권 친화적인 교육 및 처우 환경을 조성함153)
2014~2016년 아동학대 처벌법	• 아동학대범죄에 대한 처벌을 강화하고, 가해부모에 대한 치료·상담·교육수강제도를 명할 수 있는 아동보호사건 처리절차 도입, 피해아동에 대한 변호사 및 진술조력인 선임 특례 등 아동학대범죄가 발생한 경우 긴급한 조치 및 보호를 위한 제도를 마련함154) • 아동학대범죄 신고자에 대한 해고 등 불이익조치 금지, 이에 대한 처벌조항 및 신고자 보호조치 등을 신설하여 신고자 등이 신고로 인한 피해를 입지 않도록 하고, 친고죄와 반의사불벌죄에서 처벌불원의 의사를 표하였거나 처벌의사를 취소한 경우에도 아동보호사건으로 처리할 수 있도록 함155)
2014년 공교육 정상화법	• 학교에서 이루어지고 있는 선행교육을 규제하고, 학교 내의 정상적인 교육과정 운영을 위한 여건을 조성하여 공교육 정상화를 실현하고자 함156)
2014년 양육비 이행법	• 자녀 양육에 대한 경제적 어려움을 겪는 한부모 가정이 양육비의 원활한 이행을 확보할 수 있도록 지원체계를 마련하고, 한시적 양육비 긴급 지원제도를 통하여 미성년 자녀가 최소한의 생존권을 누릴 수 있도록 지원함157)
2014년 학교밖 청소년법	• 학교 밖 청소년 지원을 위한 국가와 지방자치단체의 책무를 명시하고, 학교 밖 청소년에 대한 정확한 실태조사를 바탕으로 학교 밖 청소년의 개인적 특성과 수요를 고려한 상담지원, 교육지원, 취업 및 진로·직업체험 지원, 자립지원 등이 이루어지도록 종합적·체계적인 지원체계를 마련함158)
2015년 소년법	• 소년원 송치 처분의 경우에도 원판결에 따른 송치기간을 항고에 따른 송치기간에 산입할 수 있도록 법적 근거를 마련함159)
2015년 입양특례법	• 국외입양 사후관리 방법 등을 대통령령에서 구체적으로 정하도록 하여, 국외입양 아동의 사후관리서비스 관련 규정을 명시함160)
2016년 건강가정 기본법	• 취약위기가족을 위한 지원서비스를 지속적으로 수행하고 확대하기 위한 근거를 마련함161)

102) 구 아동복지법(2012. 12. 18. 법률 제11572호로 개정되기 전의 것).
103) 구 아동복지법(2014. 11. 19. 법률 제12844호로 개정되기 전의 것).
104) 구 아동복지법(2015. 12. 29. 법률 제13653호로 개정되기 전의 것).
105) 구 아동복지법(2016. 5. 29. 법률 제14224호로 개정되기 전의 것).
106) 구 아동복지법(2016. 5. 29. 법률 제14224호로 개정되기 전의 것).
107) 구 청소년 보호법(2012. 1. 17. 법률 제11179호로 개정되기 전의 것).
108) 구 청소년 보호법(2015. 6. 22. 법률 제13371호로 개정되기 전의 것).
109) 구 학교체육 진흥법(2013. 3. 23. 법률 제11690호로 개정되기 전의 것).
110) 구 학교체육 진흥법(2017. 4. 18. 법률 제14763호로 개정되기 전의 것).
111) 구 난민법(2014. 3. 18. 법률 제12421호로 개정되기 전의 것).
112) 구 형법(2013. 4. 5. 법률 제11731호로 개정되기 전의 것).
113) 구 아동·청소년의 성보호에 관한 법률(2012. 2. 1. 법률 제11290호로 개정되기 전의 것).
114) 구 아동·청소년의 성보호에 관한 법률(2012. 12. 18. 법률 제11574호로 개정되기 전의 것).
115) 구 다문화가족지원법(2013. 3. 23. 법률 제11690호로 개정되기 전의 것).
116) 구 다문화가족지원법(2015. 12. 22. 법률 제13604호로 개정되기 전의 것).
117) 구 다문화가족지원법(2016. 3. 2. 법률 제14061호로 개정되기 전의 것).
118) 구 다문화가족지원법(2017. 3. 21. 법률 제14702호로 개정되기 전의 것).
119) 구 한부모가족지원법(2013. 3. 23. 법률 제11690호로 개정되기 전의 것).
120) 구 한부모가족지원법(2015. 3. 11. 법률 제13216호로 개정되기 전의 것).
121) 구 한부모가족지원법(2016. 12. 20. 법률 제14448호로 개정되기 전의 것).
122) 구 민법(2013. 4. 5. 법률 제11728호로 개정되기 전의 것).
123) 구 민법(2014. 12. 30. 법률 제12881호로 개정되기 전의 것).
124) 구 청소년복지 지원법(2013. 5. 28. 법률 제11836호로 개정되기 전의 것).
125) 구 청소년복지 지원법(2016. 12. 20. 법률 제14447호로 개정되기 전의 것).
126) 구 청소년 기본법(2012. 2. 1. 법률 제11290호로 개정되기 전의 것).
127) 구 청소년 기본법(2016. 12. 20. 법률 제14445호로 개정되기 전의 것).
128) 구 청소년 기본법(2017. 7. 26. 법률 제14839호로 개정되기 전의 것).
129) 구 유아교육법(2013. 3. 23. 법률 제11690호로 개정되기 전의 것).
130) 구 유아교육법(2017. 3. 21. 법률 제14602호로 개정되기 전의 것).
131) 구 초·중등교육법(2014. 12. 30. 법률 제12933호로 개정되기 전의 것).
132) 구 초·중등교육법(2016. 1. 27. 법률 제13820호로 개정되기 전의 것).
133) 구 학교폭력예방 및 대책에 관한 법률(2013. 3. 23. 법률 제11690호로 개정되기 전의 것).
134) 구 학교폭력예방 및 대책에 관한 법률(2016. 5. 29. 법률 제14162호로 개정되기 전의 것).
135) 구 학교보건법(2013. 3. 23. 법률 제11690호로 개정되기 전의 것).

136) 구 학교보건법(2016. 12. 20. 법률 제14402호로 개정되기 전의 것).
137) 구 학교안전사고 예방 및 보상에 관한 법률(2013. 3. 23. 법률 제11690호로 개정되기 전의 것).
138) 구 학교안전사고 예방 및 보상에 관한 법률(2015. 1. 20. 법률 제13005호로 개정되기 전의 것).
139) 구 학교안전사고 예방 및 보상에 관한 법률(2016. 5. 29. 법률 제14161호로 개정되기 전의 것).
140) 구 가사소송법(2014. 10. 15. 법률 제12773호로 개정되기 전의 것).
141) 구 가사소송법(2016. 1. 19. 법률 제13760호로 개정되기 전의 것).
142) 구 가족관계의 등록 등에 관한 법률(2014. 12. 30. 법률 제12878호로 개정되기 전의 것).
143) 구 가족관계의 등록 등에 관한 법률(2016. 5. 29. 법률 제14169호로 개정되기 전의 것).
144) 구 어린이 식생활안전관리 특별법(2016. 2. 3. 법률 제14024호로 개정되기 전의 것).
145) 구 어린이 식생활안전관리 특별법(2016. 5. 29. 법률 제14263호로 개정되기 전의 것).
146) 구 어린이 식생활안전관리 특별법(2018. 3. 13. 법률 제15485호로 개정되기 전의 것).
147) 구 청소년활동 진흥법(2014. 5. 20. 법률 제12600호로 개정되기 전의 것).
148) 구 청소년활동 진흥법(2016. 5. 29. 법률 제14238호로 개정되기 전의 것).
149) 구 영유아보육법(2013. 3. 23. 법률 제11690호로 개정되기 전의 것).
150) 구 영유아보육법(2014. 1. 14. 법률 제12251호로 개정되기 전의 것).
151) 구 영유아보육법(2015. 5. 18. 법률 제13323호로 개정되기 전의 것).
152) 구 보호소년 등의 처우에 관한 법률(2014. 1. 7. 법률 제12190호로 개정되기 전의 것).
153) 구 보호소년 등의 처우에 관한 법률(2018. 9. 18. 법률 제15754호로 개정되기 전의 것).
154) 구 아동학대범죄의 처벌 등에 관한 특례법(2015. 7. 24. 법률 제13426호로 개정되기 전의 것).
155) 구 아동학대범죄의 처벌 등에 관한 특례법(2016. 5. 29. 법률 제14224호로 개정되기 전의 것).
156) 구 공교육 정상화 촉진 및 선행교육 규제에 관한 특별법(2016. 5. 29. 법률 제14149호로 개정되기 전의 것).
157) 구 양육비 이행확보 및 지원에 관한 법률(2015. 3. 11. 법률 제13216호로 개정되기 전의 것).
158) 구 학교 밖 청소년 지원에 관한 법률(2017. 3. 21. 법률 제14706호로 개정되

총 29개[162])에 이르는 입법적 개선 사항을 보고한 제5-6차 국가보고서는 빈곤아동, 입양아동, 한부모가족과 다문화가족 등 기존에 논의되던 취약한 상황에 있는 아동을 위한 지원체계뿐만 아니라 난민아동, 학교 밖 청소년, 청소년 한부모, 성착취 피해아동, 법을 위반한 아동 등 특별한 보호가 필요한 아동과 관련한 법적 개선을 다각적으로 고려하였다. 나아가 보호가 필요한 아동에 대한 지원조치의 범위를 넘어 '모든 아동'의 보편적 권리보장을 위한 방향성을 보다 분명하게 확인할 수 있다는 의미도 있다. 학교, 유치원 및 보육시설에서 체벌을 포함한 아동에 대한 폭력을 금지하는 근거규범이 점차적으로 마련되고, 성인과 비교하여 상대적으로 열악했던 범죄소년의 절차적·실체적 기본적 보장이 확보된 것도 고무적이다. 다만, 이때에도 개정 청소년성보호법이 "아동·청소년이용음란물의 정의를 아동·청소년 또는 아동·청소년으로 명백하게 인식될 수 있는 사람이나 표현물이 등장하는 것으로 한정(제2조 제5호)"하여 협약에 명백히 반하는 개정이 이루어졌으며,[163]) 아동에 대한 정신건강상태 검사가 시급하게 필요한 경우라 하더라도 아동의 개인정보와 사생활 보호를 위한 추가적인 고려는 해당 규정이 개정될 당시에 배제되었던 점[164]) 등 발달과정에 있는 아동의 자율성 강화 및 아동 최상의 원칙을 고려한 보호적 관점의 균형이 적절히 이루어지지 못한 한계

기 전의 것).

159) 구 소년법(2018. 9. 18. 법률 제15757호로 개정되기 전의 것).

160) 구 입양특례법(2017. 9. 19. 법률 제14890호로 개정되기 전의 것).

161) 구 건강가정기본법(2016. 5. 29. 법률 제14234호로 개정되기 전의 것).

162) 제5-6차 국가보고서 〈표 Ⅰ-2〉에 제시된 제·개정 법령은 총 30개였으나, 제3-4차 심의 이전에 개정된 「아동의 빈곤예방 및 지원 등에 관한 법률」은 제외한 목록을 열거하였다.

163) 구 아동·청소년의 성보호에 관한 법률(2012. 12. 18. 법률 제11574호로 개정되기 전의 것).

164) 구 학교보건법(2012. 3. 21. 법률 제11384호로 개정되기 전의 것).

는 여전히 나타난다.

한편, 한국 정부는 국가보고서에 제시된 정보 이후의 새로운 법
안과 법률 등 최신자료를 제공을 요청한 위원회의 쟁점목록에 따
라165) 2019년 8월 9일 〈표 5〉와 같이 관련 내용을 답변서로 제출하
였다.166) 아동학대 대응 및 학교 밖 청소년 대응 등 관련 규범이 한
층 세밀하게 보완되었으며, 돌봄과 복지, 보육, 교육, 참여 등 아동
권리 보장을 위한 공적 책무를 강화할 수 있는 법적 근거가 확충되
었음을 알 수 있다.

〈표 5〉 위원회의 제5-6차 쟁점목록에 대한 한국 정부의 답변서 중 일부

법령	제·개정 주요 내용
2017~2019년 아동복지법	• 아동학대 예방교육 및 신고의무자교육을 강화하고, 학생에 대한 학대 조기발견과 신속한 보호조치를 위하여 기관 간 연계 체계를 구축하며, 학대피해아동에 대한 법률상담 지원 및 아동학대 전담의료기관 지정 근거를 마련하여 학대피해아동에 대한 지원을 강화함167) • 아동권리보장원을 설립하여 보호가 필요한 아동이 발견되어 보호종료 이후까지 이어지는 전 과정을 총괄적, 체계적으로 지원하도록 하고, 시·도지사 및 시장·군수·구청장이 초등학교의 정규교육 이외 시간 동안 아동들에게 돌봄서비스를 제공할 수 있도록 다함께돌봄센터의 법적 근거를 마련함168) • 보건복지부 인구정책실에 아동학대 예방 및 피해아동 보호·지원 등을 위한 전담부서로 아동학대대응과를 신설함169)
2017~2018년 청소년 기본법	• 국가와 지방자치단체의 청소년참여위원회 운영을 의무화하고(2018년 기준 230개), 청소년참여위원회에서 제안된 내용이 청소년 관련 정책의 수립 및 시행과정에 반영될 수 있도록 노력해야 한다는 규정을 명문화함170)

165) "List of issues in relation to the combined fifth and sixth reports of the Republic of Korea", Committee on the Rights of the Child, UN문서 CRC/C/KOR/Q/5-6 (2019), 제16항.

166) "List of issues in relation to the combined fifth and sixth periodic reports of the Republic of Korea", Committee on the Rights of the Child, UN문서 CRC/C/KOR/Q/5-6/Add.1 (2019).

	• 청소년정책에 관한 주요 사항을 심의·조정하는 '청소년정책위원회' 구성 시 청소년을 20% 이상 반드시 포함하도록 하여 정책당사자인 청소년들의 권익을 보다 실질적으로 보장하고자 함171)
2018년 영유아 보육법	• 어린이집 평가제도를 모든 어린이집을 대상으로 정기적으로 실시하는 의무적 평가제로 변경하고, 그 결과를 공개하여 평가의 효과성을 제고하며, 평가제도의 원활한 시행과 관리, 보육사업의 안정적이고 효율적인 추진을 위하여 어린이집 평가와 보육품질관리 등을 담당하고 있는 한국보육진흥원의 설립 근거, 업무 및 예산 지원 등에 관한 사항을 법률에 명시함172)
2018년 아동 수당법	• 6세 미만의 아동에게 보호자와 그 가구원의 소득이나 재산, 가구 특성 등을 반영한 경제적 수준을 고려하여 매월 10만원을 지급하되, 수급아동 가구의 경제적 수준이 2인 이상 전체 가구의 100분의 90 수준 이하가 되도록 지급 대상 선정 기준을 정하도록 함173) • 아동수당의 본질적인 의미를 살리고 모든 아동이 기본적인 권리와 복지를 누릴 수 있도록 경제적 수준과 상관없이 모든 6세 미만 아동 가구에게 아동수당을 지급하도록 개정함174)
2017~2018년 학교밖 청소년법	• 학교 밖 청소년이 학교 밖 청소년 지원센터에 보다 용이하게 연계될 수 있도록 각급 학교의 장 또는 지역사회 청소년통합지원체계에 포함된 기관·단체의 장이 학교 밖 청소년 또는 청소년의 법정대리인의 동의를 받아 학교 밖 청소년의 개인정보를 수집하여 학교 밖 지원센터의 장에게 제공할 수 있도록 함175) • 학교 밖 청소년의 자립에 필요한 의료지원에 건강진단을 받은 후 확진을 위한 검사에 사용한 의료비의 지원을 포함함176) • 동법 시행규칙 개정을 통해 직업훈련에 참여하는 학교 밖 청소년에게 훈련수당을 지급할 수 있도록 함177)

---

167) 구 아동복지법(2018. 12. 11. 법률 제15889호로 개정되기 전의 것).

168) 아동복지법(2019. 1. 15. 법률 제16248호로 개정된 것).

169) 구 보건복지부와 그 소속기관 직제 시행규칙(2019. 2. 26. 보건복지부령 제617호로 개정되기 전의 것).

170) 구 청소년 기본법(2018. 12. 18. 법률 제15986호로 개정되기 전의 것).

171) 청소년 기본법(2018. 12. 18. 법률 제15986호로 개정된 것).

172) 구 영유아보육법(2018. 12. 24. 법률 제16078호로 개정되기 전의 것).

173) 구 아동수당법(2019. 1. 15. 법률 제16249호로 개정되기 전의 것).

174) 구 아동수당법(2019. 12. 3. 법률 제16737호로 개정되기 전의 것).

175) 구 학교 밖 청소년 지원에 관한 법률(2018. 1. 16. 법률 제15354호로 개정되기 전의 것).

176) 학교 밖 청소년 지원에 관한 법률(2018. 1. 16. 법률 제15354호로 개정된 것).

위와 같은 보고내용에 기초한 당사국 심의내용을 바탕으로 위원회는 제5-6차 최종견해를 채택하였고, 국제연합 초국가적 조직범죄 방지협약을 보충하는 인신매매, 특히 여성과 아동의 인신매매 방지, 억제 및 처벌을 위한 의정서 비준, 국제적 아동탈취의 민사적 측면에 관한 헤이그 협약 가입, 그리고 아동학대처벌법, 공교육정상화법, 학교밖청소년법 제정을 주요성과로 언급하며, 아동권리보장원 설립, 아동영향평가제도와 온라인 출생신고제도, 아동수당지급제도 도입에 환영 의사를 표하여 각 제도의 시행을 위한 입법적 조치에 의미를 두었다.[178] 법률은 제도의 도입과 확장을 논의하는 기회를 제공한다는 점에서 특별히 중요하기 때문이다. 아동수당법이 제정되며 아동수당 시행을 위한 기반이 마련된 결과, 도입 초기에는 소득·재산조사를 거쳐 하위 90% 가구의 6세 미만 아동에게만 지급되던 아동수당이 2019년부터 6세 미만의 모든 아동에게 지급되고 있으며, 2019년 9월부터는 7세 미만 아동까지 수당지급 연령을 확대한 점을 하나의 예로 들 수 있다.[179] 아동권리보장원도 초기에는 보호가 필요한 아동에 대한 통합적·체계적 서비스 제공이라는 목적만 부각되었으나,[180] 아동복지법을 근거로 아동정책기본계획 수립 및 아동정책조정위원회 운영 지원, 아동정책영향평가 지원, 아동 관련 조사

---

177) 학교 밖 청소년 지원에 관한 법률 시행규칙(2017. 10. 27. 여성가족부령 제113호로 개정된 것).

178) "Combined fifth and sixth periodic reports submitted by the Republic of Korea under article 44 of the Convention, due in 2017 : Republic of Korea", Committee on the Rights of the Child, UN문서 CRC/C/KOR/5-6, (2018), 제3-4항.

179) "List of issues in relation to the combined fifth and sixth periodic reports of the Republic of Korea", Committee on the Rights of the Child, UN문서 CRC/C/KOR/Q/5-6/Add.1 (2019), 제77항.

180) "Combined fifth and sixth periodic reports submitted by the Republic of Korea under article 44 of the Convention, due in 2017", Committee on the Rights of the Child, UN문서 CRC/C/KOR/5-6, (2018), 제78항.

및 통계 구축 등의 역할까지 계속하여 그 범위가 확장되어 고려되고 있다.181)

또한, 위원회는 일반이행조치 클러스터182)의 '법 제정' 항목에서는 형법상 낙태죄에 대한 2019년 4월 헌법재판소의 헌법불합치 결정에 주목하며, 2020년 12월까지 개정되어야 할 관련 법률이 아동 최상의 이익 원칙을 보장할 것을 요청하였다. 협약의 사법판단 적용을 확장하라는 권고는 "사법부, 검사, 그리고 변호사의 협약에 대한 지식을 높이고 그들이 재판절차에 협약을 인용하고 직접 적용할 수 있는 역량을 강화할 수 있는 조치를 취할 것"으로, 종전보다 구체적으로 제시되었다.183) 위원회 또한 심의를 거듭하며 각 당사국이 협약을 이행하기 위한 실질적인 방향성을 모색하고 있다고 할 것이다. 협약의 비준과 이행에 따른 심의과정이 아동권리 보장과 증진을 위한 국가전략의 기준을 제시하며, 정책 수립과 추진의 근거가 될 수 있음을 알 수 있다.

IV. 결론

생각건대, 아동권리협약은 '살아있는 법'이라 할 수 있다. 협약의

---

181) 아동권리보장원, "조직 및 담당업무", http://www.ncrc.or.kr/intropage/organization. do(2020. 3. 10. 확인).

182) 전술하였듯이 국가보고서는 아동권리위원회가 공표한 작성 지침에 따라 9개 클러스터, 즉 일반이행조치, 아동의 정의, 일반원칙, 시민적 권리와 자유, 아동에 대한 폭력, 가정환경과 대안양육, 장애, 기초보건 및 복지, 교육, 여가 및 문화, 특별보호조치로 구성된다.

183) "Consideration of Reports submitted by States Parties under Article 44 of The Convention : Concluding observations: Republic of Korea", Committee on the Rights of the Child, UN문서 CRC/C/KOR/CO/5-6 (2019), 제7항.

단어와 문장은 시대상을 반영하여 그 내면적 의미가 적극적으로 확
장되었으며, 위원회는 서로 다른 각 당사국의 역사적 배경과 사회문
화적 환경을 고려하여 변화 가능한 과제를 도출하고 있기 때문이다.
한국도 협약을 비준한 초기에는 보호가 필요한 아동을 위한 보호조
치, 경제적으로 취약한 아동과 그 가족에 대한 지원조치 또는 교육
의 양적 측면에 치중하여 협약 이행을 보고하였으나, 이후 가정과
학교 안팎을 포함한 모든 연령대에 있는 아동의 다양한 사회적 삶
을 포괄하기 위한 노력을 찾아볼 수 있었다. 무엇보다 이러한 협약
을 국내에 실현하기 위한 입법적 조치는 변화를 약속하는 최소한의
기준점이자 출발점이 될 수 있다. 입법적 변화는 당사국이 아동을
바라보는 관점 및 정책 추진의 의지를 나타내는 명확한 증거이자,
관련 제도를 안정적으로 시행하고자 하는 대외적 의사표시가 되기
때문이다. 아동권리위원회가 입법(legislation)을 포함한 일반이행조
치를 협약 이행의 핵심사항으로 강조한 것도 위와 같은 이유이다.

　다만, 특정한 현안을 과제로 단순히 법률을 제·개정하는 것만으
로는 협약이 지향하는 아동권리 실현이 일관성을 갖고 꾸준히 진전
될 것이라 낙관할 수 없다. 명확한 기준이 부재한 채 때마다 만들어
진 법률은 그 목적에 부합하지 못하며, 때로는 취약한 상황에 있는
누군가의 인권을 침해하는 결과로 나타나기도 한다. 이에 보고절차
에 맞물린 한국의 법제 변화 경과를 바탕으로, 앞으로의 입법적 조
치에 고려되어야 할 몇 가지 기준을 도출해보면 다음과 같다.

　첫째, 아동 관련 법률 전반에서 연령 조화를 위한 노력이 요청된
다. 현재 국내법 체계는 아동에 관한 기본법이 존재하지 않는다. 만
18세 미만 모든 아동을 대상으로 하는 아동복지법이 아동에 관한
기본법이라 통용되고 있기는 하지만, 9세 이상 청소년 관련 정책의
근거법규는 일반적으로 청소년 기본법으로 수렴되며 사실상 아동복
지법 및 소관 중앙행정기관인 보건복지부와 분절적으로 적용되는

실정이다. 민법에 따라 성년은 19세 이상인 사람을 말하는데(제4조), 만 18세 이상이면서 만 19세 미만인 사람은 미성년자이면서 현행법상 아동이 아닌 결과, 보호의 공백을 발생시킨다. 그 밖에 만 6세 미만의 취학 전 아동을 영유아로 정의하는 영유아보육법과 모자보건법, 만 3세부터 초등학교 취학 전까지의 어린이를 유아로 정의하는 유아교육법, 만 12세 이하 아동을 전제하는 아이돌봄 지원법, 만 13세 이상 어린이를 대상으로 하는 어린이제품 안전 특별법과 어린이 놀이시설 안전관리법, 도로교통법 등이 아동기의 특정 시기를 정하고 있는데, 연속적인 발달과정에 있는 아동의 특성을 간과한 채 필요에 맞춰 연령과 명칭이 정해진 한계를 찾아볼 수 있으며, 이는 효과적인 법 집행을 방해하는 주요 요인이 되고 있다. 즉, 존재론적 관점에서 모든 아동을 아우르는 기본법 제정 및 관련 법 정비가 이루어졌을 때, 비로소 보편적 아동권리 실현을 위해 한 발 나아갈 수 있음을 기억해야 한다. 특별한 보호와 돌봄을 받을 아동의 권리를 상기하며 채택된 협약의 의미를 유념하면서, 성인기에 이르는 아동의 시간이 오롯이 존중될 수 있도록, 법상 아동의 연령 조화를 위한 조치는 필수적이라 할 것이다.

둘째, 소수자 아동의 권리보장과 보편적 아동권리에 대한 균형적인 시각이 필요하다. 적극적 평등을 위한 정책은 평등실현을 위한 중요한 가치에 해당하지만, 이때에도 인권의 본질인 '보편성'을 실현하기 위한 검토는 결코 간과될 수 없다. 특히 아동권리협약은 모든 아동이 어떠한 상황에 있더라도 아동으로서 보장받아야 마땅한 권리들을 열거하였다. 시민적 권리와 자유, 가족적 환경을 보장받을 권리, 폭력으로부터 자유로울 권리, 기초보건 및 복지에 대한 권리, 놀이 및 여가·문화생활에 대한 권리 등에 대한 국가의 약속은 개별 아동의 배경과 환경을 이유로 그 책무가 달라지거나 줄어들 수 없다. 보편적 아동권리 보장을 위한 법적 조치와 아울러 소수자 아동의 적극적 평등실현을 위한 균형적인 관점이 적용되어야 한다.

셋째, 협약의 일반원칙이 법제 전반에 내재화되어야 한다. 아동 권리위원회는 비차별의 원칙(제2조), 아동 최상의 이익 원칙(제3조), 생명·생존과 발달의 원칙(제6조), 그리고 아동참여와 견해존중의 원칙(제12조)을 협약의 일반원칙(General Principle)으로 확인하였으며, 이는 협약이 명시한 권리들을 이행하는 데 준거로 기능한다. 아동의 존엄성 보장을 위한 개별 권리는 일반원칙을 충족하였을 때 비로소 실현되었다고 해석될 수 있다. 이에 한국도 몇 차례의 개정을 거치며 아동복지법, 영유아보육법, 청소년 기본법 등에 위 일반원칙을 기본이념으로 적용해 왔다. 그러나 여전히 아동복지법과 영유아보육법에 '아동의 참여와 견해존중 원칙'은 반영되어 있지 않으며, 청소년 기본법에 '아동 이익 최우선의 원칙'은 명확하게 나타나지 않는다. 개인의 삶의 최고 전문가는 당사자일 수밖에 없기에 아동 최선의 이익을 최우선으로 실현하는 과정은 아동의 의견을 배제할 수 없으며, 이는 곧 현존하는 아동에 대한 존중을 통해 자율성 증진과 역량 강화를 촉진하는 아동권리의 특별한 의미를 실천하는 핵심이다. 협약의 일반원칙을 두루 고려하는 입법 과정과 그 결과는 입법적 조치의 힘과 그 파급력을 더욱 강화할 것이다.

나아가, 젠더 관점(gender-perspective) 주류화의 중요성을 마지막으로 제시한다. 여성의 혼인연령도 남성과 동등하게 18세로 상향하는 등 일견 변화는 있었지만, 가부장적이고 남성 중심적인 한국의 전통은 법·제도 전반에 팽배하며, 이는 국내에서 발생하는 가장 큰 차별의 한 형태이기도 하다. 그 중 아동이며, 여성이라는 중첩된 지위를 지닌 여아, 소녀(girl)는 가장 취약하고, 소외되기 쉬운 존재이다. 그 중 아동이며, 여성이라는 중첩된 지위를 지닌 여아, 소녀는 가장 취약하고, 소외되기 쉬운 존재이다. 텔레그램 성착취 사건으로 가시화된 아동 성착취 범죄, 스쿨미투(School #MeToo)로 나타난 학내 성폭력 문제와 그에 미온적인 정부의 대처는 젠더 관점이 적극적으로 고려되지 못한 현행 법제의 한계를 여실히 드러낸다.[184] 출산과 양육을 바라보는 성차별적 고용 및 노동 환경도 자녀 돌봄에 대한 부모 공동의 책임을 명시한 협약 제18조에 명백히 반한다. 위원회가 반복적으로 권고한 포괄적 차별금지법 제정은 변화를 위한 과정에 최우선적으로 고려해야 할 과제라 할 수 있다. 오래된 차별이 지속된 만큼 그 불평등함과 부당함에 대한 민감성은 상대적으로 쉽게 간과될 수 있음을 인지하며, 가정과 학교, 사회로 확장되는 아동의 삶 전반에 젠더 평등을 일상화하는 다각적인 노력이 지속될 수 있도록 근거규범이 마련되고 확충되어야 한다.

아동권리협약 이행에 따른 한국 법제의 변화를 살펴본 본 원고는 형식적 의미의 변화를 정리한 것에서 나아가 현재 시점에서 협약 이행 현황을 점검하고 한 단계 나아갈 방향성을 찾기 위한 기초자료를 마련하고자 하였다. 삼권분립 제도에 기초한 대의민주주의 사회에서 법률의 변화는 공적 의사결정의 정당한 근거가 된다는 점을 고려할 때, 협약에 따른 입법적 조치는 협약의 특별한 의미를 뒷받침한다. 누적된 법률의 변화를 기록한 본 원고는 제5-6차 최종견해의 실효적인 이행을 체계적으로 모니터링하며, 2024년 12월 19일까

---

184) 2020년 5월, 미성년자 의제강간 연령기준을 13세에서 16세로 상향하되 피해 미성년자가 13세 이상 16세 미만인 경우 19세 이상의 자에 대해서만 처벌하도록 하고(제305조 제2항 신설), 강간, 유사강간 등의 죄를 범할 목적으로 예비·음모한 사람을 3년 이하의 징역에 처하도록 하는(제305조의3 신설) 형법 개정(2020.5.19. 일부개정되고, 2020.5.19. 시행된 법률 제17265호)이 있었고, 대상아동·청소년의 정의 규정과 이들에 대한 「소년법」 적용 조항을 삭제하는 아동·청소년의 성보호에 관한 법률 개정(2020.5.19. 일부개정되고, 2020.11.20. 시행된 법률 제17282호) 등 다소간의 진전이 있었다. 성착취 피해 아동·청소년에 대한 실질적 지원체계 구축, 아동에 대한 모든 형태의 성적 착취 및 성적 학대 근절을 위한 국가의 역할 등 계속적인 논의를 멈추지 말아야 할 시점이다.

지 제출을 권고받은 제7차 국가보고서185)가 아동이라는 인격적 주
체의 삶을 더욱 폭넓게 고려하도록 법률의 제·개정 내용과 그 이유
를 섬세하게 제안하기 위한 논거로 활용될 수 있을 것이다.

---

185) "Consideration of Reports submitted by States Parties under Article 44 of The
    Convention : Concluding observations: Republic of Korea", Committee on the
    Rights of the Child, UN문서 CRC/C/KOR/CO/5-6 (2019), 제54항.

참고문헌

아동권리보장원, "조직 및 담당업무", http://www.ncrc.or.kr/intropage/organization.do
(2020. 3. 10. 확인)

Combined fifth and sixth periodic reports submitted by the Republic of Korea
under article 44 of the Convention, due in 2017 : Republic of Korea,
Committee on the Rights of the Child, UN문서 CRC/C/KOR/5-6 (2018)

Committee on the Rights of the Child, "Reporting status for Republic of Korea",
https://tbinternet.ohchr.org/_layouts/15/TreatyBodyExternal/Countries.aspx?
CountryCode=KOR&Lang=EN (2020. 3. 10. 확인)

Consideration of Reports submitted by States Parties under Article 44 of The
Convention : Initial reports of States parties due in 1993 : Republic of
Korea, Committee on the Rights of the Child, UN문서 CRC/C/8/Add.21
(1994)

Consideration of Reports submitted by States Parties under Article 44 of The
Convention : Concluding observations: Republic of Korea, Committee on
the Rights of the Child, UN문서 CRC/C/15/Add.51 (1996)

Consideration of Reports submitted by States Parties under Article 44 of The
Convention : Periodic reports of States parties due in 1998 : Republic of
Korea, Committee on the Rights of the Child, UN문서 CRC/C/70/Add.14
(2002)

Consideration of Reports submitted by States Parties under Article 44 of The
Convention : Concluding observations: Republic of Korea, Committee on
the Rights of the Child, UN문서 CRC/C/15/Add.197 (2003)

Consideration of reports submitted by Stated parties under article 44 of the
Convention : Consolidated third and fourth periodic reports of states

parties due in 2008: Republic of Korea, Committee on the Rights of the Child, UN문서 CRC/C/KOR/3-4 (2011)

Consideration of Reports submitted by States Parties under Article 44 of The Convention : Concluding observations: Republic of Korea, Committee on the Rights of the Child, UN문서 CRC/C/KOR/CO/3-4 (2012)

Consideration of Reports submitted by States Parties under Article 44 of The Convention : Concluding observations: Republic of Korea, Committee on the Rights of the Child, UN문서 CRC/C/KOR/CO/5-6 (2019)

Convention on the Rights of the Child, 1989. 11. 20. 채택

Convention on the Rights of Persons with Disabilities, 2006. 12. 13. 채택.

General Measures of Implementation of the Convention on the Rights of the Child (arts. 4, 42 and 44, para. 6), Committee on the Rights of the Child, UN 문서 CRC/GC/2003/5 (2003)

General Guideline regarding the form and content of initial reports to be submitted by States Parties under Article 44, paragraph 1(a), of the Convention, Committee on the Rights of the Child, UN문서 CRC/C/5 (1991)

List of issues in relation to the combined fifth and sixth reports of the Republic of Korea, Committee on the Rights of the Child, UN문서 CRC/C/ KOR/Q/5-6 (2019)

List of issues in relation to the combined fifth and sixth periodic reports of the Republic of Korea, Committee on the Rights of the Child, UN문서 CRC/ C/KOR/Q/5-6/Add.1 (2019)

Optional Protocol to the Convention on the Elimination of All Forms of Discrimination against Women, 1999. 10. 6. 채택.

Philippe Aries, L'Enfant et la vie familiale sous l'Ancien Regime. Translated to English by Robert Baldick as Centuries of Childhood: A Social History of Family Life, A Vintage Giant (1962)

Treaty-specific Guidelines regarding the Form and Content of Periodic Reports to be submitted by States Parties under article 44, paragraph 1 (b), of the Convention on the Rights of the Child, Committee on the Rights of the Child, UN문서, CRC/C/58/Rev.3 (2014)

Written replies by the Government of the Republic of Korea to the list of issues (CRC/C/KOR/Q/3-4) related to the consideration of the combined third and fourth periodic reports of the Republic of Korea (CRC/C/KOR/3-4), Committee on the Rights of the Child, UN문서 CRC/C/KOR/Q/3-4/Add.1 (2011)

Written responses to the List of Issues Raised by the Committee on the Rights of the Child on the Implementation of the Convention on the Rights of the Child : Republic of Korea, Committee on the Rights of the Child, UN문서 CRC/C/RESP/26 (2002)

집필자 약력

· 고은비 활동가

사회적경제지원센터 (2015)
동물권 운동 카라 (2016)
서울환경운동연합 (2017)
지금여기에 (2018)
한국사이버성폭력대응센터 (2019~현재)

· 공현 활동가

청소년인권행동 아수나로 (2006~현재)
대학입시거부로 삶을 바꾸는 투명가방끈 (2011~현재)
청소년인권운동연대 지음 (2018~현재)

· 권영실 변호사

제6회 변호사시험 합격 (2017)
재단법인 동천 (2017~현재)

· 권호현 변호사

서울대학교 경제학부 졸업 (2011)
성균관대학교 법학전문대학원 법학전문석사 (2017)
제6회 변호사시험 합격 (2017)
법무법인(유한) 원 (2017~현재)

· 김상원 연구원

성균관대학교 아동학과 졸업 (2008)
성균관대학교 아동청소년학 석사 (2010)
성균관대학교 아동청소년학 박사 (2017)
국제아동인권센터 (2011~현재)

• 김여진 피해지원국장

한국외국어대학교 독일어통번역학과 (2013~현재)
한국사이버성폭력대응센터 (2017~현재)

• 김현아 변호사

이화여자대학교 법학과 졸업 (1996)
이화여자대학교 법여성학 석사 (2000)
이화여자대학교 법학전문대학원 젠더법박사 (2016)
제3회 변호사시험 합격 (2014)
김현아법률사무소 (2014~현재)

• 김희진 변호사

이화여자대학교 법과대학 법학과 졸업 (2012)
한양대학교 법학전문대학원 법학전문석사 (2015)
제4회 변호사시험 합격 (2015)
국제아동인권센터 (2015~현재)

• 마한얼 변호사

제7회 변호사시험 합격 (2018)
사단법인 두루 (2018~현재)

• 박종훈 변호사/교사

고려대학교 사범대학 컴퓨터교육과(국어교육과 이중전공) 졸업 (2010)
한양대학교 법학전문대학원 법학전문석사 (2014)
고려대학교 일반대학원 법학과 박사과정(헌법) 수료
제3회 변호사시험 합격 (2014)
산청 간디고등학교 (2020~현재)

• 배경내 공동집행위원장

인권교육센터 들 (2008~현재)
촛불청소년인권법제정연대 (2017~현재)

• 소라미 교수

제33기 사법연수원 수료 (2004)
공익인권법재단 공감 변호사 (2004~2018)
서울대학교 법학전문대학원 (2019~현재)

• 송지은 변호사

제5회 변호사시험 합격 (2016)
청소년성소수자위기지원센터 띵동 (2017~현재)

• 신수경 변호사

한양대학교 법학과 졸업 (2009)
한양대학교 일반대학원 법학석사 (2019)
제44기 사법연수원 수료 (2015)
법률사무소 율다함 (2018~현재)

• 오동석 교수

아주대학교 법학전문대학원 (2004~현재)
경찰청 인권위원회 위원 (2018~현재)
법무부 여성아동정책심의위원회 위원 (2018~현재)

• 오명은 변호사

고려대학교 법과대학 졸업 (2003)
영국 King's College London, University of London 졸업 (MA in Philosophy, 2005)
제38기 사법연수원 수료 (2009)
미국 New York University School of Law (LL.M., 2016)

미국 New York 주 변호사시험 합격 (2016)
법무법인(유한) 태평양 (2010.6.~현재)

· 유원선 사무국장

사회복지법인 함께걷는아이들 (2011~현재)

· 이세희 활동가

홍익대학교 예술학과 졸업 (2018)
한국사이버성폭력대응센터 (2019~현재)

· 이제호 변호사

서울대학교 식물생산과학부 졸업
성균관대학교 법학전문대학원 법학전문석사 (2019)
제8회 변호사시험 합격 (2019)
이주민센터 친구 (2019~현재)

· 이진혜 변호사/사무국장

서울대학교 법학부 졸업 (2011)
성균관대학교 법학전문대학원 법학전문석사 (2015)
제4회 변호사시험 합격 (2015)
이주민센터 친구 (2017~현재)

· 이탁건 변호사

고려대학교 법학과 졸업 (2010)
고려대학교 법학전문대학원 법학전문석사 (2013)
제2회 변호사시험 합격 (2013)
미국 Califonia주 변호사시험 합격 (2015)
재단법인 동천 (2015~현재)

· 이한솔 변호사

Emory University 졸업 (2014)
연세대학교 법학전문대학원 법학전문석사 (2019)
제8회 변호사시험 합격 (2019)
법무법인(유한) 태평양 (2019~현재)

· 이호연 연구원

인권운동사랑방 (2009~2014)
인권교육센터 들 (2010~현재)
서교인문사회연구실 (2019~현재)

· 정제형 변호사

제8회 변호사시험 합격 (2019)
재단법인 동천 (2019~현재)

· 조진경 대표

청소년보호위원회 (2019~현재)
십대여성인권센터 (2012~현재)

· 황준협 변호사

연세대학교 법학과 졸업 (2009)
인하대학교 법학전문대학원 법학전문석사 (2014)
제3회 변호사시험 합격 (2014)
법무부 인권구조과 법률홈닥터 (2014.5.~2015.8.)
법무법인 덕수 (2018.11.~현재)

법무법인(유한) 태평양은 1980년에 인재경영, 가치경영 및 선진제도경영이라는 3대 경영철학을 바탕으로 설립되었으며, 설립 이후 현재까지 지속적으로 로펌의 사회적 책임을 다하기 위해 다양한 공익활동을 수행해 오고 있습니다. 2001년에는 보다 체계적인 공익활동을 위해 공익활동위원회를 구성하였고, 변호사들의 공익활동 수행시간을 업무수행시간으로 인정하였으며, 2009년에는 공익활동 전담기구인 재단법인 동천을 설립하였습니다.

법무법인(유한) 태평양은 2013년에 공익활동의 선도적인 역할을 한 공로를 인정받아 대한변호사협회가 시상하는 제1회 변호사공익대상 단체부문에서 대상을 수상하였고, 2015, 2016년 국내 로펌으로는 유일하게 2년 연속 아시아 법률전문매체 ALB(Asian Legal Business)가 발표하는 CSR List에 등재되었습니다. 나아가 2018년에는 The American Lawyer의 아시아 리걸 어워즈에서 '올해의 프로보노분야 선도 로펌'으로 선정되었고, 2019년에는 '2018 평창동계올림픽' 법률자문 로펌으로 공로를 인정받아 유공단체 부문 대통령 표창을 수여 받았으며, 난민의 근로권과 관련한 공익활동 성과를 인정받아 Thomson Reuters Foundation로부터 제9회 TrustLaw Collaboration Award를 수상하였습니다.

2019년 한 해 동안 법무법인(유한) 태평양 소속 국내변호사 443명(대한변호사협회 등록 기준) 중 68.85%인 305명이 공익활동에 참여하였고, 공익활동에 참여한 1인당 평균 공익활동 시간은 59.40시간으로 서울지방변호사회 1인당 공익활동 의무시간(20시간)의 약 3배에 이르는 공익활동을 수행하였습니다. 특히 뇌질환이 걸린 소방공무원의 공무상요양불승인처분 취소, 난민아동 장애인등록거부처분취소, 2층버스 휠체어전용공간확보 소송, 장기간 국내에서 체류하며 성장한 외국 국적 청소년에 대한 강제퇴거처분 취소, 위장 탈북자로 오명을 쓴 북한 탈북자의 누명을 벗게 해 준 북한이탈주민정착지원법 위반 사건, 13년간 농장주로부터 노동 강요 및 착취를 당한 지적장애인의 임금 상당 부당이득반환청구 소송 등에서 승소하였습니다. 태평양 공익활동위원회는 분야별로 난민, 이주외국인, 장애인, 북한/탈북민, 사회적경제, 여성/청소년, 복지 등 7개 분과위원회로 구성되어 2020년 6월 현재 200여 명의 전문가들이 자원하여 활동하고 있습니다.

재단법인 동천은 2009년 법무법인(유한) 태평양이 설립한 국내 로펌 최초 공익재단법인으로서 '모든 사람의 기본적 인권을 옹호하고 우리 사회의 법률복지 증진과 법률문화 발전을 통해 모두가 더불어 함께 사는 세상을 만들어 나가는 것'을 목표로 전문적인 공익활동을 해오고 있습니다. 장애인, 난민, 이주외국인, 사회적경제, 탈북민, 여성, 청소년, 복지 분야에서 법률구조, 제도개선, 입법지원 등 법률지원활동을 수행하는 것과 함께 태평양공익인권상, 장학사업, 공익·인권 단체 지원사업, 공익·인권활동프로그램 제안대회, 자선음악회 및 봉사활동 등 다양한 사회공헌 활동을 수행하고 있습니다. 특히 2016년 12월에는 NPO(비영리단체) 법률지원의 허브를 구축하여 NPO의 성장, 발전에 기여하고자 '동천NPO법센터'를 설립하였고, 매년 NPO법률지원단 연수 프로그램을 운영하면서 NPO에 대한 전문적인 법률지원을 할 수 있는 변호사단을 배출하고 있습니다. 동천은 이러한 성과를 인정받아 2014년 국가인권위원회 대한민국인권상 단체표창, 2015년 한국인터넷기자협회 사회공헌상, 그리고 2019년 국가인권위원회 대한민국인권상 단체표창(공동)을 수상하였습니다.

편집위원회

- 편집위원장

강용현 변호사 (법무법인(유한) 태평양)

- 편집위원 (가나다 순)

소라미 교수 (서울대학교)

오동석 교수 (아주대학교)

유욱 변호사 (법무법인(유한) 태평양)

유철형 변호사 (법무법인(유한) 태평양)

- 기획팀

이탁건 변호사 (재단법인 동천)

정순문 변호사 (재단법인 동천)

권영실 변호사 (재단법인 동천)

구대회 팀장 (재단법인 동천)

아동·청소년의 권리에 관한 연구

초판 1쇄 인쇄 2020년 6월 10일
초판 1쇄 발행 2020년 6월 17일

편 자	법무법인(유한) 태평양·재단법인 동천
발 행 인	한정희
발 행 처	경인문화사
편 집	김지선 유지혜 박지현 한주연
마 케 팅	전병관 하재일 유인순
출 판 번 호	406-1973-000003호
주 소	파주시 회동길 445-1 경인빌딩 B동 4층
전 화	031-955-9300 팩스 031-955-9310
홈 페 이 지	www.kyunginp.co.kr
이 메 일	kyungin@kyunginp.co.kr

ISBN 978-89-499-4889-8 93360
값 35,000원